福州市鼓楼年鉴 2021

中共福州市鼓楼区委　福州市鼓楼区人民政府　主办
中共福州市鼓楼区委党史和地方志研究室　编

方志出版社
Publishing House of Local Records

图书在版编目（CIP）数据

福州市鼓楼年鉴．2021 / 中共福州市鼓楼区委党史和地方志研究室编．-- 北京：方志出版社，2021.12
ISBN 978-7-5144-5099-6

I．①福… II．①中… III．①区（城市）－福州－2021－年鉴 IV．①Z525.74

中国版本图书馆 CIP 数据核字（2021）第 265517 号

福州市鼓楼年鉴（2021）

编　　者：中共福州市鼓楼区委党史和地方志研究室
责任编辑：王　娜

出 版 者：方志出版社
地址　北京市朝阳区潘家园东里 9 号（国家方志馆 4 层）
邮编　100021
网址　http://www.zgfzcb.cn
发　　行：方志出版社图书营销中心
电话（010）67110500
经　　销：各地新华书店
印　　刷：福州报业鸿升印刷有限责任公司

开　　本：889×1194　1/16
印　　张：20
字　　数：583 千字
版　　次：2021 年 12 月第 1 版　2021 年 12 月第 1 次印刷
印　　数：001 ～ 800 册

ISBN 978-7-5144-5099-6　定价：185.00 元

《福州市鼓楼年鉴》编纂委员会

陈　旭（区发展和改革局局长、区科技局局长）
叶艺芳（区委教育工委书记、区教育局局长）
陈　景（区工业和信息化局局长）
叶　勇（区民政局局长）
张宝荣（区司法局局长）
林　秀（区人力资源和社会保障局局长）
林　琳（区自然资源和规划局局长）
陈　雯（区建设局局长）
陈　曦（区住房保障和房产管理局局长）
马清平（区城市管理局局长）
陈少卓（区商务局局长）
朱嘉希（区文化体育和旅游局局长）
滕拥军（区卫生健康局局长）
田德强（区退役军人事务局局长、区双拥办主任）
施克胜（区应急管理局局长）
郑明强（区市场监督管理局局长、区知识产权局局长）
王　珊（区统计局局长）
侯加兵（区信访局局长、区政府办副主任）
林书贤（区行政服务中心管理委员会主任）
林清松（鼓楼生态环境局局长）
张　忠（鼓楼税务局局长）
孙功惠（区总工会常务副主席）
张　谨（共青团鼓楼区委员会书记）
陈丽珲（区妇女联合会主席）
林　锋（区科学技术协会主席）

何春强（区文学艺术界联合会主席）

林国钰（区归国华侨联合会主席）

叶朝榕（区社会科学界联合会主席）

胡冬至（区残疾人联合会理事长）

张文平（区计划生育协会常务副会长）

李巧琴（区红十字会常务副会长）

李建国（区园林中心主任）

林　彤（区旅游事业发展中心主任）

杨子勉（区委党史和地方志研究室主任）

雷赛金（区委党校副校长、区行政学校副校长）

鲍　青（区档案馆副馆长）

章世长（区大数据服务中心主任、区数字办主任）

郭尔丽（区机关事务服务中心主任）

陈旭东（区“智慧鼓楼”服务中心副主任）

王茂林（区国有资产发展中心主任）

卢　涛（鼓东街道办事处主任）

林重阳（鼓西街道办事处主任）

陈　阳（温泉街道办事处主任）

林　奇（东街街道办事处主任）

薛　跃（南街街道办事处主任）

于梦镌（安泰街道办事处主任）

李丽妮（华大街道办事处主任）

林　嵩（水部街道办事处主任）

林瑞雨（五凤街道办事处主任）

曾辉斌（洪山镇人民政府镇长、福州高新区洪山园管理委员会主任）

《福州市鼓楼年鉴》编辑部

主　　编：杨子勉

副 主 编：詹静娴

责任编辑：杨伟忠　金林雪

《福州市鼓楼年鉴（2021）》撰稿人名单

（按姓氏笔画顺序）

于静雅　马佳莉　王　康　王小华　王佳磊　王琦隽　王熙翔　元志强　方　琪
叶　琳　叶子涵　叶敏英　田珍芬　丘书玲　庄瑜奕　刘　微　刘昌辉　刘浩言
江　艳　江　娟　许临风　许晓蓝　孙　妍　严金木　苏　英　李小军　李子熙
李训钰　李依涵　李舒平　杨依水　杨信坤　吴　欣　吴育新　吴宜锴　何曜翀
余珍珍　宋倩倩　宋婧楠　张　嫡　张　燕　张伟荣　张健晨　张斐斐　陈　苏
陈　实　陈　容　陈　敏　陈子勤　陈云钗　陈秀娇　陈昕恬　陈学成　陈定密
陈望青　陈嘉炜　林　坷　林　香　林　彧　林　鸿　林凤铭　林业波　林成森
林美枝　林榆婷　林颖慧　林潇雨　周筱妍　周璜笛　郑　力　郑　羽　郑　茜
郑　菁　郑小真　郑文馨　郑烨仪　郑琳贞　房　琍　俞文龙　俞杨霖　施　孜
徐　彬　翁京平　郭秋艳　郭婷婷　唐巧倩　唐丽莹　黄伟（建工）　黄伟（鼓东）
黄雨威　黄瑞珍　彭　峰　韩　清　韩林力　童关怀　曾少东　游连珍　谢佩佳
詹华晖　詹静娴　蔡松松　潘舒婷　魏莉莉

编辑说明

一、《福州市鼓楼年鉴》于2015年开始编纂，由中共福州市鼓楼区委、福州市鼓楼区人民政府主办，中共福州市鼓楼区委党史和地方志研究室承办，《福州市鼓楼年鉴》编辑部组织编纂，每年出版一卷。《福州市鼓楼年鉴》以马克思列宁主义、毛泽东思想、邓小平理论、“三个代表”重要思想、科学发展观、习近平新时代中国特色社会主义思想为指导，坚持辩证唯物主义和历史唯物主义的立场、观点和方法，全面反映鼓楼区年度经济、政治、文化、社会、生态等方面的基本情况。

二、《福州市鼓楼年鉴（2021）》为总第7卷，主要记载2020年度鼓楼区的基本情况、发展变化及年度大事要闻。全书设有特载、专文、大事记、区情概览、中国共产党鼓楼区委员会、鼓楼区人民代表大会、鼓楼区人民政府、中国人民政治协商会议鼓楼区委员会、纪检 监察、民主党派 工商联、群众团体、法治、军事、应急管理、外事 侨务 台港澳事务、综合经济管理、市场监督管理、财政 税务、城区建设与管理、产业发展、社会事业、社会民生、街道（镇）、人物、2020年鼓楼区规范性文件（选录）、索引，共26个栏目，含140个分目、850个条目。全书配有70幅彩页、97幅内文图片、55张图表。

三、《福州市鼓楼年鉴（2021）》的稿件和图片主要由区直各部门、单位和各街镇提供。全书内容经过多次编辑、编审、审校，并经年鉴编辑部审定和原供稿单位确认，由出版社校对把关后出版发行。

四、《福州市鼓楼年鉴（2021）》有关全区的综合统计数据由鼓楼区统计局提供，各职能部门统计数据由各部门提供、审定。但由于各供稿单位资料来源、统计口径及统计时点不尽相同，个别数据可能略有差异，请读者以鼓楼区统计局正式公布的统计数据为准。

鼓楼区地图

比例尺　1:31 000

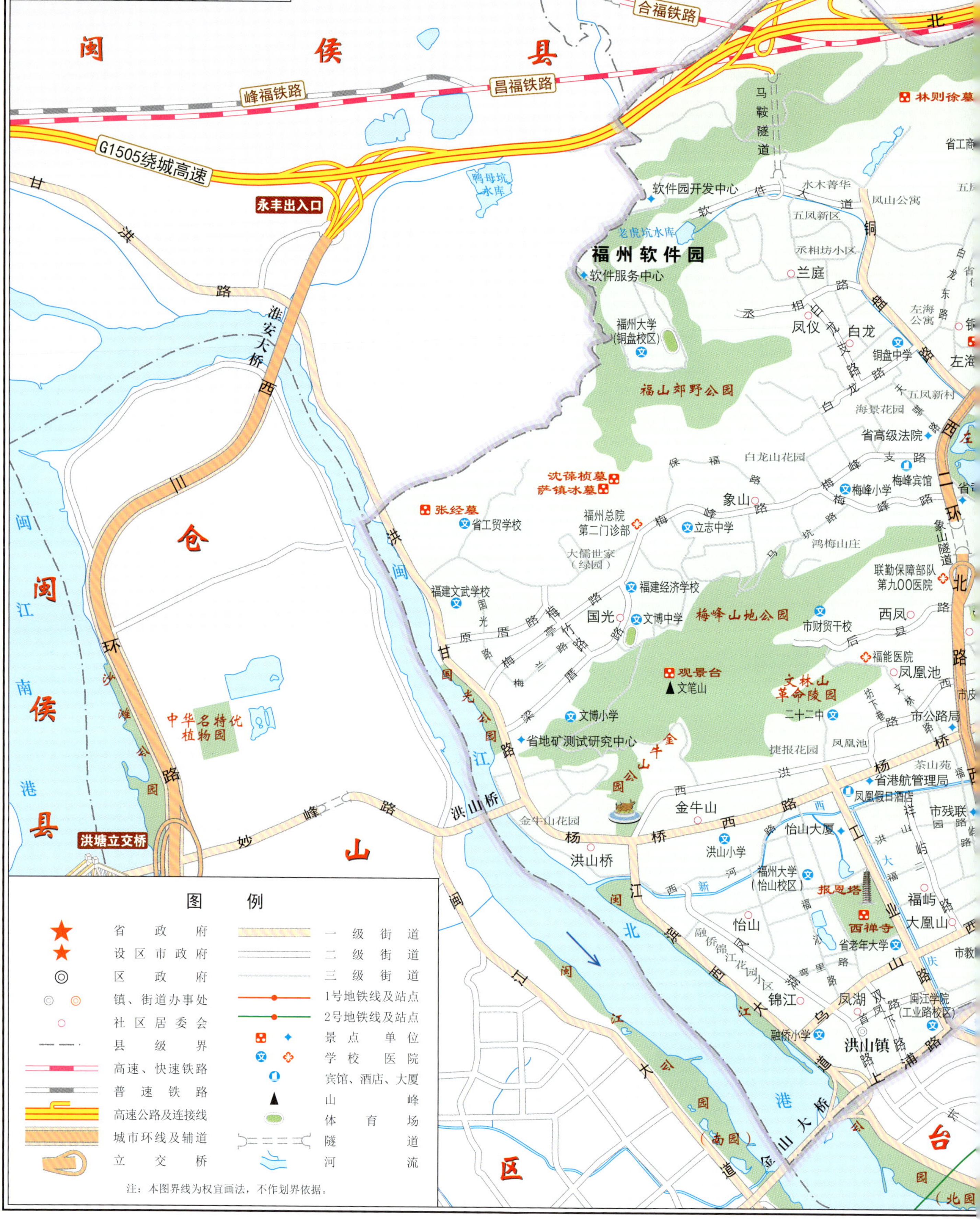

编制单位：福建省地图出版社　审图号：榕图审〔2022〕2号　资料截止：2020年12月

鼓楼新貌

总面积：35.7 平方千米
年末户籍总人口：59.6 万人
年末常住总人口：67.0 万人
城镇非私营单位从业人员：44.87 万人
城镇化率：100%
地区生产总值：2069.86 亿元
第二产业增加值：311.62 亿元
第三产业增加值：1758.24 亿元
财政总收入：51.56 亿元
地方财政收入：30.84 亿元
地方财政支出：35.49 亿元
社会消费品零售总额：1305.07 亿元
出口总额：357.22 亿元
进口总额：141.72 亿元
实际利用外资：10 亿元
施工房屋建筑面积：376.06 万平方米
商品房销售额：105.23 亿元

接待游客：2051.62 万人次
旅游总收入：265.74 亿元
高等院校：10 所
普通中学：19 所
小学：32 所
幼儿园：90 所
文化馆：2 个
博物馆（纪念馆）：18 个
图书馆：13 个
医疗机构数：380 个
辖区医疗机构床位数：10979 张
建成区绿化覆盖面积：1462.986 公顷
城镇非私营单位在岗劳务平均工资：105980 元
城镇居民人均可支配收入：58160 元
城镇居民人均消费性支出：38167 元
城镇居民恩格尔系数：31.3%（福州市数据）
居民消费价格指数：102.4（市区数）

注：地区生产总值、第二产业增加值、第三产业增加值为快报数

五一广场　（区委办 供）

东街口商圈　（曾晓华 摄）

九仙山

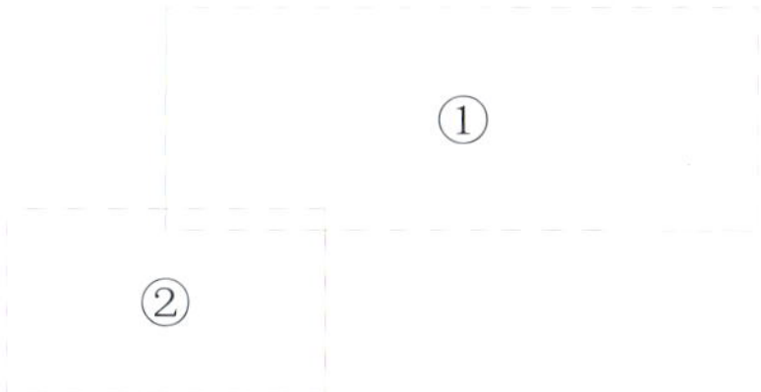

①温泉公园　　　　　　　　（区摄影家协会 供）
②于山风景名胜公园东入口（区摄影家协会 供）

福山郊野公园　　　　（区委办 供）

朱紫坊历史文化街区　　　　（区政府办 供）

黎明湖公园　　（区政府办 供）

乌山人防通道　　（林长生 摄）

提升改造后的秘书巷 （谢赟星 摄）

提升改造后的状元道（谢赟星 摄）

提升改造后的西洪路 （鼓西街道 供）

冶山仁寿堂　　（区政府办 供）

改革创新

2020 年，鼓楼区推进国家知识产权强县工程示范区、“三新”经济统计试点等 13 项国家级、省级改革试点。全面完成经合社集体经济组织产权制度改革。“一线处置”机制获全市改革创新项目第一名。新增国家高新技术企业 144 家、科技小巨人领军企业 22 家，总数分别占全市 29%、25%。新增省级龙头企业 1 家、“专精特新”企业 3 家，新增省级新型研发机构、技术转移机构 10 家。1 人入选国家级重大人才项目，10 个团队（个人）入选省引才“百人计划”，新增高技能人才 310 人。深度融入“海丝”核心区建设，6 个“海丝”项目完成年度投资 6 亿元，新引进外资项目 16 个。完成东西部扶贫协作任务，累计投入财政帮扶资金 1.4 亿元，实施产业帮扶项目 85 个，就业扶贫 8942 人次，助力岷县如期脱贫。

① ②

①2019 年 12 月 29 日至 2020 年 1 月 1 日，福州市鼓楼区第十七届人民代表大会第四次会议召开　（谢赟星 摄）

②2019 年 12 月 27—30 日，中国人民政治协商会议第九届福州市鼓楼区委员会第四次会议召开　（谢赟星 摄）

2020年6月23日，区委书记朱训志（左二）带队调研鼓楼区融媒体中心　（谢赟星 摄）

2020年4月26日，区长黄建新（前排右二）参加鼓楼区长带你逛“go”东街口直播活动　（谢赟星 摄）

2020 年 6 月 2 日，区人大常委会主任胡道坦（左一）调研兴业银行（集团）福州营运中心项目　　（区人大办 供）

2020 年 12 月 2 日，区政协党组书记、主席李瑞琨（前排左二）带领区政协常委视察鼓楼区一流法治城区建设体验教育展示馆　　（刘衍 摄）

2020 年 9 月 2 日，福建省高新技术创业服务中心与福州市软件园管理委员会产业合作签约仪式在福州软件园举行

（谢赟星 摄）

2020年10月11日，福州软件园20周年系列活动——闽派数字精英大会召开（福州软件园管委会 供）

2020 年 4 月 13 日，鼓楼区一流法治城区建设体验教育展示馆在区检察院揭牌开馆　　（区检察院 供）

2020 年 11 月 9 日，最高人民法院组织邀请部分全国人大代表视察鼓楼法院“三坊七巷社区法官工作室”建设情况　　（张作安 摄）

2020年8月26日，鼓楼区生态文明建设示范区规划专家审查论证会召开　（鼓楼生态环境局 供）

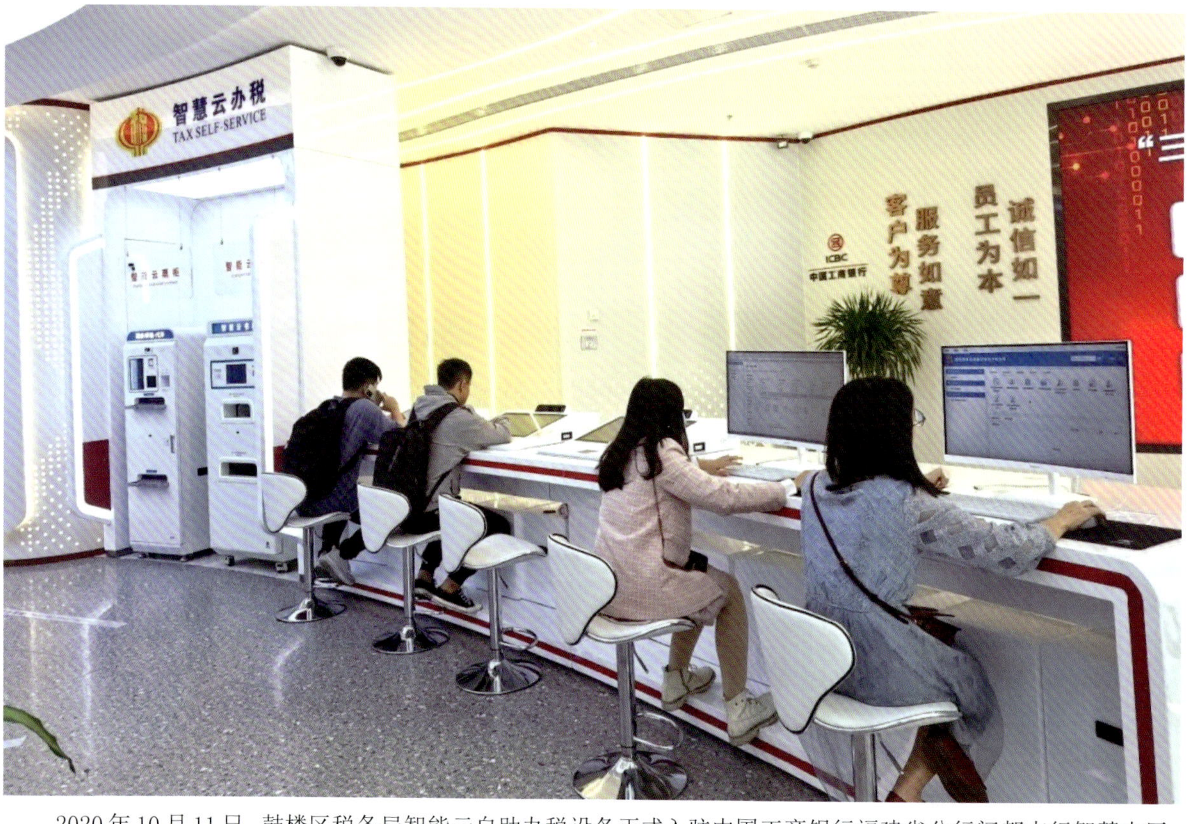

2020年10月11日，鼓楼区税务局智能云自助办税设备正式入驻中国工商银行福建省分行闽都支行智慧大厅，成为全国首家入驻金融机构的税务云厅　（区税务局 供）

2020 年 9 月 29 日，第十二届海峡论坛福州市配套活动“首届海峡两岸非物质文化遗产——古琴传承和发展论坛”之“古琴·古厝”闽台中秋琴茶会在鼓楼区鳌峰坊闽派艺术馆举行（区委台港澳办 供）

2020 年 11 月 28 日，“2020 闽台匠人大会”开幕仪式在朱紫坊以现场 + 网络直播形式举行（区委台港澳办 供）

产业升级

2020年，鼓楼区17家企业入选全省数字经济领域独角兽、瞪羚创新企业，占全省的19.1%；23个项目入选全省数字经济百项应用场景典型案例，数量全省第一；新落地数字经济项目190个，总投资250亿元。新引进企业总部10家，新培育市级总部企业10家；企业上市创历年最高水平，新增2家境内上市企业，6家企业新晋或更替上市进程。新建、改造商务楼宇31.5万平方米，税收超千万元、超亿元楼宇分别达110栋、24栋，获评中国楼宇经济焕新发展城区。开展“指尚东街口”等各类促销活动140场次，东街口商圈销售额85亿元。在全省率先推出夜色经济工作导则，打造三坊七巷市级夜色经济示范街区和12个夜间经济集市。福州软件园入选第三批国家双创示范基地，技工贸总收入突破1200亿元，全省首个国产化软硬件适配中心落户园区；洪山科技园技工贸总收入突破500亿元，新引进互联网企业21家，互联网产业规模占比65%。

福州软件园F区　　　　（福州软件园管委会 供）

2020年3月6日，鼓楼区2020年第一季度重点招商项目云签约仪式举行　（区商务局 供）

2020年5月18日，第二季度福州市鼓楼区重大项目集中开工仪式在小柳小学项目现场举行　（林达 摄）

2020年4月7日，鼓楼区优化营商环境助力企业发展部署会召开　　（谢赟星 摄）

2020年9月30日，鼓楼区百家企业"以商引商 园区招商"座谈会在福州软件园召开　　（区商务局 供）

2020年9月2日，中国石化福建石油分公司促进总部经济发展合作协议签约仪式暨新落地企业揭牌仪式在中国石化福建石油分公司大楼举行 （谢赟星 摄）

2020年10月9日，鼓楼区朱紫坊基金港开港揭牌仪式在朱紫坊芙蓉弄7号张钰哲故居举行 （谢赟星 摄）

2020 年 10 月 12 日，第三届东街口数字生活节在大洋百货前广场启动　（谢赟星 摄）

2020 年 10 月 19 日，鼓楼区第三届服务企业大会在福州香格里拉大酒店召开　（区行政服务中心 供）

2020 年 12 月 30 日，鼓楼区三坊七巷市级夜色经济体验示范街区开街仪式在大洋百货前广场举行

（周大仙 摄）

梦山路青年梦想集市

（鼓西街道 供）

善化坊小摊集市　（区政府办供）

乌塔潮集市　（周大仙摄）

民生保障

2020 年，鼓楼区“十位一体”推进实施 483 个新一轮城市品质提升项目，完成华林路、湖东路等 5 条重要街区综合提升，改造 21 条传统街巷和 27 个老旧小区。推进城区缓堵项目 8 个，实施道路平整度提升 63.7 万平方米，新增公共停车泊位 727 个。福山郊野公园全线贯通。建成街头小公园 60 个，新建改造绿地 16 万平方米。空气质量优良率 99.7%，西北区饮用水源保护区水质连续 25 年 100% 达标。建成垃圾分类精品示范点 150 个，垃圾分类正确率 90%。鼓楼区获评国家级信息化教学

实验区、基础教育国家级优秀教学成果推广应用示范区。“空中课堂”入选教育部“线上教学优秀案例”并向全国推广。新改造投用 4 家街镇社区卫生服务中心，设立 6 个社区卫生服务中心分部。与省、市属医院结成 11 个医联体 49 个医疗协作帮扶对子。启用全省首个官方疫苗全过程可追溯平台。建成 13 个“长者食堂 + 学堂”。在全国首推“古厝长制”，开发全国首套古厝保护数字化系统，建成福州古厝展示馆。获评全省首批全域生态旅游示范区。

西湖公园　　（区摄影家协会 供）

2020年8月29日，福州市鼓楼第二中心小学教场分校新校舍启动仪式举行　（谢赟星 摄）

福州延安中学教育集团国光校区　（区教育局 供）

2020 年 8 月 29 日，福州市钱塘小学教育集团怡山校区揭牌仪式举行

（谢赟星 摄）

福州市钱塘小学教育集团怡山校区

（区教育局 供）

2020 年 1 月 10 日，鼓楼区迎新春科普文化游园活动在鳌峰文化广场举办　　（王佳磊 摄）

2020 年 8 月 7 日，“闽都人才论谈”之“左海论谈”线下活动分论谈——新文旅分论谈在朱紫坊历史文化街区举办　　（谢赞星 摄）

2020 年 1 月 18 日，鼓楼区中小学生助力 2020 年世界非物质文化遗产大会暨非遗进校园系列活动启动仪式在区科艺宫举行

（谢赟星 摄）

2020 年 1 月 20 日，“建功新时代”2020 年鼓楼区各条战线职工迎新春年夜饭活动在五洲佳豪酒店举办

（区总工会 供）

2020 年 1 月 20 日，福州格致中学学生代表作为“税法小学员”到鼓楼区税务局办税服务厅参加“税法体验日”税收普法活动 （区税务局 供）

2020 年 5 月 27 日，鼓楼区关工委、区人民检察院在福州市铜盘中心小学举办“童心护航，法治六一”法治进校园宣讲活动 （黄雨威 摄）

2020 年 8 月 10 日，鼓楼区关工委、温泉街道关工委联合开办“非遗让鼓楼有故事”青少年暑期课堂

（林琳 摄）

2020 年 10 月 24—25 日，福州市早期教育指导师驻社区志愿服务在鼓楼区 15 个试点社区“福宝贝·亲子驿站”同步启动。图为水部街道闽都社区活动现场

（水部街道 供）

2020 年 10 月 16 日，鼓楼区举办 2020 年“争当排头兵”区直机关职工篮球赛　　（区总工会 供）

2020 年 12 月 24 日，2020 年鼓楼区“争当排头兵”职工趣味登山比赛在福山郊野公园举行　　（区总工会 供）

2020 年 12 月 21 日，“家在鼓楼 福至冬至”——“我们的节日·冬至”活动在鳌峰坊李世甲故居举办（池远 摄）

2020 年 12 月，鼓楼区“长者食堂+学堂”实现 10 个街镇全覆盖。图为水部街道长者食堂（水部街道 供）

2020 年 10 月 8 日，鼓楼区秋冬季新冠肺炎本土聚集性疫情联防联控应急演练在区城市运行指挥中心开展

（区卫健局 供）

疫情防控

2020年，鼓楼区贯彻落实中央和省、市决策部署，把人民群众生命安全和身体健康放在第一位，广大医务工作者白衣擐甲，党员干部、社区工作者、志愿者坚守一线，企业家、海内外乡亲捐款捐物，全区人民众志成城，汇聚起打赢疫情防控人民战争总体战阻击战的磅礴力量。采取“平台式”管理、“套娃式”防控、“组团式”服务，联防联控守好全区大门小卡，“一人一档”加强重点风险地区来访人员分类管控，应检尽检开展重点人员核酸检测，保障防疫和民生物资供应，筑牢“外防输入、内防反弹”防线。始终绷紧常态化疫情防控这根弦，坚持“人物同防”，建立健全境外来访人员、进口冷链食品等风险管控机制，强化综合防控应急演练，完善公共卫生应急管理体系，增强群众防护意识，守住疫情防控底线。

2020 年 2 月 13 日，福建医科大学附属协和医院举行抗击新冠肺炎支援湖北出征誓师大会　　　　（陈成才 摄）

2020 年 7 月 10 日，社区医务人员为居民进行咽拭子采样　　　　（区卫健局 供）

2020年1月31日，三福服饰有限公司向鼓楼区捐赠新冠肺炎防抗物资　（谢赞星 摄）

2020年2月21日，鼓楼区人社局在福州火车站迎接外地务工人员返榕复工　（谢赞星 摄）

2020年3月17日，鼓楼区组织民兵到辖区学校进行环境消杀　（区人武部 供）

2020 年 3 月 18 日，鼓楼区领导带头到东街口聚春园酒店自费进行“堂食”体验，助力餐饮行业恢复发展

（谢赟星 摄）

2020 年 5 月 29 日，鼓楼区纪委监委第一纪检监察室、派驻区教育局纪检监察组到辖区校园检查复学防疫工作落实情况

（陈伟 摄）

2020 年 2 月，鼓楼区总工会划拨 30.5 万元保障新冠肺炎疫情防控，购买补给品慰问抗疫一线职工　　　　（区总工会 供）

2020 年 2 月 8 日，温泉街道社区工作人员灌水固定水马，加强小区管控（王惠仙 摄）

2020 年 3 月 11 日，鼓楼区审计局审计人员到接受新冠肺炎疫情防控社会捐赠的辖区单位实地查看捐赠款物的接收和管理情况　　　　（区审计局 供）

2020年1月31日至4月3日，全区机关党员、干部下沉社区、楼宇、商超3.6万人次，助力新冠肺炎疫情防控　（区委区直机关工委 供）

特载

专 文

大事记

区情概览

中国共产党鼓楼区委员会

鼓楼区人民政府

中国人民政治协商会议鼓楼区委员会

纪检 监察

民主党派 工商联

群众团体

法治

军事

应急管理

外事 侨务 台港澳事务

综合经济管理

市场监督管理

财政 税务

城区建设与管理

产业发展

社会事业

社会民生

街道（镇）

人物

2020 年鼓楼区规范性文件（选录）

索引

CONTENTS

Features

Articles

Chronicle of Events

Overview Information of Gulou District

Gulou District Committee of the CPC

The People's Congress of Gulou District

The People's Government of Gulou District

Chinese People's Political Consultative Conference of Gulou District Committee

Discipline Inspection and Supervision

Democratic Parties and Association of Industry and Commerce

Masses and Organizations

Rule by Law

Foreign Affairs, Overseas Chinese Affairs, Taiwan, Hong Kong and Macao Affairs

Integrated Economic Management

Market Supervision and Administration

Public Finance, Taxation

Urban Area Construction and Management

Industry Development

Social Undertakings

Social Livelihood of People

Sub-districts (Towns)

Persons

Normative Documents of Gulou District in 2020 (Excerpt)

Index

在区委十二届十二次全会第二次全体会议上的讲话

中共福州市鼓楼区委书记 朱训志

（2020 年 12 月 28 日）

在大家共同努力下，这次全会已圆满完成各项议程，就要胜利闭幕了。会议期间，大家以饱满的政治热情和高度的负责精神，紧扣会议主题深入思考、集思广益，达到了凝聚共识、明确方向、提气鼓劲的目的，为全区进一步发展奠定了很好基础。贯彻好全会精神，关键在狠抓落实、干出实效。这里，我讲几点意见：

一、这次全会时机关键、主题重大、立意深刻，激励我们奋发有为阔步迈入新征程

这次全会事关根本、影响深远。鼓楼发展已经站在新的历史起点上，党的十九届五中全会精神和习近平总书记对福建、福州和鼓楼工作的重要讲话重要指示批示精神，为我们做好下一步工作提供了科学指南和根本遵循。要进一步增强“四个意识”、坚定“四个自信”、做到“两个维护”，全面把握新发展阶段，贯彻新发展理念，积极服务并深度融入新发展格局，奋力谱写加快建设社会主义现代化国际城市一流中心城区的新篇章。

这次全会鼓舞士气、催人奋进。“十三五”时期是鼓楼发展极不平凡的五年，全区经济总量连跨 9 个百亿大关，人均 GDP 突破 27 万元。这些成绩来之不易，最根本的是以习近平同志为核心的党中央坚强领导的结果，是习近平总书记掌舵领航、把关定向、科学指挥的结果，是习近平新时代中国特色社会主义思想科学指引的结果，是省、市党委、政府正确领导和关心支持的结果，同时也是全区广大干部群众真抓实干、拼搏奋斗的结果。这些都为我区“十四五”发展打下了基础、坚定了信心、注入了动力。

这次全会展望未来、绘就宏图。全会标志着我区发展踏上了新征程，特别是通过的《建议》体现时代新变化，符合实践新要求，反映人民新期待，也充分彰显了鼓楼特色，明确了“十四五”期间我区经济社会发展的主题主线、历史使命、奋斗目标、重要原则、主要任务、重大举措和二〇三五年远景目标，为新时代鼓楼发展指明了前进方向、规划了实践路径。我们一定要贯彻落实到位，坚定不移沿着总书记指引的方向砥砺奋进，全方位推动高质量发展超越。

二、扎实抓好全会各项任务落实，争当全方位推动高质量发展超越先行示范区，在奋力谱写全面建设社会主义现代化国家福建篇章中打头阵、当先锋、作表率

鼓楼作为省市的“心脏区”“开封府的开封府”，是总书记长期工作生活过的地方，理应在贯彻落实党的十九届五中全会精神和省委、市委“十四五”规划建议上当好排头兵。我们要以新思想为指引，坚持“3820”战略工程思想精髓，全力打造宜居宜业宜商宜游的首善之区、幸福鼓楼，加快建设社会主义现代化国际城市一流中心城区。

当前，鼓楼正处于重要战略机遇期和风险挑战承压期，面对错综复杂的形势，必须胸怀“两个大局”，深入分析、沉着应对，主动在服务全国、全省和全市大局中找准新坐标新方位，在把握大趋势中抢抓发展先机。新发展阶段的鼓楼必须担负起“三大历史使命”：一是书写忠实践行“三个如何”重要指示的新篇章。“三个如何”，不是管一地一域的，不是管五年十年的，而是管全局、管长远的，是我们必须长期坚持的指导思想和总纲。我们要研究构建深化“三个如何”的目标体系、工作体系、政策体系、评价体系，进一步将精神旗帜转化为奋进动力，形成一批系统性突破性标志性成果。二是彰显擦亮独具鼓楼特色的“三服务”品牌的新担当。1990年6月8日，总书记第一次来我区检查指导工作时就强调，鼓楼区要树立“两个服务”的思想，一是为上级机关提供服务，二是为居民群众做好服务工作。这些年，我们始终牢记总书记嘱托并在实践中不断深化，创新开展了“三服务”活动，取得了积极成效。“十四五”期间，要进一步推进“三服务”常态化长效化制度化，发挥“三服务”作用、优化“三服务”机制、擦亮“三服务”品牌。三是开启建设社会主义现代化国际城市一流中心城区的新征程。要自觉对标对表“争当方方面面排头兵”的要求，主动融入福州建设社会主义现代化国际城市这个大局，无论是在党的建设、经济发展、民生事业还是社会治理等方面，都要坚持“干一流、创一流、当一流”，努力为省市发展多出力、作贡献，奋力展现一流中心城区的排头兵风采。要充分发挥特色优势，着力打响数字经济、闽都文化、社区治理、幸福家园、改革创新五大品牌，进一步提升鼓楼在国内和国际的知名度和影响力。

根据上述要求，《建议》明确提出“十四五”时期我区经济社会发展6个方面主要目标和10项重点任务，这些都是事关鼓楼发展的全局性、战略性、关键性问题，我们要统筹协调推进，重点攻坚突破，持续实施10大专项行动。

第一，要围绕加强党的全面领导，实施党建引领专项行动。实现“十四五”规划和2035年远景目标，必须把党的全面领导贯穿始终。要认真落实省委“三四八”机制和市委学习贯彻新思想长效机制，巩固深化“不忘初心、牢记使命”主题教育成果，认真学习贯彻总书记重要讲话重要指示批示精神和上级各项决策部署，做到学习态度最坚决、行动最迅速、要求最严格、措施最有力、成效最显著，建设践行习近平新时代中国特色社会主义思想的示范区。要进一步完善“134”城市基层党建机制，深化“红色领航工程”，推动党支部整体质量提升，大力推进近邻党建工作，把各领域基层党组织建设成为坚强战斗堡垒。

第二，要围绕强化科技创新，实施科教强区专项行动。科技创新始终是第一动力。我们要坚持创新在现代化建设全局中的核心地位，全面融入福厦泉国家自主创新示范区建设，努力成为具有重要影响力的国家创新型城区。要强化企业创新主体地位，实施高新技术企业倍增计划，鼓励企业加大研发投入，打好关键核心技术攻坚战，强化产学研深度融合，带动产业链上中下游、大中小企业融通创新。近年来，我们打造了北京软交所、华为软件开发云、数字产业基金大厦、鲲鹏赛道适配中心等一大批创新平台。要充分用好这些平台，同时瞄准软件信息、集成电路、芯片设计等领域，布局建设或引进一批国家实验室、工程研究中心、企业技术中心等国家级创新平台，积极承接福州大学城的溢出效应，提高科技成果转化率。

第三，要围绕构建现代产业体系，实施龙头扶引专项行动。坚持把发展经济着力点放在实体经济上，着力扶引大龙头、培育大集群、发展大产业，深化实施“六区引领、五新发力、四化发展”战略，完善“链长制”，提高产业链供应链稳定性和现代化水平，力争到“十四五”末，全区GDP突破3000亿元。要加快推进园区标准化建设，推动福州软件园全力打造“中国数谷”和创建国家级数字经济小镇，高新区洪山园积极争创国家级金牛“互联网+”小镇，力争到2025年总营收分别突破3000亿元、1000亿元。要巩固提升国家服务业综合改革示范典型建设成果，推动生产性服务业向专业化和价值链高端延伸、生活性服务业向高品质和多样化升级，加快现代服务业数字化、标准化、品牌化战略，打响“鼓楼服务”品牌。

第四，要围绕融入新发展格局，实施扩大内需专项行动。坚持扩大内需这个战略基点，深入实施内循环培育、双循环示范工程，更好服务构建新发展格局。要促进消费提质扩容，繁荣发展夜色经济、网红经济、直播经济、首店经济、共享经济等，构建全省服务业品牌大区、新零售之都、首店经济集聚区，建设国内领先的区域消费中心城区。要积极扩大有效投资，深化“五个一批”和重点项目协调推进工作机制，实施一批强基础、增功能、利长远的重大产业项目。特别是要实施新型基础设施领先计划，打造全省5G应用示范区。要着力构建国内大循环、国内国际双循环的重要节点，加强与“一带一路”沿线国家和地区的合作，积极融入国家海洋经济发展示范区、闽东北协同发展区、福州都市圈一体化、“海丝”核心区战略支点城市、滨海新城建设，实现优势互补、共赢发展。

第五，要围绕激发发展活力动力，实施改革攻坚专项行动。“十三五”期间，我们承接了12项国家级、19项省级改革创新任务，都取得了很好成效。“十四五”期间，要继续当好省、市改革的“探路者”“试验田”，为全市、全省乃至全国创造更多有益经验。要扎实推进重点领域和关键环节改革，加快完善市场经济体制，深化国资国企改革和财政金融改革，营造支持非公有制经济高质量发展的制度环境，不断激发高质量发展的内生动力。特别要积极争取更多重大改革试点落户鼓楼，推出更多原创性、突破性、示范性的改革举措，打造一批在全省乃至全国叫得响的改革品牌。

第六，要围绕优化营商环境，实施创业鼓楼专项行动。近年来，我们坚持像抓脱贫攻坚一样抓营商环境建设，致力打造国内一流、省内领先的营商环境高地，创新创业创造活力持续迸发，在2020年赛迪营商环境百强区中位列全国第22名，全省第一。要坚持“市场主体满意”和“营商评价提升”双导向，深入推进“放管服”改革，深化“证照分离”“多证合一”改革，大力推广“互联网+政务服务”向社区延伸，打造市场化法治化国际化营商环境，构建全省最便捷办事城区。要深化完善“服务企业直通车”“企业服务日”“一企一议”“企业驿站”“政务服务进园区”以及楼宇“党代表”等机制，办好服务企业大会，推进政银企对接便捷化、常态化，构建企业全生命周期服务体系，让更多创业者在鼓楼追梦、筑梦、圆梦。

第七，要围绕生态宜居环境建设，实施美丽家园专项行动。深入践行“绿水青山就是金山银山”理念，树牢绿色化、人文化、便捷化、均衡化导向，推动颜值、气质双提升，着力提高城区要素吸引力、综合承载力。要擦亮城市生态底色，巩固国家级生态区建设成果，坚决打好污染防治攻坚战，加强生态环境保护修复，深入推进河湖水系治理和生活垃圾分类工作，创建国家生态文明建设示范区。要推进以人为核心的新型城镇化，构建国土空间开发保护新格局，加快城市有机更新，推进老旧小区“片区化”改造、道路“白改黑”提升和杆线整治。要用好“公厕长”“古厝长”“街巷长”“垃圾分类亭长”等机制，做大做强做精“鼓楼智脑”，推进智慧城区建设，全面提升城市精细化管理水平。

第八，要围绕文旅深度融合，实施全域旅游专项行动。作为历史文化名城福州的发祥地，鼓楼的文化、旅游资源极为丰富。要以获评首批福建省全域生态旅游示范区为契机，坚持以文塑旅、以旅彰文，挖掘坊巷人文资源，升级“坊巷文化影音秀”，形成有声文化地图，充分讲好坊巷故事，打造有声城市。要深化内涵古厝、记忆古厝、数字古厝建设，衍生开发研学旅游产品，持续开展“大美鼓楼 四季坊巷”“听鼓楼 说古厝”等系列活动，打响全国独一无二的“鼓楼坊巷游”旅游品牌，构建国际背包客旅游目的地，积极创建国家级全域生态旅游示范区。

第九，要围绕提升人民生活品质，实施幸福鼓楼专项行动。在更高起点上深入践行“三个如何”重要指示，按照“有中求优、尽力而为、量力而行”的思路，健全为民办实事长效机制，持续巩固提升“学在鼓楼”“医在鼓楼”“养在鼓楼”等品牌，不断满足人民群众对美好生活的向往。要构建更充分、更高质量的就业促进机制，实施居民增收行动，提高就业质量和居民收入，扎实推进共同富裕。要完善多层次社会保障体系，全面实施全民参保计划，健全社会救助体系，兜牢基本生活保障底线。要进一步深化岷县东西部扶贫协作和永泰对口帮扶，确保脱贫质量经得起历史和人民检验。

第十，要围绕统筹发展和安全，实施平安鼓楼专项行动。把安全发展贯穿经济社会发展各领域和全过程，深入贯彻总体国家安全观，巩固提升全国平安建设先进区建设成效，严格落实安全生产责任制，加强房屋结构安全、道路交通、食品药品等重点行业领域治理，推动扫黑除恶长效常治，确保人民安居乐业、社会安定有序。要以获评首批全国法治政府建设示范区为契机，进一步深化一流法治城区建设，提升法治鼓楼、法治政府、法治社会建设水平。要持续开展社会治理现代化试点工作，深化拓展军门社区工作法，完善“一线处置”机制，推进社区标准化建设，加快社区“两中心两厅一平台”建设，构建基层社会治理共同体。同时，要完善“三服务”工作体系，常态化开展“系列主题日”“四巡四访四问”等，更好地解决群众诉求。

三、持续提振干事创业精气神，推动“十四五”发展各项目标任务落到实处

越是任务艰巨，越需要干部增强担当的魄力；越是使命重大，越需要干部引领担当的精气神。全区上下要大力弘扬“马上就办、真抓实干”的优良传统，提振精气神，奋进“十四五”，凝心聚力把宏伟蓝图变成美好现实。

一要提升干部队伍战斗力。要发扬充沛顽强的斗争精神，敢于动真碰硬，着力突破“难、硬、重、新”问题。要对标“八种本领”“七种能力”要求，加强思想淬炼、政治历练、实践锻炼、专业训练，切实提高各级干部适应新时代新要求抓改革、促发展、保稳定水平和专业化能力。

二要提升实干担当执行力。有多大担当才能干多大事业。要深入践行“一线工作法”，对照“十四五”发展路线图、施工表、责任书，实打实地抓，硬碰硬地干，坚决杜绝形式主义、官僚主义。要发扬“钉钉子”精神，一任接着一任干，一锤接着一锤敲，确保一抓到底、抓出成效。

三要激发干事创业原动力。认真落实新时代党的组织路线，坚持好干部标准，完善全面、立体、透视察人识人机制，推动“一线考核干部”常态化、长效化，认真做好换届工作，

大力培养选拔优秀年轻干部，着力把符合党和人民事业需要的好干部选出来、用出来、管出来、带出来。要持续深化“争当排头兵”系列竞赛活动，坚持严管与厚爱相结合、激励与约束并重，积极为敢担当、善作为的干部容错纠错、澄清正名，激励干部新时代新担当新作为。

同志们，新时代催人奋进，新征程重任在肩。让我们更加紧密地团结在以习近平同志为核心的党中央周围，不忘初心、牢记使命，同心同德、拼搏进取，争当全方位推动高质量发展超越先行示范区，全力打造宜居宜业宜商宜游的首善之区、幸福鼓楼，为加快建设社会主义现代化国际城市一流中心城区而努力奋斗！

政府工作报告

——在区第十七届人民代表大会第五次会议上的报告

福州市鼓楼区人民政府区长 黄建新

（2021 年 1 月 13 日）

各位代表：

现在，我代表福州市鼓楼区人民政府，向大会报告政府工作，请予审议，并请区政协各位委员提出意见。

一、2020 年工作暨“十三五”发展回顾

2020年是全面建成小康社会和“十三五”规划收官之年，也是发展进程中极不平凡的一年。一场突如其来的新冠肺炎疫情席卷各地，给我们带来了严峻挑战。

——疫情就是命令，我们闻令而动、全员冲锋。贯彻落实中央和省、市决策部署，把人民群众生命安全和身体健康放在第一位，广大医务工作者白衣擐甲，党员干部、社区工作者、志愿者坚守一线，企业家、海内外乡亲捐款捐物，全区人民众志成城，汇聚起了打赢疫情防控人民战争总体战阻击战的磅礴力量。

——防控就是责任，我们尽心尽责、全面布防。采取“平台式”管理、“套娃式”防控、“组团式”服务，联防联控守好全区大门小卡，“一人一档”加强重点风险地区来访人员分类管控，应检尽检做好重点人员核酸检测，及时保障防疫和民生物资供应，筑牢了“外防输入、内防反弹”的坚固防线。

——坚持就是胜利，我们紧抓不懈、全力以赴。始终绷紧常态化疫情防控这根弦，坚持“人物同防”，建立健全境外来访人员、进口冷链食品等风险管控机制，强化综合防控应急演练，完善公共卫生应急管理体系，切实增强群众防护意识，牢牢守住了疫情防控的底线。

一年来，在市委、市政府和区委的正确领导下，区政府坚持以习近平新时代中国特色社会主义思想为指导，全面贯彻党的十九大和十九届二中、三中、四中、五中全会精神，在深入推进常态化疫情防控的同时，以“争当排头兵”系列竞赛活动为抓手，攻坚克难、砥砺奋进，保持了经济社会平稳健康发展。预计全年地区生产总值突破 2000 亿元，一般公共预算总收入增长 1.3%，地方一般公共预算收入增长 2.5%，社会消费品零售总额增长 2.1%，城镇以上固定资产投资增长 8%，实际利用外资增长 141.7%，城镇居民人均可支配收入增长 2%。获评全国首批法治政府建设示范区、中国领军智慧城区；位列全国百强区第 18 名、全国营商环境百强区第 22 名，均为全省第一。主要工作和成效体现在：

（一）突出稳中求进，经济发展质量更高。“三大经济”活力迸发。“数字经济”加速领跑，17 家企业入选全省数字经济领域独角兽、瞪羚创新企业，占全省 19.1%；23 个项目入选全省数字经济百项应用场景典型案例，数量全省第一；新落地数字经济项目 190 个，总投资 250 亿元。“总部经济”持续壮大，新引进企业总部 10 家，新培育市级总部企业 10 家；企业上市创历年最高水平，新增 2 家境内上市企业，6 家企业新晋或更替上市进程。“平台经济”快速发展，新认定市级平台企业 31 家，企业数和纳统销售额均居全市第一。产业载体提档升级。全面打造星级楼宇标杆，新建、改造商务楼宇 31.5 万平方米，税收超千万元、超亿元楼宇分别达 110 栋、24 栋，获评中国楼宇经济焕新发展城区。大力实施商圈品牌战略，开展“指尚东街口”等各类促销活动 140 场次，东街口商圈销售额达 85 亿元。在全

省率先推出夜色经济工作导则，打造了三坊七巷市级夜色经济示范街区和12个夜间经济集市。扎实推动园区蓄力发展，软件园成功入选第三批国家双创示范基地，技工贸总收入突破1200亿元，A区数谷大厦对外招商，E区光电芯片产业基地改造扩容，全省首个国产化软硬件适配中心落户园区；洪山科技园技工贸总收入突破500亿元，新引进互联网企业21家，互联网产业规模占比达65%。新产业新业态集聚发展。新落地中科星泰、博创时空等区块链相关企业，建成政务数据共享、数据存证服务等区块链技术应用平台。“云服务”赋能产业发展，华为云、阿里云、天翼云等云服务市场规模达80亿元。鲲鹏（信创）产业辐射带动力增强，关联企业实现营业收入15亿元。直播行业加快集聚，松果小镇网络科技等一批直播企业落户运营，打造了100个特色直播品牌馆。永辉生活、谊品生鲜、7-Eleven、六意等便利连锁门店超过360家。首店经济壮大发展，新增品牌首店52家。

（二）聚力项目攻坚，发展动能持续增强。专项行动加压奋进。“抓项目促跨越”行动开工项目143个、竣工项目69个，总投资分别达541.8亿元、132.5亿元。“双百双千”增产增效行动共414家企业实现正增长，增产面达98.8%。服务业跨越发展行动实施项目28个，完成投资67.7亿元。“新基建”行动建成新能源汽车充电桩303个，5G基站951个，在全省率先实现5G信号全覆盖。重点项目快速推进。43个“五个一批”项目完成年度投资57.5亿元，一季度正向激励综合考评进入全省前十。62个省、市级重点项目完成年度投资188.2亿元，超序时8.1个百分点。招商引资成绩斐然。坚持以商招商、产业链招商、资本招商等，新引进招商项目468个，总投资938亿元，其中10亿元以上项目14个，福化环保、字节悦动等大项目、好项目相继落地。

（三）着力关键领域，改革创新步伐加快。重点改革蹄疾步稳。扎实推进国家知识产权强县工程示范区、“三新”经济统计试点等13项国家级、省级改革试点。全面完成经合社集体经济组织产权制度改革。“一线处置”机制获全市改革创新项目第一名。深化国资国企改革，与华润、首程控股、欧力士等大型央企、国企、外企合作，成立了润楼金投、诚驿停车、智慧城市运营等合资企业。创新活力持续释放。新增国家高新技术企业144家、科技小巨人领军企业22家，总数分别占全市29%、25%。新增省级龙头企业1家、“专精特新”企业3家，新增省级新型研发机构、技术转移机构共10家。1人入选国家级重大人才项目，10个团队（个人）入选省引才“百人计划”，新增高技能人才310名。新引进博士、硕士221名，位列全市第一。协作交流深入推进。深度融入“海丝”核心区建设，6个“海丝”项目完成年度投资6亿元，新引进外资项目16个。深化与纽约布鲁克林区、马来西亚诗巫市等友城交流。圆满完成东西部扶贫协作任务，累计投入财政帮扶资金1.4亿元，实施产业帮扶项目85个，就业扶贫8942人次，助力岷县如期脱贫摘帽。与新疆奇台县、西藏八宿县、我市永泰县等对口帮扶、山海协作取得新进展。

（四）对标先进一流，营商环境不断优化。惠企服务精准有力。有序推进企业复工复产、增产增效，出台帮助中小微企业共渡难关16条措施，落实减税降费32.5亿元、出口退税37.4亿元、奖补资金5.4亿元、援企稳岗资金2.3亿元。落地省“金服云”平台，为1.05万家企业融资近400亿元，获评省金融创新一类项目。设立区“金融帮扶超市”，定期举办政银企对接会，助力965家企业获得授信700亿元、贷款127亿元。完善“服务企业直通车”“一企一议”等机制，累计帮助企业解决问题1300多个。举办服务企业大会、企业运动会和重点企业高管培训班。政务服务便捷高效。推进“互联网+政务服务”优化升级，区级“最多跑一趟”“一趟不用跑”事项占比分别达95.9%、71%。商事制度改革步伐加快，在全市率先推出扫码自助免费寄递、市场监管系统“证照联办”等服务新模式。信用体系逐步健全。加强信用信息归集共享，深化“信易批”应用，开通“绿色通道”和全程代办等服务；深入开展“信易贷”，破解中小微企业融资难、融资贵问题。

（五）坚持系统施策，城市品质显著提升。老城更新多点开花。坚持“系统、综合、集成”理念，十位一体推进实施483个新一轮城市品质提升项目，完成华林路、湖东路、西洪路等5条重要街区综合提升，改造经院巷等21条传统街巷和27个老旧小区，实施85栋建筑立面整治，缆化下地120段，开展废弃杆件、广告牌、箱柜、卷帘门专项整治，城区面貌焕然一新。启动文林路南侧等5个旧屋区改造项目，完成市三建宿舍等25个零星地块精准改造，推进22个安置房项目建设，开展13个安置房项目选房。推进城区缓堵项目8个，实施道路平整度提升63.7万平方米。新增公共停车泊位727个。生态环境持续改善。水系综合治理基本完成，21条内河全面转入长效管理。福道灯光夜景全面提升，福山郊野公园全线贯通。“绿进万家、绿满榕城”扎实推进，建成街头小公园60个，拆墙透绿80处，新建改造绿地16万平方米。空气质量优良率达99.7%，西北区饮用水源保护区水质连续25年100%达标。精细管理不断升级。开发垃圾分类智慧监管平台，创新推行垃圾分类“亭长制”和管理员持证上岗制，开展误时投放专项整治，建成垃圾分类精品示范点150个，垃圾分类正确率达90%。

新改建12座公厕，打造10条精品市容环卫示范街，新增5条“两车”禁停道路。

（六）致力普惠共享，民生事业全面进步。民生支出占一般公共预算支出比重达78.2%，实施53项为民办实事项目。全面完成第七次全国人口普查现场登记工作。教育强区巩固发展。获评国家级信息化教学实验区、基础教育国家级优秀教学成果推广应用示范区。建成鼓楼第二中心小学教场分校、钱塘小学教育集团怡山校区等5所学校，新增学位3500个。深入实施“强师工程”，推行“区管校聘”改革。加快智慧校园建设，“空中课堂”入选教育部“线上教学优秀案例”并向全国推广。实现区属中小学校内课后服务全覆盖。健康鼓楼稳步推进。新改造投用洪山、五凤等4家街镇社区卫生服务中心，设立6个社区卫生服务中心分部。与省、市属医院结成11个医联体49个医疗协作帮扶对子。完成区疾控中心P2实验室一期建设，启用全省首个官方疫苗全过程可追溯平台。城镇居民、职工医疗保险参保率达98%以上。实现0—3岁托育机构街镇全覆盖，国思托育园通过省级示范试点验收。新增健身路径10条、足球场7片、篮球场4片，建成西河智慧体育公园，构建了“15分钟健身圈”。社会保障坚实有力。新增就业2.9万人，失业人员再就业0.3万人。承接各级国企社会化管理退休人员2.2万名。临时救助月标准提高至988元，失能特困人员集中供养率100%。新引进8家养老服务企业，建成13个“长者食堂+学堂”，为特殊困难老年人、80周岁以上老年人购买580余万元居家养老服务券，为12.9万名鼓楼户籍老年人购买意外伤害险。文化旅游融合发展。加强乌山、于山、冶山历史风貌区和历史文化街区保护建设。强化古厝保护和活化利用，在全国首推“古厝长制”，开发全国首套古厝保护数字化系统，建成福州古厝展示馆。策划推出52条坊巷文化旅游线路和“云游坊巷”等线上文旅项目，开展“大美鼓楼·四季坊巷”周周游系列活动。获评全省首批全域生态旅游示范区。

（七）创新工作模式，社会治理多向发力。“一线处置”成效显著。在全国首创基层社会治理“一线呼叫、一线报到、一线处置”机制，累计办理各类诉求事项1.5万件次，办结率达98.7%，有效打通服务群众“最后一米”。12345便民服务平台受理有效诉求件7.6万件，群众满意率达99.9%。社区建设成果突出。社区治理三年行动有效实施，全区69个社区全部通过市级达标社区验收，创建市级标杆社区21个。创新打造“两中心两厅一平台”社区服务场所和治理平台，组织开展“居民恳谈日”活动621场次，落实“参与式预算”微实事协商项目93个。建成中山智慧社区，实现社区人、地、物智慧化管理。平安建设扎实开展。坚持生命至上、安全第一，深入开展房屋结构安全隐患排查，整治安全隐患1621处、群租房1445户。完善“1235”矛盾纠纷多元调处机制，建成在线矛盾纠纷化解工作室，在线调处矛盾纠纷1221件次，刘子钰调解工作室获评全省首批省级金牌调解工作室。“最多投一次”阳光信访事项办结率达99.5%。扫黑除恶成果持续巩固，社会治安保持稳定。

（八）转变政府职能，自身建设有力有效。深入学习《习近平谈治国理政》第一、二、三卷以及《习近平在福州》《习近平在福建》等系列采访实录，切实用党的创新理论武装头脑、指导实践、推动工作。依法行政深入推进。深化一流法治城区建设，法治建设向营商环境、文化遗产保护、社区治理等领域拓展，圆满完成“七五”普法及验收工作。成立法律服务站10个，办理法律援助案件244件。严格执行区人大及其常委会决定决议，自觉接受区人大法律监督、工作监督和区政协民主监督，办结109件人大代表建议和167件政协委员提案，满意率达100%。数字政府加快建设。“鼓楼智脑”建设不断深化，开发服务企业、智慧河长等30多个应用子系统，汇聚数据信息3650多万条。深入推进基层政务公开标准化规范化工作，区政府门户网站实现全省绩效考核十连冠。作风建设常抓不懈。认真落实全面从严治党和意识形态工作主体责任，严格执行中央八项规定及其实施细则精神。落实“基层减负年”要求，深入践行“一线工作法”，驰而不息整治“四风”问题，实施效能问责10人次。树牢过“紧日子”思想，加强审计监督，因公出国（境）经费、差旅费支出压减超50%，公务接待、会议培训支出压减超60%。

各位代表，2020年各项工作的圆满完成，标志着“十三五”规划目标的顺利实现。过去的五年，是鼓楼发展取得历史性成就、发生历史性变革的五年，是全区经济社会发展持续向好、城市面貌显著提升、人民群众幸福感不断增强的五年。

五年来，我们坚持量质并举，聚力赶超发展，综合实力实现了大跨越。地区生产总值从1100亿元跨越到预计突破2000亿元，跃居全省第二；人均国内生产总值超27万元，全省第一。累计实施重点项目226个，固定资产投资年均增长9.5%；引进项目1984个，落地了华电福瑞能源、兴银理财等6个投资超50亿元项目。市级总部企业、境内外上市企业数量占全市近三分之一。品牌首店从100家增至244家。全国百强区排名从第42名跃升至18名；获评全省唯一的“中国最具价值投资城区”；连续17年在全市绩效考评中获评优秀。

五年来，我们坚持先行先试，聚力改革开放，创新动能实现了大迸发。重点领域综合改革全方位开展，累计推进10大领域150项624小项改革工作，承接了12项国家级、19项省级改革试点，企业骨干人才培育服务模式等改革经验在全国、全省推广。“放管服”改革成效突出，全年办税时间、行政审批等办事服务效率全市领先，市场主体突破13万户。创新主体持续壮大，国家高新技术企业从156家增加至597家，培育省级科技小巨人企业139家，20家市级企业技术中心升级为国家级、省级企业技术中心。创新人才不断集聚，新增市级以上高层次人才88名、高技能人才1262名。开放协作持续深化，实际利用外资77.3亿元，外贸出口年均增长5.7%，新增加国际友城1个，建成“台港澳青年之家”和5家省级台湾青年体验式交流中心，累计开展互访交流超100批次。

五年来，我们坚持内外兼修，聚力品质提升，宜居环境实现了大升级。老城面貌华丽蜕变，累计实施连片旧屋区改造55片152万平方米、零星地块精准改造31片、老旧小区改造265个、建筑立面整治261栋、街巷改造提升86条，旧城更新项目获得中国人居环境范例奖。生态环境全面改善，改造提升7个公园景区，新增公园景区面积230.9公顷，建成各类休闲步道45.1公里，全区绿化覆盖率从38.5%提高至40.98%，获评国家生态区。内河水系实现蝶变，21条内河水系全面消除黑臭，建成串珠公园30个。保护修缮重点文物和古建筑46处，打造了鳌峰坊特色历史文化街区，闽都文化影响力、感召力明显增强。精细化管理迈向一流，在全省率先推出“公厕长制”“街巷长制”等一批创新管理措施，道路保洁、垃圾分类等工作走在全市前列，省级文明城区总评成绩位居全省第一。

五年来，我们坚持优质均衡，聚力扬长补短，社会事业实现了大发展。教育发展挺立潮头，在全省率先推出集团化办学、“区管校聘”等改革举措，10所中小学教学综合楼新建落成，新增校舍面积18万平方米，新增学位1万个，学前教育普惠率从58%跃升至90%，义务教育、特殊教育均衡发展，获评全省首批教育强区、省级基础教育改革发展实验区。健康鼓楼硕果累累，新改扩建社区卫生服务中心9个，分级诊疗、双向转诊、健康促进等创新经验在全市推广，获评全国健康促进区。养老事业不断进步，在全省率先实现居家和社区养老服务照料中心街镇全覆盖，“三重三精三化”工作模式获评全国养老服务业发展典型案例。

五年来，我们坚持共建共享，聚力民生福祉，人民生活实现了大改善。民生支出累计达145.6亿元。城镇居民人均可支配收入从4.1万元提高至5.7万元。城镇新增就业13.2万人，城镇登记失业率低于全市平均水平。建成安置房40.5万平方米，公租房实物配租1972套。顺利通过全国社区治理和服务创新实验区建设评估验收，军门社区“13335”工作法在全国推广，获评全国平安建设先进区。退役军人服务保障体系不断健全，连续三届获评省级双拥模范城。民族宗教、外事侨务、台港澳事务、军民融合、国防动员、人防等工作扎实开展，工会、共青团、妇女儿童、老龄、残疾人、科普、档案、慈善等事业全面推进。

各位代表，五年的成就令人振奋，五年的经验弥足珍贵。五年的发展历程启示我们：必须始终坚持正确方向，旗帜鲜明讲政治，严守政治纪律和政治规矩，全面贯彻落实中央和省、市的决策部署。必须始终坚持大局意识，以“功成不必在我”的精神境界和“功成必定有我”的历史担当，一茬接着一茬干，一张蓝图绘到底。必须始终坚持人民至上，自觉践行习近平总书记“三个如何”重要指示精神，把增进人民福祉贯穿于政府工作全过程，将发展成果转化为人民群众的获得感、幸福感、安全感。必须始终坚持对标一流，跳出福建看鼓楼，放宽眼界、放大格局、奋楫争先，力争更多领域在全市、全省乃至全国走前头、作示范。必须始终坚持务实作风，大力传承弘扬“马上就办、真抓实干”优良作风，把求真务实的导向立起来，把真抓实干的规矩严起来，埋头苦干，形成推动发展的强大合力。

各位代表，成绩来之不易，这是在市委、市政府和区委的正确领导下，全区人民团结奋斗、社会各界大力支持的结果。在此，我代表区人民政府，向全区人民，向人大代表、政协委员、各民主党派、工商联、无党派人士、各人民团体、离退休老同志和社会各界人士，向省、市直机关企事业单位和驻区部队指战员、武警官兵、公安干警、消防救援队伍指战员，向关心支持鼓楼发展的港澳台同胞、海外侨胞和国际友人，向奋战在抗疫一线的医务工作者、干部群众，表示衷心的感谢和崇高的敬意！

在看到成绩的同时，我们也必须正视当前鼓楼发展中存在的困难和问题，主要是：经济发展空间载体有限、龙头企业偏少、重大项目不足，稳增长和财政保障压力较大；科技创新资源汇聚不够、企业研发投入偏低，新兴产业尚未形成有力支撑；营商环境对标国际国内先进地区还有较大提升空间；城市精细化管理长效机制仍需完善，交通拥堵、停车难等老城问题依然突出；教育、健康、养老、托育等公共服务仍有不少短板，等等。对此，我们将采取有效举措，认真加以解决。

二、“十四五”发展暨2021年工作安排

根据《中共福州市鼓楼区委关于制定鼓楼区国民经济和社会发展第十四个五年规划和二〇三五年远景目标的建议》，区政府编制了《福州市鼓楼区国民经济和社会发展

第十四个五年规划和二〇三五年远景目标纲要草案》，提请大会审议。

“十四五”发展的指导思想是：高举习近平新时代中国特色社会主义思想伟大旗帜，深入贯彻党的十九大和十九届二中、三中、四中、五中全会精神，紧紧围绕统筹推进“五位一体”总体布局和协调推进“四个全面”战略布局，增强“四个意识”、坚定“四个自信”、做到“两个维护”，坚持稳中求进工作总基调，坚持系统观念，以全方位推动高质量发展超越为主题，以深化供给侧结构性改革为主线，以改革创新为根本动力，以满足人民日益增长的美好生活需要为根本目的，坚定不移贯彻落实“3820”战略工程思想精髓，坚持“六区引领、五新发力、四化发展”，实施十大专项行动，建设以“三大经济”为主攻方向的现代化经济体系，科学推进省会核心城区治理现代化，不断增强人民群众的获得感、幸福感、安全感，加快建设社会主义现代化国际城市一流中心城区。

“十四五”时期发展的主要目标和2035年远景目标是：站在更高起点上谋划创新之举，着力打造全省领先的高质量发展超越先行区、全国知名的服务业发展示范区、充满活力的改革创新样板区、令人向往的品质生活幸福家园。到2025年，地区生产总值突破3000亿元，进入全国百强区前15名，城镇居民人均可支配收入与经济发展保持同步增长。到2035年，率先实现全方位高质量发展超越，经济实力、科技实力、综合竞争力再迈上一个大台阶。

围绕上述指导思想和发展目标，我们要在“四个聚焦”上精准发力：

——要聚焦首发：主动把握新形势，积极抓住新机遇，敢闯敢拼、精益求精，努力打造一批拿得出、叫得响、过得硬的工作品牌、示范标杆，率先探索并推出一系列鼓楼标准、鼓楼实践、鼓楼模式。全力打造现代服务业标杆区，积极主导或参与制定服务业行业标准，大力发展现代金融等新兴服务业，全面推动商务商贸、物流等传统服务业向中高端转型，建成2个百亿品牌商圈，打造星级标杆楼宇30栋。着力打造福州都市圈核心区，抢先布局一批金融资产、供应链管理、跨境电商等区域中心，推动资本、技术、人才等核心要素向鼓楼集聚，形成区域发展新优势。打造“海丝”核心区金融中心，大力发展朱紫坊基金港、软件园基金大厦、海峡财富港湾，构建服务实体的全金融产业链。至2025年，力争第三产业增加值突破2600亿元、社会消费品零售总额突破1500亿元；基金产业规模超3000亿元、产业带动超5000亿元；总部企业达50家、平台企业达150家、上市企业达50家、持牌金融机构达200家。

——要聚焦首创：坚持创新是第一动力，主动承接国家和省、市综合改革试点工作，以敢为人先的勇气和魄力，在创新创业创造中展现鼓楼锐气、鼓楼智慧和鼓楼活力。坚定不移走自主创新道路，培育创新型领军企业，布局一批科技孵化器、众创空间等平台载体，加强与福州大学城、“三创园”产学研合作，构建区域性创新高地。加快人才强区建设，推进人才链与创新链、产业链深度融合，精准引进一批高层次、高技能人才。精心谋划新一轮国资国企、教育教学、医药卫生、生态文明等重点领域改革，形成一批可复制、可推广的改革经验。着眼打造一流营商环境，健全完善政务服务、社会信用体系，全面优化企业服务，把鼓楼建设成为海内外客商青睐的投资沃土。至2025年，国家高新技术企业突破1000家；新增市级以上人才数量保持全市第一；进入全国营商环境百强区前15名。

——要聚焦首位：高站位、高标准、高水平落实各项决策部署，与大的比、与强的争，争创更多领域的全市、全省乃至全国第一，不断提高鼓楼的首位度、美誉度。巩固扩大全市经济总量第一的领先优势，奋力打造全省数字经济第一区、数字治理第一区、数字政府第一区、全域旅游第一区和最具魅力的省会核心城区。加快推进数字产业化和产业数字化，大力发展5G、物联网、人工智能等产业，积极培育数据要素市场，打造集聚度高、创新能力强的数字产业集群；迭代升级“鼓楼智脑”，拓展应用场景，打造特色鲜明的数字之区、智慧之区。系统推进城市更新、生态环境整治、绿化花化美化，深耕城市精细管理，实现中心城区颜值、品质双提升。以获评省级全域生态旅游示范区为契机，坚持商旅文融合发展，打造国际背包客旅游目的地。至2025年，力争建成全国一流新型智慧城区、国家全域旅游示范区。

——要聚焦首善：深入践行习近平总书记“三个如何”重要指示精神，坚守为民情怀，恪守初心使命，以“永远在路上”的执着和韧劲，坚定不移推动幸福鼓楼建设走深走细走实。打好家在鼓楼“幸福牌”，持续打造一批“家门口”民生工程，完善公共服务体系，构建温暖、幸福、平安的宜居家园。打好优质教育“共享牌”，重点开展“三区联动、整体推进”专项行动，着力破解优质教育“东强西弱、南强北弱”不平衡局面。打好托育养老“服务牌”，有序推进社区医院建设，逐步完善0—3岁婴幼儿照护服务体系，实现社区养老服务设施全覆盖，构建全生命周期民生服务体系。至2025年，新增学前教育和义务教育学位1万个，最低生活保障标准提高到最低工资标准的42%，进入“中国最具幸福感城区”榜单前十。

各位代表，2021年是中国共产党成立100周年，是“十四五”开局之年，也是开启全面建设社会主义现代化国家新征程、向第二个百年奋斗目标进军的第一年。面对深刻复杂变化的国内外形势，我们必须提升识变之智、应变之方、求变之勇，一手抓常态化疫情防控，一手抓经济社会发展，扎实做好“六稳”工作，全面落实“六保”任务，确保开好局、起好步。今年经济社会发展的主要预期目标是：地区生产总值增长8.7%，地方一般公共预算收入增长5%，城镇以上固定资产投资增长7%，社会消费品零售总额增长9%，外贸进出口总额增长1%，实际利用外资增长3%，城镇居民人均可支配收入增长5%，城镇登记失业率低于全市平均水平，完成能耗“双控”目标任务。

实现上述目标，必须重点抓好以下七个方面工作：

（一）着眼动能转换，推动产业发展再迎新跨越

壮大优势主导产业。着力扶引大龙头、培育大集群、发展大产业。围绕软件与信息、云服务等9个重点产业链，加快聚链、补链、强链、延链，推动产业链补强升级。全面实施数字经济领跑行动，对接数字峰会溢出效应，力争数字经济规模占地区生产总值比重达62%以上。实施新型基础设施领先计划，加快全省5G应用示范区建设，培育5G生态企业200家，产业规模达100亿元。深化推动“上云用数赋智”行动，云服务和大数据产业规模达150亿元。加快鲲鹏赛道·国产化适配中心二期等项目建设，推动信创产业关联企业实现营收30亿元以上。完善商贸供应链，新培育千亿级大型商超1家、30亿元级商贸供应链平台2个。做强东街口“八闽第一商圈”品牌，错位发展五四路商务新白领、五一广场地铁新经济、环省体都市慢生活等次级商圈，持续开展数字生活节等特色促销活动。加快东街商务科技中心、省建工集团总部、华电集团总部等近45万平方米商务楼宇建设，改造提升金龙大厦等3.8万平方米商务楼宇，落实“楼八条”“星级评定”，打造全省商务楼宇经济标杆示范区。

培育经济新增长极。提速建设朱紫坊基金港，积极申办全国性基金峰会，引进上海证券交易所、深圳证券交易所、中国金融期货交易所等落户并设立省级以上区域服务中心，加快推动一批头部基金落地，力争基金产业规模突破500亿元。建设海峡财富港湾，新引进企业超30家，实现营收超100亿元。大力发展“五店”经济，支持连锁便利店拓点布店，力争品牌首店达270家、连锁便利店达420家。高水准建设运营三坊七巷夜色经济示范街区，街区营收规模超80亿元。大力发展全域旅游，开展“云游鼓楼”等品牌营销，实现旅游收入超500亿元。推动军产应用示范区建设，策划军产载体招商，探索闲置军产盘活利用新途径。

推进园区标准化建设。着力构建空间建设、创新驱动、服务平台、招商入园、人才服务、生活配套、运营管理等七大标准体系，助力园区高质量发展。以打造“中国数谷”统领软件园开发建设，争创国家级数字经济小镇、中国软件名园，园区技工贸总收入力争突破1500亿元；基本建成E区6万平方米光电芯片产业基地，全面动建D区9.8万平方米软件信息产业基地，打造联视创新城生态产业园、鲲鹏（信创）产业生态示范基地，推动福州大学铜盘校区开发，与省高新技术创业服务中心合作打造高新技术孵化高地。洪山科技园突出互联网平台经济特色，推动全省首批特色小镇验收命名，加快鼓楼科技大厦、金牛山互联网产业园提升改造，精准推进华润TB、TC商务办公楼宇招商，引进全国数字经济领域最具价值100强企业3家以上；园区技工贸总收入力争突破600亿元。

（二）筑牢发展根基，推动区域创新再上新台阶

营造创新生态。深入实施创新驱动发展战略，新增国家高新技术企业100家以上、省级“专精特新”企业2家以上、市级以上企业技术中心2家。加快推动企业“上云上平台”，培育一批工业互联网示范平台、应用标杆企业。搭建公共服务、产业技术、校地合作平台，引导企业联合开展技术攻关。探索知识产权转化运营新模式，确保每万人发明专利拥有量保持全市前列。深入实施创业“苗圃计划”，完善全链条创新创业孵化体系，新增市级及以上众创空间（孵化器）2家，建设人工智能、数字产业资本2个加速器。

优化营商环境。持续深化“放管服”改革，推动“大一窗”融合审批，推出50组“打包办”、30项“同城办”事项，“最多跑一趟”“一趟不用跑”事项占比分别达96.5%、72%。加大惠企服务力度，持续落实减税降费政策措施。升级“企业服务驿站”，建立区—街全覆盖代办服务队伍，办好第四届服务企业大会、第三届企业运动会、重点企业高管培训班。加快推进社会信用体系建设，推广全国“信易贷”平台，拓展“信易+”应用场景，健全信用承诺制度，加大信用联合奖惩力度。

加强人才建设。深化“人才一趟不用跑”服务，吸引各层次人才集聚鼓楼。实施数字精英孵化等人才计划，大力引进一批高端人才、科技领军人才，力争入选省引才“百人计划”人数保持全省第一。吸引更多台湾人才到鼓楼就业创业。加强与清华大学等知名高校合作交流，创新拓展人才交流合作模式与渠道。

（三）激发动力活力，推动改革开放取得新突破

深化重点领域和关键环节改革。全面推进10大领域改革和13项省级以上改革试点工作。深化国资国企改革，健全以管资本为主的国有资产监管体制，创新国企股权多元化改革机制，试点推广国企负责人年薪制；推动国企评级发债，争取国有企业市场化率超50%，实现国企营业收入、

净利润翻一番。强化税源培育，提升征管质量，优化纳税服务，为稳增长提供坚实保障。

打造区域大循环重要节点。聚焦第三方综合服务、供应链、医疗大数据和康养等重点产业，积极融入区域协同招商，培育电子商务、旅游、餐饮、医疗、家政、教育等细分领域头部平台企业。打造物流集散中心线上枢纽平台，全面拓宽与周边地区及岷县、奇台、八宿等协作地区的产销对接渠道。创新线上线下相结合的"同城购"消费新模式，激发内需活力。支持创立外贸自主品牌，助推跨境电商发展。

深度融入海丝领航战略。支持企业开拓"海丝"沿线市场，配合办好海丝博览会暨海交会、丝路电影节、海丝国际旅游节等活动，加快建设海上丝绸之路友城带。发挥榕籍华侨华人、商会社团桥梁作用，巩固拓展与国外友城的友好关系，扩大经贸、科教、文化、旅游等领域交流合作。

（四）注重品质品位，推动城区建设蹚出新路子

提升老城功能品质。深入开展城市品质提升"十位一体"行动，启动实施新一批提升项目 150 个。推进老城微更新，启动 8 个旧屋区改造项目，加快 5 个零星地块精准改造。新建、续建安置房 104 万平方米。实施 25 个老旧小区改造，对老旧小区增设电梯进行补贴。启动五一广场、东水路—得贵路 2 个片区综合提升，推进乌山风貌区二期保护改造工程。实施闽江北岸鼓楼段环境提升工程。启动福二路等 5 条道路建设。推进 32 段道路缆化，实现二环内全域缆化。

打造生态宜居样板。严格落实"河长日"长效机制，落实落细"河湖长制"工作责任，加强 21 条内河长效管养。完善城市绿地系统，深入开展"市民园长""绿色银行"活动，提升 20 处街头小公园，实施 30 个小区（单位）集中绿地公园化改造，修复五凤山生态绿地。空气质量持续提升，西北区饮用水源保护区水质保持 100% 达标。

深化城市精细管理。巩固提升垃圾分类标准化水平，健全小区"公交站牌式"和沿街商铺上门分类收运体系，垃圾分类正确率达 95% 以上、示范片区达标率 100%。探索实施物业管理"菜单式服务、分级化收费"模式，推动小区物业分类管理服务全覆盖。深化落实"街巷长制"，创建乌山路等 10 条精品示范街，推动鼓屏路、八一七北路创建全省示范街。拓展"两车"禁停路段，规范共享单车管理。完善"公厕长制"，改造提升公厕 7 座。

（五）聚焦优质均衡，推动民生事业迈上新水平

构建高质量教育体系。实施校园扩容工程，建成屏西小学等 4 所学校教学综合楼，开工动建湖滨小学教学综合楼，全面开展小区配套幼儿园治理，新增学前教育和义务教育学位 1860 个。培育省级义务教育教改示范学校 21 所，建成智慧校园示范校 21 所，智慧教室配置率提升至 70%。深化"学区共同体 + 集团化 + 联盟化"办学模式，新增教育集团 1—2 个。深化"区管校聘"改革，推行编外合同教师职称评聘。推动民办教育、终身教育健康发展，新增 5 个省市社区教育基地。

优化卫生健康服务供给。健全公共卫生应急管理体系，加强区疾控中心实验室检测和信息系统建设。优化传染病监测预警机制，强化传染病应急队伍力量，提升基层公共卫生应急能力。推进水部、安泰 2 个街道社区卫生服务中心达标建设，试点建设湖前社区医院。深化医联体合作机制，试点引入省妇幼医联体开展专科特色协作。建立健全民营医院长效管理机制，规范执业行为。建成托育服务试点机构 10 家以上。新建一批中小型公共体育设施，建成环西河特色体育产业综合体。

完善提升"家门口"养老服务圈。坚持医养结合、康养结合，深化居家和社区养老服务集成改革，推进街镇社区养老服务照料中心向居家养老辐射延伸，实现"六助一护"服务全覆盖，建成"1+N"家门口幸福养老服务体系。实现社区养老服务设施全覆盖，新建居住小区养老服务设施全配建。强化养老服务力量保障，培育 1 家养老服务龙头企业。

（六）擦亮闽都品牌，推动文化发展厚植新优势

做大文化产业。新引进融媒体项目 50 个以上，推动融媒体产业上下游企业集群发展。加快松果直播小镇建设，打造全省最大的全产业链短视频直播聚合平台。建设白马路文化产业综合示范带，整合福大怡山文创园等资源，打造在全市乃至全省有影响力的文化产业园。

做强文化事业。高质量完成第 44 届世界遗产大会各项工作。建成冶山历史风貌区，提升鳌峰坊特色历史文化街区。深化古厝活化利用认养模式，推出"古厝 + 非遗"研学线路，举办"非遗进古厝、进景区"等活动，推进非遗活态传承。打造"福山福道福文化"品牌，推出"有声城市"文化项目，讲好鼓楼故事，传播闽都文化。实施文化惠民工程，开展庆祝"建党 100 周年"百场群众文化活动和"家在鼓楼"系列文化活动。加快建设"文化云"平台，打造一批百姓"家门口"的文化墙、文化角、文化圈。

深化文明创建。发挥道德讲堂、闽都乡学讲习所的平台作用，深入开展"我们的节日"系列活动，大力弘扬优秀传统文化。健全文明城市创建常态长效机制，全力推动文明单位、文明校园、文明社区、文明家庭创建。建成全省首家新时代文明实践主题公园，创新志愿服务模式。开展"扣好人生第一粒扣子"等主题教育，守好未成年人心理健康防线。

（七）健全机制渠道，推动社会治理开创新局面

完善社会保障体系。实施城镇职工、灵活就业人员、

困难群体、高端人才等四大群体增收计划，落实“十个一批”扩岗行动，加强农民工、高校毕业生、退役军人等重点人群就业服务。深化构建和谐劳动关系示范区，推广设立劳动关系公共服务中心，完善“N+1”调解网络。完善分层分类的救助保障体系，建立健全社会救助保障标准与物价挂钩联动机制。

提升社区治理水平。巩固全国社区治理和服务创新实验区建设成果，探索更多贴近群众、行之有效的工作机制。以“参与式预算”微实事协商等治理平台为依托，健全“三社联动”机制，推动政府治理与社会调节、居民自治良性互动。全面推行“办事预约制”“无假日社区”等便民服务。

打造数字治理样板。建成覆盖全区的三维地图时空平台，实现城市部件全画像。完善“鼓楼智脑”功能模块，推动“一线处置”与市级部门联通，深化大数据分析应用，生成各街镇、社区综合治理成效一张图。建设执法车辆5G远程监控平台。

守好安全稳定底线。弘扬新时代“枫桥经验”，健全“最多投一次”阳光信访等机制，妥善解决群众诉求。持续巩固扫黑除恶专项斗争成果。探索“雪亮工程”深度应用，扩大平安小区建设覆盖面。常态化开展房屋结构安全排查整治，高压整治“两违”。深化安全生产专项整治三年行动，坚决遏制重特大生产安全事故。加强食品、药品、特种设备安全监管，在全省率先试行电梯“养老”综合保险。积极防范和处置金融风险。强化禁毒宣传和社区戒毒康复工作。

三、全面加强政府自身建设

各位代表，重任千钧惟担当。面对新形势、新任务、新要求，区政府将持续弘扬“马上就办、真抓实干”优良作风，解放思想、勤勉尽责、勇争一流，全力以赴建设人民满意政府。

建设担当型政府。巩固拓展“不忘初心、牢记使命”主题教育成果，增强“四个意识”、坚定“四个自信”、做到“两个维护”，确保中央和省委省政府、市委市政府、区委的各项决策部署落地生根、开花结果。树牢“排头兵”意识，健全完善一线考核、正向激励机制，提振全区上下干事创业精气神。

建设法治型政府。拓展全国法治政府建设示范区创建成果，持续深化一流法治城区建设，运用法治思维和方式深化改革、推动发展、化解矛盾、维护稳定。严格遵守宪法和法律，认真执行区人大及其常委会决议决定，依法接受人大法律监督、政协民主监督、监察监督和社会监督，办好人大代表建议和政协委员提案。谋划开展“八五”普法工作。

建设创新型政府。用改革的思路、创新的办法研究新情况、解决新问题，提高政府工作的创新能力。以信息化驱动现代化，全力推动政府数字化转型，统筹推进跨部门、跨系统的业务信息协同共享，持续提升“互联网+政务服务”“互联网+监管”水平。

建设服务型政府。加快政府职能转变，推进简政放权，健全权责清单制度，更好履行推动经济发展、管理社会事务、服务人民群众的重大职责。坚持问题导向、目标导向、结果导向，切实帮助群众和企业解决实际困难。

建设廉洁型政府。全面履行从严治党和意识形态工作主体责任，扎实推进党风廉政建设和反腐败工作，坚持用制度管人、管权、管事，加强重点领域、关键岗位监督管理，推进审计全覆盖。落实中央“过紧日子”要求，推进预算绩效管理改革，提高财政资金使用效益。

各位代表，风劲满帆再启航，砥砺奋进正当时。让我们更加紧密地团结在以习近平同志为核心的党中央周围，在市委、市政府和区委的领导下，永葆初心、牢记使命，坚定不移贯彻落实“3820”战略工程思想精髓，争当全方位推动高质量发展超越先行示范区，奋力谱写宜居宜业宜商宜游的首善之区、幸福鼓楼新篇章，为加快建设社会主义现代化国际城市一流中心城区而努力奋斗！

2020 年鼓楼区为民办实事项目完成情况

一、实施城区征迁改造

1. 实施冶山文化公园征迁工作

主办单位：鼓东街道

协办单位：区房管局、区旧改办、区城建房屋征收工程处

该项目剩余省经贸委宿舍 1 栋未拆除。

2. 启动乌山历史风貌区二期征迁工作

主办单位：安泰街道

协办单位：区房管局、区旧改办、区房地产房屋征收工程处

完成该地块的拆除工作。

3. 启动一批城区零星地块精准改造项目

主办单位：区旧改办

协办单位：相关街镇、相关房屋征收工程处

六一中路 115 号和过洋垱 3 号等 21 个项目完成征迁。

二、加快安置房建设

4. 建成福州古厝展示馆

主办单位：区文体旅局

完成福州古厝展示馆。

5. 建设西河智慧体育公园

主办单位：区国投公司、区文体旅局

完成西河智慧体育公园整体提升改造。

6. 推动一批景点申报国家级旅游景区工作

主办单位：区文体旅局、福山郊野公园服务中心、福道公园服务中心

屏山公园（镇海楼）、福山郊野公园开展 AAA 级旅游景区创建评定工作；福道于 2020 年 1 月评定为 AAA 级景区，继续按照计划推进 AAAA 级景区建设工作。

7. 新建一批中小型公共体育设施

主办单位：区文体旅局

协办单位：相关街镇

完成室内健身房器材、5 组轨道棋等全部中小型公共体育设施安装工作。

8. 公益性文体活动进基层

主办单位：区文体旅局

协办单位：相关街镇

举办“家在鼓楼年年高”慰问活动、流动图书馆下基层、“国际博物馆日”等 127 场线上线下公益性文体活动进基层。

9. 建成 10 条健身路径

主办单位：区文体旅局

协办单位：相关街镇

完成安装。

三、推进小区提升改造

10. 老旧小区提升改造工程

主办单位：区建设局

协办单位：区城投公司、区建工集团，相关街镇

27 个老旧小区提升改造工作均完成。

11. 老旧小区长效管理

主办单位：区房管局

协办单位：十街镇

20 个老旧小区长效扩面工作均完成。

12. 老旧住宅小区加装电梯工作

主办单位：区房管局

协办单位：十街镇

受理并发放加装电梯补贴资金 150 万元。

13. 自来水一户一表改造

主办单位：区房管局

协办单位：十街镇

完成 3060 户自来水一户一表改造。

14. 老旧小区化粪池清掏

主办单位：区房管局

协办单位：十街镇

1996 幢住宅楼化粪池均完成清掏任务。

15. 试点推行社区化物业管理服务

主办单位：区房管局

协办单位：相关街镇

实现杨桥河南社区化物业管理服务。

16. 高标准推进生活垃圾分类

主办单位：区城管局

协办单位：十街镇

实现全区居民垃圾分类知晓率 100%，垃圾分类参与率 100%，垃圾分类正确率 90%；全区建设垃圾分类屋（亭）1625 座，分类管理员到岗 1625 人，到岗率 100%；打造 150 个具有鼓楼特色的垃圾分类精品示范点。

17. 常态化开展“参与式预算”微实事协商项目

主办单位：区民政局

协办单位：十街镇

全区协商产生微实事项目 93 个，全面完成。

四、提升城区宜居品质

18. 新一轮城市品质提升项目

主办单位：区建设局、区城管局、区文体旅局、区自然资源和规划局、区园林中心

协办单位：区城投公司、区建工集团，相关街镇

鼓楼区新一轮城市品质提升项目 483 项，基本完成。

19. 继续推进旧商务楼宇改造

主办单位：区旧改办

协办单位：相关街镇

铁道大厦、中山大厦、东百大厦等 6 栋楼宇完成提升改造工作。

20. 道路无桶化工作

主办单位：区城管局

协办单位：十街镇

通过路面垃圾桶减量、转变小区收运模式和入店摇铃收集等方式，避免占道收集，解决路面桶占道问题。

21. 学校停车场市场化工作

主办单位：区国投公司

协办单位：区教育局

对接怡山小学、延安小学国光校区停车场，因疫情影响暂不对外开放。

22. 机关单位停车场市场化工作

主办单位：区国投公司

协办单位：各相关单位

政府大院立体停车场及行政服务中心停车场均对外开放。

23. 推进大型餐饮企业油烟排放在线监控安装工作

主办单位：鼓楼生态环境局

完成 5 家企业的大型油烟在线监控安装。

24. 继续开展“绿进万家绿满榕城”行动

主办单位：区园林中心

协办单位：十街镇

完成 60 处街头小公园建设及 20 处立体绿化。

25. 电梯安全技术评估及更新改造工作

主办单位：区市场监管局

协办单位：区房管局、区发改局，十街镇

完成 393 台老旧乘客电梯安全技术评估并陆续开展资金补贴工作。

五、完善城市基础设施建设

26. 市政道路修复改造工作

主办单位：区城管局

协办单位：相关街镇

完成修复车行道 13604 平方米、人行道 18658 平方米、小街巷 286 平方米、破路 17092 平方米等。

27. 区管道路沥青罩面加铺工作

主办单位：区城管局

协办单位：相关街镇

乌山支路、环保路、华鸿路、圣庙路 4 条区管道路完成沥青罩面加铺工作。

28. 缆线下地工作

主办单位：区城管局

协办单位：十街镇

完成 2020 年福州市下达鼓楼区缆线下地 120 段任务。

29. 新建及提升改造公厕

主办单位：区城管局

协办单位：相关街镇

新建 2 座公厕及完成 11 座公厕提升改造。

30. 市政缓堵项目

主办单位：区建设局

协办单位：相关街镇

赛月亭巷、德胜公寓周边道路及水利局宿舍周边道路完工。

31. 新西河跨河人行桥建设

主办单位：区建设局

完成。

32. 改造提升一批小街巷

主办单位：区建设局

协办单位：相关街镇

完成 21 条街巷提升改造工作。

33. 汽车充电桩建设

主办单位：区发改局

协办单位：区建设局，相关街镇

完成福州市下达鼓楼区 2020 年度电动汽车充电基础设施建设 300 个的任务。

34. 公共停车场建设

主办单位：区自然资源和规划局

协办单位：相关街镇

2020年鼓楼区公共停车场建设任务数500个，全部完成。

六、扩大教育卫健优质供给

35. 建成延安中学教育集团国光校区

主办单位：区教育局、区建工集团

协办单位：相关街镇

完成竣工验收，并投入使用。

36. 建成钱塘教育集团怡山校区

主办单位：区教育局、区建工集团

协办单位：相关街镇

完成竣工验收，并投入使用。

37. 续建花园小学

主办单位：区教育局、区建工集团

协办单位：相关街镇

完成主体结构封顶。

38. 续建屏西小学

主办单位：区教育局、区建工集团

协办单位：相关街镇

完成主体结构封顶。

39. 续建鼓楼第二中心小学

主办单位：区教育局、区建工集团

协办单位：相关街镇

完成桩基施工。

40. 续建小柳小学

主办单位：区教育局、区建工集团

协办单位：相关街镇

完成桩基施工。

41. 动建古乐路幼儿园

主办单位：区教育局、区建工集团

协办单位：相关街镇

在桩基施工。

42. 继续开展校内“午晚托”服务工作

主办单位：区教育局

28所中小学开展“午晚托”服务。

43. 社区卫生服务中心达标建设

主办单位：区卫健局

协办单位：华大街道

华大社区卫生服务中心完成达标建设。

44. 培育一批婴幼儿托育中心

主办单位：区卫健局

协办单位：区教育局，十街镇

全区建成11家婴幼儿托育中心。

45. 免费提供儿童口腔窝沟封闭服务

主办单位：区卫健局

免费完成窝沟封闭2969人，在项目宣传影响下自费窝沟封闭2311人。

七、加强社会保障及治理

46. 完善“一线呼叫、一线报到、一线处置”机制

主办单位：区数字办

协办单位：相关主责部门，十街镇

2020年，“一线处置”收到事项10868件，办结10642件，办结率97.92%。根据鼓楼区实际运行管理需要，融汇一线处置、“12345”、网格化、数字城管等平台数据，实现实时分析处置。

47. 开展消防车道专项治理并建立长效机制

主办单位：区房管局、区消防救援大队

协办单位：区城管局、区应急局、鼓楼交警大队，十街镇

区消防救援大队联合交警大队、街镇及电视台开展专项联合整治行动，对违法占用、堵塞消防通道的违法行为进行处罚、曝光。至年底，全区256家消防安全单位集中画线，查处、曝光私家车占用消防车通道违法行为382起。

48. 政府购买老年人意外伤害险及第三者财产损失保险

主办单位：区民政局

项目完成，覆盖全区60周岁（含）以上鼓楼户籍老人。

49. 政府购买民生综合意外保险

主办单位：区民政局

协办单位：区委政法委、鼓楼公安分局

项目完成。

50. 推进社区养老服务照料中心建设

主办单位：区民政局

协办单位：华大街道

华大街道屏东社区龙峰雅居园居家养老服务照料中心完成建设，并于2020年11月底对外开放试运营。

51. 开办一批“长者食堂＋学堂”

主办单位：区民政局、区老年大学

协办单位：十街镇

各街镇“长者食堂＋学堂”均建成并对外开放。

52. 社区心理矫正中心建设

主办单位：区司法局

项目建成。

53. 群租房整治

主办单位：区房管局

协办单位：区城管局、区建设局、区应急局、区消防救援大队、鼓楼公安分局，十街镇

至2020年4月30日全市专项整治行动结束，10个街镇排查群租房线索1528户，认定群租房1252户，全部完成整治及清渣工作，并转入常态化管理模式。

（区政府督查室）

1月

1日，黎明湖公园完成景观综合整治，举行开园仪式。

3日，福大怡山文创园共享职工之家举行揭牌仪式。

10日，鼓楼区开展2020年“红十字博爱送万家”救助物资发放暨启动仪式。

11日，鼓楼科艺宫举办“童心童行 筑梦远航”新春音乐会暨福建省手风琴教学基地落成典礼，全省首个手风琴教学基地在鼓楼科艺宫落户。

14日，“鼓楼年·最有福”2020鼓楼区新春欢乐嘉年华活动启动。

15日，福州市文化和旅游局网站发布公告，福道获评国家AAA级旅游景区。

16日，由鼓楼区委、区政府主办，鼓楼区委宣传部承办的“家在鼓楼·年年高”慰问活动在冠亚广场举行，公安、交警、消防、环卫工人、社区工作者、建筑工人、志愿者等600名一线代表参加活动。

16—19日，福建省首届供销年货嘉年华活动在鼓楼区冠亚广场举行，分为福建供销展区、扶贫宣传活动展区、福建老字号展区等6个展区，设置“鱼丸王”大比拼、国潮系列网红拍照打卡等环节。

21日，秘书巷举行开街仪式，巷内打造有声文化墙8处，植入有声读物6000余册，手机扫码即可聆听相应故事。

23日，鼓楼区新型冠状病毒感染肺炎防控工作领导小组成立。

31日，鼓楼区新型冠状病毒感染肺炎防控工作应急指挥部制定《鼓楼辖区企业复工复业操作手册》，督促街镇、园区下发到各楼宇、企业，严格按照复工复业程序，规范审批手续，开展非公企业复工复业防疫准备工作。

2月

10日，鼓楼区印发《关于帮助中小微企业应对疫情共渡难关的若干措施》，通过“一企一策”“点对点服务”，为受疫情影响、生产经营遇到困难的中小微企业兑现配套扶持政策。

同日，“鼓楼辖区企业复工复业平台”在全市率先上线。每栋楼宇或园区的企业及员工，凭借“一楼一码”与“一街一码”，扫码进入该平台。复工前，各企业按照平台系统流程提交复工复业备案材料；复工后，平台为复工人员提供“每日健康打卡”服务，便于企业进行健康管理监测。

同日，鼓楼“空中课堂”开课，首日近7万名师生在线上课，同时惠及甘肃岷县、宁德下党等鼓楼对口帮扶地区学生。

28日，鼓楼区举办2020年首场“1+N”政银企对接会，邀请13家银行机构、10家基金管理公司、3家保险公司和海峡股权交易中心及鼓楼区150余家企业线上同步参加活动。大会发布鼓楼区《金融支持防范疫情产品推荐册》，并争取13家银行给予鼓楼区企业授信总额度234亿元，促成9家企业与银行“在线签约”贷款3.7亿元。

3月

6日，鼓楼区举行2020年第一季度重点招商项目“云签约”，总投资111.72亿元的16个产业重点项目，涵盖平台经济、数字经济、总部经济等鼓楼产业主攻方向。其中总投资2亿元的福建省首家华为Plus超级体验店落户东街口商圈。

12日，鼓楼区印发《全面推行古厝长制实施方案》，在全省率先推行“古厝长制”，包括区级、街镇、社区和责任单位4级，明确责任、分工。

25日，鼓楼区政府门户网实现全省政府网站绩效考核（县区级）十连冠。

4月

7日，鼓楼区优化营商环境助力企业发展部署会在香格里拉大酒店福州厅召开，分别授予50家企业2019年度鼓楼区“纳税大户”和60家企业“功勋企业”称号，授予16座楼宇“星级商务楼宇”称号。

同日，2020年数字中国创新大赛·鲲鹏计算赛道适配中心在福州软件园挂牌成立，是福建省第一个国产化软硬件适配中心。

13日，鼓楼区人大常委会、鼓楼区检察院和福建黎明集团联合打造的“一流法治城区建设体验教育展示馆”在区检察院揭牌开馆。展馆面积300余平方米，设置前言、法治历程、法治鼓楼、依法监督等模块，全方位展示鼓楼区一流法治城区建设工作成果。

21日，鼓楼法院召开新闻发布会，发布《鼓楼法院知识产权司法保护状况（2018—2019年）》白皮书，通报鼓楼法院知识产权司法保护状况及知识产权十大典型案例。

26日，鼓楼区在福州率先开展区长直播——举办鼓楼区长带你逛“go”东街口直播活动，通过支付宝口碑、新华社现场云直播，超5万人在线“云逛街”，点赞数达52万人次。贯穿4月的鼓楼区“指‘尚’东街口”线上消费节活动至此落幕。

30日，第三十五届福建省青少年科技创新大赛获奖名单公布，鼓楼区7所学校上榜，4份作品入选全国赛。

5月

20日，“2020 爱在鼓楼”首店品牌系列直播开启活动首秀，鼓楼区副区长黄瑞忠、高翔进行“双拼”直播，商圈首店经济和坊巷文化旅游双线齐发，与企业总裁、本地网红共同为鼓楼代言、为商家带货。超9万人通过支付宝口碑、新华社现场云探商圈首店、访千年坊巷，点赞数逾42万人次，评论互动量120万条，成交订单约3000份；东百中心、大洋百货、大洋晶典等东街口商圈主要商家单日销量同比增长35.9%。

25日，2020年度福建省数字经济领域创新企业名单公布，鼓楼区17家企业入选，占全省19.1%。

27日，福州市鼓楼区矛盾纠纷多元调处中心刘子钰调解工作室获评“省级金牌调解工作室”。

6月

3日，鼓楼区在全市率先完成5G基站建设，达成691个5G基站建设目标，实现5G信号全覆盖。

10日，鼓楼区全面完成15个经济合作社的产权制度改革工作。

13日，洪山镇锦江社区举办社区首届非遗文化节，社区居民现场表演太极拳、旗袍展示、唐诗朗诵、陶笛演奏、书法献展等节目。

16日，鼓西街道党工委、办事处和鼓楼公安分局、区法院、区检察院、区司法局在西湖公园晨曦广场开展“全民携手，共建平安”宣传活动。

18日，位于左海公园北大门附近的鼓楼禁毒教育基地揭牌开馆，面向全社会进行禁毒知识普及和毒品预防教育。

30日，鼓楼法院与中国邮政福州分公司举行集约送达服务中心揭牌仪式暨座谈会活动，标志福州法院首家集约送达服务中心成立。

6月，“鼓楼数字古厝”平台上线，是鼓楼区在全省首创的古厝保护宣传平台。平台可提供鼓楼区108处古厝语音讲解、电子地图导航、游览线路研判优化和周边配套文旅等服务。

6月，位于文儒坊55号罗必魁故居的三坊七巷党员政治生活馆开馆投用。展馆建筑面积约500平方米，是集教育、展示、互动、交流和服务功能于一体的综合党性教育基地，工作日期间可通过预约参观学习。

7月

月初，鼓楼区作为福建省免疫规划信息系统升级改造首个试点区，率先打通接种流程，实现疫苗在线预约、在线查验、全程可追溯。

5日，位于鳌峰坊特色历史文化街区的状元道举行开街仪式，修葺后的状元道成为串联鳌峰坊与于山的通道。

15日，鼓楼区在全省率先推出《发展“夜色经济集市”规范工作导则（试行）》，试点在夜间特定时段适当放宽集市外摆管制，以规范化管理和服务支撑夜色经济发展。

22日，三坊七巷入选全国第二批步行街改造提升试点。

24日，鼓楼法院驻三坊七巷社区“法官工作室”成立揭牌仪式暨首场民法典进社区大宣讲活动在南街街道三坊七巷社区举行。

28日，鼓楼区铜盘中心小学、温泉小学的2个案例入选全国“疫情防控期间‘网络学习空间’主题应用案例”。

30日，福州市人大常委会基层立法联系点授牌仪式在安泰街道乌山社区举行，乌山社区成为全市首个基层立法联系点，直接面向市民收集立法意见建议。

31日，第一批全国法治政府建设示范地区和项目命名公布，福州市鼓楼区入选首批全国法治政府建设示范市（县、区），是福建省唯一获示范命名的县级先进地区。

7月，鼓楼区引入垃圾分类智能监管平台，全区1625个分类屋（亭）实现监管全覆盖；系统还接入鼓楼智脑平台，实现“网格化”与“一线处置”相结合，实现垃圾分类智慧化和居民自治管理。

8月

5日，鼓楼区被教育部列为“基于教学改革，融合信息技术的新型教与学模式”实验区（国家级信息化教学实验区）。

11日，2020年福建省数字经济发展专项资金5G产业等6个专项拟扶持企业项目名单公布，鼓楼区20个项目入选，约占全省三分之一。其中，5G项目2个，人工智能项目4个，卫星项目2个，平台经济项目6个，物联网项目4个，数字“海丝”项目2个。

同日，鼓西街道社区卫生服务中心智慧化预防接种门诊启用，实现儿童预防接种一站式全流程智慧化管理，是全省首家实现疫苗接种全流程智慧化管理的单位。

同日，鼓楼区举办第一期垃圾分类管理员职业技能培训班，培训并经考核合格者可获福建省第一批国家认证的垃圾分类处置“专项职业能力证书”，在全省率先实现垃圾分类管理员持证上岗。

17—31日，鼓楼区推出闪耀·817东街口专属日系列活动，政企配合在线上线下联动开展促销系列活动，东街口商圈营业额呈上升态势。

20日，鼓楼法院驻锦江社区“法官工作室”成立揭牌仪式暨首场民法典进社区大宣讲活动在洪山镇锦江社区举行。

25日，2019年度全国学雷锋志愿服务“四个100”先进典型暨疫情防控最美志愿者名单公布，南街街道三坊七巷社区入选“最美志愿服务社区”。

28日，以“科技战疫 创新强国”为主题的2020年鼓楼区科技周宣传活动在黎明湖公园举办。

9月

2日，福建省高新技术创业服务中心与福州软件园管委会签订产业合作协议，共同打造企业培育合作平台，构建“孵化空间+产业园区”产业发展链条，为企业成长提供全周期服务。

6日，位于文儒坊8号的中国商印展览馆开馆。展馆汇聚中国近现代商业往来的印章、刻版、票据等实物藏品1000余件，均为首次展出，还原部分近现代福建商业往来和文化生活场景。

10日，赛迪顾问城市经济研究中心发布《2020年中国城区高质量发展白皮书》，福州市鼓楼区获2020年中国城区高质量发展水平百强第18名。

23日，福州首个社区房颤专病联合工作室在东街街道社区卫生服务中心挂牌成立。

26日，福州首家乐高授权专卖店在鼓楼区东百中心C馆开业。

9月，鼓楼区市场监督局率先在全市探索构建“一档一评一监测”冷链食品疫情防控监管体系，即对辖区冷冻库经营单位进行全面排查建档，委托第三方机构对辖区冷冻库经营单位开展风险评估，定期对食品外包装、内包装、样品表面开展新型冠状病毒检测。

10月

9日，朱紫坊基金港开港揭牌仪式在朱紫坊芙蓉弄7号张钰哲故居举行。

11日，国家税务总局福州市鼓楼区税务局智能云自助办税设备入驻中国工商银行福建省分行闽都支行智慧大厅。该次智能云办税设备入驻金融机构为全国首例，率先推出涉税业务办理与文书输出相分离，推动“非接触式”办税便利化升级。

12日，第三届数字中国建设峰会在福州开幕，第三届东街口数字生活节在东街口大洋百货前广场同步开启，升级全域线上零售的新销售格局。

同日，在第三届数字中国建设峰会数字福建分论坛上，省数字办发布135项福建省数字经济应用场景，其中鼓楼区入选23项，占福州市的40%，位列全省各区县（市）首位。

15日，鼓楼区首个退役军人就业创业实践基地在战友集团福建分公司成立。

18日，为期3天的2020年“元泰杯”鼓楼区首届闽台茶艺职业技能竞赛落幕，两岸茶艺从业人员及爱好者50人参赛，最终3个团体获优秀奖，10人获优秀选手。

19日，鼓楼区召开第三届服务企业大会，表彰“鼓楼区20年功勋企业”和“鼓楼区脱贫攻坚爱心企业”，发布鼓楼区招商项目全程代办服务机制。

29日，以“家在鼓楼——创新创业 融合发展”为主题的鼓楼区第十五届全民健身运动会暨第二届企业运动会开幕式在鼓楼区委大院举行。

10月，鼓楼区在全市率先推行市场监管系统“证照联办”新模式，企业可在一个窗口同时提交所涉及的市场监管登记业务申请材料，改群众跑为工作人员跑，实现“一个窗口，一次表格”，完成“证照联办”。

11月

1日，鼓西街道善化坊藏天园文化夜市重装升级重新开街，在线下举行活动的同时，打造线上“云夜市”，通过现场直播、短视频等形式实时展示活动内容，观众参与网络互动。

3日，由鼓楼区委文明办主办的“书送希望 悦读接力”向甘肃岷县扶贫助学捐书仪式在福建海峡出版社厂区内举行，募集到社会各界捐赠的爱心图书11710册，总价值18.48万元。

4日，全省首批“垃圾分类处置”专项职业能力证书颁发仪式在鼓楼区举行，首批50名垃圾分类督导员获得证书。

9日，鼓楼区以总分第一名成绩获评首批福建省全域生态旅游示范区。

12日，在第二十二届中国国际高新技术成果交易会上，鼓楼区获评“2020中国领军智慧城区奖”。

13日，第七届中国教育创新年会·鼓楼区域论坛在福州市钱塘小学教育集团怡山校区举办，分享“集群化办学鼓楼模式”，吸引各县（市）区及对口帮扶校的教师和教研员代表参与，近50万人收看线上直播。

17日，在第三届中国楼宇经济全球合作大会上，鼓楼区获评“2020中国楼宇经济焕新发展城区奖”。

28日，“2020闽台匠人大会”开幕仪式暨闽台匠人师徒大会在朱紫坊38号广场以现场+网络直播形式举行。

12月

1日，福州市知识产权检察办公室在鼓楼区检察院挂牌成立，是全省首家知识产权检察办公室。

8日，鼓楼区商务局联合福州日报社举办“夜色撩人2.0”——2020鼓楼区夜色经济街区嘉年华活动。

同日，鼓楼区在内九彩巷16号举行方声洞故居开馆仪式，现场还对16家“文旅融合 民心企业”企业、13项鼓楼区第五批区级非物质文化遗产代表性项目进行授牌。

17日，鼓楼区市场监督管理局联合东街街道在全省率先打造的惠企智能服务中心，在津泰路东街街道党员政治生活馆揭牌。中心实现一网通办，将审批代办下沉街道，在全省率先探索推行企业注册登记业务部门街镇联动办理；通过一线处置、“一企办”工作机制，线上线下高效受理。

18日，《乌山简讯》创刊20周年纪念活动在鼓楼区安泰街道乌山社区党建小广场举行。《乌山简讯》是福州市唯一一份由社区自编自创的小报，自2000年12月18日创刊以来，出版239期，无偿发行30多万份。

24日，福州软件园入选国家第三批大众创业万众创新示范基地。

27日，鼓楼区“红色对话——红色小广播 对话新思想”互动式党员理论学习活动启动仪式暨首期对话在南街街道党员政治生活馆举办，以对话形式做党课直播。

30日，鼓楼区三坊七巷市级夜色经济体验示范街区开街仪式举行。

同日，鼓楼区被教育部列为基础教育国家级优秀教学成果推广应用示范区。

自然概貌

【地理】 鼓楼区是福建省会城市福州的核心城区，位于市城区西北部，介于北纬26° 03′ 42″～26° 07′ 42″，东经 119° 14′ 23″～119° 19′ 04″。辖区东西最大距离 7.2 千米，南北最大距离 7 千米。北以外福铁路、东以晋安河为界，与晋安区接壤；南以琼河、东西河、斗池路、上浦路为界，与台江区相邻；西沿闽江支流白龙江与仓山区隔江相望；西北以大腹山为界，与闽侯县毗连。

鼓楼区位于闽江下游冲积平原福州盆地中心。地势西北高、东南低，西临闽江支流白龙江，内揽西湖、左海，小山丘错落其间，五凤山、大腹山、金牛山、乌山、于山、屏山环列境内。最高处为大腹山主峰，海拔 181.2 米。境内有五四河、华林河、龙峰河、安泰河、铜盘河、梅峰河、树兜河等 21 条河流，全长 37.2 千米；还有西湖公园、左海公园、温泉公园等园内湖、塘、河浦。

（区委史志室）

【土地资源】 鼓楼区土地面积 3543.3 公顷。其中，耕地 15.79 公顷（含永久基本农田 0.87 公顷），园地 13.17 公顷，林地 335.57 公顷，草地 4.28 公顷，城镇村及工矿用地 2836.74 公顷，交通运输用地 122.54 公顷，水域及水利设施用地 180.04 公顷，其他土地 15.17 公顷。

（韩清）

行政区划

【概况】 鼓楼区辖鼓东、鼓西、温泉、东街、南街、安泰、华大、水部、五凤 9 个街道和洪山镇，下设 69 个社区。总面积 35.7 平方千米，区人民政府驻津泰路 98 号。

2020 年鼓楼区街道（镇）行政区划一览表

表 1

街道（镇）名称	面积（平方千米）	社区名称	社区居委会（个）
鼓东街道	1.08	中山、庆城、观风亭、开元、树兜	5
鼓西街道	1.84	梦山、西湖、陆庄、保定、后县、达明	6
温泉街道	2.24	琼河、河东、东湖、金汤、东大、汤门、汤边	7
东街街道	0.72	军门、大根、竹林境、旗汛口	4
南街街道	1.54	杨桥河南、小柳、灵响、驿里、柳河、三坊七巷	6
安泰街道	1.59	五一广场、乌山、乌塔、于山	4
华大街道	3.35	琴湖、屏山、龙峰、九彩、思儿亭、公益、体育中心、屏东、北江	9
水部街道	1.31	闽都、莲宅、乐天泉、福新、建华	5
五凤街道	9.63	屏西、天元、广厦、白龙、龙泉、永恒、兰庭、左海、铜盘、湖前、凤仪	11
洪山镇	12.4	福屿、西凤、怡山、兴园、大凰山、凤凰池、象山、金牛山、凤湖、洪山桥、锦江、国光	12

（区民政局）

人口

【概况】 2020年，鼓楼区户数185788户，户籍人口595763人，平均每户3.2人。流动人口134406人。户籍人口比上年增加6745人。户籍人口中，男性292341人，占49.07%；女性303422人，占50.93%；男性比女性少11081人。

【人口自然变动】 2020年，鼓楼区出生人口5764人，出生率9.67‰；死亡人口3483人，死亡率5.85‰；人口自然增长数2281人，人口自然增长率3.83‰。

【人口机械变动】 2020年，鼓楼区迁入24953人，迁出20445人，人口机械增长数4508人，人口机械增长率7.57‰。

（童关怀）

国民经济和社会发展情况

【概况】 2020年，鼓楼区实现地区生产总值2069.86亿元，比上年增长3.2%，其中第二产业增加值311.62亿元，比上年增长2.4%；第三产业增加值1758.24亿元，比上年增长3.4%；三次产业构成0：15.1：84.9。一般公共预算总收入51.56亿元，比上年增长1.3%；地方一般公共预算收入30.84亿元，比上年增长2.5%。社会消费品零售总额1305.07亿元，比上年增长1.9%；规模以上工业增加值比上年增长2.5%；实际利用外资10亿元；外贸出口357.22亿元，比上年下降12.7%；城镇居民人均可支配收入5.82万元，比上年增长3%；人均地区生产总值30.76万元，比上年增长4.2%。新增就业人数2.97万人；失业人员实现再就业3735人；城镇登记失业率2.96%。

【固定资产投资】 2020年，鼓楼区固定资产投资比上年增长8%；实现房地产开发投资83.1亿元，比上年增长0.5%；工业固定资产投资比上年增长21.4%。“新基建”行动建成新能源汽车充电桩303个，5G基站951个，在全省率先实现5G信号全覆盖。43个“五个一批”项目完成年度投资57.5亿元。62个省、市级重点项目完成年度投资188.2亿元，超序时8.1个百分点。

【商业贸易】 2020年，鼓楼区实现社会消费品零售总额1305.07亿元，比上年增长1.9%。从行业类型看，总量位居前5位的行业：粮油、食品类完成零售额231.6亿元，比上年增长11.8%；石油及制品类完成零售额105.63亿元，比上年增长12.2%；服装、鞋帽、针纺织品类完成零售额60.63亿元，比上年下降3%；日用品类完成零售额54.14亿元，比上年下降0.5%；烟酒类完成零售额33.21亿元，比上年增长16.1%。全区新增296家限上商贸企业。

【招商引资】 2020年，鼓楼区实现实际利用外资10亿元。坚持以商招商、产业链招商、资本招商等，新引进招商项目468个，总投资938亿元，其中10亿元以上项目14个，福化环保、字节悦动等大项目、好项目相继落地。从市域外新引进现代服务业招商项目16项。

【工业】 2020年，鼓楼区规模以上工业增加值比上年增长2.5%。实现规模以上工业产值128.21亿元，比上年下降8.5%，其中20家年产值超亿元的企业累计实现规模以上工业产值100亿元，比上年下降3.3%。软件园入选第三批国家双创示范基地，技工贸总收入突破1200亿元，A区数谷大厦对外招商，E区光电芯片产业基地改造扩容，全省首个国产化软硬件适配中心落户园区；洪山科技园技工贸总收入突破500亿元，新引进互联网企业21家，互联网产业规模占比65%。

【市政建设】 2020年，鼓楼区推进实施483个新一轮城市品质提升项目，完成华林路、湖东路、西洪路等5条重要街区综合提升，改造经院巷等21条传统街巷和27个老旧小区，实施85栋建筑立面整治，缆化下地120段。水系综合治理基本完成，21条内河全面转入长效管理。福道灯光夜景全面提升，福山郊野公园全线贯通。

【城区管理】 2020年，鼓楼区推进缓堵项目8个，实施道路平整度提升63.7万平方米。新增公共停车泊位727个。开发垃圾分类智慧监管平台，创新推行垃圾分类“亭长制”和管理员持证上岗制，开展误时投放专项整治，建成垃圾分类精品示范点150个，垃圾分类正确率90%。新改建12座公厕，打造10条精品市容环卫示范街，新增5条“两车”禁停道路。

【旧屋区改造和安置房建设】 2020年，鼓楼区启动文林路南侧等5个旧屋区改造项目，完成市三建宿舍等25个零星地块精准改造，推进22个安置房项目建设，开展13个安置房项目选房。

【生态环境保护】 2020年，鼓楼区建成街头小公园60个，拆墙透绿80处，新建改造绿地16万平方米。全区绿化覆盖率40.98%，绿地率34.75%，人均公园绿地10.64平方米。辖区空气质量达标率99.7%；饮用水源水质达标率100%，V类水体功能断面达标率

64.5%；区域环境噪声 55.5 分贝，道路交通噪声年均值 69.9 分贝。

【科技创新工作】 2020 年，鼓楼区新增省级科技小巨人领军企业 22 家；净增高新技术企业 145 家，全区高新技术企业总数 598 家，居全市第一。新增市级众创空间 2 家，全区拥有众创空间和科技企业孵化器总数 31 个，居全市第一。新增省级新型研发机构 6 家、省重点实验室 1 家、省级技术转移机构 4 家；新增省科技计划项目 8 项、市科技计划项目 12 项；新增 1 名国家科技重大专项、国家重点研发计划项目负责人，2 名省级“创业之星”。新增区级个人科技特派员 16 人，其中 10 人选任市级个人科技特派员，4 人选任省级个人科技特派员；新增省、市、区级法人科技特派员 1 人；新增省、市、区级团队科技特派员 2 人。

【教育】 2020 年，鼓楼区属普通中学 2 所，在校学生 5047 人，毕业生 1268 人。小学 27 所，在校学生 53440 人，毕业生 8142 人。年内获评国家级信息化教学实验区、基础教育国家级优秀教学成果推广应用示范区。建成鼓楼第二中心小学教场分校、钱塘小学教育集团怡山校区等 5 所学校，新增学位 3500 个。深入实施“强师工程”，推行“区管校聘”改革。加快智慧校园建设，“空中课堂”入选教育部“线上教学优秀案例”并向全国推广。实现区属中小学校内课后服务全覆盖。

【文化体育旅游】 2020 年，鼓楼区文化馆接待游客 5.32 万人次，区非物质文化遗产互动体验厅接待游客 1.02 万人次，区博物馆接待游客 5.4 万人次；区数字图书馆到馆读者 2.57 万人次，文献借还 5276 册次。新增健身路径 10 条、足球场 7 片、篮球场 4 片，建成西河智慧体育公园，构建“15 分钟健身圈”。加强乌山、于山、冶山历史风貌区和历史文化街区保护建设。强化古厝保护和活化利用，在全国首推“古厝长制”，开发全国首套古厝保护数字化系统，建成福州古厝展示馆。策划推出 52 条坊巷文化旅游线路和“云游坊巷”等线上文旅项目，开展“大美鼓楼 • 四季坊巷”周周游系列活动。鼓楼区获评全省首批全域生态旅游示范区。全年旅游接待总人次 2051.62 万人次，旅游总收入 265.74 亿元。

【卫生健康】 2020 年，鼓楼区属医疗卫生机构有疾病预防控制中心 1 家、妇幼保健所 1 家、社区卫生服务中心 11 家、社区卫生服务站 38 家，全区基层公立医疗卫生机构中专业技术人员 569 人。提升改造洪山、五凤等 4 家街镇社区卫生服务中心。与省、市属医院结成 11 个医联体 49 个医疗协作帮扶对子。建立健全新冠肺炎疫情常态化防控机制，强化联防联控、群防群控，完善公共卫生应急管理体系。完成区疾控中心 P2 实验室提升改造一期项目建设，启用全省首个官方疫苗全过程可追溯平台。城镇居民、职工医疗保险参保率逾 98%。

【社会保障】 2020 年，鼓楼区新增就业人数 2.97 万人，失业人员实现再就业 3735 人，城镇登记失业率 2.96%。为应对疫情影响，落实“减免返补”等纾困惠企政策，并扩大失业保障范围，延长失业保险金发放期限，发放失业保险金 2.11 万人次 3378.39 万元；发放价格临时补贴 1.8 万人次 244.53 万元；发放失业补助金 6987 人次 415.33 万元；发放企业失业保险稳岗返还、一次性稳就业奖补、“留岗留薪”企业补助、用工调剂平台补助、企业包车返岗补贴、企业员工自行返岗补贴等各项就业补助资金 2.33 亿元；减免企业社会保险费 160.62 万元。全区领取城乡居民社会养老保险待遇人数 9747 人，养老金支出 2356.38 万元；全区领取被征地养老补助待遇人数 2583 人，养老金支出 1078.25 万元；254 名贫困人员实现应保尽保；新增城乡居民养老保险精准扩面 3940 人。加强与甘肃岷县劳务扶贫协作，免费输送定西籍务工人员到榕就业 997 人次；兑现各项扶贫政策经费 715.66 万元。

2018—2020 年鼓楼区主要经济指标及占福州市的比重一览表

表 2

项目	鼓楼区主要经济指标（亿元）			占福州市比重（%）		
	2018 年	2019 年	2020 年	2018 年	2019 年	2020 年
地区生产总值	1613.3	1916.75	2069.86	20.5	20.4	20.7
第二产业	257.7	373.84	311.62	8.0	9.8	8.1
第三产业	1355.6	1542.91	1758.24	32.6	30.6	31.3
社会消费品零售总额	1135.9	1175.46	1305.07	24.3	23.0	30.9
进出口总额	503.6	590.75	498.94	20.5	23.4	19.9
出口总额	353.0	411.29	357.22	21.3	22.8	20.0

续表 2

项目	鼓楼区主要经济指标（亿元）			占福州市比重（%）		
	2018 年	2019 年	2020 年	2018 年	2019 年	2020 年
进口总额	150.6	179.46	141.72	18.9	24.8	19.7
实际利用外资（验资口径）	15.45	4.14	10.00	27.9	6.3	14.3
财政总收入	57.5	50.91	51.56	5.1	4.7	4.7
地方财政收入	34.57	30.07	30.84	5.1	4.5	4.6

注：表中地区生产总值、第二产业增加值、第三产业增加值为快报数。

（区统计局）

机构及负责人

中共福州市鼓楼区委员会

书　记：朱训志
副书记：黄建新
王振松（6 月免）
陈　辉（6 月任）
常　委：晁　旭
陈一飞（11 月免）
杨　辉
李世科（挂职，7 月任）
杨朝晖
郑寅球
陈晓彬
张朝阳
陈文成（挂职，1 月免）
黄瑞忠（6 月任）

福州市鼓楼区人民代表大会常务委员会

主　任：胡道坦
副主任：唐庆善
马宇建
姚晓敏（7 月免）
林善章
杨效清

福州市鼓楼区人民政府

区　长：黄建新
副区长：杨　辉
李世科（挂职，7 月任）
黄绍兴（挂职）
林　诚
郑炳锋
黄瑞忠（7 月免）
高　翔
张　弛（7 月任）
林　渊
王茂盛
王得臣（挂职，7 月免）
科技副区长：张玉佩（挂职）

中国人民政治协商会议福州市鼓楼区委员会

主　席：李瑞琨
副主席：谢裕波（9 月免）
陈宏鸥（12 月免）
钟　薇
王文锐

福州市鼓楼区人民法院

院　长：李　曦
副院长：顾跃强（11 月免）
袁文伟
林　伟

福州市鼓楼区人民检察院

检 察 长：江　伟
副检察长：林丹红
陈　农
陈　飞

中共福州市鼓楼区委员会工作部门及办事机构

区纪律检查委员会 监察委员会机关（区监察委员会与区纪律检查委员会合署办公）

书　记：陈一飞（11 月免）
副书记：胡东英
高　扬
常　委：金望闽
陈　耕
高建中
李　淳
主　任：陈一飞
副主任：胡东英
高　扬

区委办公室（加挂区委政策研究室、区委保密委员会办公室、区委机要局、区档案局牌子；区委全面深化改革委员会办公室、区委国家安全委员会办公室、区委财经委员会办公室、区委军民融合发展委员会办公室设在区委办）

主　任：李晓霖
副主任：陈　阳（8 月免）
林　奇
宋楫强
陈　驰
卢　涛（11 月任）

区委机要局

局　长：钱　兵（6 月免）

林　奇（6月任）

区保密局
局　长：宋榅强

区委组织部（加挂区委非公有制企业和社会组织工作委员会、区公务员局牌子）
部　长：郑寅球
副部长：郑宇飞（常务）
顾革文
陈　晓
林侯荣（5月任）

区委非公有制企业和社会组织工作委员会
书　记：陈　晓

区公务员局
局　长：郑宇飞

区委宣传部（加挂区新闻出版局牌子；区委网络安全和信息化委员会办公室设在区委宣传部）
部　长：杨朝晖
副部长：彭　辉
阮　雄
滕拥军
杨　泓

区委统一战线工作部（加挂区政府侨务办公室、区民族与宗教事务局牌子）
部　长：晁　旭
副部长：赵　明（1月免）
陈惠芳
林元琪

区民族与宗教事务局
局　长：林元琪

区委政法委员会
书　记：陈　辉（7月免）
陈晓彬（7月任）
副书记：张明国
张宝荣
李善爱（挂职）

区委机构编制委员会办公室
主　任：陈　晖
副主任：李　明

区委台港澳工作办公室（加挂区政府台港澳事务办公室牌子）
主　任：郑　榕

区委区直机关工作委员会
书　记：王振松（兼任，6月免）
陈　辉（兼任，6月任）
第一副书记：郑寅球（兼任）
副书记：林修曲（常务）
刘莜苓（挂职，4月免）
李　娟（5月任）

区委巡察工作领导小组办公室
主　任：王建立（11月免）
副主任：陈　霞（3月任）

区委老干部局（加挂区委离退休干部工作委员会牌子）
局　长：顾革文
副局长：陈玉才（3月免）
郑景波（3月任）

区委精神文明建设办公室（加挂区精神文明建设指导委员会办公室牌子）
主　任：阮　雄
副主任：白劲华

福州市鼓楼区人大常委会工作机构及专门委员会

区人大监察和司法委员会
主任委员：唐庆善

区人大社会建设委员会
主任委员：林　峥（9月免）

区人大常委会办公室
主　任：陈　曦（9月免）
陈　斌（9月任）

区人大常委会人事代表工作委员会
主　任：黄利民（4月免）
陈　斌（4月任，9月免）
林　峥（9月任）

区人大常委会法制工作委员会
主　任：林　杰

区人大常委会财政经济工作委员会
主　任：郑国雷

区人大常委会教育科学文化卫生工作委员会
主　任：黄秀键

区人大常委会城乡建设与环境保护工作委员会
主　任：陈燕明

区人大常委会华侨（台胞）工作委员会
主　任：邱俊彦

区人大常委会信访局
局　长：林　荣（6月免）

福州市鼓楼区人民政府工作部门

区政府办公室（加挂区政府外事办公室、区人民防空办公室、区金融工作办公室牌子；区委外事工作委员会办公室、区机关效能建设领导小组办公室设在区政府办）
主　任：林武星
副主任：侯加兵
李丽妮（3月免）
王彩彬
孙一玲
于梦镌
张利轩（挂职，7月任）
吴锦地（11月任）

区人民防空办公室
主　任：游争先

区机关效能建设领导小组办公室

主　任：纪仁祥

区发展和改革局（加挂区科学技术局、区粮食和物资储备局、区大数据管理局牌子）
局　长：陈　旭
副局长：李巧琴
于　革
巫朝瀛
总经济师：詹　城

区科学技术局
局　长：陈　旭

区教育局（区委教育工作领导小组秘书组设在区教育局）
局　长：翁　晖
副局长：林发春
林重阳
陈　仰

区工业和信息化局
局　长：倪　云
副局长：卓兰英
王友益

区民政局（加挂区扶贫开发领导小组办公室、区委实施乡村振兴战略领导小组办公室牌子）
局　长：杨忠民
副局长：陆秀蓉
黄　皓

区司法局（区委全面依法治区委员会办公室设在区司法局）
局　长：王建军
副局长：蒋志勇
林叶成
林菲兰

区财政局
局　长：柳向阳
副局长：谢　晶
林　颖
总会计师：林　敏

区人力资源和社会保障局
局　长：林　秀
副局长：李书彬
李　康
罗燕军（挂职，3月免）
张学军（挂职，7月任）
缪文春

区自然资源和规划局
局　长：郭　斌

区建设局
局　长：陈　雯（4月任）
副局长：张立新
吴万林（8月任）
总工程师：吴万林（8月免）

区住房保障和房产管理局
局　长：黄　勉（9月免）
陈少卓（9月任）
副局长：陈　文
林荣生

区城市管理局
局　长：吴端正
副局长：陈　晖
吴　浩

区商务局（加挂区投资促进局牌子；区国防动员委员会支前办公室设在区商务局）
局　长：高勇坤
副局长：林桂平
苏　珊
张钢锋

区文化体育和旅游局（区广播电视局设在区文体旅局）
局　长：叶艺芳
副局长：季爱兵（3月任）
贺　卫

区卫生健康局（区爱国卫生运动委员会办公室设在区卫健局）
局　长：高　勇
副局长：叶德华

区退役军人事务局（加挂区双拥共建工作领导小组办公室牌子）
局　长：纪仁祥
副局长：林　锋

区应急管理局
局　长：施克胜
副局长：翁闽生
总工程师：林锦云（8月免）
朱钱应（8月任）

区审计局（区委审计委员会办公室设在区审计局）
局　长：钟　薇
副局长：赵晓萍
总审计师：严婉玉

区市场监督管理局（加挂区知识产权局牌子）
局　长：吴小雄
副局长：陈　忠
陈　飞
陈东兵
陈　征
食品药品安全总监：康民兵

区知识产权局
局　长：吴小雄

区统计局
局　长：（空缺）
副局长：林　琳

区政府信访局（区委信访局与区政府信访局合署办公）
局　长：侯加兵
副局长：曾辉斌（8月免）
林锦云（8月任）

区行政服务中心管理委员会（加挂区市民服务中心管理委员会牌子）
主　任：何春强
副主任：张晨莉

中国人民政治协商会议福州市鼓楼区委员会工作机构

区政协办公室
主　任：温卫兵（4 月免）
　　　　李丽妮（4 月任）
副主任：陈　景

区政协提案委员会
主　任：李必增

区政协经济建设委员会
主　任：薛　韩

区政协教科卫体委员会
主　任：董新宇（4 月免）
　　　　温卫兵（4 月任）

区政协文化文史和学习委员会
主　任：李　杰

福州市鼓楼区民主党派与工商联

民革鼓楼区工委
主　委：詹华晖

民盟鼓楼区工委
主　委：姚晓敏

民建鼓楼区工委
主　委：林中燕

民进鼓楼区工委
主　委：郑　青

农工党鼓楼区工委
主　委：郭力丹

致公党鼓楼区工委
主　委：林志强

九三学社鼓楼区工委
主　委：徐　炜

台盟鼓楼区工委
主　委：黄文真

鼓楼区工商业联合会
主　席：陈雄伟
副主席：陈昌勋（常务）

福州市鼓楼区人民团体、群众团体机构

区总工会
主　席：晁　旭（兼任）
副主席：孙功惠（常务）
　　　　温　真
　　　　叶华清（挂职，1 月任）

共青团鼓楼区委员会
书　记：朱嘉希

区妇女联合会
主　席：林　瑜（9 月免）
　　　　陈丽珲（9 月任）
副主席：陈丽珲（9 月免）
　　　　卓　力（9 月任）

区科学技术协会
主　席：薛医琳

区文学艺术界联合会
主　席：王建干

区归国华侨联合会
主　席：林国钰

区社会科学联合会
主　席：叶朝榕
副主席：李　光

中国国际贸易促进会鼓楼区委员会（中国国际商会福州市鼓楼区商会）
会　长：阮文熙（8 月任）
副会长：林　彤（8 月免）

区残疾人联合会
理事长：林　文

区计划生育协会
副会长：张文平（常务）
　　　　郭伯荣

区红十字会
副会长：李巧琴（常务）

福州市鼓楼区副科级以上事业单位

福州市软件园管理委员会
主　任：陈　斌
副主任：卢坚辉
　　　　陈望青

区事业单位登记管理局
局　长：（空缺）

区园林中心
主　任：李建国
副主任：董伟阳
　　　　蔡舒婷

区融媒体中心（加挂区广播电视事业发展中心、区新闻中心牌子）
主　任：彭　辉

区广播电视事业发展中心
主　任：彭　辉
副主任：吴桂飞

区旅游事业发展中心
主　任：林　彤
副主任：叶　颖

区委党校（鼓楼区行政学校）
校　长：郑寅球
副校长：雷赛金

区档案馆
馆　长：（空缺）
副馆长：鲍　青

区城市社会经济调查队
队　长：张雨倩

区委党史和地方志研究室

主　任：贾学勤

副主任：杨子勉

区大数据服务中心

主　任：章世长

区疾病预防控制中心（鼓楼区卫生监督管理所）

主　任：陈　飚

福州市国土资源局鼓楼中心管理所

所　长：方　星

区机关事务服务中心

主　任：（空缺）

副主任：郭尔丽

陈兴宇（5 月免）

陈华生

区乌山历史风貌区服务中心

主　任：（空缺）

副主任：王　杭

金　津

区“智慧鼓楼”服务中心

主　任：（空缺）

副主任：黄勤奋（5 月免）

陈旭东

郑　净

福州高新技术产业开发区洪山园管理委员会

主　任：吴振国

副主任：陈　凯（5 月免）

陈兴宇（5 月任）

区国有资产发展中心

主　任：王茂林

副主任：林圆钦

区文化市场综合执法大队（加挂福州市文化市场综合执法支队鼓楼大队牌子）

大队长：林声哲（8 月免）

娄　艳（8 月任）

区妇幼保健院（加挂区计划生育服务中心牌子）

院　长：王建中

区城市基层党建服务中心

主　任：（空缺）

区市场监管检测服务中心

主　任：黄　敏（8 月免）

区城市管理综合行政执法大队（加挂福州市城市管理综合行政执法支队鼓楼大队牌子）

大队长：黄炳武

区环境卫生中心

主　任：林思恩（8 月任）

区温泉公园服务中心

主　任：杨　臻（兼任）

区福道公园服务中心

主　任：林志强

区民用建筑统建办公室（区房地产开发公司）

主　任：李　滨

区教师进修学校

副校长：陈白菱

区社会治安综合治理服务中心

主　任：（空缺）

街道（镇）党政负责人名单

鼓东街道

书　记：徐　鸿

主　任：张　林（5 月免）

张玉珍（8 月任）

鼓西街道

书　记：林　渊（5 月免）

章欢芳（5 月任）

主　任：章欢芳（8 月免）

陈　阳（8 月任）

温泉街道

书　记：王茂盛（5 月免）

张　林（5 月任）

主　任：马清平

东街街道

书　记：郑明强

主　任：张玉珍（8 月免）

黄　勉（8 月任）

南街街道

书　记：陈　炜

主　任：苏　林

安泰街道

书　记：陈　靖

主　任：林瑞雨

华大街道

书　记：陈真平

主　任：张　林

水部街道

书　记：高　春

主　任：林　嵩

五凤街道

书　记：郑　民

主　任：林华志

洪山镇

书　记：林　波

镇　长：吴振国

（区委组织部 区委编办）

重要会议

【区委全体会议】 2020年8月31日，区委十二届十一次全会召开。会议听取区委书记朱训志所作的报告，审议通过《中共福州市鼓楼区委关于深入学习贯彻习近平总书记重要讲话重要指示批示精神，争当全方位推动高质量发展超越先行示范区的决定》《中国共产党福州市鼓楼区第十二届委员会第十一次全体会议决议》。

12月28日，区委十二届十二次全会召开。会议听取区委书记朱训志所作的报告，审议通过《中共福州市鼓楼区委关于制定福州市鼓楼区国民经济和社会发展第十四个五年规划和二〇三五年远景目标的建议》《中国共产党福州市鼓楼区第十二届委员会第十二次全体会议决议》。

【区委常委会会议】 2020年，鼓楼区委常委会召开28次会议。

第1次常委会会议 1月3日召开，区委书记朱训志主持。会议研究区委常委工作分工和区四套班子领导挂钩联系街镇（园区）分工调整有关事宜；研究鼓楼区2020年春节期间慰问活动有关事宜。

第2次常委会会议 1月19日召开，区委书记朱训志主持。会议听取《鼓楼区“争当排头兵”系列竞赛活动方案》起草情况的汇报；听取推荐“担当尽责、激情创业”好干部有关事宜的汇报；听取鼓楼区消防工作情况的报告；听取《福州市鼓楼区街（镇）机构改革总体方案》起草情况的汇报；听取鼓楼区意识形态工作情况报告和2019年度意识形态工作责任制落实情况检查考核工作有关情况的汇报；听取2019年度鼓楼区平安建设（综治工作）考评有关情况的汇报；听取鼓楼区2018年“抓项目促发展”专项行动先进集体和先进个人表彰奖励工作有关情况的汇报；研究有关干部工作。

第3次常委会会议 2月14日召开，区委书记朱训志主持。会议听取建立区领导挂钩督导街镇（园区）新型冠状病毒肺炎防控和企业有序复工复产工作机制有关情况的汇报；听取《鼓楼区领导接访下访活动工作方案》起草情况的汇报；研究区委常委工作分工调整有关事宜；研究有关干部工作。

第4次常委会会议 2月19日召开，区委书记朱训志主持。会议听取《鼓楼区落实一线医务人员及其家属保障工作分工方案》起草情况的汇报；听取鼓楼区2019年度落实全面从严治党主体责任检查考核工作有关事宜的汇报；研究推荐评选2020年福建省五一劳动奖和工人（五一）先锋号有关事宜。

第5次常委会会议 2月24日召开，区委书记朱训志主持。会议研究有关干部工作。

第6次常委会会议 3月2日召开，区委书记朱训志主持。会议研究全面深化改革有关工作；听取2019年“四大调研课题”落实情况及2020年重点调研课题工作思路的汇报；研究推荐评选省级第四次全国经济普查先进集体和先进个人有关事宜。

第7次常委会会议 3月16日召开，区委书记朱训志主持。会议听取鼓楼区近期脱贫攻坚工作情况的汇报；听取《鼓楼区2020年“抓项目促跨越”专项行动方案（送审稿）》起草情况的汇报；听取《鼓楼区政协2020年协商计划（草案）》起草情况的汇报；研究推荐福建省“向上向善好青年”人选有关事宜；研究有关干部工作。

第8次常委会会议 3月19日召开，区委书记朱训志主持。会议研究有关干部工作。

第9次常委会会议 3月30日召开，区委书记朱训志主持。会议听取《贯彻落实〈中国共产党宣传工作条例〉责任分工方案》起草情况的汇报；研究推荐评选第十七届“福建省青年五四奖章”及2019年度福建省五四红旗团委、福建省五四红旗团（总）支部、福建省优秀共青团干部、福建省优秀共青团员有关事宜；听取2020年鼓楼区干部培训计划有关情况的汇报；研究有关干部工作。

第10次常委会会议 4月13日召开，区委书记朱训志主持。会议听取《2020年鼓楼区·岷县东西部扶贫协作工作要点》起草情况的汇报；听取省对市2018年度和市、区2019年度落实全面从严治党主体责任检查工作有关事宜的汇报；听取《中共福州市鼓楼区委理论学习中心组2020年专题学习计划》起草情况的汇报；研究推荐“2019招商年”行动先进个人有关事宜。

第11次常委会会议 4月24日召开，区委书记朱训志主持。会议研究全面深化改革有关工作；听取《中共福州市鼓楼区委 鼓楼区人民政府关于深入践行“三个如何”重要指示落实推进社区治理体系和治理能力现代化的行动方案》起草情况的汇报；研究网信工作；听取《2019年度鼓楼区委书记抓基层党建述职问题清单整改方案》起草情况的汇报；听取《关于贯彻全面落实关心关爱疫情防控一线社区工作者若干措施的通知（送审稿）》起草情况的汇报；听取鼓楼区2019年度意识形态工作责任制落实情况检查考核有关情况的汇报；研究推荐全国第八次少代会代表有关事宜。

第12次常委会会议 5月9日召开，区委书记朱训志主持。会议听取全区安全生产工作有关事宜的汇报；听取“抓项目促跨越”招商工作有关事宜的汇报；听取《鼓楼区“双百双千”增产增效行动方案（送审稿）》起草情况的汇报；听取《鼓楼区深入推进中小学教师“区管校聘”管理体制改革的实施方案（试行）》起草情况的汇报；研究推荐福州市2019年“抓项目促发展”项目年行动奖励人选有关事宜；研究有关干部工作。

第13次常委会会议 5月29日召开，区委书记朱训志主持。会议听取《中共福州市鼓楼区委财经委员会2020年工作要点（送审稿）》起草情况的汇报；听取区人大常委会党组学习贯彻落实《中共福建省委关于加强新时代人大工作和建设的决定》有关事宜的汇报；听取调整鼓楼区直通车重点企业有关事宜的汇报；研究推荐增加2020年福建省五一劳动奖章候选人有关事宜的汇报；研究推荐2020年“福建省优秀教师和优秀教育工作者”有关事宜；研究推荐福建省三八红旗手候选人有关事宜的汇报；听取2019年度鼓楼区绩效管理工作评估结果有关事宜的汇报。

第14次常委会会议 6月5日召开，区委书记朱训志主持。会议研究有关干部工作。

第15次常委会会议 6月30日召开，区委书记朱训志主持。会议听取《中共福州市鼓楼区委全面依法治区委员会2020年工作要点》《中共福州市鼓楼区委全面依法治区委员会2020年工作重点任务分工方案》《深化新型冠状病毒肺炎疫情依法防控工作方案》起草情况的汇报；听取2019年鼓楼区食品安全工作暨“国家食品安全示范城市”创建工作和2020年工作安排情况的汇报；听取鼓楼区贯彻落实《福建省中长期青年发展规划（2018—2025年）》有关情况的汇报；听取推荐全省“最美退役军人”候选人有关情况的汇报；听取推荐全省机关工委系统先进集体和先进工作者有关情况的汇报；听取鼓楼区“不忘初心、牢记使命”主题教育工作情况的汇报；研究有关干部和区委领导班子成员分工事宜。

第16次常委会会议 7月13日召开，区委书记朱训志主持。会议听取《福州市鼓楼区残疾人联合会改革方案》起草情况的汇报；听取开展“模范机关”创建工作有关情况的汇报；研究推荐全省档案系统先进集体、先进工作者有关事宜。

第17次常委会会议 7月20日召开，区委书记朱训志主持。会议研究有关干部工作。

第18次常委会会议 8月4日召开，区委书记朱训志主持。会议听取《朱紫坊基金港建设专项行动方案》《海峡财富港湾建设专项行动方案》《直播小镇建设专项行动方案》《联视创新城生态产业园建设专项行动方案》《鲲鹏（信创）产业生态示范基地建设专项行动方案》《“云服务”优势区建设专项行动方案》《5G应用示范区建设专项行动方案》《鼓楼区关于进一步优化重点项目协调推进工作机制的通知》《夜色经济街区建设提升专项行动方案》《鼓楼区关于建立招商载体共享机制促进全域联动招商实施办法》起草情况的汇报；听取全区安全生产工作情况的汇报；听取《鼓楼区关于推行科技特派员制度的实施方案》起草情况的汇报；听取组建福州软件园创新服务有限公司有关事宜的汇报；听取2020年度符合政府安排工作条件退役士兵安置有关事宜的汇报；研究有关干部工作。

第19次常委会会议 8月21日召开，区委书记朱训志主持。会议研究推荐福州市政协工作先进集体、先进个人有关事宜；听取调整2020年福建省五一劳动奖章候选人有关事宜的汇报；研究有关干部工作。

第20次常委会会议 8月28日召开，区委书记朱训志主持。会议听取区委十二届十一次全会筹备情况及相关文稿起草情况的汇报；听取鼓楼区落实全面从严治党主体责任情况的汇报；听取《鼓楼区贯彻落实〈中共福州市委关于新时代加强和改进人民政协工作的若干意见〉任务清单》起草情况和主要内容的汇报；听取开展鼓楼区庆祝第36个教师节系列活动有关事宜的汇报；研究推荐福州市2019年“三产年”行动奖励人选有关事宜；研究推荐2020年全国敬老爱老助老活动评选表彰对象有关事宜；研究推荐全国“万企帮万村”精准扶贫行动组织工作先进集体有关事宜；研究推荐模范“兵支书”有关事宜；研究推荐鼓楼区2019年“抓项目促发展”项目年行动奖励人选有关事宜；听取鼓楼区2020年选聘社区主干进入事业编制工作有关情况的汇报。

第21次常委会会议　9月18日召开，区委书记朱训志主持。会议听取《2020年度鼓楼区绩效管理工作实施方案》起草情况的汇报；听取《福州市鼓楼区人大常委会关于进一步加强鼓楼区社区治理工作的决定（讨论稿）》起草情况的汇报；听取评议福州市公安派出所工作有关情况的汇报；研究推荐全省统战系统先进集体和先进工作者有关事宜的汇报；研究推荐全省宣传系统先进集体和先进工作者有关事宜；研究有关干部工作。

第22次常委会会议　10月17日召开，区委书记朱训志主持。会议听取福州软件园科技创新发展有限公司有关事宜的汇报；研究推荐第五届全国119消防先进个人和福州市政协工作先进个人有关事宜；研究推荐2020年度“全国优秀少先队员”有关事宜的汇报。

第23次常委会会议　11月9日召开，区委书记朱训志主持。会议听取《中共福州市鼓楼区委全面深化改革委员会重要改革举措实施规划（2020—2021年）（送审稿）》起草情况的汇报；研究推荐省、市文明家庭候选对象有关事宜的汇报；听取召开鼓楼区妇女第十四次代表大会有关事宜的汇报；研究推荐全省贸促工作先进工作者有关事宜；研究有关干部工作。

第24次常委会会议　11月20日召开，区委书记朱训志主持。会议听取2020年度鼓楼区经济工作绩效加分规则制定情况的汇报；听取召开福州市鼓楼区工商联（总商会）第十一次会员代表大会有关事宜的汇报；听取《鼓楼区全面实施预算绩效管理的方案》起草情况的汇报；听取《关于进一步激励广大干部新时代新担当新作为的若干措施》修订情况的汇报；研究推荐“平安之星”候选人有关事宜；研究推荐省级抗击新冠肺炎疫情先进个人和先进集体有关事宜；研究推荐全国民政系统抗击新冠肺炎疫情优秀城乡社区工作者有关事宜；研究推荐脱贫攻坚专项奖励人员有关事宜；研究推荐“福建省优秀少先队员”“福建省优秀少先队辅导员”“福建省优秀少先队集体”有关事宜；研究有关案件工作。

第25次常委会会议　12月9日召开，区委书记朱训志主持。会议研究召开福州市鼓楼区第十七届人民代表大会第五次会议有关事宜；研究召开政协第九届福州市鼓楼区委员会第五次会议有关事宜；听取《鼓楼区推进法治化营商环境建设实施方案》起草情况的汇报；听取鼓楼区2019年度区本级预算执行和其他财政收支审计反映问题整改情况的汇报；听取成立鼓楼区应急救援指挥中心有关事宜的汇报；研究有关干部工作。

第26次常委会会议　12月17日召开，区委书记朱训志主持。会议研究有关干部工作。

第27次常委会会议　12月23日召开，区委书记朱训志主持。会议听取2020年度鼓楼区意识形态工作专项督查情况的汇报；听取2021年鼓楼区“两节”街景及元宵灯会布置有关事宜的汇报；听取鼓楼区2018—2020年度省级文明村镇、文明单位（社区）、文明校园评选有关事宜的汇报；听取《鼓楼区立功受奖军人家庭喜报送达及慰问金发放工作制度（讨论稿）》起草情况的汇报；研究推荐全国退役军人服务中心（站）“百名优秀主任（站长）”有关事宜；研究推荐全省政法委系统先进工作者有关事宜；研究推荐2020年全国三八红旗手标兵、全国三八红旗手候选人有关事宜；研究推荐全国侨联系统“侨胞之家”典型选树单位有关事宜；研究召开鼓楼区计划生育协会第八次会员代表大会有关事宜；研究福州市鼓楼区工商联（总商会）换届有关事宜；研究有关干部工作。

第28次常委会会议　12月27日召开，区委书记朱训志主持。会议听取区委十二届十二次全会筹备情况及相关文稿起草情况的汇报；听取2021年鼓楼区主要经济指标预期情况和《鼓楼区2021年“抓项目促提升”专项行动方案》《鼓楼区城区品质提升“十位一体”工作方案》《闽江北岸鼓楼段环境治理提升工作实施方案》起草情况的汇报；听取福州市鼓楼区第十七届人民代表大会第五次会议筹备工作情况、政协第九届福州市鼓楼区委员会第五次会议筹备工作情况的汇报，研究鼓楼区“两会”有关文件文稿；研究鼓楼区2019年度重点工作先进集体和先进个人评选表彰有关事宜。

【“不忘初心、牢记使命”主题教育总结大会】　2020年1月16日召开，区委书记、区委“不忘初心、牢记使命”主题教育领导小组组长朱训志主持会议并讲话。市委第一巡回指导组组长郭荣贵对鼓楼主题教育开展情况进行点评。市委第一巡回指导组成员、全区处级干部、区直各单位负责人、各街镇党政主要领导、区委巡回指导组等160余人参加会议。

【平安建设（综治工作）、生态环境保护目标责任书签订仪式】　2020年2月24日，区委书记朱训志主持会议并讲话。会议通报2019年街镇党政领导平安建设（综治工作）责任书落实情况、生态环境保护目标责任书落实情况并签订2020年责任书。

【党（工）委书记抓基层党建述职评议会】 2020年2月27日召开，区委书记朱训志主持会议并讲话。市委组织部党管处处长苏铭谨莅会指导。会上，各街镇党（工）委书记逐一进行述职并书面印发区直机关党工委常务副书记、区委教育工委常务副书记、福州软件园党工委书记、福州公安局鼓楼分局党委书记、区委离退休干部工委书记、区委两新组织工委书记述职材料。与会人员开展评议。区委常委、区委党建工作领导小组成员单位主要负责人及各街镇党（工）委书记参加会议。

【落实全面从严治党主体责任和党委意识形态工作责任制落实情况检查集体约谈会】 2020年3月5日召开，福州市委副书记、市长尤猛军主持会议。会上，鼓楼区委书记朱训志汇报鼓楼区2019年度落实全面从严治党主体责任和党委意识形态工作责任制情况，落实全面从严治党主体责任检查组、党委意识形态工作责任制检查组反馈检查“问题清单”“问责清单”。随后，市委副书记、市长尤猛军开展集体约谈，并就下一步推进全面从严治党主体责任和党委意识形态工作责任制工作提出意见和整改要求。

【赴华大街道检查落实全面从严治党主体责任和党委意识形态工作责任制情况会议】 2020年3月12日在华大街道召开，区委书记朱训志主持会议。华大街道党工委书记陈真平汇报华大街道2019年度落实全面从严治党主体责任和党委意识形态工作责任制情况，落实全面从严治党主体责任检查组、党委意识形态工作责任制检查组反馈检查“问题清单”“问责清单”。随后，区委书记朱训志开展集体约谈，并就下一步推进全面从严治党主体责任和党委意识形态工作责任制工作提出意见和整改要求。

2020年3月27日，全区组织、宣传、统战工作会议召开（谢赟星 摄）

【组织、宣传、统战工作会议】 2020年3月27日召开，区委书记朱训志出席会议并讲话。会上，区委常委、组织部部长郑寅球，区委常委、宣传部部长杨朝晖，区委常委、统战部部长晁旭分别就2020年组织、宣传、统战工作作具体部署。

【述责述廉会议】 2020年4月3日召开，区委书记朱训志主持会议并讲话。会上，区委常委逐一进行述责述廉，区委书记朱训志逐一进行点评，随后参会人员填写评议表进行评议。区委委员，区纪委监委领导班子成员，各街镇、福州软件园、高新区洪山园党政主要负责人参加会议。

【优化营商环境助力企业发展部署会】 2020年4月7日召开，区委书记朱训志主持会议并讲话。区委副书记、区长黄建新对区优化营商环境工作作部署说明，区委常委、常务副区长杨辉宣读《中共福州市鼓楼区委 福州市鼓楼区人民政府关于授予2019年度鼓楼区“纳税大户”“功勋企业”称号的决定》《福州市鼓楼区人民政府关于授予2019年星级商务楼宇称号的决定》，通报近期各级政策奖补兑现情况，区企业服务中心书面通报《2019年度服务企业白皮书》《2020年鼓楼区优化营商环境工作要点》《帮助企业应对疫情共渡难关政策汇编》。会上，区领导为获得2019年度鼓楼区“纳税大户”“功勋企业”“星级商务楼宇”称号企业和年内兑现各级政策奖补企业代表颁发奖牌。

【全国文明城市暨省级文明城区总评迎评动员部署会】 2020年8月5日召开，区委书记朱训志出席会议并讲话。会上，区委文明办通报市、区近期文明城市创建督查共性问题，区委常委、宣传部部长杨朝晖作全国文明城市、省级文明城区总评迎评工作部署。

【鼓楼区“十四五”规划编制会议】 2020年10月9日召开，区委书记朱训志主持会议并讲话。会议围绕“科学编制鼓楼区‘十四五’规划，站位全局，提出推动鼓楼区之后5年（2021—

2025）发展的建议”主题，各街镇党政主要负责人、区直各单位主要负责人、区法院院长、区检察院检察长、区政府领导、区委常委、区政协主席、区人大常委会主任依次发言，提出建议。

【第三届服务企业大会】 2020年10月19日召开，区委书记朱训志出席会议并讲话。会上，区委副书记、区长黄建新致辞，并宣读“20年功勋企业”名单和“脱贫攻坚爱心企业”名单，区四套班子主要领导和区委常委为受表扬企业颁发奖杯、奖牌，兴业国际信托有限公司、百胜中国、恒锋信息科技股份有限公司等企业代表发言，福州壹柒叁伍写字楼管理有限公司董事长、总经理刘国辉作“城市更新与楼宇升级”主旨报告。

【创建2018—2020年度省级文明城区迎检部署会】 2020年11月13日召开，区委书记朱训志出席会议并讲话。会上，区委文明办通报文明创建督查情况，各实地整治组牵头区领导汇报各组整治工作情况。区委常委、宣传部部长杨朝晖作省级文明城区总评迎评工作部署。

重要活动

【“家在鼓楼·年年高”慰问活动】 2020年1月16日在冠亚广场举行，公安、交警、消防等部门及环卫工人、社区工作者、建筑工人、志愿者等600名一线代表受邀参加活动。现场开展新春文艺表演、送新春慰问福袋和手写春联等活动。

【鳌峰状元道开街仪式】 2020年7月5日，鼓楼区举办“步步登瀛，独占鳌头”鳌峰状元道开街仪式。状元道是鳌峰坊特色历史文化街区的文化打卡点之一，连接朱紫坊历史文化街区与于山历史风貌区，既是方便市民游客登于山的游步道，又是景致丰富、兼具历史与文化特征的一条融古于今的新巷道。开街仪式上，领导嘉宾、鼓楼名人院士为即将参加中高考的学子代表送上图书、状元笔等小礼品；沿途设有状元文化情景展示、科举文化文物展等。

【新零售分论谈活动】 2020年7月10日在朱紫坊历史文化街区38号场馆举办，活动以“疫情与新零售：走向生态重构的零售业”为主题，邀请24家企业参加。福州市商务局、鼓楼区相关领导以及永辉超市、万全网络、朴朴、东百集团等部分企业代表就推进零售创新发展的新思路、新经济背景下流通业变革趋势、鼓楼区如何为零售行业赋能等参与圆桌研讨并发表见解。

【新校区新校舍启用仪式】 2020年8月29日，鼓楼区举行福州延安中学教育集团国光校区、钱塘小学教育集团怡山校区、鼓楼第二中心小学教场分校新校舍启用仪式。3所学校正式揭牌投用，共新增学位约3630个。

【中国石化福建石油分公司促进总部经济发展合作协议签约仪式暨新落地企业揭牌仪式】 2020年9月2日在中国石化福建石油分公司大楼举行。鼓楼区委常委、常务副区长杨辉与中国石化福建石油分公司副总经理、总会计师施尚强现场签订项目合作协议，区委书记朱训志与中国石化福建石油分公司总经理丁春生共同为新落地的福建中森美商贸有限公司揭牌。

【福建省高新技术创业服务中心与福州市软件园管理委员会产业合作签约仪式】 2020年9月2日在福州软件园举办。双方协议将充分发挥各自资源优势，共同打造企业培育合作平台，通过定期会商和信息共享机制，拓展服务对象、形成产业协作、深化业务协同，打造“孵化空间+产业园区”的产业发展链条，为企业成长提供全周期服务，持续促进科技成果转化，进一步推动福州软件信息产业高质量发展。

【鼓楼区百家企业“以商引商 园区招商”座谈会】 2020年9月30日在福州软件园召开，由鼓楼区委、区政府与福州市投资促进局联合举办。活动邀请100多家鼓楼区行业龙头企业、行业内具有较大影响力的企业参加，共同探讨“以商引商”“园区招商”等创新招商新模式，搭建“以商”与“引商”之间的桥梁，实现地方与企业的共赢。会上，鼓楼区向12家企业代表颁发招商顾问聘书，包含生态链产业链招商、金融和类金融业招商、载体招商、基金投资招商、商协会招商以及关联合作企业招商六大类别；并现场发布《鼓楼区招商项目全程代办服务机制》。

【朱紫坊基金港开港仪式】 2020年10月9日，朱紫坊基金港在芙蓉弄7号张钰哲故居揭牌开港。首家三方运营机构恒盈投资落地该处，面积230多平方米，内含公共接待室、公共路演室、公共办公区3个区域，外部另设有合作方展示区域。朱紫坊基金港的开港、首家三方运营机构的落成，标志鼓楼区正式亮出将历史与现代、文化与经济有机融合的“府院金融”新金融名片。

【东西部扶贫和考察学习活动】 2020年10月14—15日，区委书记朱训志率代表团到西安市考察夜色经济、夜景灯光、文物保护和公园建设等情况。16日，鼓楼区参加福州·定西东西部扶贫协作工作联席会议，其中福州定有福电子商务有限公司与岷县商务局签订5000万元采购合同；福建承创堂中药有限公司与岷县供销社签订战略合作协议，在岷县开办药材扶贫车间、采购中药材合作协议，总价约1000万元；福州市鼓楼区城投集团向岷县扶贫办捐赠100万元等。

【鼓楼区与永泰县开展山海协作对口帮扶交流活动】 2020年10月30日，区委书记朱训志带队到永泰县，与该县领导一行共同考察智慧信息产业园、永阳文化中心、永泰农特馆等；随后双方调研福州软件园、福山郊野公园等处，共同探讨深化山海协作的措施办法。

【“红色对话——红色小广播 对话新思想”互动式党员理论学习活动启动仪式暨首期对话】 2020年12月27日在南街街道党员政治生活馆举办。该活动依托鼓楼区“红色小广播”平台，将互动式党课直播授课平台移入互联网，通过手机党群工作平台等直播平台，创新开展互动式党员理论学习。活动每月举办1—2次，该次为首期活动。现场嘉宾代表、互动对象围绕“学习贯彻党的十九届五中全会精神——聚焦‘十四五’开局之年的经济发展”主题展开对话，内容涵盖“十四五”时期经济社会发展的主要目标、新发展格局的内涵和要求、把发展经济着力点放在实体经济等。

（区委办）

深化改革

【概况】 2020年，鼓楼区委深改委召开5次会议，传达贯彻上级会议精神，审议通过系列改革文件。以推进6项国家级、7项省级改革试点为重点，推出11大领域158项改革任务，制定《重要改革举措实施规划（2020—2021年）》，推出137项重点改革举措。深化改革工作绩效考评连续四年位居全市第一。

【经济发展改革】 2020年，鼓楼区开展“三新”（新产业、新业态、新商业模式）经济统计试点，制定福建省首个区级“三新”制度；创新“夜色经济2.0”发展路径，在全省首推“夜色经济集市”规范导则。在福州市率先推出重点产业链“链长制”；创新福州软件园标准化高级版建设，打造“中国数谷”和创建国家级数字经济小镇，连续三年蝉联“中国最具活力软件园”。深化数字福建鼓楼示范区建设，在全省率先实现5G信号全覆盖，23个项目入选省数字经济应用场景，居全省各县（市）区首位。

【营商环境改革】 2020年，鼓楼区实施优化营商环境3.5改革，首推全事项扫码免费寄递服务，围绕企业全生命周期推出80多组“打包办”事项，企业开办时间率先压缩至5个工作小时，企业审批时限平均压缩至法定时限的17.87%，区级“最多跑一趟”“一趟不用跑”事项占比分别达96.72%、72.80%。成立福建省首个国产化软硬件适配中心，高新技术企业、众创空间、院士（专家）工作站、专利申请和授权量均居全市第一，“数字产业基金大厦”获评省级人才驿站示范站。创办“金融帮扶超市”，创新开展“1+N”政银企对接会。营商环境位列2020年《赛迪营商环境百强区》全国第22名。

【社会治理改革】 2020年，鼓楼区在全国首创基层社会治理“一线处置”机制，在2020年改革创新项目评选中分获福州市第1名、福建省第5名。在福建省率先建立公益诉讼检察监督员制度，知识产权检察工作经验做法入选全国典型事例，“智慧鼓检之未检与知识产权云平台”获评全国创新案例。在福州市率先建立疫情数据中心，创新“幸福码+八闽健康码”双码通行，应用物联网红外线实现硬隔离真隔离。鼓楼智脑获“数字政府建设卓越实践奖”，获评数字中国创新大赛·鲲鹏赛道二等奖。

【民生服务改革】 2020年，鼓楼区在福建省率先开发疫苗接种互联网预约管理及追溯系统，建成婴幼儿托育机构示范点9家，建立11个医联体49个医疗协作帮扶对子，推动公立卫生服务站运行机制改革，实现居民基层门诊医保零启动。在福建省率先开办“长者食堂+学堂”10家，建设立体化数字康养平台。鼓楼版“空中课堂”入选教育部“线上教学优秀案例”并在全国推广。推进国家生态文明建设示范区创建，以总分全省第一名获评首批福建省全域生态旅游示范区。创新生活垃圾分类，建成福州市首个垃圾分类智能监管平台，“三率先、四首创”做法在全市作经验交流。在全国首推四级“古厝长制”，建成全国首个AI古厝有声地图、全国首个古厝游览导览系统。

【党建工作改革】 2020年，鼓楼区完善“134”城市基层党建工作机制，创新打造“党建+”系列品牌，开展福建省首个“党企新时空”平台试点。在全省率先推出“楼宇党代表”工作制度，被《中国组织人事报》刊载。探索“近邻”党建新模式，相关经验被《人民日报》、中国共产党新闻网刊载，南街街道杨桥河南新村小区近邻党建做法入选省委组织部《典型案例选编》，8个小区获评福州市“邻里一家亲”示范小区。创新基层意识形态工作，打造区级融媒体中心，构建“一网两微多平台”全媒体传播矩阵。

【改革试点】 2020年，鼓楼区全面完成国家服务业综合改革示范典型建设工作，持续推进国家知识产权强县工程示范区、少先队改革全国少工委办公室直接联系示范区、民事诉讼程序繁简分流改革试点、刑事案件智能辅助办案系统试点4个国家级改革试点任务，新承接基于教学改革、融合信息技术的新型教与学模式国家级实验区试点工作。全面完成残疾人精准康复试点县（市、区）省级改革试点任务，继续推进全省城市基层党建示范点、“三新”经济统计省级试点、省级义务教育改革发展实验区、福建省未成年人刑事执行检察民事行政检察业务统一集中办理试点等5个省级改革试点任务，新承接知识产权产品投资统计省级改革试点任务。

（区委深改办）

组织工作

【概况】 2020年，鼓楼区委组织部以党的政治建设为统领，建设忠诚干净担当的高素质干部队伍，提升党建引领基层治理水平，推动人才工作改革取得新成效。至年底，鼓楼区有基层党组织2137个，其中区委直管的基层党（工）委17个，分别为10个街镇党（工）委、区直机关工委、区委教育工委、区委离退休干部工委、区委两新工委、鼓楼公安分局党委、福州软件园党工委、洪山科技园党委。各基层党(工)委下辖的党组织2120个，其中党委100个，比上年增加10个。党员27063人（含预备党员174人），其中女党员12220人，占45.15%；35岁以下党员5556人，占20.53%；大专以上文化程度党员16531人，占61.08%；离退休党员13214人，占48.83%。年内新发展党员161人，福州软件园党工委被省委组织部确定为发展党员工作联系点。

【新冠肺炎疫情防控】 2020年，鼓楼区在新冠肺炎疫情防控期间，发动机关、社区、小区党员组建426支党员突击队、先锋队、服务队，联系827家党建联盟单位，组织1.7万余名党员志愿者，下沉社区帮助卡点布控。组织235名党员干部担任督导员，入驻200个重点楼宇与35个大型商超，推动企业复工复产。为支持疫情防控工作，组织近2.4万名党员捐款170余万元；下拨168.7万元党费，慰问一线医务工作者和党员、干部；引导发动两新党组织和党员募捐款项1120.89万元、物资23万余件。号召2.3万名党员带头自查，主动检举揭发各种涉及房屋结构安全的违规违法行为。鼓楼区所属党组织福建省星光救援队党支部获评“福建省抗击新冠肺炎疫情先进集体”和“全省先进基层党组织”称号，1人获评“福建省抗击新冠肺炎疫情先进个人”和“全省优秀共产党员”称号。

【城市基层党建】 近邻党建 2020年，鼓楼区建成小区党支部532个，实现1304个小区全覆盖。推动小区党支部、业委会“双向进入、交叉任职”，小区党支部书记与业委会主任“一肩挑”14人，党员业委会主任83人，党员担任业委会成员406人，业委会、党支部班子交叉任职39人。引导小区居民、物业公司、社会组织等共同参与小区治理，全年开展“居民恳谈日”活动400多场，解决问题2000多个，投入近200万元，完成加装电梯、亮灯工程、有声图书馆等50个微实事项目。发挥69个党建联盟、10个党建促进会和80个城市基层党建联席会作用，推动827家党建联盟单位与小区互联共建。鼓楼区近邻党建经验做法获《人民日报》报道并入选省委组织部推广案例。

“一线处置”机制 结合“争当排头兵”系列竞赛活动，将10个街镇、84个主责部门近4000名干部纳入“一线处置”平台，安排各职能部门派员进驻，梳理事项清单180多项，提供清晰的“流程图”“导览图”，由“鼓楼智脑”平台判断划转。2020年，集中协调处理社区居民群众反映强烈的群租房、烧烤店扰民等热点事项145件。办事时限由原来的4个工作小时响应压缩为10分钟内受理、1个工作小时响应，群众上报事件数量、表扬件数量分别比上年增长204.71%、170%。

楼宇“党代表”工作制度 在全省率先推出楼宇“党代表”工作制度，从城市基层党建专职工作者、楼内两新党务工作者中选派首批26名楼宇“党代表”，驻点服务34栋商务楼宇，按照“收集、协商、分派、解决、反馈”工作闭环，建立楼、街（镇）、区三级联动解决机制，帮助楼宇企业解决问题400余件，相关经验做法被《中国组织人事报》《八闽快讯》刊载，鼓楼区楼宇党建示范带获评福州市首批两新组织党建示范带，鼓楼区获2020年“中国楼宇经济焕新发展城区”称号。

【一线考核干部】 2020年，鼓楼区继续实施“一线工作法”，采取“四不四直”方式，注重在疫情防控、治山征迁、房屋结构隐患排查等重大斗争一线分析研判干部。新冠肺炎疫情防控期间，派出10个疫情防控工作专项考核小组分赴各街镇，采取“考核+支援”形式开展一线考核，掌握疫情防控和复工复产一线的两头干部，对20名在防疫一线表现突出、担当作为的干部和23名区级“担当尽责、激情创业”好干部予以提拔重用、晋升职级。动议调整干部3批次，提拔、进一步使用科级干部49人次（其中正科级12人次、副科级37人次），调整科级干部73人次（其中正科级44人次、副科级29人次）。

【干部队伍建设】 2020年，鼓楼区坚持用好职务与职级两个序列，对在项目攻坚、疫情防控、招商抓促等一线担当尽责和临近退休、勤勉敬业的干部予以晋升职级123人次。完善“双轨并行”社区人才培养链，开展鼓楼区2020年选聘社区主干进入事业编制工作，对任社区主干时间长、表现突出并获得市级以上综合性荣誉或立市级“三等功”以上的干部进行综合评定量化加分，9名社区书记通过竞争性选拔进入全民事业编制。拓宽事业干部成长空间，3名优秀事业干部提任到机关工作。年内新录用公务员（参公人员）13人，接收录用选调生6人，安置营职以下军转干部2人。

【干部监督管理】 2020年，区委组织部加强“12380”电话、手机、信访、网络“四位一体”举报平台建设，强化与纪委监委、审计、信访等单位的横向联动。对一线考核中发现的一些干部苗头性问题，采取谈话、函询、诫勉等方式予以警醒，对1名违法违纪干部予以开除公职。修订《关于进一步激励广大干部新时代新担当新作为的若干措施》，健全激励干部干事创业和容错纠错工作机制，完善容错纠错启动程序。

【干部教育培训】 2020年，区委组织部选派50名干部参加上级部门举办的各类培训班，其中3名处级干部参加省委党校主体班次培训，26名科级及以下干部参加市委党校主体班次培训，组织2019年新考录公务员（参公人员）21人参加市委党校公务员初任培训班。新冠肺炎疫情防控期间，依托福建干部网络学院、区委党校等平台，采取“线上+线下”的方式，举办各类培训班8期、2321人次参加，其中主体班6期、2209人次参加，异地专题班2期、114人次参加。与厦门大学合作开设“云课堂”，举办专题培训班1期，调训100名岷县领导干部。组织近50名鼓楼“直通车”企业高管到清华大学参加第2期福州市鼓楼区重点企业高管培训班。

【人才引进】 2020年，鼓楼区围绕三大经济、九大产业链发展需求，引进“国家重点联系专家”1人，省引才“百人计划”专家10人，2家企业入选省产业领军团队，瑞芯微电子股份有限公司、福建福昕软件开发股份有限公司分别在主板、科创板上市。组织承办“闽都人才论谈之左海论谈”，创新采用“线上直播+线下分论谈”形式，邀请国内知名专家、学者和行业领军企业123人参与研讨交流，促进人才、资本、项目、服务对接合作，活动得到央广网等主流媒体关注报道，点击量900多万人次。实施“数字精英孵化计划”，依托以国产数字生态为主要方向的“鲲鹏赛道”，组织举办常态化、迭代式、高频度的赛事、培训和交流活动32场次，吸纳1800名各类数字经济优秀人才与5个项目落地。在福州软件园实施人才“苗圃计划”，开展“人才月”系列活动，完善园区绿化环境、公共交通、餐饮住宿等生活配套，经验做法获评全市人才绩效创新案例答辩第一名。新冠肺炎疫情期间，走访慰问高层次人才，赠送防护“暖心大礼包”，并协调解决复工复产中的难题。通过“一事一议”安排高层次人才子女入读区属优质校，13名重点骨干人才子女入学；支持帮助12名人才申报入住市人才公寓；为企业人才提供全方位健康服务，经验做法被《中国人才》杂志刊登。

【基层党组织建设】 基层党支部建设 2020年，鼓楼区开展“整街推进、整区提升”示范街区创建活动，推动全区10个街镇69个社区增星晋升，创建五星社区党组织33个、四星社区党组织32个、三星社区党组织4个，五星社区党组织数占社区数47.8%；创建示范街镇7个，达标街镇3个。开展党支部“达标创星”活动，推动全区党员领导干部挂钩联系328个基

2020年9月25日，鼓楼区第五批“党员示范店”暨第二批“党员诚信企业”授牌仪式举行
（谢赟星 摄）

层党支部，全区三星级以上党支部占57.7%。建立“三会一课”月提醒机制，每月初向基层党组织下发习近平总书记最新重要指示、重要论述等必学内容。配合开展国有企业退休人员组织关系接收工作，规范并简化工作流程及所需材料。

“两新”党组织建设 开展两新组织党建工作“扩面提质增效”专项行动，聚焦“两个覆盖”，强化街镇园区兜底管理，非公企业、社会组织覆盖率分别为92.9%、97.6%，新组建219家两新党组织，连续三年位列全市第一。提升党组织组织力，结合党支部“达标创星”活动，指导各党（工）委深化党支部规范化建设，排查整顿软弱涣散基层党组织，撤销两新党组织46家。评选鼓楼区新一批“党员诚信示范店（企业）”67家，完善回访评议退出机制，对搬离鼓楼区或存在违规经营行为的32家“党员诚信店”予以摘牌。

筹备社区组织换届 开展社区党组织换届选举前期准备工作，分析“两委”年龄结构、主干“一肩挑”比例等，重点摸排69名社区党组织书记留任意愿及社区后备干部储备情况。

（陈昕恬）

宣传思想文化工作

【概况】 2020年，鼓楼区委宣传部围绕区委区政府中心工作，开展专题学习12场、研讨18场、理论宣讲4039场，受众134万余人。意识形态工作责任制考核连续4年全市第一，规上文化产业营收总量常年稳居全市第一，区委宣传部连续两年获评全省舆情信息工作先进单位。

【意识形态工作】 2020年，鼓楼区落实意识形态工作“211”工作机制，开展形势分析、印发党内通报、组织专题学习，区委常委会会议4次研究意识形态工作，向市委专题报告2次。强化意识形态工作检查考核和日常管理，修订街镇、部门意识形态日常工作台账考评标准，每季度收集台账、评定分数，结合区委巡察、专项督查、年底考核、末位约谈、下发问题清单等形式，加强督促指导，全年开展检查考核2次、末位约谈8人次。意识形态责任制考核位列全市第一。

【理论工作】 2020年，鼓楼区围绕中共十九届四中、五中全会精神，以及《习近平谈治国理政》第三卷、《习近平在福州》等系列采访实录，开展专题学习12场、研讨18场，为区委中心组成员发放学习读本1235本。全区16支业余讲师团120多名业余讲师开展理论宣讲4039场，受众134万余人。推广运用“学习强国”平台，打造提升“空中思政课堂”“红色大讲堂”等基层理论宣讲品牌，“红色小广播”获评2019年全省基层理论宣讲先进集体。开展4个社科课题研究，编印课题成果汇编、要报。

【社会宣传】 2020年，鼓楼区开展新冠肺炎疫情防控宣传，全区张贴宣传标语约5.83万条，入户发放或张贴致市民的一封信约46.92万份，张贴宣传海报约3.63万张，协调辖区624家商户门楣滚动播放宣传标语，频次为633条/分；在商超、综合体等24面大型电子显示屏上播放宣传图文；发放3300张企业专版“预防新型冠状病毒肺炎科普系列挂图”“疫情防控复工复产‘两手抓’宣传海报”。开展2020年元宵灯会及“两节”街景布置工作，做好国庆、第三届数字峰会、双拥模范城检查等重要节日、重大活动氛围布置工作。举办“家在鼓楼·年年高”慰问活动，在“两节”期间开展群众性文化活动153场。

【新闻宣传和舆论引导】 2020年，鼓楼区率先在全市完成融媒体中心建设，全省首创“中心+平台”运营模式，入驻融媒体企业42家，注册资本超1.1亿元。开通、优化“家在鼓楼”系列8个不同类型的宣传平台，运用217面融媒体智慧屏，宣传鼓楼区疫情防控和经济社会发展情况。加强与中央和省、市主流媒体的交流合作，在央级

2020年12月27日，鼓楼区举办“红色小广播 对话新思想”主题活动

（谢赟星 摄）

媒体播发报道近300篇，在省、市媒体播发报道1200余篇，在“学习强国”平台播发报道220篇，“华人头条”《家在鼓楼》专题阅读量近9000万。制作数字峰会、城市建设、疫情防控等主题抖音短视频，编撰《家在鼓楼——行吟坊巷间》。

创新舆情快速处置机制，把网络舆情处置纳入“鼓楼智脑”系统，每天专人巡网监测，制定3种处置流程图，及时妥善处置、有效引导网络舆情，鼓楼区网络舆情考核连续三年全市第一。

【文化产业】 2020年，鼓楼区加强入企服务，走访文化企业近500人次，帮助解决复工复产及经营中的难题。强化政策宣传引导、资金扶持奖励，5家文化企业获评省“文化企业十强”“最具成长性文化企业”，福州软件园动漫游戏产业园区、福大怡山文化创意园被认定为省文化产业重点园区，全区规上文化产业单位数275家，规上文化产业营收总额254亿元，比上年增长0.65%。

【新闻出版】 2020年，区委宣传部开展辖区241家出版物企业和18家印刷企业年检摸查，审批61件出版物企业设立、出版物企业信息变更等事项，健全工作台账。推动“扫黄打非”进基层工作，完成10个街镇、69个社区基层站点规范化标准化建设全覆盖。开展“清源2020”等五大专项行动和“新风”“正道”两大集中行动，查缴各类非法出版物，查处视频网站侵权行为和印刷企业违规行为2起。

【电影管理】 2020年，区委宣传部对辖区8家影院开展全覆盖指导检查，组织召开复工复产准备工作座谈会。联合区商务局、鼓楼消防大队等相关单位，定期开展辖区影院安全生产检查9次。

（田珍芬）

统战工作

【概况】 2020年，鼓楼区统一战线工作加强党派工作制度建设，开展多党合作和政治协商工作。组织开展非公经济人士学习培训9次460多人次。在新冠肺炎疫情防控期间，率先实行“两暂停”措施，关闭及暂停宗教场所和宗教活动。推进“不忘初心、牢记使命”主题教育学习常态化，区委统战部理论中心组、党支部开展集中学习研讨24次，机关党员干部撰写学习心得体会30余篇。配合开展区委巡察“政治体检”，推进巡察反馈问题整改与制度落实，整改问题26个，完善制度9项。鼓楼区委统战部获评2016—2019年全省统战系统先进集体。

【多党合作和政治协商】 2020年，区委统战部加强党派工作制度建设，完善“季谈会”“每月直报”“联合调研”“联谊交友”机制，协助开展队伍建设、基层换届、社会服务等，推进系统各单位中心组学习、理论宣讲、研究阐释、舆论引导、对外宣讲等工作。支持并引导各民主党派、区工商联和无党派人士围绕党和国家重大决策、中心任务以及省、市、区三级政府的中心工作，开展调查研究并建言献策，全年报送各类信息326条。其中，党外人士撰写的65.5篇被上级采用，位居福州市第2名（其中4篇建言献策被中央办公厅和中央统战部采纳，2篇获中央领导批示）。形成全区改革发展大局调研文章25篇，各民主党派和区工商联都在区政协大会上作专题发言，获区委、区政府重视和相关批示。

【非公有制经济工作】 2020年，区委统战部对民营企业加强教育引领，开展以“守法诚信经营，坚定发展信心”为重点的民营经济人士理想信念教育实践活动。组织企业学习中办、国办印发的《关于加强金融服务民营企业的若干意见》文件精神，学习贯彻习近平总书记在民营企业家座谈会上的重要讲话精神，开展企业劳动用工政策宣讲活动。全年开展学习培训9次，组织非公经济人士参加培训学习460多人次。帮助34人参加职称任职资格评审，其中高级职称8人，中级职称13人，初级职称13人。走访辖区非公企业100多家次。巩固“五好”县级工商联创建成果，引导基层商会争创“四好”商会。

【“春风·春雨·光彩”行动】 2020年，区委统战部发动辖区非公企业开展扶贫活动，春节前慰问兰庭社区5户困难家庭，每户发放慰问金500元和慰问品；重阳节慰问兰庭社区10名困难家庭群众，每人慰问金500元。开展资金帮扶、产业帮扶、就业帮扶等活动，献爱心270多万元。参与“凝新聚力·扶贫助农”公益行动等活动，9月到永泰县开展结对帮扶村扶贫日活动，慰问白云、同安、赤锡中心小学困难学生，每人发放1000元助学金，并向3所小学各捐赠1套书籍，总价值2.2万元。看望并慰问永泰县庄边村2户烈士家属和4户困难群众，每户1000元慰问金。引导14家会员企业分别与甘肃岷县14个村签订帮扶协议，发动会员企业向岷县捐款13.9万元，并采购岷县农特产品。

【城市民族工作】 2020年，鼓楼区结合“四进”及“七五”普法活动，在机关、社区、企业、学校和宗教活动场所组织开展43场《中华人民共和国民法典》培训宣传会，通过微课堂、文艺会演、宣讲会等开展5场民族团结进步宣传月活动。规范民族成分变更审批程序，接受咨询16人次，受理办结3件行政审批件。1月9日，五凤街道天元社区邀请少数民族群众参加社区迎春联欢会。7月7日，区民宗局联合天元社区开展民族宗教政策宣传活动。8月14日，在天元社区举办以“民族团结一家亲，同心共筑中国梦”为主题的2020年福州市民族团结进步宣传活动，同时举行福州市首个区级“民族团结进步教育基地”授牌仪式。春节前夕走访慰问少数民族病困群众10人，发放慰问金8000元；困难少数民族群众2人，发放慰问金2000元。

【宗教事务管理】 2020年，区委统战部协调解决多年未解决的历史遗留问题，获福州市领导肯定。32处宗教活动场所及宗教代表人士向属地街镇、医疗机构等捐赠善款和医疗物资，捐款84.73万元及物资若干。

【新的社会阶层人士统战工作】 2020年，鼓楼区初步构建新阶工作阵地网络，在鼓东街道、洪山园打造全区第一批“同心驿站”，组织开展“万水千山粽（总）是情——区新阶联端午联欢”、《中华人民共和国民法典》学习等专项活动，成为全市首批验收合格的“同心驿站”。通过鳌峰讲堂等基地，不定期举办“同心讲堂”“理想信念教育”等主题宣教活动31场；借助唯美客基地打造“凝心筑梦”平台，吸引100名创业青年、45家企业、2家协会入驻；福州市众创空间——名师楼为创新创业者提供工位数80个；借助“五凤论见”“吾鼓丰登”等论坛型平台举办沙龙活动10多场。

【联谊工作】 2020年9月，由福州市侨联主办、鼓楼区侨联承办的“祖国情·赤子心”纪念印度尼西亚归侨回国60周年座谈会召开。11月，鼓楼区侨联在首届海丝国际茶文化论坛系列活动前夕组织辖区茶企开展茶叶交流品鉴活动，举办“詹御岩”鼓楼区华侨茶叶品鉴会，邀请来自美国、加拿大、澳大利亚、阿根廷、法国等国家的海外侨领交流座谈。通过“线上+线下”方式，开展“闽台匠人大会”、闽台非遗线上直播、“海峡回声”等近20场特色交流活动，两岸线上参与人数逾70万人次。

【党外代表人士队伍建设】 2020年12月，鼓楼区统战系统信息工作会议暨建言献策培训班、统战业务能力提升专题学习班在永泰方广书院举办，50余人参加。新冠肺炎疫情期间，开展党外人士谈心谈话活动10余次。

【新冠肺炎疫情防控】 2020年，鼓楼区率先在福州市实行“两暂停”措施，关闭西禅寺、开元寺等超级人员聚集性场所，主动建议并获市政府“关停”批示，在省、市统战工作会议上得到省委常委、统战部部长庄稼汉，市委常委、统战部部长陈晔的点名表扬。此外，暂停在福州清真寺举行“开斋节”和“古尔邦节”聚集活动，引导穆斯林群众居家过节；暂停开展一切宗教信俗活动，辖区内各宗教活动场所暂停对外开放。

新冠肺炎疫情期间，区委统战部主要领导带队走访60多家企业，宣传惠企政策，了解民营企业复工复产情况。配合区金融办服务企业中心打造金融帮扶超市，发布16种不同类型的金融产品信息，并召开银企座谈推介。近700家鼓楼区小微企业向中国建设银行、中国银行申请普惠小微快贷，审批授信额度超8.5亿元。组织统一战线成员参加新冠肺炎疫情防控阻击战，并捐款捐物456万元。向区工商联会员企业和企业家募捐260万元。

（方琪）

精神文明建设

【概况】 2020年，鼓楼区委文明办推进文明城区创建工作，获评2019年度全省精神文明创建信息工作先进集体、福州市精神文明建设信息工作先进集体和福州市“我推荐、我评议身边好人”活动优秀组织单位等称号。《鼓楼区志愿服务助力疫情防控》《鼓楼：凝聚道德力量 奏响文明新歌》2篇工作信息被《八闽快讯》专版刊登。

【文明城区建设】 2020年，鼓楼区健全文明创建机制，开展专题会、联席会、部署会等部署创建工作10余次，采取“专班查文明”“步行查文明”“对表查文明”等手段推进文明建设。细化文明创建督查，区领导分头包片，进行一线指导；全区5个创建督导组挂钩街镇，巡回督查；10个街镇动员基层力量对表自查、互查。全年对116个问题较突出的点位管理单位及街镇下发整改告知单，印发通报26期，对2个单位挂红牌，13个单位挂黄牌。

【公民道德教育】 网络文明宣传 2020年，鼓楼区运用微信、微博、抖音、广电网络电视等平台传播文明，在中央、省、市文明网站刊载信息近400篇，其中精神文明信息和评论被中国文明网刊载96篇，被福建文明风刊载273篇。《福州鼓楼〈唱响文明〉》等7个视图内容被“学习强国”采用，精神文明信息评比名列全省第一。

文明宣传教育 鼓楼区委文明办联合鼓楼区妇联、福州电视台合作拍摄全国“最美家庭”、文明家庭宣传片。以展示核心城区为主线，邀请音乐人

2020年9月25日，“家在鼓楼 福满中秋”——“我们的节日·中秋节”鼓楼区专场活动在黎明湖公园举行 （区委文明办 供）

蒋舟、歌手龚丹与福州电视台共同合作制作《唱响文明》宣传片。

“我们的节日”系列活动 承办省、市级“我们的节日”系列主场活动4场、区级主场活动41场。受新冠肺炎疫情影响，“我们的节日”部分活动改为线上开展。

典型示范引领 每月开展“鼓楼好人榜身边好人榜评选活动”，评选鼓楼好人榜好人36人，其中李则斯、张起丁、林美珍、林元、林城5人入选福州好人榜。组织拍摄线上网络道德讲堂7期。创新家风讲堂形式，邀请军门社区党委书记林丹等道德模范在三坊七巷名人家风家训馆录制道德模范云宣讲视频3期。

文明新风行动 省、市“文明福建 爱卫同行”主题活动在鼓东街道中山社区举办，福建省委常委、宣传部部长、统战部部长邢善萍出席并讲话，副省长林宝金主持。结合国庆、中秋重要节点，组织全区党员干部、市民群众约7万多人次共同开展“家在鼓楼 文明庆双节”系列清洁活动2次。

2020年鼓楼区“我们的节日”主要活动一览表

表3

活动时间	活动地点	主办单位	活动主题及内容
1月20日	鳌峰坊39号李世甲故居	中共福州市委文明办、鼓楼区文明委	“家在鼓楼 春满古厝”——2020年福州市“我们的节日·春节”主题活动鼓楼区专场活动，现场展示捏泥人、扎花灯、剪纸、书法等非遗文化；表彰凡人善举微视频（图片）有奖征集活动获奖作者代表、“读书明星”“书香人家”代表和2019年“鼓楼好人”等
6月22日	南街街道杨桥河南社区	中共福建省委宣传部、鼓楼区委文明办	“万水千山粽是情”——2020年我们的节日鼓楼区南街街道专场，邀请省委宣传部副部长肖贵新赠书并作“习近平主席在福建工作期间的故事和教育意义”专题讲座；举行省级非遗香店拳展示、粽王争霸、点雄黄、制香囊等民俗展示活动；开展爱国卫生运动、文明创建、平安“三率”、“倡导绿色生活 反对铺张浪费”等宣传；组织爱心企业慰问辖区困难户
6月22日	鼓东街道庆城社区	省政协机关党委、鼓楼区委文明办	“千年古厝迎世遗 粽叶飘香话闽都”主题活动，现场表彰援鄂医护人员、最美志愿者、最美志愿服务单位等24人（家）；邀请“金牌导游”黄玉麟讲解古厝文化；开展赠书、图说社会主义核心价值观、爱心义诊、健康咨询、香囊制作、分送驴胶龟苓膏等便民惠民服务
8月24日	东百中心C馆叠水广场	中共鼓楼区委宣传部、区委文明办	“文明上餐桌 勤俭新‘食’尚”暨2020年我们的节日·七夕主题鼓楼区专场活动，表彰2020年市、区级新时代好少年；设置“文明餐桌新风尚”“七夕的红月亮”和青年情侣现场游戏互动等节目环节
9月25日	黎明湖公园	中共福州市委文明办、鼓楼区文明委	“家在鼓楼 福满中秋”——2020年福州市“我们的节日·中秋节”主题活动鼓楼区专场，演出快板、歌伴舞、T台秀等节目；表彰鼓楼区2020年市、区级身边好人代表；开展爱心茶摊、健康义诊、移风易俗宣传等形式志愿服务活动；设置中秋摆塔、黎明湖泛舟、团扇手绘、非遗项目——柘荣剪纸、十番音乐体验等众多系列民俗体验活动
10月20日	乌塔公园前冠亚广场	中共福州市委文明办、鼓楼区文明委	“浓情重阳 孝亲感恩”——2020年福州市“我们的节日·重阳节”主题活动鼓楼区专场，省、市、区相关领导慰问20名辖区高龄老人；现场开展传统民俗展示、爱心茶摊、垃圾分类、移风易俗等志愿服务活动；组织市民群众携蔗登乌山

【志愿服务】 基础建设 2020年，鼓楼区成立以区委书记为主任的鼓楼区新时代文明实践中心，配套成立新时代文明实践服务中心，核定事业编制2名。将占地1000多平方米的津泰路205号作为鼓楼区新时代文明实践中心场地，投入近50万元建设升级志愿服务管理平台软件设计。

典型培育 建立志愿者反馈评分机制，采取等级评定、双向互动等形式。完善激励回馈机制，为优秀志愿者征订报纸，试点“爱心银行”志愿服务积分兑换。认定一至三星级志愿者300余人，三坊七巷社区获2019年全国学雷锋志愿服务“四个100”最美志愿服务社区，“‘话世遗，赏古厝’闽都文化传承保护项目（第二季）”“传递爱心传播文明，做有温度的志愿者项目”获2020年福建省志愿服务项目大赛银奖，叶小弟被推选为2020年全省疫情防控最美志愿者。

志愿服务活动 与辖区省、市机关单位共同开展新时代文明实践结对共建活动4场。助力新冠肺炎疫情防控，下拨约80.62万元防疫志愿服务专项补助经费，招募850多名志愿者，健全“3+3+3”防疫志愿服务网络，支援69个社区。鼓楼区防疫志愿服务事迹获中央、省、市各级媒体报道。

【未成年人思想道德建设】 心理健康服务 2020年，鼓楼区未成年人心理健康辅导站与闽江师范高等专科学校签订《共建实习基地协议书》，在校博士、硕士生支援暑期辅导站咨询工作。新冠肺炎疫情防控期间，辅导站以电话咨询、网络咨询、周末面询的方式接受个案200多个。

书香社会构建 发起“书送希望 悦读接力”主题公益网络爱心捐书行动，陆续募集到福建省市场监管局、福建生态工程职业技术学校、福建海川工程监理有限公司、福建沧趣茶艺有限公司、福建金宏基建设有限公司、海峡文艺出版社及爱心人士捐赠的爱心图书11710册，总价值18.48万元，全部捐赠至甘肃省岷县教育局，分发给各贫困小学的学生们。

主题教育 开展“新时代鼓楼好少年”推选和学习宣传活动，余锦轩、林思娴、郭子羿3人获评2020年“福州市新时代好少年”，孙瑜获评2020年“福州市新时代好少年”提名奖，牛子壬等15人获评2020年“鼓楼区新时代好少年”。9个作品入选“携手战疫情 别样少年心”未成年人防疫抗疫作品征集活动展播。

（林榆婷）

2020年11月3日，“书送希望 悦读接力”鼓楼区委文明办向甘肃岷县扶贫捐书仪式在福建海峡出版社厂区内举办 （区委文明办 供）

机关党的工作

【概况】 2020年，鼓楼区委区直机关工委坚持把政治建设摆在首位，按照“走在前、作表率”目标定位，聚焦“围绕中心、建设队伍、服务群众”，践行“一线工作法”，推进机关党建各项工作。至年底，直属机关党组织46个，其中机关党委10个、企业党委3个、机关党总支1个、直属党支部32个；基层党支部124个，其中机关党支部91个、企业党支部14个、事业单位党支部17个、社会组织党支部2个；党员1811人。年内，区直机关工委获评“2020年全省机关工委系统先进集体”“2018—2020年度省级文明单位”等称号。

【模范机关建设】 2020年，区委区直机关工委以在全区机关范围内开展建设“让党中央放心、让人民群众满意”的模范机关作为推动全区机关党建高质量发展的主题主线，制定下发《关于开展“模范机关”创建的实施方案》。按照区委关于“争当排头兵”系列竞赛活动的部署要求，制定《鼓楼区直机关党工委“争当排头兵”系列竞赛活动方案》，推动鼓楼区机关党建走在省、市前列。

5月28日，组织召开2020年区直机关党建重点工作部署会暨党务工作者业务培训会，重点就“模范机关”创建进行动员部署。坚持先改后创、改创结合，全面推进。

【思想建设】 2020年，鼓楼区组织机关党员干部集中学习研讨《习近平谈治国理政》（第三卷），以及《习近平在福建》《习近平在福州》等系列采访实录630多场次，征订发放重点学习书目3700多册。建立学习贯彻习近平新时代中国特色社会主义思想长效机制，下发《关于进一步掀起学习〈习近平在福建〉等系列采访实录热潮的通知》。

探索“主题党日”模式，组织开展庆祝中国共产党建党99周年“七个一”（组织一次党日活动、开展一次专题学习、进行一次党性体检、上好一堂主题党课、开展一轮走访慰问、捕捉一帧红色画面、开展一次志愿服务）系列活动。持续调整充实区直机关业余讲师团队伍，至年底，共培育业余讲师22人。组织召开学习贯彻中共十九届五中全会精神宣讲报告会、鼓楼区直机关业余讲师团宣讲观摩会、“学习贯彻五中全会精神 建设‘四个合格’党员队伍——整治作风突出问题”等宣讲报告12场次。打造“线上+线下”培训双模式，10月28日召开区直机关党务干部培训班，组织开展“党课开讲啦”和10场次机关党员教育培训活动。

【组织建设】 2020年，鼓楼区调整撤并2个薄弱党支部，建立健全党组织书记支部联系制度。通过换届和补选，落实机关党组织书记原则上由本单位党员主要负责人担任的要求，选优配强机关党组织书记、专职副书记。采取全面从严治党检查、巡视巡察、日常指导督查“三条路径”，结合《关于加强和改进新时代机关党的建设存在问题整改方案》和区委巡视巡察工作，指导督促20多个直属党组织立整立改、边查边改、未巡先改，查摆相关问题90多个。

坚持日常检查与年终检查相结合，开展党建督查指导，对46个机关党组织落实党建重点任务、谋划工作、评先评优、全面从严治党、意识形态工作、文明创建等进行全面检查，并作为绩效考评重要依据。

继续规范民主生活会、组织生活会、民主评议党员等制度，提高“三会一课”质量，做好党务公开、发展党员、党费收缴等基础性工作。在新冠肺炎疫情防控期间，坚持在疫情防控第一线发展党员工作，发展新党员2人。

【作风建设】 2020年，区委区直机关工委围绕项目建设、招商引资、数字经济、城市治理等全区中心工作，进一步贯彻落实鼓楼区委“吹响集结号大干60天”要求，组织引导全区机关党员干部在“厉行节约 反对浪费”、房屋结构排查、电动车换牌等专项行动中示范带头。如8月29日至9月11日，每日组织发动700多名机关党员、干部、职工下沉一线，助力文明城市创建工作。优化调整部分区直部门挂钩联系社区，明确挂钩对象与工作方式，确保志愿服务供给与基层实际需求有效对接。

【品牌建设】 2020年，鼓楼区推进模范机关创建工作，提升完善“138”机关党建工作机制，相关经验做法和工作成效在省、市、县机关工委书记联席会议上作交流发言，《八闽快讯》以“服务发展出实招 机关建设显成效——鼓楼区高质量推进‘模范机关’创建工作”为题专期刊发，“以‘138’工作模式为抓手 扎实推进‘模范机关’建设”获评全省机关体制机制创新优秀案例二等奖。

【党员志愿服务活动】 新冠肺炎疫情防控 2020年新冠肺炎疫情期间，区委区直机关工委第一时间印发《致鼓楼区直机关各党组织和广大机关党员干部的一封信》，组建65支“党员突击队”、设置590多个“党员先锋岗”，到69个社区、200多幢楼宇、35个大型商超，协助开展新冠肺炎疫情防控和复工复产工作。跟踪全区机关干部职工的健康状况，下拨30.3万元专项党费，慰问303名新冠肺炎疫情防控一线医护工作者。1月31日至4月3日，全区机关党员、干部下沉一线开展战“疫”3.6万人次，历时63天。

城市基层党建 继续践行“一线工作法”、“双报到”制度、“一线呼叫、一线报到、一线处置”机制，常态化开展平安建设、城市治理、交通文明劝导、“三服务”等志愿服务活动，解决“急难愁盼”问题近万件。在全国、全省文明城市测评验收期间，组织发动机关干部逾2万人次下沉社区一线，助力文明城市创建工作。

（曾少东）

机构编制

【概况】 2020年，鼓楼区贯彻落实《中国共产党机构编制工作条例》，继续推进各层级各领域改革，统筹配置机构编制资源，完善事业单位登记管理服务，全面开展新时代机构编制工作。全年全区行政、事业单位入编416人次，减编416人次。

【街道（镇）机构改革】 2020年，鼓楼区从强化党的领导、明确乡镇（街道）职责定位等9个方面入手，对全区乡镇（街道）体制机制进行改革，重点突出机构职能转变和职责优化。7月研究通过鼓楼区各街道（镇）“三定”方案，进一步明确各街道（镇）主要职责、机构设置和人员编制等方面工作内容。各街道（镇）在原有基层党建办公室、公共管理办公室、公共服务办公室和营商环境办公室基础上，增设党政综合办公室，其中洪山镇另增设规划建设环保办公室。

重新设置乡镇（街道）事业单位21家，其中各街道整合党建服务中心、财政所2个事业单位，综合设置便民服务中心、综合技术保障中心2个事业单位，机构规格均为相当副科级；洪山镇整合党建服务中心、乡镇文化中心、卫生计生服务中心3个事业单位，综合设置综合便民服务中心、综合技术保障中心和综合行政执法大队3个事业单位，机构规格均为相当副科级。

【事业单位改革】 2020年，福州软件园作为科技部批准的国家级软件产业基地之一，考虑到福州市软件园发展需要，经研究确定福州市软件园管理委员会机构规格相当正处级，其他机构编制事项保持不变。

【机构编制监督管理】 2020年，鼓楼区完善机构编制管理信息系统和机构编制实名制信息数据，办理行政入编110人，减编83人；办理事业入编208人，减编286人；办理临聘人员进入控制数管理98人，减员47人。全年全区无机构编制违纪违法行为。

【机构编制资源配置】 机构编制调整 2020年，鼓楼区完成纪检监察机构全覆盖，分别接收区纪委监委派驻区人民法院纪检监察组、派驻区人民检察院纪检监察组行政编制各3名；统筹优化编制资源配置，将因职能弱化单位编制收回，转为调剂至教育等民生缺编领域，教育系统核增事业编制28名。

内设机构调整 12月，鼓楼区计生协会设置办公室、组织宣传科、家庭服务科3个内设机构，并明确相关科室职能。

全区教师编制核定 区委编办联合区政府办、区人社局和区财政局等部门成立鼓楼区教师编制专项核编小组，对全区各中小学、幼儿园的学生数、教师数、行政教师配备等情况进行核定，重新测算出教师缺编数额，为教育部门招聘代课教师提供依据。全年统筹28名事业编制用于教师招聘。

【事业单位登记管理】 2020年，鼓楼区继续执行事业单位法人年度报告公示制度，全区事业单位报送年度报告公示137家，并确认其开办资金，全年办理设立登记9家、变更登记24家、注销登记1家，157家单位实现网上登记全覆盖。开展鼓楼区机关、群团统一社会信用代码赋码更新工作，全年办理证书新增1家、变更12家。12月，在全区抽取鼓楼区燃气管理站、鼓楼区劳动保障监察大队等7家事业单位开展年度报告“双随机、一公开”核查工作，核查合格率100%。

（周璜笛）

老干部工作

【概况】 2020年，鼓楼区有离退休干部117人，其中离休55人，“5·12”退休干部14人，处级退休老领导33人，团职军转退休15人；离休干部最大年龄99岁，平均年龄89.5岁。年内去世12人。

【老干部政治待遇】 2020年，受新冠肺炎疫情影响，区委老干部局、离退休干部工委创新学习方式，开设“云端”课堂学习，利用微信公众号、微信群、学习强国App等平台，向离退休干部、各离退休干部党支部推送《习近平在福州》《习近平在福建》等系列采访实录、全国“两会”精神解读及中共十九届四中、五中全会精神解读等学习内容，共开展线上学习20多场。线下采用专题学习、报告会、“三会一课”、组织生活会等形式组织学习，全年组织专题讲座6场，参加人数120多人次；座谈会5场，参加人数100多人次；组织区级老领导召开区情通报会2场，参加人数40人次；组织老干部参观考察活动8次，参加人数150多人次。同时对行动不便的离退休干部开展送学上门活动。

【老干部生活待遇】 2020年，区委老干部局持续做到“五必访”（逢年

2020年12月9日，鼓楼区离退休干部党建工作室新成员——九彩社区连智党建工作室揭牌

（区委老干部局 供）

过节必访、生病住院必访、生日必访、困难必访、去世必访），全年走访慰问600多人次。每月1日电话联系老干部，了解其身体情况和生活状况，及时排忧解难。在全市率先开展政府为离休干部购买居家养老服务基础上，深化“一人一策”服务，实现鼓楼区离休干部精准服务全覆盖全到位。按照上级文件精神及时落实老干部各项生活待遇，为老干部安享晚年生活提供保障。

【离退休干部党建工作】 2020年，鼓楼区完善离退休干部党工委运行机制和工作机制，落实“三会一课”制度，建立情况通报和形势报告制度、党支部学习活动日制度、支委培训制度等，年内对离退休干部党支部书记培训1次，每季度召开离退休干部党支部书记专题会。推动鼓楼区离退休干部“党建+”活动开展，依托社区党委，按照“五有”（有统一标牌、有服务团队、有工作制度、有活动、有记录）标准，新成立6家社区离退休干部党员党建工作室，覆盖全区各街镇。至年底，全区有离退休干部党支部15个，其中省级示范党支部3个，市级五星级党支部3个，四星级党支部1个。

【老干部活动】 2020年，区委老干部局组织引导离退休干部成立“老干部民生督导组”“垃圾分类银发督导组”“红色宣讲团”等队伍，开展关心下一代、文明创建、闽都文化普及、垃圾分类、疫情防控、脱贫攻坚宣讲等志愿活动16场320人次。福州西湖国山党建工作室通过“线上直播”方式向广大居民群众宣讲党的理论创新成果和方针政策，开展9场，2500人次观看。以军门社区林丹党建工作室带头人林丹带领工作室老党员发挥正能量故事为原型的舞台剧《一枝花》，获省委离退休干部工委主办的“我看脱贫攻坚新成就”——八闽离退休干部舞台剧展演金奖；各社区离退休干部党员党建工作室以“我看脱贫攻坚新成就”为主题开展进机关、进社区、进军营、进学校等宣讲活动11场500人次。

【老年教育】 2020年，区委老干部局贯彻落实区委、区政府为民办实事项目，推动“长者学堂”项目建设，围绕场所选址、项目进度、制度建立、管理规范等内容开展专题研究20多次，到各街镇、相关社区现场督促指导15次，推动全区10个街镇“长者学堂”全面建成，总面积1000多平方米。

在新冠肺炎疫情防控期间，区老年大学指导“长者学堂”采用“线上+线下”的学习模式，组织学员开展学习，线上课堂对接省、市、区老年大学空中课堂，包括太极拳、茶艺、书法、舞蹈、时政、养生等课程，进行3次“空中课堂”录播，包括古厝文化、重阳节民俗文化内涵及福州方言八音嗽语等课程；线下开展“送教进学堂”活动，如东街街道“长者学堂”安排太极拳课程、水部街道“长者学堂”安排手机摄影课程、鼓东街道“长者学堂”安排手工课程、南街街道“长者学堂”安排书法课程等，平均每周到“长者学堂”学习的学员300多人次。

（张斐斐）

党校工作

【概况】 2020年，鼓楼区委党校举办进修班、培训班、专题研讨班等18期，培训2818人次，其中主体班6期2139人次，专题班5期273人次，其他班次7期406人次。1项理论研究课题通过福建省党校、行政学院系统中国特色社会主义理论体系研究基地结项，1项理论研究课题通过福建省党校、行政学院系统中国特色社会主义理论体系研究基地立项。4项理论研究课题通过福州市党校系统课题结项，1项理论研究课题通过福州市党校系统课题立项。撰写福州市党校系统市情论坛论文、福建省党校教育研究会福州分会年会论文各1篇；在CN刊物上发表论文1篇。

【教学工作】 2020年，区委党校把“党校姓党”根本原则贯穿到各项工作中。在课程设置上，结合新冠肺炎疫情期间的重难点工作，开设《学习习近平治国理政思想，推进国家治理

2020年8月21日，鼓楼区科级及以下干部学习贯彻中共十九届四中全会精神专题培训班开班式 （区委党校 供）

2020 年 11 月 11 日，鼓楼区第十二期中青年干部培训班鼓岭现场教学
（区委党校 供）

现代化》《统筹推进常态化疫情防控和经济社会发展——2020 年“两会”精神解读》等 10 多门重点课程，向学员发放《习近平在福州》、《习近平在厦门》、《习近平谈治国理政》（第三卷）等书籍，确保党的理论教育和党性教育两类课在教学安排中不低于总课时的 70%，其中党性教育课程不低于 20%。在教学安排上，结合各培训班的课程特点和教学要求，适时采取“线上 + 线下”的培训方式。如 8 月与区委组织部共同举办鼓楼区科级及以下干部学习贯彻中共十九届四中全会精神专题培训班，采取线上和线下学习研讨相结合的学习培训形式，参加学员 1730 人，全部完成线上学习并形成讨论交流报告。在日常管理上，坚持把从严治党要求与从严治校方针结合起来，严以治校、严以治教、严以治学，把校风建设作为作风建设的重点。落实学员管理纪律规定，对学员的政治理论学习和党性锻炼情况实行“双百分考核”，将考核结果向组织部门反馈，纳入个人档案。实行班主任全程跟班听课制度，把班级管理作为党性锻炼的载体。

2020 年，举办 2018—2022 年度第 3 期（总第 23 期）科级干部进修班、鼓楼区第十二期中青年干部培训班、鼓楼区 2020 年岷县领导干部综合能力提升培训班、鼓楼区科级及以下干部学习贯彻中共十九届四中全会精神专题培训班、“中共党员发展对象”培训班（2 期）等 6 期主体班；宣传思想文化业务培训班、鼓楼区 2020 年度“平安建设暨政法系统能力提升”专题培训班、“政协委员履职能力提升”专题培训班、重点企业高管培训班（第二期）、2020 年“统战业务能力提升”暨中共十九届五中全会专题学习班等 5 期专题班；鼓楼区 2020 年街镇河长、河长办人员培训班等 7 期其他班次。

【异地培训】 2020 年，区委党校组织 3 期培训班到异地培训，培训人数 161 人。其中，到清华大学 1 期，到厦门大学 1 期，到永泰方广书院 1 期。

【东西部扶贫网络送教】 2020 年 7 月 20—24 日，鼓楼区依托厦门大学网络学习平台，为 100 名岷县领导干部网上送教，设置“学习习近平总书记关于脱贫攻坚重要讲话精神，助力乡村振兴”“统筹推进常态化疫情防控和经济社会发展——2020 全国两会精神解读”“十九届四中全会精神解读之‘全面推进国家治理体系与治理能力现代化’”“《摆脱贫困》解读、扶贫开发与农村发展、乡村振兴战略融资与运营策略、发展文创产业，助力乡村精准扶贫”“从‘六稳’到‘六保’”“统筹推进疫情防控和经济社会发展”“重大事件的舆情应对与干部应急处险能力提升和用传统文化力量滋养、提振干部精气神”等课程。

【科研成果】 2020 年，《福州市鼓楼区普惠性民办幼儿园发展现状与思考》1 项理论研究课题通过福建省党校、行政学院系统中国特色社会主义理论体系研究基地结项；《从“互联网 +”背景下探究深化基层“放管服”改革的思考——以福州市鼓楼区为例》1 项理论研究课题通过福建省党校、行政学院系统中国特色社会主义理论体系研究基地立项。《“互联网 +”视角下基层党建现代化路径探析——以福州市鼓楼区为例》《福州市鼓楼区普惠性民办幼儿园发展现状与思考》《智慧城市视阈下提升基层社会治理智能化研究——以福州市鼓楼区为例》《推进城市信用体系建设的思考——以鼓楼区为例》4 项理论研究课题通过福州市党校系统课题结项；《福州市鼓楼区特色小镇建设的现状与思考》1 项理论研究课题通过福州市党校系统课题立项。论文《坚持守正创新 开创基层党校工作新局面》入选福建省党校教育研究会福州分会 2020 年年会论文集。论文《推进城市社区治理体系和治理能力现代化的路径探析》入选 2020 年福州市党校系统市情论坛。

【队伍建设】 2020 年 4 月 16—25 日，区委党校选派 1 人参加全省党校（行政学院）系统理论教育与党性教育师资培训班学习；6月8日至7月3日，选派2人参加鼓楼区2018—2022年第3期科级干部进修班学习；8月1—20日，选派4人参加鼓楼区科级及以下干部学习贯彻中共十九届四中全会精神专题培训班；9月30日至11月30日，选派1人参加鼓楼区第十二期中青年干部培训班；12月，选派2人参加福建省党校教育研究会福州分会2020年年会。12月25日，招录1名参照公务员管理人员。

（庄瑜奕）

保密工作

【概况】 2020年，鼓楼区召开保密工作会议127场次；举办《中华人民共和国保守国家秘密法》学习班和保密业务知识培训班72班次，参加人数2712人次。对区直各单位开展保密检查121次，提出整改意见79条。全区无明显违反保密法律法规的行为和现象，未发生重大失、泄密事件。

【宣传教育】 2020年9月，鼓楼区开展《中华人民共和国保守国家秘密法》宣传月活动，放映保密教育录像片130场，观看人数3923人；印发宣传材料10113份，组织内部人员学习166场4076人；制作墙报、黑板报、LED显示屏宣传专刊等活动宣传栏159期；悬挂、播放保密宣传标语915条，发送保密宣传短信5321条；组织《保密工作》学刊用刊知识测试人数2262人；组织或参加保密知识竞赛人数1769人；在党校、行政学院或中小学校上保密教育课18期，参加人数3821人。联合安泰街道、南门兜站派出所等单位在黎明湖公园开展纪念《中华人民共和国保守国家秘密法》实施10周年宣传活动。其他各街镇、社区也同步开展保密宣传活动。根据新冠肺炎疫情防控常态化要求，利用“福建干部网络学院”平台组织全区1799名党政领导干部开展网络保密培训；利用“报、台、网、端、微、屏”等多媒体普及保密知识。

【监督检查】 2020年，区保密局修订完善鼓楼区保密自查自评表，加强网络保密管理，重点加强机关单位网站、微博、微信公众号等信息发布保密管理，配合做好涉密网络监管。对区直各单位开展保密检查121次，提出整改意见79条。区委、区政府领导多次带队开展高考保密工作专项调研检查，区委保密办到保密室和考场开展督查10次，在高考期间每半天组织1次保密检查。

（陈子勤）

党史和地方志研究

【概况】 2020年，鼓楼区委党史和地方志研究室收集梳理1998—2006年党史大事记资料，整理15处鼓楼区革命遗址图文简介，编纂出版《福州市鼓楼年鉴（2019）》《福州市鼓楼年鉴（2020）》，推动开编《军门社区志》。

【党史研究】 2020年，区委史志室加强与区档案馆的沟通联系，查阅1998—2006年区委、区政府档案千余卷，收集、梳理党史大事记有关线索，提取有效内容并编制成摘要，为党史三卷开编做好前期资料准备。就近就便用好红色资源、党性教育基地等，开展革命传统教育，收集、整理中共福州市委旧址、高士其故居等15处鼓楼区革命遗址的图文简介。

【年鉴编纂】 2020年4月，《福州市鼓楼年鉴（2019）》由海峡书局出版发行，全书49.5万字，设21个栏目、125个分目、727个条目，配有62幅彩页、78张内文图片、52幅图表。组织编纂《福州市鼓楼年鉴（2020）》，根据全区机构改革实施情况调整优化篇目框架，12月由福建省地图出版社出版发行，全书52.8万字，设26个栏目、141个分目、824个条目，配有59幅彩页、90张内文图片、53幅图表。

【社区志编修】 2020年，区委史志室联系东街街道和军门社区，推动《军门社区志》开编。走访地方文史专家，协助搭建社区志主纂及审稿班子；加强与街道、社区、主纂人员等多方联络沟通，初步拟定该志编写框架。

（詹静娴）

档案工作

【概况】 2020年，鼓楼区档案馆馆藏总量44754卷、62316件，寄存法院等专业档案约10万卷。年内接收区退役军人事务局、福州市鼓楼公证处专业档案10221卷。

【档案管理】 档案资源建设 2020年，区档案馆接收区退役军人事务局1949—2019年无军籍职工档案623卷；接收鼓楼公证处1984—1994年公证档案9598卷，主要分为国内公证（包括港澳台公证）、涉外公证两大类，内容涉及婚姻、学历、遗嘱、委托、亲属关系、出生等多方面；通过印发文件、在网站公布征集通知等形式，向全区各单位和社会各界人士征集反映鼓楼不同时期政治、经济、文化、社会、生态建设等各领域发展变化的视频档

2020年10月21日，区档案馆组织开展2020年度鼓楼区档案业务培训班，全区各部门档案专兼职人员80余人参加　（区档案馆 供）

案资料，用影像记录鼓楼区经济社会发展成就和抗击新冠肺炎疫情画面，收到区新闻中心、区检察院视频档案资料约60G。面向各单位、个人征集反映鼓楼区风景名胜、大型标志性建筑、广场、重点建设项目、重点历史文物及古树名木等内容的照片，征集到摄影作品100多幅。

档案信息化管理　按照“存量数字化”要求，区档案馆完成全馆馆藏档案条目著录约36万条，全文扫描约367万页，实现馆藏档案数字化全文扫描率100%。

【档案安全】　2020年，区档案馆购置不间断电源（UPS），确保档案机房信息化设备在突发断电的情况下能正常运行及档案数据安全。更新库房、档案数字化加工室等业务技术用房的烟感、温感报警器，加装监控探头。

【档案服务】　*服务中心工作*　2020年，区档案馆加强鼓楼区新冠肺炎疫情防控文件材料收集整理和归档移交的业务指导，印发《关于做好我区应对新型冠状病毒感染肺炎疫情工作文件材料收集归档的通知》，要求各有关单位明确职责，专人承办，落实档案管理工作。

档案培训　10月，举办2020年档案业务培训班，邀请市档案馆监督指导处的业务骨干授课，着重讲解文书档案的收集、整理归档等方面内容。全区各部门档案专兼职人员80余人参加。

档案鉴定　2月起，对形成期满30年的1950—1989年的馆藏档案进行开放鉴定，通过逐行逐字全文审查的方式，鉴定档案8.4万件。

档案利用　向机关单位提供历年文书档案，为区委、区政府提供决策依据；为社会公众提供婚姻档案、招工档案、知青档案、诉讼档案等民生服务，全年档案咨询服务3740人次，提供利用档案2267卷（件）次，其中同城跨馆61人次。

政府信息公开　开展政府公开信息纸质文本的接收、整理、上架、统计和利用工作，全年接收33家单位政府公开信息纸质文本410份。

【档案宣传】　*活动日宣传*　2020年6月9日，区档案馆在共建社区华大街道屏山社区围绕“档案见证‘脱贫’战役”主题开展“6·9”国际档案日宣传活动，摆放展板、现场咨询、向来往群众居民发放《兰台小红工作记》、档案法律法规、家庭建档档案宣传册等。10月17日，参与区委宣传部、区社科联主办的“决胜全面小康，建设幸福鼓楼”——2020年社会科学普及宣传周活动启动仪式，通过发放《〈中华人民共和国档案法〉小红漫画》、家庭建档等宣传资料及现场答疑解惑等方式向群众普及档案知识。

展厅展览　6月，与区纪委监委联合举办警钟长鸣——鼓楼区社区干部违纪典型案例警示教育展，区直各单位、街镇、社区干部600余人参观。9月，机关效能建设20周年（2000—2020）主题展览开展，展示鼓楼机关效能20年建设的辉煌成就及鼓楼区“12345”发展历程，区直机关、街镇100多人参观学习。

（郑茜）

综述

【概况】 2020年，鼓楼区人大常委会召开8次常委会会议、16次党组会议、12次主任会议，听取审议专项工作报告32项，进行满意度测评20项，作出决议决定和审议（工作）意见19项，任免地方国家机关工作人员57人次。组织代表视察、调研活动58场次，参加代表916人次。收到代表提出的意见建议111件，其中109件交由区政府办理、2件交区法院办理；属区政府部门办理的109件建议中，代表对办理情况表示满意的104件，基本满意的5件。

【人大代表补选】 2020年12月2日，在鼓楼区人大常委会的统一组织下，鼓西街道陆庄第二选区、温泉街道河东第二选区、温泉街道汤门第二选区3个选区补选张林等3人为鼓楼区第十七届人民代表大会代表。经鼓楼区人大常委会代表资格审查委员会审查，张林、章欢芳、谢裕波3人得票数均超过半数，选举符合法定程序，代表资格有效。

重要会议

【区十七届人民代表大会第四次会议】

2019年12月29日至2020年1月1日在鼓楼区会议中心3楼礼堂举行，出席会议代表224人，出席区政协九届四次会议的全体委员列席会议，10名公民和1名台湾同胞旁听大会。会议听取区人民政府代区长黄建新作的《鼓楼区人民政府工作报告》、区人大常委会主任胡道坦作的《鼓楼区人大常委会工作报告》、区人民法院代院长李曦作的《鼓楼区人民法院工作报告》、区人民检察院检察长江伟作的《鼓楼区人民检察院工作报告》，书面听取《关于鼓楼区2019年国民经济和社会发展计划执行情况与2020年国民经济和社会发展计划草案的报告》《关于鼓楼区2019年预算执行情况及2020年预算草案的报告》。经过审议，会议决定批准上述6项工作报告。会议选举黄建新为鼓楼区人民政府区长；选举杨效清为鼓楼区第十七届人大常委会副主任，陈曦、邱俊彦、郑宇飞为鼓楼区第十七届人大常委会委员；选举李曦为鼓楼区人民法院院长。

【区十七届人大常委会会议】 第27次会议 2020年3月5日召开。会议审议通过《福州市鼓楼区人大常委会关于加强依法监督，助力推进“争当排头兵”系列竞赛活动的决定》《福州市鼓楼区人大常委会关于开展2020年“双联双聚”活动的实施方案》《福州市鼓楼区人大常委会关于一流法治城区建设2020年重点推进工作的决定》；书面通报区十七届人大常委会领导分工调整情况和区十七届人大常委会2020年工作要点；进行有关人事任免。

第28次会议 4月29日召开。会议书面通报《鼓楼区人大常委会关于开展区十七届人大第四次会议代表意见建议重点督办活动的决定》。分别听取区政府关于区十七届人大四次会议代表意见、建议办理情况的报告、关于2019年鼓楼区环境状况和环境保护目标完成情况的报告、关于鼓楼区非物质文化遗产保护和继承工作开展情况的报告及区法院关于第十七届人大四次会议代表意见、建议办理情况的报告，并进行满意度测评；经审议，作出《福州市鼓楼区人大常委会关于区人民法院加强审判监督管理工作情况报告的审议意见》；经审议，作出《福州市鼓楼区人大常委会关于接受陈杰辞去鼓楼区第十七届人大常委会代表职务请求的决定》；进行有关人事任免。

第29次会议 6月29日召开。会议传达贯彻习近平总书记重要讲话精神和十三届全国人大三次会议精神；书面通报《福州市鼓楼区人大常委会关于评议福州市公安派出所工作实施方案》；会议分别听取区政府关于全区优化营商环境专题询问整改落实情况的报告、关于全区房屋结构安全隐患大排查大整治百日攻坚专项行动工作情况的报告、关于群众性体育事业发展情况的报告及区检察院关于《福州市鼓楼区人大常委会关于加强检察建议工作的决议》落实情况的报告，并进行满意度测评；会议听取区政府关于2020年上半年鼓楼区预算执行情况的报告；经审议，作出《福州市鼓楼区人大常委会关于接受个别委员辞去鼓楼区第十七届人大常委会委员职务请求的决定》；进行有关人事任免。

第30次会议 7月23日召开。会议分别听取市公安局鼓楼分局关于评议全市公安派出所工作情况的汇报，区人大常委会评议工作领导小组关于区人大常委会评议公安派出所工作领导小组关于评议公安派出所工作情况的报告，并对辖区公安派出所进行现场评分；会议分别听取区政府关于区新冠肺炎疫情防控工作情况的报告、关于旧屋区改造回迁安置工作情况的报告、关于区宗教活动场所文物保护工作情况的报告，并进行满意度测评；经审议，作出《福州市鼓楼区人大常委会关于接受姚晓敏辞去福州市鼓楼区第十七届人民代表大会常务委员会副主任职务请求的决定》；进行有关人事任免。

第31次会议 9月23日召开。会议传达学习省委十届十次全会、省十三届人大四次会议、市委十一届十一次全会及区委十二届十一次全会精神；书面通报区人大常委会到岷县开展东西部扶贫协作联合视察活动情况；经审议，作出《福州市鼓楼区人大常委会关于进一步加强鼓楼区社区治理工作的决定》《福州市鼓楼区人大常委会关于〈中华人民共和国传染病防治法〉执法检查情况报告的审议意见》《福州市鼓楼区人大常委会关于接受姚晓敏辞去福州市鼓楼区第十七届人民代表大会代表职务请求的决定》《福州市鼓楼区人大常委会关于接受林峥辞去福州市鼓楼区第十七届人大社会建设委员会主任委员职务请求的决定》《福州市鼓楼区人大常委会关于接受黄利民辞去福州市鼓楼区第十七届人民代表大会常务委员会委员职务请求的决定》；会议分别听取区政府关于鼓楼区2020年上半年国民经济和社会发展计划执行情况的报告，区政府关于2019年区本级决算（草案）的报告，区政府关于2019年度区本级预算执行和其他财政收支情况的审计工作报告，决定批准2019年区本级决算；进行有关人事任免。

第32次会议 11月19日召开。经审议，作出《福州市鼓楼区人大常委会关于调整区第十七届人大常委会代表资格审查委员会组成人员的决定》《福州市鼓楼区人大常委会关于区政府办理区第十七届人大四次会议代表意见建议工作情况的审议意见》《福州市鼓楼区人大常委会关于〈福州市城市内河管理办法〉执法检查情况报告的审议意见》《福州市鼓楼区人大常委会关于接受部分区人大代表辞去福州市鼓楼区第十七届人民代表大会代表职务请求的决定》《福州市鼓楼区人大常委会关于补选鼓楼区第十七届人民代表大会代表的决定》；审议表决通过《福州市鼓楼区第十七届人民代表大会常务委员会代表资格审查委员会关于代表变动情况和代表资格审查的报告》；会议听取区政府关于鼓楼区医疗保障工作开展情况的报告，并进行满意度测评；进行有关人事任免。

第33次会议 12月11日召开。会议传达学习中共十九届五中全会精神和省、市、区委常委（扩大）会议精神；会议分别听取区政府关于七五普法工作情况的报告、关于进一步提升养老服务工作情况的报告，并进行满意度测评；听取区税务局关于2020年税收征收情况的报告，区政府关于2019年区本级预算执行和其他财政收支审计情况的报告；听取区政府关于2020年度区本级预算调整方案（草案）的议案，决定批准2020年区本级预算调整方案；审议表决通过《福州市鼓楼区第十七届人民代表大会常务委员会代表资格审查委员会关于补选代表暨代表资格审查的报告》；经审议，作出《福州市鼓楼区人民代表大会常务委员会关于召开鼓楼区第十七届人民代表大会第五次会议的决定》《福州市鼓楼区人大常委会关于接受刘洪晓辞去福州市鼓楼区第十七届人大常委会委员职务请求的决定》。

第34次会议 12月31日召开。会议传达学习习近平法治思想和中央全面依法治国工作会议精神，以及省委、市委、区委常委会会议精神，省委十届十一次全会、市委十一届十二次全会和区委十二届十二次全会精神；听取区政府关于社区治理工作2020年重点推进工作落实情况的报告，“一府两院”关于《2020年一流法治城区建设落实情况报告》，区政府关于“争当排头兵”系列竞赛活动落实情况的报告，区政府关于为民办实事工作情况的报告，并进行满意度测评；听取区政府关于福州市鼓楼区2020年预算执行情况及2021年预算草案的报告，经审议，决定将《福州市鼓楼区2020年预算执行情况及2021年预算草案的报告》提请区十七届人大五次会议审议表决，同时，建议区十七届人大五次会议批准区政府提出的2021年预算草案及2020年预算执行情况；听取区政府关于“十四五”规划编制工作情况的报告；经审议，通过《福州市鼓楼区第十七届人民代表大会常务委员会代表资格审查委员会关于代表变动情况的报告》，通过区十七届人大五次会议列席人员名单和邀请上主席台就座人员名单，同意将其他有关大会名单及议程草案提请区十七届人大五次会议表决；经审议，决定将福州市鼓楼区人大常委会工作报告提请区十七届人大五次会议审议表决。进行有关人事任免。

监督工作

【专项工作报告满意度测评】 2020年，区人大常委会对“一府两院”20个专项工作进行满意度测评。

【持续推进一流法治城区建设】 2020年，鼓楼区人大常委会依法加强对“一府一委两院”工作的监督，助力鼓楼区获评首批“全国法治政府建设示范区”；出台《关于一流法治城区建设2020年重点推进工作的决定》；听取“一府两院”推进一流法治城区建设工作情况报告；开展《福州市城市内河管理办法》执法检查、评议福州市公安派出所工作；听取和审议区人民法院关于审判监督管理工作情况报告；听取区检察院《关于加强检察建议工作的决议》工作情况报告；组织代表参与案件公开听证12起，参加扫黑除恶、知识产权、社区矫正联席会等主题活动15场；举办4场民法典专题讲座；完善军门社区福建省人大常委会基层立法联系点建设，新建乌山、于山2个福州市人大常委会基层立法联系点；提升改造鼓楼法治园；办理群众来信来访，开展重复信访件专项治理工作。

2020年鼓楼区人大常委会对“一府两院”专项工作满意度测评情况一览表

表4 单位：件

时间	会议	专项工作报告	常委会组成人员意见			列席的人大代表意见		
			满意	基本满意	不满意	满意	基本满意	不满意
4月29日	区第十七届人大常委会第28次会议	区政府关于区十七届人大四次会议代表意见、建议办理情况的报告	21	6	0	—	—	—
		区法院关于鼓楼区第十七届人大四次会议代表意见、建议办理情况的报告	25	2	0	—	—	—
		区政府关于2019年鼓楼区环境状况和环境保护目标完成情况的报告	25	2	0	—	—	—
		关于鼓楼区非物质文化遗产保护和继承工作开展情况的报告	25	2	0	—	—	—
6月29日	区第十七届人大常委会第29次会议	区政府关于鼓楼区优化营商环境专题询问整改落实情况的报告	24	3	0	17	2	0
		区检察院关于《福州市鼓楼区人大常委会关于加强检察建议工作的决议》落实情况的报告	26	1	0	18	1	0
		区政府关于鼓楼区房屋结构安全隐患大排查大整治百日攻坚专项行动工作情况的报告	25	2	0	17	2	0
		区政府关于群众性体育事业发展情况的报告	24	3	0	16	3	0
7月23日	区第十七届人大常委会第30次会议	区政府关于新冠肺炎疫情防控工作情况的报告	23	2	0	18	0	0
		区政府关于旧屋区改造回迁安置工作情况报告	15	10	0	13	5	0
		区政府关于宗教活动场所文物保护工作情况的报告	23	2	0	16	2	0
11月19日	区第十七届人大常委会第32次会议	区政府关于医疗保障工作情况的报告	23	0	0	18	0	0

续表 4

时间	会议	专项工作报告	常委会组成人员意见			列席的人大代表意见		
			满意	基本满意	不满意	满意	基本满意	不满意
12 月 11 日	区第十七届人大常委会第 33 次会议	区政府关于七五普法工作情况的报告	21	1	0	19	2	0
		区政府关于进一步提升养老服务工作情况的报告	19	3	0	19	2	0
12 月 31 日	区第十七届人大常委会第 34 次会议	区政府关于社区治理工作 2020 年重点推进工作落实情况的报告	21	1	0	19	2	0
		区政府关于 2020 年一流法治城区建设情况的报告	23	1	0	19	1	0
		区法院关于 2020 年一流法治城区建设情况的报告	24	0	0	19	1	0
		区检察院关于 2020 年一流法治城区建设情况的报告	24	0	0	20	0	0
		区政府关于"争当排头兵"系列竞赛活动落实情况的报告	24	0	0	19	1	0
		区政府关于为民办实事工作情况的报告	21	3	0	19	1	0

【听取和审议区人民法院关于加强审判监督管理工作情况的报告】 2020 年 4 月 10 日上午，区人大监察司法委、法制工委对区法院审判监督管理工作开展情况进行视察。视察组现场观摩区法院案件管理与流程管控监督演示，听取区法院关于加强审判监督管理工作开展情况汇报。

【听取区人民政府关于 2019 年环境状况和环境保护目标完成情况的报告】 2020 年 4 月 16 日上午，区人大常委会城环工委对区生态环境保护工作情况进行视察。视察组实地察看安泰河截污和水污染治理、三坊七巷空气监测站运行、三坊世家小区有害垃圾分类收运情况，听取鼓楼生态环境局关于 2019 年鼓楼区环境状况和环境保护目标完成情况和区建设局关于内河整治工作情况的汇报。

【听取区人民政府关于非物质文化遗产保护和继承工作开展情况的报告】 2020 年 4 月 17 日上午，区人大常委会教科文卫工委对区非物质文化遗产保护情况进行视察。视察组实地察看咏春文化展示中心、新三山提线木偶戏、同利肉燕和手工彩绘玻璃制作等非物质文化遗产项目，并提出意见建议。区人大常委会副主任姚晓敏参加视察活动。

2020 年 4 月 17 日，鼓楼区人大代表视察区非物质文化遗产保护工作开展情况

（区人大办 供）

【听取区人民检察院关于《福州市鼓楼区人大常委会关于加强检察建议工作的决议》落实情况的报告】 2020 年 6 月 9 日上午，区人大监察司法委、法制工委对区检察院关于《鼓楼区人大常委会关于加强检察建议工作的决议》落实情况进行视察。视察组现场观摩检察建议宣告送达活动，参观鼓楼区一流法治城区建设体验教育展示馆，观看检察建议工作片，听取区检察院关于《鼓楼区人大常委会关于加强检察建议工作的决议》落实情况的报告。

【听取区人民政府关于房屋结构安全隐患大排查大整治百日攻坚专项行动工作情况的报告】 2020 年 6 月 16 日上午，区人大常委会城环工委对鼓楼区房屋结构安全隐患大排查大整治百日攻坚专项行动工作情况进行视察。视察组实地察看宜发得贵城群租房、市三建宿舍D级危房、四海一家大酒楼违建的整治情况，并听取区政府办关于房屋结构安全隐患大排查大整治百日攻坚专项行动工作的汇报。

【听取区人民政府关于群众性体育事业发展情况的报告】 2020年6月18日上午，区人大社会建设委员会对鼓楼区群众性体育事业发展工作情况进行视察。视察组实地察看凤湖新城二区篮球场、至善体育（金牛山体育公园体育馆）等体育场所，听取区文体旅局关于群众性体育事业发展情况的汇报。

【听取区人民政府关于鼓楼区优化营商环境专题询问整改落实情况的报告】 2020年6月18日上午，区人大常委会财经工委组织到区营商办开展优化营商环境回头看视察活动。

【听取区人民政府关于2020年上半年鼓楼区预算执行情况的报告】 2020年6月23日上午，区人大常委会财经工委组织到区财政局开展视察活动，视察组听取区财政局关于2020年上半年鼓楼区预算执行情况的汇报。

【听取区人民政府关于宗教事务场所文物保护工作情况的报告】 2020年7月15日下午，区人大常委会侨台工委对辖区宗教场所文物保护工作进行视察，代表们实地察看开元寺、九仙观，听取区民宗局关于鼓楼宗教场所文物保护工作情况的汇报，并围绕进一步做好鼓楼宗教场所文物保护工作提出意见建议。

【听取区人民政府关于旧屋区改造回迁安置工作情况报告】 2020年7月16日上午，区人大常委会城环工委组织区人大代表视察鼓楼区旧屋区改造回迁安置工作。代表们实地察看中襄广场、古乐路周边、六一新苑3个安置房项目情况，并听取区旧改办关于2019年以来鼓楼区安置房建设和回迁情况的汇报。

【听取和审议区人大常委会执法检查组关于《中华人民共和国传染病防治法》执法检查情况的报告】 2020年8月13日上午，区人大常委会召开《中华人民共和国传染病防治法》执法检查动员部署会，会议听取区政府贯彻实施传染病防治法情况汇报。会后，执法检查组实地察看区疾病预防控制中心、鼓西街道卫生服务中心等。

【听取区检察院、区教育局关于未成年人保护工作情况报告】 2020年9月25日上午，区人大监察司法委、法制工委对区检察院、区教育局开展的未成年人保护共同体工作情况进行视察。视察组实地察看福州洪山小学、区检察院一流法治城区建设体验教育展示馆，观摩未成年人保护共同体互联网云平台，观看未成年人保护工作宣传片《打造呵护幼苗的榕树伞》，听取区检察院、区教育局关于未成年人保护工作情况报告。

【听取和审议区人大常委会执法检查组关于《福州市城市内河管理办法》执法检查情况的报告】 2020年10月20日上午，区人大常委会召开《福州市城市内河管理办法》执法检查动员部署会。会后，执法检查组实地察看安泰河、琼东河内河整治管理情况，了解内河工程建设质量和水质、景观配套建设、河长制落实等情况。

【听取区人民政府关于医疗保障工作开展情况的报告】 2020年10月20日上午，区人大社会建设委员会组织社会委全体成员、部分区人大代表视察鼓楼区医疗保障工作情况。视察组实地察看盘屿中医骨科医院、五凤街道湖前社区卫生服务中心等医疗机构，听取鼓楼医保局关于医疗保障工作情况的汇报，并提出意见建议。

【听取区税务局关于2020年税收征收情况的报告】 2020年11月10日下午，区人大常委会财经工委组织到鼓楼税

2020年8月13日，鼓楼区人大代表视察《中华人民共和国传染病防治法》落实情况

（区人大办 供）

务局开展视察活动。视察组听取鼓楼税务局关于2020年税收征收情况汇报和该局干部所作的“税收视角下鼓楼经济发展的思考”主题汇报，并提出意见建议。

【听取区人民政府关于为民办实事项目进展情况的汇报】 2020年11月12日下午，区人大常委会组织部分区人大常委会委员，区、镇两级人大代表对鼓楼区2020年为民办实事项目开展视察。代表们实地视察洪山镇锦江社区“长者食堂+学堂”项目和鼓东街道经院巷改造提升项目，听取区政府关于为民办实事项目进展情况的汇报，并提出意见建议。

【听取区人民政府相关部门对重点督办件办理情况的汇报】 2020年11月13日下午，区人大常委会组织部分区人大代表对代表意见建议重点督办件《关于将鳌峰历史文化街区定位打造成特色书香名街的建议》办理情况开展视察。代表们实地察看鳌峰坊特色历史文化街区建设情况，听取区政府相关部门对该重点督办件办理情况的汇报，并提出意见建议。

【听取区人民政府关于“七五”普法工作情况的报告】 2020年11月20日上午，区人大监察司法委、法制工委视察区政府关于深化“七五”普法工作、加强和完善鼓楼区法治建设保障机制工作开展情况。视察组一行实地参观鼓楼区禁毒教育基地，观看禁毒教育宣传片，分别听取区政府、区市场监管局关于深化“七五”普法工作、加强和完善鼓楼区法治建设保障机制工作情况的报告，并提出意见建议。

【听取区人民政府关于进一步提升养老服务工作情况的报告】 2020年11月24日上午，区人大社会建设委员会组织视察鼓楼区进一步提升养老服务工作情况。视察组实地察看水部街道味中味长者食堂、鼓东街道社区养老服务照料中心等养老服务机构，听取区民政局关于鼓楼区养老服务工作情况的汇报，并提出意见建议。

【听取关于社区治理工作2020年重点推进工作项目清单落实情况的汇报】

2020年12月22日上午，区人大社会建设委员会组织区人大代表视察鼓楼区2020年社区治理工作重点推进项目清单落实情况。视察组实地察看洪山镇国光社区、南街街道杨桥河南社区等，听取区民政局、区司法局、区房管局、区城管局、区数字办等区直部门以及区法院、区检察院关于社区治理工作2020年重点推进工作项目清单落实情况的汇报，并提出意见建议。

代表工作

【代表建议办理】 区十七届人大四次会议期间和闭会期间，代表们提出意见和建议111件，其中交由区政府负责办理的109件，区法院负责办理的2件。经人大常委会主任会议研究，决定选取打造特色书香名街、提升新入职教师教学技能、加强垃圾分类管理、提升社区协商实效、推动民办幼儿园教师权益保障5件代表意见建议作为重点督办件。属区政府部门主办的109件建议中，所提问题已解决或基本解决的96件，占总件数88.07%，所提问题正在解决或列入规划逐步解决的8件，占总件数7.34%；所提问题因条件限制暂时无法解决的5件，占总件数4.59%。通过意见征询，代表对办复情况表示满意的104件，基本满意的5件。

【代表活动】 2020年，区人大常委会组织区人大代表活动58场次，参加活动区人大代表916人次；街镇人大工作机构组织区人大代表活动110场次，参加活动区人大代表1087人次。

2020年鼓楼区人大常委会组织区人大代表参加会议、活动情况一览表

表5

时间	内容	参加代表
3月5日	出、列席区十七届人大常委会第二十七次会议	胡道坦等29人
4月10日	视察区法院审判监督管理工作开展情况	唐庆善等14人
4月13日	参加鼓楼区一流法治城区建设体验教育展示馆开馆仪式活动	朱训志等9人
4月16日	视察区生态环境保护工作情况	杨效清等17人
4月17日	视察鼓楼区非物质文化遗产保护工作	姚晓敏等13人
4月29日	出、列席区十七届人大常委会第二十八次会议	胡道坦等29人
5月26日	开展野生动物保护法及福建省实施办法执法检查	马宇建等15人
6月9日	视察区检察院关于《鼓楼区人大常委会关于加强检察建议工作的决议》落实情况	唐庆善等15人
6月10日	参加市人大常委会评议福州市公安派出所工作动员部署会议	林杰等2人

续表 5

时间	内容	参加代表
6 月 10 日	开展优化营商环境回头看，对区金融办、区市场局开展视察	郑国雷等 10 人
6 月 16 日	开展优化营商环境回头看，对区发改局、区商务局、区建设局开展视察	蔡荣富等 6 人
6 月 16 日	视察区房屋结构安全隐患大排查大整治百日攻坚专项行动工作情况	杨效清等 17 人
6 月 18 日	开展优化营商环境回头看，对区营商办开展视察	马宇建等 4 人
6 月 18 日	对鼓楼区群众性体育事业发展工作情况进行视察	姚晓敏等 19 人
6 月 23 日	对区财政局开展视察	马宇建等 5 人
6 月 23 日	鼓楼区人大常委会召开评议公安派出所工作动员部署会	胡道坦等 36 人
6 月 29 日	出、列席区十七届人大常委会第二十九次会议	胡道坦等 48 人
6 月 30 日	参加评议鼓东派出所工作动员部署会、汇报会	杨效清等 2 人
6 月 30 日	参加评议水部派出所工作动员部署会、汇报会	瞿三中等 7 人
7 月 1 日	参加评议东街派出所工作动员部署会、汇报会	马宇建等 7 人
7 月 2 日	参加评议鼓西派出所工作动员部署会、汇报会	马宇建等 7 人
7 月 2 日	参加评议南街派出所工作动员部署会、汇报会	林杰等 4 人
7 月 3 日	参加评议洪山派出所工作动员部署会、汇报会	马宇建等 5 人
7 月 3 日	参加评议温泉派出所工作动员部署会、汇报会	杨效清等 3 人
7 月 10 日	监督 2020 年秋季鼓楼区公立幼儿园招生电脑派位活动	林丹等 2 人
7 月 15 日	对鼓楼宗教场所文物保护工作开展视察	瞿三中等 13 人
7 月 16 日	视察鼓楼区旧屋区改造回迁安置工作情况	杨效清等 15 人
7 月 23 日	出、列席区十七届人大常委会第三十次会议	胡道坦等 46 人
8 月 5 日	市领导到鼓楼开展评议派出所工作情况视察调研	唐庆善等 5 人
8 月 10—14 日	鼓楼区人大常委会到岷县开展东西部扶贫协作联合视察活动	马宇建等 12 人
8 月 13 日	召开《中华人民共和国传染病防治法》执法检查动员部署会	林峥等 34 人
8 月 13 日	开展《中华人民共和国传染病防治法》执法检查	林峥等 12 人
8 月 17 日	监督 2020 年冠城大通适龄儿童入学电脑摇号活动	何中明等 2 人
8 月 25 日	监督 2020 年秋季鼓楼区公立幼儿园招生电脑派位	黄秀键等 2 人
8 月 31 日	列席鼓楼区第十二届委员会第十一次全体会议第一次会议	蒋敏等 3 人
9 月 2 日	对区审计局、区财政局、区发改局开展视察	马宇建等 5 人
9 月 16 日	福州市人大常委会到鼓楼区开展评议公安派出所复查工作	唐庆善等 15 人
9 月 23 日	出、列席区十七届人大常委会第三十一次会议	胡道坦等 40 人
9 月 25 日	视察区检察院关于《鼓楼区人大常委会关于加强检察建议工作的决议》落实情况	唐庆善等 18 人
10 月 20 日	区人大常委会开展《福州市内河管理办法》执法检查	杨效清等 37 人
10 月 20 日	对鼓楼区医疗保障工作情况进行视察	陈曦等 9 人
10 月 30 日	召开一流法治城区建设 2020 年部分重点工作专题会	唐庆善等 10 人
11 月 10 日	视察区税务局	马宇建等 7 人
11 月 12 日	对鼓楼区 2020 年为民办实事项目开展视察	瞿三中等 14 人
11 月 13 日	对代表意见建议重点督办件办理情况开展视察	唐庆善等 10 人
11 月 18 日	鼓楼区“十四五”规划征求意见会	黄建新等 21 人
11 月 19 日	出、列席区十七届人大常委会第三十二次会议	胡道坦等 43 人
11 月 20 日	视察区政府关于深化“七五”普法工作、加强和完善鼓楼区法治建设保障机制工作	唐庆善等 12 人
11 月 24 日	对鼓楼区进一步提升养老服务工作情况进行视察	陈曦等 12 人
12 月 3 日	对区审计局和区财政局开展视察	马宇建等 5 人

续表 5

时间	内容	参加代表
12 月 11 日	出、列席区十七届人大常委会第三十三次会议	胡道坦等 41 人
12 月 14 日	市人大常委会调研组到鼓楼区开展宣讲党的十九届五中全会精神暨调研省委、市委《决定》贯彻落实情况活动	胡道坦等 18 人
12 月 14 日	区人大常委会组织召开人大及“两院”工作报告征求意见座谈会	胡道坦等 29 人
12 月 17 日	福州市法院、检察院领导到鼓楼区开展市“两院”工作报告征求意见建议活动	胡道坦等 7 人
12 月 22 日	对鼓楼区 2020 年社区治理工作重点推进项目清单落实情况进行视察	谢裕波等 16 人
12 月 24 日	对区发改局和区财政局开展视察	马宇建等 5 人
12 月 29 日	参加 2021 年《区政府工作报告》征求意见会	胡道坦等 31 人
12 月 31 日	出、列席区十七届人大常委会第三十四次会议	胡道坦等 42 人

2020 年鼓楼区各街（镇）人大工作机构组织区人大代表活动情况表

表 6

街道（镇）	活动次数（场次）	参加活动区人大代表人数（人次）
鼓东街道	14	117
鼓西街道	11	120
温泉街道	7	72
东街街道	8	99
南街街道	13	104
安泰街道	10	80
华大街道	14	124
水部街道	9	80
五凤街道	11	137
洪山镇	13	154

调研宣传

【调研工作】 2020 年，区人大常委会以“国家治理与新时代地方人大工作”为主题，围绕加强基层人大监督、人大代表履职、推进社区治理、加强人大宣传工作等课题，开展调查研究，撰写 19 篇调研论文，其中 4 篇在省、市重点课题调研评选中获奖。

【宣传工作】 2020 年，区人大常委会着力打造“一流法治城区建设”和“双联双聚”活动两大品牌，从加强党的领导、依法行使人大监督权、提升服务代表水平、加强自身建设等方面进行动态宣传。全年编发大事记 4 篇、微信公众号 19 篇、拼图 38 张。

人事任免

2020 年，鼓楼区人大常委会任免区人大常委会有关人员 14 人次，区政府组成人员 8 人次，审判人员 24 人次，检察人员 11 人次，法院人民陪审员 165 人。

2020 年鼓楼区人大常委会重点课题调研论文获奖情况表

表 7

序号	论文标题	作者（执笔人）	获奖情况
1	法治化疫情防控中的人大职能最优化设计——以新冠肺炎疫情防控为切入点	林长春	全省人大系统重点课题调研论文二等奖、全市人大系统重点课题调研论文一等奖
2	地方人大促进文物保护的检视与思考	陈婷婷、苏小红	全市人大系统重点课题调研论文三等奖
3	群租房整治工作引发的立法思考	吴广宇、连贞贞	全市人大系统重点课题调研论文优秀奖
4	地方人大参与医疗纠纷诉源治理的路径探析	赵　南、李　榕	全市人大系统重点课题调研论文优秀奖

2020年鼓楼区一府一委两院主要领导人事任免名单

表8

时间	通过任免会议	被任免人员	决定任免职务
3月5日	区十七届人大常委会第二十七次会议	吴　雪	免去鼓楼区人民政府副区长职务
7月23日	区十七届人大常委会第三十次会议	李世科	任命为鼓楼区人民政府副区长
		张　弛	任命为鼓楼区人民政府副区长
		黄瑞忠	免去鼓楼区人民政府副区长职务
		王得臣	免去鼓楼区人民政府副区长职务

2020年鼓楼区人大常委会有关人员任免名单

表9

时间	通过任免会议	被任免人员	决定任免职务
3月5日	区十七届人大常委会第二十七次会议	彭　辉	任命为鼓楼区人大常委会水部街道工作委员会主任
4月29日	区十七届人大常委会第二十八次会议	陈　斌	任命为鼓楼区人大常委会人事代表工作委员会主任，免去鼓楼区人大常委会安泰街道工作委员会主任职务
		黄利民	免去鼓楼区人大常委会人事代表工作委员会主任职务
6月29日	区十七届人大常委会第二十九次会议	许文坤	接受辞去鼓楼区人大常委会委员职务
7月23日	区十七届人大常委会第三十次会议	姚晓敏	接受辞去鼓楼区第十七届人民代表大会常务委员会副主任职务
9月23日	区十七届人大常委会第三十一次会议	陈　斌	任命为鼓楼区人大常委会办公室主任，免去鼓楼区人大常委会人事代表工作委员会主任职务
		林　峥	任命为鼓楼区人大常委会人事代表工作委员会主任
		胡冬至	任命为鼓楼区人大常委会鼓西街道工作委员会主任
		祁　杰	任命为鼓楼区人大常委会安泰街道工作委员会主任
		陈　曦	免去鼓楼区人大常委会办公室主任职务
		陈少卓	免去鼓楼区人大常委会鼓西街道工作委员会主任职务
		林　峥	接受辞去鼓楼区第十七届人民代表大会社会建设委员会主任委员职务
		黄利民	接受辞去鼓楼区第十七届人民代表大会常务委员会委员职务
12月11日	区十七届人大常委会第三十三次会议	刘洪晓	接受辞去鼓楼区第十七届人民代表大会常务委员会委员职务

2020年鼓楼区政府职能部门主官任免名单

表10

时间	通过任免会议	被任免人员	决定任免职务
4月29日	区十七届人大常委会第二十八次会议	陈　雯	任命为福州市鼓楼区建设局局长
9月23日	区十七届人大常委会第三十一次会议	陈少卓	任命为鼓楼区住房保障和房产管理局局长
		黄　勉	免去鼓楼区住房保障和房产管理局局长职务

2020年鼓楼区法院、检察院干部任免名单

表11

时间	通过任免会议	被任免人员	决定任免职务
3月5日	区十七届人大常委会第二十七次会议	方晓宇	任命为鼓楼区人民法院审判员
		任晗婧	任命为鼓楼区人民法院审判员
		李佳佳	任命为鼓楼区人民法院审判员

续表 11

时间	通过任免会议	被任免人员	决定任免职务
3 月 5 日	区十七届人大常委会第二十七次会议	何丽丽	任命为鼓楼区人民法院审判员
		张太洲	任命为鼓楼区人民法院审判员
		陈　婷	任命为鼓楼区人民法院审判员
		林　振	任命为鼓楼区人民法院审判员
		黄小燕	任命为鼓楼区人民法院审判员
		魏文太	任命为鼓楼区人民法院审判员
		邱玲燕	任命为鼓楼区人民法院审判员
		林海英	任命为鼓楼区人民法院审判员
		李振云	任命为鼓楼区人民法院审判员
		卓垚磊	任命为鼓楼区人民法院审判员
		蔡　娟	任命为鼓楼区人民法院审判员
		卓建伟	免去鼓楼区人民法院审判员职务
		程文斌	免去鼓楼区人民法院审判员职务
		王雪娇	任命为鼓楼区人民检察院检察员
		陈幼荷	任命为鼓楼区人民检察院检察员
		林莉莉	任命为鼓楼区人民检察院检察员
		林水华	任命为鼓楼区人民检察院检察员
		余深凯	任命为鼓楼区人民检察院检察员
		陈则钟	任命为鼓楼区人民检察院检察员
4 月 29 日	区十七届人大常委会第二十八次会议	翁云莺	任命为鼓楼区人民法院洪山人民法庭副庭长，免去鼓楼区人民法院立案庭副庭长职务
		赵　毳	任命为鼓楼区人民法院民事审判一庭（家事少年审判庭）副庭长，免去鼓楼区人民法院民事审判二庭副庭长职务
		林心恩	免去鼓楼区人民法院民事审判一庭（家事少年审判庭）副庭长职务
		郑　斌	免去鼓楼区人民法院审判员职务
6 月 29 日	区十七届人大常委会第二十九次会议	肖济宁	免去鼓楼区人民法院洪山人民法庭庭长、审判员职务
7 月 23 日	区十七届人大常委会第三十次会议	林　弢	免去鼓楼区人民检察院检察员职务
9 月 23 日	区十七届人大常委会第三十一次会议	黄庭岗	免去鼓楼区人民法院审判委员会委员、审判员职务
		谢立红	免去鼓楼区人民法院行政审判庭（综合审判庭）庭长、审判员职务
		林　峰	任命为鼓楼区人民检察院检察委员会委员
		郑　军	任命为鼓楼区人民检察院检察委员会委员
		万　刚	免去鼓楼区人民检察院检察委员会委员、检察员职务
		龚　博	免去鼓楼区人民检察院检察员职务
11 月 19 日	区十七届人大常委会第三十二次会议	顾跃强	免去鼓楼区人民法院副院长、审判委员会委员、审判员职务

（苏英）

重要会议及活动

【区政府全体会议】 2020年1月10日召开。会议旨在贯彻落实中共十九届四中全会、中央经济工作会议、省委十届九次全会、市委十一届十次全会、省市经济工作会议、市“两会”、市政府全体会议精神；对《2020年鼓楼区政府工作报告》目标任务、2020年经济指标工作、“抓项目促跨越”专项行动、城市建设管理和民生补短板等重点工作作出具体部署，动员各街镇、部门、园区盯紧目标、压实责任，提振精神、苦干实干，努力完成区“两会”确定的各项目标任务，为加快建设宜居宜业宜商宜游的首善之区、幸福鼓楼作出新的更大的贡献。区长黄建新主持会议并讲话。

【区政府常务会议】 2020年，区政府召开19次常务会议，由区长黄建新主持。

第1次常务会议 1月2日召开。审议《关于建立全区消防救援队伍职业保障机制的意见》；研究2020年春节期间鼓楼区慰问活动、杭州鑫蜂维网络科技有限公司落地、拨付2018年支持扩大出口规模奖励金等有关事宜。

第2次常务会议 1月17日召开。审议《福州市鼓楼区职业技能提升行动实施方案（2019—2021年）》；研究废止金融服务业和金融中介服务业有关政策、新引进企业总部认定、五凤街道租用江厝路银联总厂地块3号楼等有关事宜。

第3次常务会议 2月20日召开。审议《鼓楼区落实一线医务人员及其家属保障工作分工方案》；研究落实疫情防控期间困难群众基本生活保障，轨道交通4号线塔头站、福州至长乐机场城际铁路闽都站项目区位价评估等有关事宜。

第4次常务会议 3月2日召开。审议《鼓楼区2020年“抓项目促跨越”专项行动方案》《关于鼓楼区物业管理规范提升工作实施方案》；研究兑现2018年度知识产权区级奖励、欧冶池至城隍庙周边旧屋区改造项目社会稳定风险评估等有关事宜。

第5次常务会议 4月1日召开。审议《关于深入践行“三个如何”重要指示落实推进社区治理体系和治理能力现代化的行动方案》《关于贯彻全面落实关心关爱疫情防控一线社区工作者若干措施的通知》《2020年鼓楼区·岷县东西部扶贫协作工作要点》；研究公布鼓楼区第五批区级非物质文化遗产代表性项目名录、聘任辖区幼儿园责任督学、第二届数字福建鼓楼示范区建设专家咨询委员会委员提名名单等有关事宜。

第6次常务会议 5月7日召开。审议《关于促进3岁以下婴幼儿照护服务的实施意见》《鼓楼区“双百双千”增产增效行动方案》《鼓楼区深入推进中小学教师“区管校聘”管理体制改革实施方案（试行）》；研究福建中石化总部大楼对接安置及整体租赁合作协议，拨付2018年省级高新技术企业出入库区级配套补助资金，鼓屏路86号旧屋区改造项目社会稳定风险评估等有关事宜。

第7次常务会议 5月28日召开。审议《2020年鼓楼区关于深入实施“提升壮大百栋重点楼宇 打造新时代鼓楼楼宇经济升级版”工作方案》《鼓楼区老旧小区长效管理工作方案（2020修订）》等；研究鼓楼区直通车重点企业调整，福二路道路改造工程项目住宅区位价格评估结果，“2019招商年”行动工作经费奖励等有关事宜。

第8次常务会议 6月17日召开。审议《2020年鼓楼区老旧乘客电梯修复改造更新资金补贴方案》《福州软件园招商工作方案》；研究鼓楼区食品安全工作暨创建国家食品安全示范城市及2020年食品安全工作安排、福州市工业路（上浦路—杨桥路）提升改造工程和鼓楼区福二路道路改造工程项目区位价评估结果等有关事宜。

第 9 次常务会议　7 月 7 日召开。审议《鼓楼区发展“夜色经济集市”规范工作导则》；研究鼓楼区城镇老旧小区改造试点工作、斗池路黎明永辉旧改项目回购安置房交付、鲲鹏生态公安创新实验室和福州智慧公安联合创新中心入驻软件园等有关事宜。

第 10 次常务会议　7 月 17 日召开。审议《鼓楼区安全生产专项整治三年行动实施方案》《鼓楼区创建福建省全域生态旅游示范区的实施方案》等；研究依法统计、组建福州软件园创新服务有限公司等有关事宜。

第 11 次常务会议　7 月 24 日召开。审议《关于促进朱紫坊基金集聚区发展实施办法》《鼓楼区关于推进科技特派员制度的实施方案》等；研究兑现 2020 年第一批“双一流”高校毕业生落地奖励、2020 年度符合政府安排工作条件退役士兵安置等有关事宜。

第 12 次常务会议　8 月 27 日召开。审议区委十二届十一次全会相关文件；研究开展鼓楼区庆祝第 36 个教师节系列活动、失业保险稳岗返还、临时公益性岗位开发、鼓楼区 2019 年“抓项目促发展”项目年行动奖励等有关事宜。

第 13 次常务会议　9 月 7 日召开。审议《鼓楼区进一步优化提升营商环境工作若干措施》《2020 年度鼓楼区绩效管理工作实施方案》等；研究 2020 年省市土地例行督察动员部署会议涉及鼓楼区的土地卫片执法检查整改工作、鼓楼区第七次全国人口普查工作开展情况、大腹山山地步道建设项目第 2 标段工程结算等有关事宜。

第 14 次常务会议　10 月 16 日召开。审议《鼓楼区国家生态文明建设示范区规划（2020—2025 年）》《鼓楼区招商项目全程代办服务机制》；研究拨付 2018 年度推动商贸企业发展三条措施奖励资金、拨付 2018 年度服务外包区级配套扶持资金、拨付 2018 年度市级鼓励利用外资奖励区级配套资金、延长杨桥新苑 6 号楼销售价格优惠期限、福州市琼河小学周边道路工程项目区位价评估结果等有关事宜。

第 15 次常务会议　11 月 11 日召开。审议《2020 年度鼓楼区全年经济工作绩效加分规则》《鼓楼区计划生育协会改革方案》《鼓楼区全面实施预算绩效管理的方案》；研究推荐省级抗击新冠肺炎疫情先进个人和先进集体、购买 60 周岁（含）以上老年人团体意外伤害保险和第三者财产损失险项目、发放 2020 年吸纳贫困人口跨省务工奖励直达资金等有关事宜。

第 16 次常务会议　11 月 24 日召开。审议《鼓楼区国有直管公房管理专项审计问题整改工作方案》《关于进一步深化鼓楼区房屋结构安全专项治理行动方案》等；研究继续为达华智能全资子公司新东网科技提供银行贷款反担保、成立区应急救援指挥中心等有关事宜。

第 17 次常务会议　12 月 10 日召开。研究 2021 年“两节”街景及元宵灯会布置、推荐认定福建省人力资源服务有限公司及福建省投资开发集团有限责任公司为市级综合型总部企业、华润万象城回迁、区第九批省级文物保护单位建设控制地带范围划定等有关事宜。

第 18 次常务会议　12 月 22 日召开。审议《鼓楼区立功受奖军人家庭喜报送达及慰问金发放工作制度》《鼓楼区政务服务进园区工作方案》；研究数字经济发展正向激励奖励资金分配方案、拨付 2020 年市级软件产业发展专项资金区级配套奖励、分批兑现“榕树计划”企业奖励等有关事宜。

第 19 次常务会议　12 月 26 日召开。审议《2021 年区委、区政府为民办实事项目》《福州市鼓楼区国民经济和社会发展第十四个五年规划和二〇三五年远景目标纲要》《鼓楼区 2020 年预算执行情况和 2021 年预算草案的报告》《鼓楼区 2021 年“抓项目促提升”专项行动方案》等；研究 2021 年鼓楼区主要经济指标预期目标有关事宜。

【专项会议】　全区新型冠状病毒肺炎防控工作会　2020 年 1 月 21 日召开。会上传达贯彻全国、省、市新型冠状病毒肺炎防控工作会议精神，部署鼓楼区疫情防控工作；要求建立党委政府统一领导、综合协调，各有关部门

2020 年 2 月 24 日，鼓楼区“争当排头兵”系列竞赛活动动员部署会召开

（谢赟星 摄）

分工合作、密切配合，社会各方面有效参与、群防群控的防控机制，落实各部门职责，做好新冠肺炎疫情防控工作。区委书记朱训志主持会议并讲话。

全区“争当排头兵”系列竞赛活动动员部署会　2月24日召开。会上印发《鼓楼区“争当排头兵”系列竞赛活动方案》（简称《方案》）；区长黄建新对该《方案》作详细说明，要求全区贯彻落实市委、市政府主要领导对鼓楼发展的要求，勇于在全市发展中挑大梁、担重任，争当排头兵。

全区招商动员部署会　3月10日召开。会上副区长黄瑞忠通报2019年招商工作总体情况，部署2020年招商专项行动工作；区长黄建新对2019年招商工作作点评，指出当前招商工作中存在的困难和问题，要求各街镇、部门、园区按照区委“争当排头兵”系列竞赛活动的部署要求，落实疫情防控和招商引资工作，做到“两手抓、两不误、两促进”。区委书记朱训志主持会议并讲话。

鼓楼区与岷县东西部扶贫协作工作推进会　6月22日召开。会上听取岷县县长梁德铭关于鼓楼区与岷县东西部扶贫协作的工作情况介绍；区长黄建新要求鼓楼区、岷县两地扶贫协作要坚持“优势互补、互惠互利、长期协作、共同发展”方针，全力确保如期高质量完成岷县脱贫“摘帽”任务。

区2019年工作总结暨2020年上半年经济形势分析视频会　8月10日召开。会上常务副区长杨辉对2019年经济工作作具体通报和点评；区长黄建新肯定鼓楼区2019年经济工作，并对2020年下半年经济工作和重点工作作出具体部署，要求各街镇、区直部门、园区要落实全年各项目标任务，推动鼓楼区高质量发展超越。区委书记朱训志主持会议并讲话。

区三季度重点工作点评推进专题会　9月25日召开。会上分管区领导分别对经济指标、“双百双千”等重点工作作具体点评；区长黄建新对三季度的经济指标作分析，对街镇、园区的完成情况作点评，并对“双百双千”增产增效行动、服务业跨越发展、“百项千亿”技改行动、“十位一体”等工作作具体部署。区委书记朱训志主持会议并讲话。

全区经济工作会　12月28日召开。会上区长黄建新对2021年工作作具体安排，要求各街镇、部门、园区要贯彻中央、省、市经济工作会议精神，按照区委、区政府的决策部署要求，攻坚克难、锐意进取，为争当全方位推动高质量发展超越先行示范区，加快建设宜居宜业宜商宜游的首善之区、幸福鼓楼而努力奋斗，以优异成绩向中国共产党成立100周年献礼。区委书记朱训志主持会议并讲话。

【重要活动】　鼓楼在全省率先推行“古厝长制”　2020年3月12日，鼓楼区印发《全面推行古厝长制实施方案》，实行区级、街镇、社区和责任单位的四级古厝保护管理机制，结合各街镇网格化管理系统，为全区34处文物保护单位、未定级别不可移动文物、历史建筑中的代表性古厝建筑设置公示牌，做到有专人负责、有监管措施、有考核办法、有长效机制，全面提升鼓楼区的历史文化遗产保护理念和成效。

鼓楼法治政府建设获“国字招牌”　7月31日，第一批全国法治政府建设示范地区和项目命名正式公布，福州市鼓楼区入选首批全国法治政府建设示范市（县、区），成为福建省唯一获得示范命名的县级先进地区。

鼓楼建设5G应用示范区、云服务优势区　2020年，鼓楼区建成5G基站951个，在全省率先实现5G信号全覆盖，建设跨界融合、开放共享的5G产业生态，搭建华为软件开发云、鲲鹏产业生态示范基地等一系列平台，助推5G生态企业落地，着力打造5G应用示范场景，建设城市大脑示范项目、智慧街区、养老中心、垃圾分类监管平台等应用场景。

鼓楼23个项目入选“福建省数字经济百项应用场景”　10月12日，在第三届数字中国建设峰会数字福建分论坛上，省数字办发布135项福建省数字经济应用场景，其中鼓楼区入选23项，占福州市40%，位列全省各区

2020年7月2日，鼓楼区打造“全省5G应用示范区”沙龙在福州软件园举办
（谢赟星 摄）

县（市）首位。入选项目包括5G领域1项、人工智能领域7项、大数据领域5项、物联网领域5项、平台经济领域2项、卫星应用领域1项、区块链领域2项。其中，“鼓楼智脑”入选数字经济应用场景典型案例，并作为代表性案例进行推广。

鼓楼获“中国领军智慧城区奖” 11月11—15日在深圳举行的第二十二届中国国际高新技术成果交易会上，鼓楼区获“中国领军智慧城区奖”。为加速推进信息化与服务民生融合，鼓楼开发打造5G应用示范场景，推动建设城市大脑示范项目智慧街区、养老中心、垃圾分类监管平台等应用场景；“鼓楼智脑”通过线上构建的应用子系统以及线下成立的城市运行指挥中心，将高科技与城市管理深度融合，实现“一湖汇数据、一网知全局、一键统指挥”。

“鼓楼模式”亮相第七届中国教育创新年会 11月13日，鼓楼区承办的第七届中国教育创新年会区域论坛在榕开启，并向全国在线直播，分享“集群化办学鼓楼模式”，吸引各县（市）区及对口帮扶校的教师和教研员代表参与，近50万人线上收看。

鼓楼获“楼宇经济焕新发展城区奖” 11月17日在成都举行的第三届中国楼宇经济全球合作大会颁奖典礼上，鼓楼区获“楼宇经济焕新发展城区奖”。中国楼宇经济全球合作大会是国内最高级别的楼宇经济权威盛会，会上全球各地的楼宇经济开发商、运营商、品牌商、专家学者围绕中国楼宇经济未来发展建言献策。

福州软件园入选国家第三批“双创”示范基地 12月24日，福州软件园入选第三批大众创业万众创新示范基地。入选精益创业方向的福州软件园是科技部批准的12个国家软件产业基地之一，是海峡西岸重要的信息产业集聚区。汇聚800家企业，各类技术人才2.8万多人，瑞芯微、联迪、福昕等多家企业在全国行业细分领域名列前茅。

（徐彬 张健晨）

政务督查

【概况】 2020年，鼓楼区政府督查室对19次区政府常务会议139个议题进行跟踪落实，组织跟踪办理区政府主要领导批示件2549份，组织开展或配合相关部门开展专项督查151件次，全年编发《督查与落实》23期，承办人大代表建议、政协提案291件，满意率均为100%，答复解决“12345”投诉329件次，一线处置72件次。

【综合性督查】 2020年，区政府督查室每半年组织各责任单位对落实省、市、区政府工作报告任务情况进行汇总上报；针对2549件区政府主要领导批示件、162个区政府主要领导专题会议议定事项建立两类工作台账，持续督办直至办结，适时专题上报区领导并定期组织核查；对七大类53项为民办实事每月梳理汇总予以通报，并对其中的重点项目定期现场督查适时通报，督促责任部门按序时落实到位。

【专项督查】 2020年，区政府督查室对疫情防控、房屋结构安全隐患整治、第七次人口普查、为民办实事、十位一体巡街整治等多项重点工作，开展检查、暗访、实地走访等形式的专项督查并行文反馈。年内行文上报区领导相关呈批件48份，形成督查简讯85期。

【市、区领导批办件督查】 2020年，区政府督查室建立专门台账对市政府督查室及其他部门下发的45件《文件办理告知单》即收即办，及时反馈，办结率100%；针对区政府主要领导436项交办件发出《督办通知单》或《文件办理告知单》，反馈率100%。配合市政府督查室开展批而未供征迁扫尾、疫情防控、突破“难、硬、重、新”工作行动等重点督查工作17次，督促责任单位对发现问题立整立改即反馈，并建立长效管理机制。

【人大建议和政协提案督查】 2020年，区政府督查室按照《福州市鼓楼区人民政府办公室关于认真办理2020年度区人大代表建议和政协委员提案的通知》要求，建立健全“合理分工、强化配合、加强沟通”运行机制和“精准交办＋承办＋督办”办理流程，承接市、区人大代表建议116件，市、区政协委员提案175件，办复率、满意率均为100%。

（许晓蓝）

机关效能建设

【概况】 2020年，鼓楼区效能办围绕重点工作促落实，采取“五不两直”等方式，开展效能督查、问责问效。围绕绩效管理争进位，申报机制创新评审项目，经验做法在全市推广。围绕制度建设正作风，强化全区各单位机关作风制度落实，工作绩效持续提升。围绕效能诉求抓整改，查找症结、锚定目标、精准发力，做到有诉必办、有办必果，推动问题解决。

【效能督查】 2020年，区效能办主要围绕疫情防控、绩效管理、城市品质提升、房屋安全隐患大排查大整治、老城区综合提升“十位一体”、第七次全国人口普查6项工作，建立台账并开展督查。如新冠肺炎疫情防控期间，区效能办联合区委督查室、区政府督查室组建4个督导组，重点对10个街镇、69个社区、1214个小区、380个小街巷设卡点，督查新冠肺炎疫情防控措施及主体责任落实情况，每天一督查、每日一汇总、每天一通报，形成督查简报75期，呈区政府主要领导阅示。将鼓楼区《督查简报》和福州市效能办《督查通报》中发现的425个问题的整改落实情况纳入台账管理，做到一个问题一套举措、一事一台账，并纳入年度察访核验管理范围。

【效能问责】 2020年，区效能办对存在机关作风不实、“一线处置”逾期办理、新冠肺炎疫情防控不到位、重点工作落实不力等方面问题的10人（其中正科级干部2人、科员8人）予以效能问责，对涉及的14名临聘人员予以处理；对7个街镇、18个区直部门予以全区通报批评。

【绩效管理】 2020年，区效能办健全完善绩效管理工作体系，建立正向激励信息定期报送制度，采取上门收集、电话查询、走访指导等方式，每月收集、汇总正向激励5种类型加分事项信息并向福州市报送，取得2019年度绩效管理、正向激励、察访核验全市第一名。申报改革创新项目评审，成立工作专班，牵头协调组织绩效管理改革创新项目的选题、撰写、印发、陈述等参评工作，“县域基层社会治理‘一线处置’创新机制”项目获全省第五、全市第一，并在年度正向激励中获得加分。

【效能投诉办理】 2020年，区效能办受理违法建设、非法经营、拆迁安置、市容管理、景观改造等问题投诉48件，其中省、市效能办转办件9件，区效能办受理39件，办结率100%。加大“12345”诉求件督办力度，对“重点件”每周一约谈、“疑难件”每周一协调，并开展“一案一整改”。全年约谈“重点件”“疑难件”25件次、60个单位。

（马佳莉）

数字鼓楼建设

【概况】 2020年，鼓楼区大数据服务中心重点围绕5G建设、数字治理、数字经济、数字政府、第三届数字中国峰会鼓楼区筹备和数字防疫6个方面开展工作。在全市率先超额完成5G基站建设，实现5G信号全覆盖。以鼓楼智脑为申报内容，获“中国领军智慧城区奖”以及“数字政府建设卓越实践奖”，登上省数字经济百项应用场景典型案例榜单之首，获数字中国创新大赛·鲲鹏赛道二等奖，在市2020年改革创新项目评选中获全市第一。全区17家企业入选2020年度福建省数字经济领域“独角兽”、准“独角兽”和“瞪羚”创新企业名单，占全省近20%，占全市近40%；数字经济应用场景入选23项，列全省各县（市、区）首位。鼓楼区政府门户网实现全省政府网站绩效考核（县区级）十连冠。数字抗“疫”工作成效显著，相关经验做法被中央政法委《长安》杂志刊载报道。年内，区城市运行指挥中心获市级巾帼文明岗、市“五一先锋号”称号。

【第三届数字中国建设峰会鼓楼区工作】 数字鼓楼成果展览 2020年10月11—15日，第三届数字中国建设峰会在福州举行期间，鼓楼作为数字福建示范区，参与分论坛、线下参观点、数字中国创新大赛·鲲鹏赛道年度总决赛、三坊七巷对话未来活动、数字经济应用场景申报、峰会招商等活动，并策划开展福州软件园20周年嘉年华庆典活动，立体化展示宣传鼓楼特色，鼓楼的城市美誉度、知名度、影响力进一步提升。鼓楼展馆作为全省唯一的县区级展馆参加数字峰会建设成果展览，通过数字鼓楼20年历程、鼓楼智脑、数字治理、数字生活四大展区，展示数字鼓楼20年来坚持一张蓝图绘到底，一步一脚印践行习近平总书记“数字福建”战略思想的建设成效，受到好评。

峰会招商 鼓楼区参加“有福之州 对话未来”8场三坊七巷夜话活动，

2020年7月30日，数字中国创新大赛·鲲鹏赛道训练营第十期暨左海论谈活动举行

（谢赟星 摄）

做到每场活动由一名区分管领导带队，组织一个街镇的招商小分队参与，一对一精准招商接洽；区主要领导会见中电科、阿里、平安、科大讯飞等重要客商。数字峰会期间，鼓楼区签约项目66项，总投资130.29亿元。

福州软件园20周年嘉年华庆典活动　数字峰会期间，福州软件园举办鲲鹏赛道年度总决赛、闽派数字精英大会、“数谷之夜”晚会3场中国数谷·数字嘉年华系列活动，展现数字鼓楼20年发展建设的一系列实践成就。鲲鹏赛道年度总决赛邀请中国工程院院士倪光南颁奖，累计培训开发者超8000人次，助力国产化数字生态建设。闽派数字精英大会邀请文胜、陈思恩、徐愈等国内互联网企业的闽商代表共同探讨福建省数字经济发展，收看人数逾3000人。打造一场集科技、时尚与未来畅想于一体的新潮音乐派对——“数谷之夜”晚会，线上线下观看人数逾120万人。

【数字治理】　鼓楼智脑建设　2020年，鼓楼区在数据方面，智脑汇聚全区869项、3653.3万条数据；在应用方面，建成经济管理、信用管理、服务企业、安全生产、智慧河长、信息食安等30多个应用子系统；在防疫方面，建成疫情大数据中心，上线“防控核查”模块，对重点人员的接受情况、分布趋势、核酸检测等进行管控。

“一线处置”工作机制　鼓楼区依托鼓楼智脑建设事项采集、流转、处置、监督工作平台，引导到一线解决问题。至年底，“一线处置”收到事项13503件，办结13355件，办结率98.9%。

“片长制”网格化服务管理　全区18个部门、213项事部件清单纳入网格管理，全年采集事件140余万件，处置率99.9%，平均每天3900多件。同时，完成网格平台与“一线处置”深度融合，提升网格化服务管理的精细化、人性化和智能化水平。

中山路智慧街区　建成中山路智慧社区，部署物联感知设备，实现街区人、地、物、事、景的智慧化管理与服务。用5G赋能智慧旅游，让街区历史文化和建筑“活”起来。

垃圾分类智能监管平台　建成垃圾分类智能监管平台，为辖区内1000多座垃圾分类屋亭安装智能摄像头，并拥有人脸识别、语音告示、违规投放、漫溢报警、投放溯源等功能，对垃圾分类行为进行智能引导。建成后，居民垃圾分类正确投放率从70%提高到90%。

【数字政府】　鼓楼区门户网建设　2020年，鼓楼区进一步规范政府网站栏目设置、明晰板块定位、增强服务功能、扩大政务公开范围，实现信息公开、透明，及时发布。全年鼓楼区门户网发布政务信息20159篇，围绕全区重点工作，开设“打好三大攻坚战”、“放管服”改革优化营商环境、做好“六稳”工作落实“六保”任务、“防控疫情　鼓楼全力以赴”、“全方位推动高质量发展超越”、“鼓楼激发基层治理高效能　全力推动社会治理提升”6个重点专题。鼓楼区政府门户网取得全省政府网站绩效考核（县区级）十连冠。

电子证照应用　鼓楼区新增电子证照16类，共发布30家单位531类证照目录，累计生成电子证照79.6万份，在网上审批系统全面应用。

政府信息公开　全区主动公开各类政府信息284篇，发布及时率100%，政策解读及时率100%。及时报送并发布鼓楼区政府信息公开年度报告，及时公开率100%。

【数字经济】　数字产业化　2020年，鼓楼区形成集成电路和光电芯片产业基地、软件信息产业基地、鼓楼金牛“互联网+”小镇、数字基金小镇和松果直播小镇、信创（鲲鹏）生态的数字经济发展格局，“云、大、物、智、链、鲲”等数字经济新技术产业齐聚鼓楼。规模以上数字经济企业超1500家，独角兽、准独角兽和瞪羚企业占全市近40%。华为、比特大陆、上海依图等落户鼓楼，涌现出瑞芯微、福昕软件、汇川科技、长威科技、帝视科技等一批新兴细分领域单项冠军企业。2020年，鼓楼区17家企业入选福建省数字经济领域“独角兽”、准“独角兽”和“瞪羚”创新企业名单（其中独角兽企业1家、准独角兽企业2家、瞪羚企业14家），占全省近20%、占全市近40%。23个项目入选全省数字经济百项应用场景典型案例，数量全省第一，其中鼓楼智脑还作为典型应用场景进行推广。

产业数字化　实施“上云用数赋智”行动，推动企业“云化”转型，促进“云上”数字经济发展。鲲鹏（信创）产业辐射带动力增强，关联企业实现营业收入15亿元。直播行业加快集聚，松果小镇网络科技等一批直播企业落户运营，打造100个特色直播品牌馆。东街口智慧商圈年销售额超80亿元，获评省示范智慧化商圈。2020年，全区数字经济规模占经济总量60%，数字经济增加值增长率稳居全市第一。

新基建工程　2020年，鼓楼区17个新基建项目列入福州市新基建第一批实施项目清单，项目总投资34.97亿元。

【5G建设】　2020年，鼓楼区推进“远程医疗、超高清视频、线上展览展示、在线教育”等方面的5G应用探索，推出依图科技的“胸部CT新型冠状病毒肺炎智能评价系统”、易联众的“银医惠民服务平台项目”、中国移动的“云上展务”、字节跳动的“空中课堂”等一批创新应用。6月，在全市率先完

成5G基站建设，实现5G信号全覆盖，辖区开通5G用户20万余人。

【数字抗疫】 2020年新冠肺炎疫情期间，数字鼓楼运用大数据、物联网、AI智能、5G等信息化技术，率先建立“三去重”大数据“清洗中心”和疫情关联人员大数据“枢纽中心”，推行“幸福码+八闽健康码”双码通行证，应用物联网红外线，实现硬隔离、真隔离；应用钉钉健康远程服务平台和智能可穿戴设备，实现居家隔离人员远程测温等医学观察和医学随访，实现远程医学管理；率先建成企业复工复业平台，保障防控摸排、防控隔离、复工复业以及健康管理等重点工作。至年底，数字鼓楼疫情大数据中心汇聚各类疫情关联人员10万余人，“一人一档”做到最快1分钟出报表，去重率60%，为街镇减免三分之二的重复劳动量。鼓楼数字抗疫的相关经验做法被中央政法委《长安》杂志刊登作为典型推广。

（林鸿）

政府信息公开

【概况】 2020年，鼓楼区政府信息公开工作坚持以公开为常态、不公开为例外的原则，重点开展政府信息公开及政务公开重点领域工作。年内执行保密审查、信息发布审核机制，加强政务新媒体信息管理，制定《福州市鼓楼区人民政府办公室关于加强和规范全区政务新媒体建设管理有关工作的通知》，规范新媒体内容、监督管理、舆情报送等日常管理工作。全年主动公开政府信息410条，做到全部及时公开；受理依申请公开政府信息110件，均在规定时限内答复办结。

【主动公开政府信息】 2020年，鼓楼区主动公开政府信息410条，其中区政府主动公开政府信息60条，各街镇、区直部门主动公开政府信息350条。全区累计主动公开政府信息19164条，主动公开及时率100%。

主动公开的政府信息类别主要包括：机构职能类信息29条；行政法规、规章和规范性文件类信息10条；国民经济和社会发展规划、专项规划、区域规划类信息14条；依法行政及行政许可类信息15条；环境保护、公共卫生、安全生产、食品药品、产品质量的监督检查情况类信息4条；人事信息、公务员招录类信息47条；房屋征收类信息27条；重大建设项目的批准和实施情况类信息14条；行政事业性收费项目及其依据、标准类信息4条；扶贫、教育、医疗、社会保障、促进就业等方面的政策、措施及其实施情况类信息7条；社会公益类信息14条；财政资金（含财政预决算）类信息3条；其他业务公文类信息222条。

【依申请公开政府信息】 2020年，鼓楼区受理政府信息公开申请主要来源于“信函申请”渠道，数量居前的申请事项主要集中于房屋拆迁、业委会信息、项目立项文件等方面。均在20个工作日内及时答复申请人，保障人民群众的知情权、参与权和监督权，答复及时率100%。

全年全区收到政府信息公开申请110件，其中区本级政府28件，各街镇、区直部门82件。按照申请方式分类：当面申请8件，网络申请49件，信函申请53件。答复114件（4件为2019年结转至2020年答复），其中予以公开21件，部分公开15件，不予公开22件，无法提供46件，不予处理9件，其他处理1件。至年底，全区累计受理依申请公开674件。

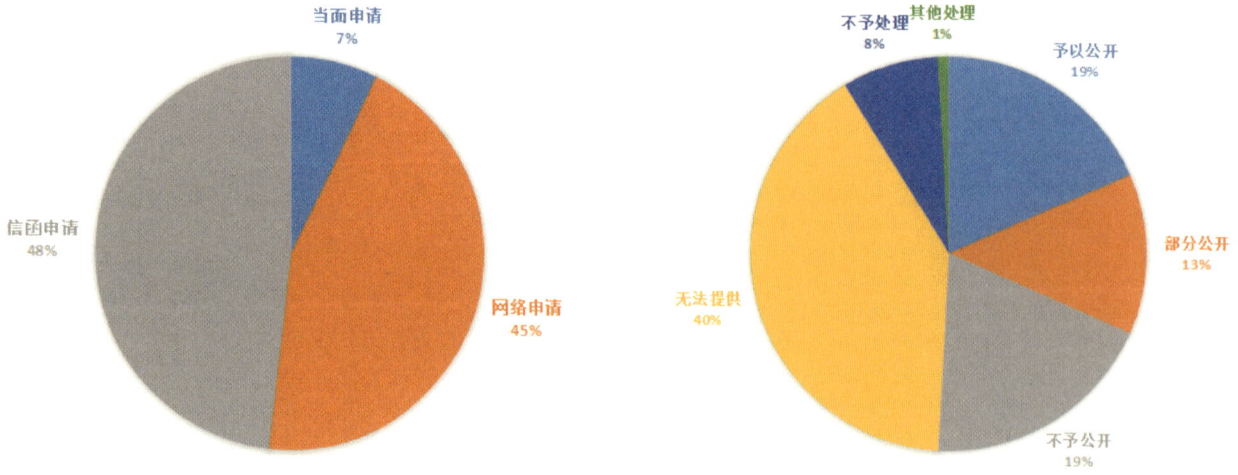

图1　2020年鼓楼区依申请公开来源渠道及办理结果

2020 年鼓楼区收到和处理政府信息公开申请情况表

表 12　　单位：件

（本列数据的勾稽关系为：第一项加第二项之和，等于第三项加第四项之和）			申请人情况：自然人	法人或其他组织：商业企业	法人或其他组织：科研机构	法人或其他组织：社会公益组织	法人或其他组织：法律服务机构	法人或其他组织：其他	总计
一、本年新收政府信息公开申请数量			106	2	0	0	0	2	110
二、上年结转政府信息公开申请数量			4	0	0	0	0	0	4
三、本年度办理结果	（一）予以公开		18	1	0	0	0	2	21
	（二）部分公开（区分处理的，只计这一情形，不计其他情形）		15	0	0	0	0	0	15
	（三）不予公开	1. 属于国家秘密	0	0	0	0	0	0	0
		2. 其他法律行政法规禁止公开	0	0	0	0	0	0	0
		3. 危及“三安全一稳定”	0	0	0	0	0	0	0
		4. 保护第三方合法权益	2	0	0	0	0	0	2
		5. 属于三类内部事务信息	2	0	0	0	0	0	2
		6. 属于四类过程性信息	16	0	0	0	0	0	16
		7. 属于行政执法案卷	1	0	0	0	0	0	1
		8. 属于行政查询事项	0	1	0	0	0	0	1
	（四）无法提供	1. 本机关不掌握相关政府信息	43	0	0	0	0	0	43
		2. 没有现成信息需要另行制作	2	0	0	0	0	0	2
		3. 补正后申请内容仍不明确	1	0	0	0	0	0	1
	（五）不予处理	1. 信访举报投诉类申请	2	0	0	0	0	0	2
		2. 重复申请	2	0	0	0	0	0	2
		3. 要求提供公开出版物	0	0	0	0	0	0	0
		4. 无正当理由大量反复申请	0	0	0	0	0	0	0
		5. 要求行政机关确认或重新出具已获取信息	5	0	0	0	0	0	5
	（六）其他处理		1	0	0	0	0	0	1
	（七）总计		110	2	0	0	0	2	114
四、结转下年度继续办理			0	0	0	0	0	0	0

2020 年鼓楼区因政府信息公开申请引起的行政复议、行政诉讼情况表

表 13　　单位：件

行政复议					行政诉讼：未经复议直接起诉					行政诉讼：复议后起诉				
结果维持	结果纠正	其他结果	尚未审结	总计	结果维持	结果纠正	其他结果	尚未审结	总计	结果维持	结果纠正	其他结果	尚未审结	总计
0	1	0	0	1	6	0	0	0	6	0	0	0	0	0

【用权信息公开】 权力配置信息公开　2020 年，鼓楼区根据机构改革后新的“三定”方案，全面梳理编写单位机构职能目录，在区门户网站的“组织机构”专栏，集中公开机构简介、领导分工、机构设置和联系方式，让政府机构权力配置情况更公开透明。

权力运行过程信息公开　通过全面梳理依法行使的行政权力和承担的公共服务职责，完成鼓楼区重大项目建设、公共资源交易、财政预决算、安全生产等 24 个领域基层政务公开标

准化规范化目录的编制工作，及时上线基层政务公开“两化”专栏。

规范性文件信息管理　全面梳理规范性文件等重要政府信息，开设规范性文件统一平台，按照“放管服”改革要求及时立改废，集中统一对外公开，并根据“有效”和“已失效”情况动态调整更新，提供在线查阅、检索、下载等服务。

【“六稳”“六保”信息公开】　“六稳”信息公开　2020年，鼓楼区进行政策解读回应，围绕全区经济工作会议精神和《政府工作报告》要求，加大政策解读力度，全面阐释稳就业、稳金融、稳外贸、稳外资、稳投资、稳预期各项政策举措及其效果，主动回应经济社会热点问题，全年通过门户网站“本区政策解读”栏目发布44篇政策解读信息。

“六保”信息公开　在“六保任务”专题专栏设置“落实情况、政策文件、相关资料、视频报道”4个模块，实时发布保居民就业、保基本民生、保市场主体、保粮食能源安全、保产业链供应链稳定、保基层运转等相关政策信息91篇。通过“创业创新”“招考招聘”“脱贫攻坚”“社会救助”“市场监管”“企业优惠扶持”等细化栏目，公开促进就业创业的政策措施、就业供求信息、扶贫信息、重点民生领域救助信息、激发市场活力和企业政策扶持等信息1278篇。

【营商环境信息公开】　2020年，鼓楼区通过线上线下公开营商环境信息。线上依托福建省网上办事大厅，实时公示审批结果，方便群众监督查询。线下设立政务公开专区，群众通过自助查询区“高频事项办事指南”二维码可获悉申办材料指南信息。在“福州鼓楼营商”微信公众号平台设立“惠企政务”专栏，企业可通过“便捷政务”子菜单，输入“我要问、我要查、我要寄、我要评”等关键字，及时获取办事指南和自助机使用攻略等政务资讯。

【公共卫生信息公开】　疫情信息公开　2020年，区门户网站开设“防控疫情鼓楼全力以赴”专栏，通过“战役一线、疾病疫情及防控、定点医院、复工复产、科普宣教、疫情防控知识库、疫情防控期政务服务专区、咨询热线”8个模块，及时准确、公开透明发布疫情相关信息90篇。

应急预案和公共卫生知识公开　在区门户网站“基本医疗卫生”栏目发布传染病疫情、健康科普、重大疾病防控、突发公共卫生事件等信息93篇。

【监督保障】　2020年，区大数据服务中心落实日常巡检、月度检查、季度通报、年度考核的常态化监督机制。每日对网站信息进行综合读网查验；每月对网站信息更新保障情况进行全面检查，并上网公开自查情况；每季度对政府信息公开和政务公开保障情况进行通报，杜绝出现泄密、超期未更新等现象；同时，将政务公开纳入政府绩效考核体系。通过公开网站管理邮箱和开设信息公开意见箱等方式，收集公民、法人和其他社会组织对政府信息公开工作的有效意见1条。

（林美枝）

行政服务中心建设

【概况】　2020年，鼓楼区行政服务中心受理各类行政审批86044件，办结81417件，办结率94.62%，平均每个工作日受理339件，群众满意率99.99%。

【互联网＋政务服务】　2020年，区行政服务中心推动事项全程网络办理，至年底，可网上申办事项1067项，占区级事项总数98.7%，“最多跑一趟”“一趟不用跑”事项占比分别为95.9%、71.1%。全年受理省网上办事大厅网上申报件1232件，申报率16.54%，四星、五星服务事项预审及时率99.9%；社区政务综合受理平台受理办结2249件。推广电子证照共享应用，在企业群众办事过程中，凡是能调用电子证照库的

2020年12月，区行政服务中心设置全城通办窗口　（区行政服务中心供）

申报材料，企业无须再递交纸质文件，审批办理结果100%生成电子证照，年内发布30家单位545类证照（含批文）目录，直接生成电子证照5260次，直接调用电子证照替代纸质证照1773次。

【审批服务】 2020年，区行政服务中心构建“前台综合受理，后台分类审批，综合窗口出件”的运转模式，实现事项通窗受理。从企业和群众实际需求出发，开设“企业开办一件事”窗口，企业生命全周期过程业务实现“一个窗口、一次表格、一趟办结”；开设“全市通办”窗口，推进“区域通办”服务，实现21个异地事项就地办理；推进“一次办”改革，以企业和群众“办成一件事”为导向，加强部门间业务协调，上线开餐馆、办幼儿园等43组套餐业务。12月，挂牌新设“福州市鼓楼区行政服务中心福州软件园分中心”，针对福州软件园企业高频需求，通过设置窗口、健全园区无偿代办服务，结合免费寄递、上门服务、告知承诺等方式，提供302项大厅可办事项，同时增设“e福州”便民服务自助终端，多渠道实现“企业办事不出园区”目标。

【便民服务】 2020年，区行政服务中心全面推行“榕证通”快递服务，为办事群众提供全国范围内免费双向寄递，并在全市首推全事项大厅窗口扫码免费寄，简化群众寄递手续。根据福州市“茉莉分”信用标准变更，优化调整中心“信易批”场景中“绿色通道”（“茉莉分”在731—732分数段）及“一对一”全程代办（“茉莉分”在733分以上）的门槛分值，全年308人次享受到信易批“绿色通道”服务。开设“政务公开专区”，在大厅便民商务吧区域配备政府信息公开查阅专用计算机，以办事指南汇编及单项宣传册等方式，公开涉及群众切身利益的事项。升级大厅取号设备，群众可不携带身份证原件，通过手机“可信数字身份证”实现取号。大厅布设“e福州”便民自助服务终端，为群众提供医社保、公积金证明打印等100多个自助办事项，全年服务群众6000余次。创新推出“鼓楼营商通”疫情防控系统小程序，进一步提升预约确认效率，新冠肺炎疫情防控期间预约受理21907件。

【营商环境优化】 2020年，鼓楼区编制《2020年鼓楼区优化营商环境工作要点》《2020年鼓楼区优化营商环境工作补充要点》《鼓楼区进一步优化提升营商环境工作若干措施》3份指导文件，发布160项优化营商环境工作任务要点。年内获评全国首批法治政府建设示范区、中国领军智慧城区，获评全省唯一的中国最具投资价值城区，位列全国服务业综合改革示范典型区域评估第4名、全国百强区第18名、全国营商环境百强区第22名，全省第一。新冠肺炎疫情防控期间，出台帮助中小微企业共渡难关16条措施，落实减税降费32.5亿元、出口退税37.4亿元、奖补资金5.4亿元、援企稳岗资金2.3亿元。成立全省首家惠企智能服务中心，将审批代办下沉街道，企业可就近进行注册登记。建成全国首家税务云厅，逾90%的纳税人可在网络办理主要涉税服务事项。

【“百十千”行动】 2020年，鼓楼区相关区直部门、街镇及园区以直通车工作机制为载体，全面执行落实“十心行动”(“暖心服务”“齐心联动”“热心互助”“舒心解难”“专心助力”“真心慰企”“交心联系”“放心代办”“核心强链”“尽心标兵”）服务内容，营造“亲企、安全、强企”生态氛围。依托企业服务“2.0旗舰店”和“3.0企业驿站”，健全完善招商项目全程代办服务机制，形成系统化服务链条。贯彻落实服务企业和重大项目协调机制的工作部署，筛选上报“一企一议”协调解决问题958个。持续践行“直通车”机制与“百十千”行动，全区开展联系服务超1.3万家次，解决企业问题4500余件，统筹解决242名企业高管子女入学问题，发放高管保健证1504本。属地街镇及园区开展贺慰服务活动上万家次，送出鲜花、蛋糕等贺慰品5900余份，投入经费约80万元。举办第二期企业高管培训班，企业高管50人参加；举办第二届企业运动会，1500多名企业代表参加。

2020年7月11日，鼓楼区第三季度“1+N”政银企对接会(福建海峡银行专场)在区行政服务中心举行 （区行政服务中心 供）

【对企服务】 2020年，鼓楼区召开第三届服务企业动员大会，辖区100多家企业及企业家代表参加，通报表扬50家“20年功勋企业”以及37家“脱贫攻坚爱心企业”，并颁发奖杯、奖牌。大会现场发布《鼓楼区招商项目全程代办服务机制》，实现招商引资项目洽谈、载体对接、开办企业和落地服务4个阶段全程代办。福州壹柒叁伍写字楼管理有限公司总经理刘国辉现场分享城市更新与楼宇升级的经验体会。

（林颖慧）

人事人才工作

【概况】 2020年，鼓楼区继续做好人事人才工作，全区入选省A、B、C类高层次人才26人；入选省工科青年专业人才199人；确认市“双一流”高校毕业生落地奖励283人；兑现区重点企业业务技术骨干人才奖励43人、重点扶持产业人才奖励138人，人才绩效指标总分排名全市第一。打造“一站式”服务平台，为人才提供咨询、申报服务4114人次；接收应届毕业生档案1709份；办理人才落户1703人次。

【人才资源开发】 2020年，区人社局选送16家创业企业参评2020年福建省高校毕业生创业省级资助项目，3家入选；推选29家创业企业参评福州市首届优秀创业项目，8家入选；推选36人参评福建省引进高层次人才，其中26人评选为A、B、C类人才；推荐206人申报福建省工科类青年人才，199人确认入选；推荐325人申领“双一流”高校毕业生奖励，283人入选；落实《鼓楼区重点企业业务技术骨干人才激励办法（试行）》及《鼓楼区关于鼓励引进人才的六条措施》，43名业务技术骨干享受鼓楼区的购房（租房）补贴及子女入学优惠政策，138人享受重点扶持产业人才奖励。

【事业单位人员管理】 人员招聘与转正 2020年，区人社局招聘区直事业单位工作人员19人，卫生系统事业单位工作人员7人，教育系统招聘7人（其中公费师范生3人），公开招聘比例100%。

岗位设置 完成60家事业单位岗位设置，其中区直事业单位9家，街镇事业单位12家，教育系统39家。

事业单位合同管理 为全区2902名事业编制人员登记聘用合同，其中岗位晋升人员365人，岗位续聘人员2369人，调动人员135人，新招考人员33人，聘用合同签订率100%。办理解除聘用合同登记28人次。

【专业技术人员管理】 职称聘任和评审 2020年，区人社局审批办理职称晋升聘任365人次，其中教育系统279人次，卫生系统59人次，其他区直事业单位及街镇事业单位27人次。办理职称委托评审40人，涉及教育、卫健、工程等行业，其中32人委托评审高级职称，7人委托评审中级职称，1人委托评审初级职称。举办教育系统职称评审会3场，其中中级职称评审会1场，初级职称评审会2场，共评审82人。确认教育系统25人初级职务任职资格。

资格考试审核 配合区市场监督管理局开展2020年度全省药学（非临床）专业初中级资格考试审核工作，其中网络初审53人，现场复审47人。

【工勤人员管理】 2020年，鼓楼区有4人报名参加机关事业单位工勤人员技能等级岗位考核，1人考试成绩合格取得高级资格。

【离退休干部管理服务】 2020年，区人社局发文批准34名全民事业人员退休，为58名符合退休条件人员办理退休手续；办理死亡核减66人，遗属生活困难补助4人。拨付鼓楼区直属机关退休干部协会活动经费20万元，支持退休干部开展健步行、书画年会等文娱活动。

【人事人才公共服务】 2020年，区人事人才公共服务中心开设人才集体户，为符合政策要求的173人办理落户鼓楼服务，其中高校毕业生170人，引进人才3人。全年接待办理人事人才公共服务4114人次，新增单纯寄档1722份，为634人办理档案转出手续；保管档案10630份。

【人才中介管理】 2020年，鼓楼区开展为期1个月的清理整顿人力资源市场专项检查，执法队伍出动70人次，检查人力资源服务机构10家，未发现“黑中介”和其他违法犯罪行为。

【工资收入分配制度改革】 2020年，区人社局开展机关事业单位在职人员工资考核晋升及调整审批工作。完成人员工作调动、机构人员转隶527人次，晋升职务、职称、工人等级、事业人员岗位聘任变动工资审批365人次，特岗津贴341人次，教护龄津贴310人次；完成挂职人员浮动工资及浮动转保留52人次；完成病假及病假销假113人次；完成辞职、解聘、调出审批28人次；完成2020年度考核晋升薪档3458人次；完成见习期、事业录用工资审批33人，转正定级38人次。

（张伟荣）

机关事务管理

【概况】 2020年，鼓楼区机关事务

服务中心（简称“区机关中心”）严格落实中央“八项规定”，开展公务接待、办公用房、公务用车管理服务工作和机关大院常态化疫情防控工作，推进大院智能化提升改造项目，推进公共机构节能工作，提升机关事务服务保障能力与水平，全年完成1200余场会议保障。

【重大活动及会议保障】 2020年，区机关中心完成区“两会”、区党政代表团学习考察、“9·8”投洽会、第三届数字中国建设峰会、鼓楼区第三届服务企业大会等重大活动的后勤保障工作，全年完成1200余场会议保障。

【办公用房管理】 2020年，区机关中心开展党政机关办公用房信息统计工作，完成年度数据盘点工作，将83家行政、参公、事业单位等纳入统计范围，总建筑面积136608平方米，其中办公用房建筑面积102396.18平方米，技术业务用房建筑面积34211.82平方米。在节假日期间，开展3次办公用房检查，未发现办公用房超标问题。

【公务车辆管理】 2020年，区机关中心继续落实车改后中央、省、市新出台的公务用车管理规定，公务用车管理实现“管理平台化、平台信息化、车辆标识化”，实行公务用车的定点维修、定点加油、统一保险制度，建立健全公务用车油耗综合分析制度，降低运行成本。配合纪检部门采取随机抽查、明察暗访等方式对公务车辆的停放和使用情况进行监督检查，组织开展3次公务用车管理检查，公务用车主要存在派车单填写不规范、车辆维修单填写不规范、公示不规范等问题，均发函要求限期整改，全部整改到位。

2020年8月，区机关中心推进大院智能化提升改造项目，打造福州县（市）区首家机关大院智慧食堂，引进智慧餐盘结算系统 （区机关中心 供）

【公共机构节能】 2020年，区机关中心推进节约型机关创建工作，指导帮助温泉小学获评国家级“2019—2020年节约型公共机构”示范单位。开展公共机构生活垃圾分类工作，在大院办公区域设置分类垃圾桶104组297个，设置分类指示牌，与厨余回收定点公司签订食堂厨余垃圾回收合同。张贴垃圾分类知识宣传海报，举办3场垃圾分类宣传活动。到区民政局、区发改局等24家区直单位开展垃圾分类督导检查工作。

【后勤服务保障】 2020年，区机关

2020年6月29日，区机关中心在区委大院开展“绿水青山 节能增效”全国节能宣传周活动 （区机关中心 供）

中心开展大院新冠肺炎疫情常态化防控工作，做好大院出入口、机关食堂、会议中心、公务车等重点部位健康管理工作，落实外来人员体温检测、进出登记等防控措施。提升食堂菜品质量，延伸节假日服务，为鼓楼区开展“三服务”“四访四问”“民生服务日”等系列活动提供后勤服务保障。推进大院智能化提升改造项目建设，一期项目完成智慧餐饮、物联网工程、安防工程、数字化一张图及相关业务系统，搭建大院智能服务平台。推出食堂微信小程序，提供线上充值、订餐、扫码支付、每日菜谱查询等功能，引进智慧餐盘结算系统，支持刷脸支付，设置自助取餐柜。招商引入热选超市，售卖水果、饮料、干货等食杂。建设新能源汽车充电桩，通过与省充电设施公司合作模式，配建10个新能源汽车充电桩。

（丘书玲）

信访工作

【概况】 2020年，鼓楼区信访总量4985件次，比上年增长77.2%；10个街镇纳入“最多投一次”办理的信访事项1204件，全部办结，一次性化解1169件；纳入“最多投一次”信访事项平均回应时间2天，平均办理时间7.3天。新冠肺炎疫情防控期间，区信访局收到涉及疫情防控方面“最多投一次”信访事项40件，于2小时内批转到位，承办单位24小时内全部办结。

【区领导联合接访及下访活动】 2020年，鼓楼区领导定期接待群众活动12场，接待群众22批32人次，受理22件，全部办结。落实每周一领导联合接访制度，开展每周一和重要敏感节点领导联合接访活动71场，接待群众37批59人次。

贯彻落实习近平总书记倡导的“四下基层”工作制度，变“被动接访”为“主动下访”，2月，区委、区政府制定下发文件，确定每周五上午为区领导到挂钩联系的街镇开展接访活动日，做到“四个明确”（明确接访下访时间、明确接访形式、明确接访范围、明确接访办理环节）。全年区领导下访235批次，接待群众269人次。

【信访评理工作机制】 2020年7月，区信访局启动“信访评理室”创建工作，选取区人民来访接待中心进行规范化建设试点，先行铺开，以点带面，采取分批建设的形式，指导乡（街）、村（居）两级成立“评理室”，逐步逐级落实信访评理工作。至年底，全区设立“信访评理室”80个，开展信访评理250件，通过评理化解信访事项248件，化解率99.2%。

【矛盾积案化解】 2020年，区信访联席办在全区范围内组织开展“大排查、大化解、大走访、大帮扶”活动，建立健全信访矛盾排查机制，对摸排出的信访突出问题，逐件制定“问题清单”“责任清单”“任务清单”，落实领导包案，并根据区领导工作责任分工对全区排查出的76件重点信访案件予以调整充实，要求各相关单位按照“三到位一处理”原则，综合运用法律指引、经济调节、协商调解、公开听证、道德教化、心理疏导等手段，推动信访矛盾息访化解。区委、区政府召开信访专题会7次，议定信访事项17件；区信访联席会议定期听取区直各相关部门、各街镇信访积案化解情况，分析、协调疑难信访问题。年内，全区息访各类信访积案90件。

【镇（街）信访工作联席会议机制】 2020年9月，鼓楼区建立镇（街）信访工作联席会议制度，镇（街）联席会议负责统筹协调镇（街）信访工作，由镇（街）主要领导担任召集人、分管领导担任副召集人、镇（街）各部门各村（社区）负责人为联席会议成员，构建主要领导负总责、分管领导具体负责、其他领导一岗双责，一级抓一级、层层抓落实的运行体制，打通信访工作责任落实的“最后一公里”。至年底，全区10个街镇全部建立镇（街）信访工作联席会议机制。

（房琍）

中国人民政治协商会议鼓楼区委员会

综述

2020年，中国人民政治协商会议鼓楼区委员会召开6场政协常委会会议（其中5场专题议政性常委会会议），开展专题协商、对口（界别）协商、重点提案办理协商等重要协商活动24场，组织专项民主监督18场，完成2个区委重点课题调研。九届四次会议审查立案提案180件，提案办复率和办理满意率均达100%。围绕新冠肺炎疫情防控、优化产业结构、提升园区经济发展、加强生态环境建设、推动文旅融合发展、提升城市品质等议题，开展视察调研和协商议政活动80多场。向省、市政协和区委、区政府报送社情民意专报件320件，社情民意信息工作在福州市政协系统中位列第一名。鼓楼区政协被评为“2018—2020年度省级文明单位”“福州市政协工作先进集体”“2020年度福州市政协系统信息工作先进单位”。

政协会议

【政协第九届福州市鼓楼区委员会第四次会议】 2019年12月27—30日召开。会议审议并同意主席李瑞琨代表政协第九届福州市鼓楼区委员会常务委员会所作的工作报告，审议并同意政协第九届福州市鼓楼区委员会关于九届三次会议以来提案工作情况的报告。委员们列席区人大十七届四次会议，听取区人民政府工作报告、人民法院工作报告、人民检察院工作报告，以及计划、财政预算报告，并进行协商讨论，对上述报告表示赞同。

【区政协九届常委会会议】 第二十次会议 2020年4月22日召开。会议审议通过区政协常委会及各专委会2020年工作要点；专题协商鼓楼区2020年城市品质提升工作，听取区建设局、区房管局、区城管局、区园林中心有关工作情况通报，并进行协商讨论；研究区政协人事有关工作。

第二十一次会议 6月23日召开。会议专题协商2020年鼓楼区公共卫生服务体系建设工作，听取区卫健局、区民政局和温泉街道有关工作情况通报，并进行协商讨论；研究九届区政协委员调整有关事宜。

第二十二次会议 9月3日召开。会议传达学习中共福建省委十届十次、中共福州市委十一届十一次和中共福州市鼓楼区委十二届十一次全会精神；专题协商2020年鼓楼区经济工作，听

2020年9月3日，鼓楼区政协九届二十二次常委会召开　　（刘衍 摄）

取区统计局、区发改局、区财政局、区商务局、区工信局有关工作情况通报，并进行协商讨论；研究区政协人事有关工作。

第二十三次会议　12月2日召开。会议传达学习中共十九届五中全会和省委、市委、区委常委会（扩大）会议精神；专题协商2020年平安鼓楼工作，听取区委政法委、区法院、区检察院、鼓楼公安分局、区司法局、区民政局有关工作情况通报，并进行协商讨论；审议九届区政协委员调整有关事宜。

第二十四次会议　12月16日召开。会议审议通过《政协第九届福州市鼓楼区委员会第二十四次常务委员会建议案（草案）》，专题协商“加强智慧社区建设，提升社区治理水平”，听取区民政局、区数字办关于鼓楼区社区治理及智慧社区建设有关情况通报，并进行协商讨论；研究区政协人事有关工作。

第二十五次会议　12月25日召开。会议审议通过区政协各专委会2020年工作总结及2021年工作思路、区政协九届四次会议以来提案工作报告、区政协九届常委会工作报告和区政协九届五次会议有关文件。

政协工作

【政治协商】　2020年，区政协围绕提升城市品质工作等专题，开展5场专题议政性常委会会议协商；围绕推动园区经济发展等议题，开展5场专题协商；围绕推动科技型企业创新发展等议题，开展13场对口（界别）协商；围绕提升基层医疗服务水平等议题，开展6场重点提案办理协商。探索开展网络议政远程协商，组织委员围绕如何提升城区内河水系综合治理成效，与市、区有关部门开展协商交流。依托街镇“委员之家”、社区“委员社情民意联系点”，开展“委员进居民议事厅”“委员进法官工作室”等活动，邀请联组委员与居民代表“面对面”协商。

【民主监督】　2020年，区政协围绕垃圾分类管理、老旧小区改造提升、全民健身设施建设等工作开展专项民主监督，并提出进一步提升有关工作的意见建议36条。邀请委员列席区委、区政府重要会议8场次。推荐2名委员担任市效能监督员，3名委员担任区效能监督员，2名委员担任区法院监督员，4名委员担任区检察院党风廉政建设监督员。组织委员深入市场监管、教育、环保、财政等重要部门和窗口单位开展明察暗访和专项监督10余次，查找职能部门在服务企业、服务群众、服务社会方面存在的薄弱环节，助力机关作风转变，提高为民服务效率和水平。组织委员参加安置房回迁、旧屋区征迁改造、公办幼儿园摇号派位等现场监督11场。

【视察调研】　2020年，区政协围绕培育壮大新兴产业、加强生态环境建设、创新基层社会治理等课题，开展视察调研活动63场；针对推进产业发展、加强生态环境保护、推进社会治理创新等方面献计献策；围绕保护传承优秀传统文化，组织委员视察调研鳌峰坊历史文化街区、冶山历史风貌区以及古厝修缮开发工作，为进一步提升鼓楼区文化软实力资政建言。围绕“提升园区经济高质量发展”“加快文化与旅游深度融合发展”2个课题，开展专题视察调研，在重点企业、经济界委员和文化文体界委员意见建议基础上，形成《关于推动我区经济有效持续发展的调研报告》和《关于加快推动鼓楼区文旅融合发展的调研报告》，提出12个方面41项具体建议。

【提案工作】　2019年12月九届四次会议后至2020年年底，区政协委员、政协各参加单位和政协各专门委员会提交提案180件。经提案委员会审查，立案167件，分别送交68个部门和单位办理；未立案的13件转为社情民意

2020年3月17日，区政协党组书记、主席李瑞琨（后排右四）带队走访千易建设集团有限公司，了解企业新冠肺炎疫情防控工作和复工复产情况（陈景 摄）

信息，报送有关部门参考。区委、区政府领导重视政协提案工作，确定《加快鼓楼区5G产业发展的建议》等6件提案为年度重点提案，由区政府领导领办、区政协领导负责督办。至年底，提案全部办复。委员对提案办理结果的满意率和基本满意率100%，其中表示满意的占97%；基本满意的占3%。

【社情民意反映】 2020年，区政协依托“委员社情民意联系点”，组织委员经常性走访调研，参加街道、社区活动，常态化开展“委员讲堂”“上门协商”等活动，收集民情民意。全年向省、市政协和区委、区政府报送社情民意专报件320篇，其中《拓展基层政协民主监督渠道》被全国政协采用，《完善无物业老旧小区改造后续管理的建议》等25篇信息被省、市政协采用，《打造共享物业平台突破微小区管理瓶颈》等16篇信息得到省、市、区领导批示。抗击新冠肺炎疫情期间，围绕“疫情防控”“复工复产”等主题进行约稿，向市政协报送90多篇信息，《由国家卫健委网站官方发布国外疫情统计情况的建议》等9篇信息得到省、市政协专报件综合采用。区政协社情民意信息工作在福州市政协系统中位列第一名，获评“2020年度福州市政协系统信息工作先进单位”。

【文史工作】 2020年，区政协提升完善区政协文史馆建设，按照《鼓楼区政协文史馆暂行管理办法》，开展文史资料整理、编目造册、分类设定、上架展陈等工作。面向社会征集文物史料，至年底，有馆藏文史书籍1200多册。加强文史资料研究工作，组织区政协文史研究员编撰《鼓楼美食》。全书8个章节，记述辖区美味佳肴、家常菜品、风味小吃、特色糕点，以及与鼓楼美食有关的逸闻轶事，集史料性、知识性和可读性于一体。开展文化惠民活动，组织部分政协委员和书法名家，在鳌峰坊李世甲故居开展“翰墨飘香送春联 文化惠民进社区”活动，为社区居民写春联、送福字。

【街镇政协联组工作】 2020年，区政协健全完善街镇政协联组协商规则，10个街镇政协联组分别举办多期“委员讲堂”，邀请专家、委员深度解读《中华人民共和国民法典》、讲授“一带一路与中国地缘政治环境”、分享“后疫情时期企业如何发展”等；温泉街道政协联组打造全国、省、市、区四级政协委员鼓楼工作联系点，搭建各级委员联动履职平台；华大、南街街道政协联组联合开展“重温红色记忆，不忘初心使命”主题系列活动；水部、东街、鼓西街道政协联组分别围绕疫情防控、群租房整治、内河水系治理等方面工作开展协商议政；五凤、安泰、鼓东街道和洪山镇政协联组联合组织委员视察沈绍安漆艺博物馆、文儒闽菜馆等。

【委员工作】 2020年，区政协在厦门大学举办2020年度区政协委员履职能力提升专题培训班，60人次参训。修订完善《鼓楼区政协委员履职考核办法》，加强委员履职考核与管理，突出政治标准，每季度对委员参与履职活动情况进行量化考核并定期通报。组织委员列席区政协常委会会议5场次。在“鼓楼政协”微信公众号“委员风采”栏目，刊登政协委员履职故事。年内约20名委员获国家部委和省、市级表彰。

【交流联谊】 2020年，区政协密切与民族宗教界委员和代表人士的沟通联系，围绕做好新时代城市民族工作开展调研协商和走访宣讲活动，促进民族团结、宗教和睦。加强与侨胞联系联谊，组织区港澳台侨委员视察调研区侨界委员活动中心，就健全涉侨维权机制、建强侨务阵地等工作协商建言。加强与省、市政协的联谊联动，联合开展数字经济建设、古厝活化利用等协商调研活动8场。全年接待青海省西宁市城北区政协等全国各地政协考察团20批260余人次，围绕推动历史文化街区建设、城市绿道和公园建设、再生资源回收利用等方面开展考察交流，宣传推介鼓楼。

（陈云钗）

2020年7月24日，洪山镇、五凤街道、安泰街道3个街镇政协联组联合举办“委员讲堂”活动，学习贯彻《中华人民共和国民法典》（明洁 摄）

纪检 监察

综述

【概况】 2020年，鼓楼区纪检监察组织协助党委深化全面从严治党，健全完善监督体系，强化对权力运行的制约和监督，聚焦“十三五”规划落实情况的监督检查，开展专项整治，发挥巡察“利剑”作用，建设高素质专业化纪检监察干部队伍。

【区纪委十二届五次全会】 2020年5月12日召开。全会传达学习十九届中央纪委四次全会、福建省纪委十届五次全会、福州市纪委十一届五次全会精神，听取区委书记朱训志讲话，审议并通过区委常委、区纪委书记、区监委主任陈一飞代表区纪委常委会所作《砥砺初心 勇担使命 以全面从严治党新成效为全面建成小康社会提供坚强保障》工作报告。

2020年5月12日，中共福州市鼓楼区纪委十二届五次全会在区会议中心三楼礼堂召开（陈伟 摄）

【纪检监察体制改革】 2020年，区纪委监委结合鼓楼区机构改革工作，制定出台《关于中共福州市鼓楼区纪委、福州市鼓楼区监委派驻机构职能配置、机构设置和人员编制规定》，赋予派驻纪检监察组履行党的纪律检查和国家监察两项职责。实现对62家区一级机构派驻监督全覆盖。将福州市软件园管委会纳入派驻监督范围，实现对区直单位派驻监督全覆盖。向区委编办发出《关于派驻两院纪检监察组机构编制划转意见的函》，就派驻法院、检察院纪检监察组编制划转工作提出意见建议，推动派驻法院、检察院纪检监察组编制划转工作。

【纪检监察机关建设】 2020年4月，区纪委监委组织全区纪检监察干部观看学习纪检监察干部培训系列课程（第三期）——深入学习贯彻十九届中央纪委四次全会精神。9月，举办“鼓楼区2020年纪检监察业务能力培训班”，邀请福建省委党校教授、福州市纪委相关室主任、骨干等授课，全区纪检监察干部100余人参加培训。组织纪检监察干部250余人次参加副科级以上党政领导干部政治理论水平测试、中共十九届四中全会和十九届中央纪委四中全会专题测试、纪检监察干部在线培训年中测试等。选派纪检监察干部38人次到上级纪委监委参与业务培训、案件审查、跟班学习、巡察等工作。

纪律检查和巡察监督

【政治监督】 2020年，区纪委监委

协助区委开展省委、市委2019年度落实全面从严治党专项检查迎检和整改落实工作。制定区委责任制考核方案，年初由区领导带队分别检查10个街镇、13个区直部门2019年度落实责任制情况，并督促各单位对检查考核反馈问题限期整改落实。对温泉街道东湖社区违规私设“小金库”问题，给予温泉街道有关领导诫勉谈话处理。

【“三不”机制构建】 2020年，区纪委监委强化一体推进“三不”机制，新立案件34件，党纪政务处分27人，移送司法机关3人。运用监督执纪“四种形态”分别处置83人次、13人次、4人次、11人次。结合全区查处的各个领域典型案例，撰写有关政治生态分析报告7份，提出专项政治生态分析建议3条，同时总结审查调查发现的典型性、普遍性问题，向有关部门发出纪检监察建议30份，提请党委（党组）谈话30人次，督促相关单位整改，推动职能部门完善权力配置和运行机制。筛选近年查处的典型案例进行剖析，举办干部违纪违法典型案例警示教育展，区直单位、街镇、社区干部参观学习12场1180人次。

【日常监督】 2020年，区纪委监委严格落实纪检监察工作双重领导体制，重大事项、重要工作及时向市纪委监委和区委请示报告。对全区105名重要科级干部廉政档案实时更新，对480名现职区管干部廉政档案每半年集中更新，全面掌握干部廉政情况。采取交叉检查、联合督查等方式，加强对各单位领导班子及其成员的常态监督。全年安排全员接访220人次，开展“带信下访和交叉复查”15件，入户走访899人次，推动问题解决91个。

2020年6月10—20日，鼓楼区纪委监委举办“警钟长鸣——鼓楼区社区干部违纪典型案例警示教育展” （陈伟 摄）

【专项治理】 新冠肺炎疫情防控监督 2020年，区纪委监委协调区委、区政府出台新冠肺炎疫情防控工作“十个不得”整改意见，使街镇在新冠肺炎疫情期间上报的表格数由原有的29份降至23份；督促区疫情防控指挥部简化工作流程，做到指令“一个口子出”。

涉黑涉恶腐败专项治理 2020年，区扫黑办、鼓楼公安分局、区检察院、区法院、区司法局等43家扫黑除恶专项斗争领导小组成员单位及区纪委监委相关科室通报涉黑涉恶腐败和充当“保护伞”问题“新五类”标准，督促各单位落实“五排查五必移”工作要求，对专项斗争开展以来的群众举报、司法执法、监督检查、督导调研、日常管理5个方面工作进行梳理排查。全年立案审查4件4人（其中“保护伞”案件1件1人），移送司法机关2人。

文化遗产保护监督 2020年，区纪委监委推动区委、区政府相关职能部门组织对文化遗产保护工作开展自查自纠，对10名领导干部开展知识测试，并组织督查组到旧改项目中涉及的2处历史建筑及镇海楼古厝博物馆等地开展一线监督检查。

【“四风”纠治】 2020年，区纪委监委落实“1+X+Y”廉洁纪律督查，强化职能部门监督工作部署落实、职责梳理、问题线索移送，年内对落实中央八项规定精神及相关制度执行情况进行检查，开展明察暗访6轮次，查纠“四风”问题5起，处理8人，其中党政纪处分6人。

【巡察工作】 2020年，区委巡察办开展十二届区委第十轮、第十一轮7批次16家单位的常规巡察工作，提出立行立改问题26条，全部整改完毕，并清退违规款75.57万元，补缴党费1.28万元。向第九轮、第十轮19家单位党组织反馈巡察情况，并督促落实反馈问题整改。开展巡察“回头看”工作，抽查第五轮至第八轮部分被巡察党组织的巡察整改落实情况。

（区纪委监委）

民革鼓楼区工委

【概况】 2020年，民革鼓楼区工委下辖12个支部，党员283人（男163人、女120人），年内新增党员1人。界别情况：政府机关36人，科技22人，医药卫生41人，出版媒体6人，文化艺术27人，基础教育51人，高等教育8人，公有制经济59人，非公有制经济12人，法制专业人士14人，其他7人。学历情况：硕士17人，大学115人，大专82人，其他69人。职称情况：高级职称61人，中级职称110人。工委党员中，任省人大代表1人，省政协常委1人；任市政协副主席1人；任鼓楼区人大代表5人，其中区人大常委2人；区政协委员11人，其中区政协常委3人。

第一支部党员毛念强获福州市2019年度“抓项目促发展”行动个人三等功。林达被评为2019—2020年度福州市律协优秀工作者。赵南获福建省法院第三十二届学术论文讨论会三等奖、“推进新时代市域社会治理现代化”研讨会一等奖等。

【参政议政】 2020年，民革区工委开展鼓楼区智慧教育调研，撰写《推进鼓楼区智慧教育全方位发展的建议》作为鼓楼区政协大会发言，获区主要领导批示。民革区工委《关于积极发展互联网+教育 推动基础教育优质教育资源共享的建议》（詹华晖）、《关于打造高质量服务产业集群的建议》（蔡江泳）2篇提案入选2019—2020年度鼓楼区政协系统优秀提案，11篇社情民意信息入选优秀社情民意信息。全年报送社情民意信息67篇，其中2篇被省政协采用，1篇被省委办、市委办、市政协采用，1篇被省民革采用，7篇被市政协采用，2篇被中省办专报采用，3篇被区委主要领导批示。

【学习活动】 2020年，民革区工委组织党员到民革党史教育基地——陈绍宽故居、瑞来春堂党员之家考察、交流、座谈。组织党员参加在闽侯县举办的2020年骨干党员和新党员培训班；组织5名工委党员参加民革福州市委2020年暑期骨干党员与新党员培训班。

【组织建设】 2020年，民革区工委发展新党员1人（高级职称）。加强支部基层组织建设，民革区工委下属全体支部均达到“达标支部”创建要求。企业一支部新设立党员之家，至年底，建成基层组织“民革党员之家”4处，其中位于瑞来春堂中医馆的“民革党员之家”是全国“优秀民革党员之家”；社法支部的党员之家升级为市民革党员之家。年内，对年度工委党员社情民意信息和人大建议、政协提案报送及采纳情况进行通报。组织开展迎新座谈会、春节慰问、乡村振兴调研等活动。

【社会服务】 2020年，民革区工委教育支部肖永琴参加福建省教育厅组织的援疆送培，为新疆昌吉州初、高中物理教师开设3个专题讲座；开展义务送教服务，多次义务指导闽清、长汀等县的乡村校教师教学。第二支部为全省关工委科技创新培训班作题为“区块链与金融”的专题辅导报告，参与榕城海归精英驿站筹备成立工作。教育支部张祖仁与福耀玻璃党建联办的中国红色历史文化展，向中国军事博物馆、北京孔庙国子监、中国体育博物馆、福建省军事博物馆捐献文物文献，并参与民革市委会组织的定西消费扶贫活动。复工复产后，儿童医院支部组织党员到乡镇卫生院开展义诊和防疫知识宣传活动，参与永泰县大洋卫生院、闽侯县大湖卫生院的新冠肺炎疫情防护知识和诊疗方法义诊宣讲活动，进行健康知识和新冠肺炎疫情预防知识讲座。医卫支部参与由民革省委、市委和省科协等组织的下乡扶贫、下社区送医送药义诊活动。企业一支部为民营企业开展免费法治体检，进行普法宣传。

【抗击新冠肺炎疫情】 2020年，民革区工委医卫支部林航瑾参加福建省首批援鄂医疗队，受到中央民革抗击新冠肺炎疫情先进个人表彰，获福建首批援鄂医疗队“先进个人”称号、福州市事业单位工作人员记功奖励等。儿童医院支部主委陈新弟和党员林珊、张美红、沈翎、郑海霞等参加武汉新冠肺炎疫情防控工作，其中张美红家庭被评为福建省最美抗疫家庭。教育支部主委肖永琴带领团队为新冠肺炎疫情期间“停课不停学”提供优质教学资源，获“市优质课”、福建省“优秀作业设计”奖。组织党员捐款6万元。

（詹华晖）

民盟鼓楼区工委

【概况】 2020年，民盟鼓楼区工委下辖12个支部，盟员415人，其中新盟员6人。盟员平均年龄58.87岁；具有中、高级职称占70.96%；教育、科技、文化界占71.91%；担任区人大代表4人、区政协委员15人。年内，区直机关支部获民盟中央“盟务工作先进基层组织”称号。

【参政议政】 2020年，区“两会”期间，民盟区工委提交集体提案1件，委员个人提案9件，人大代表建议1件。完成《保护、传承、利用非遗，促进我区经济社会发展的建议》大会发言，以及《关于进一步完善福州市校内课后服务的建议》《关于加快福州文旅融合发展，推动全域旅游高质量发展的建议》《关于传承弘扬闽都文化，主动融入“海上丝绸之路”建设的建议》等调研报告，获市领导批示。向省市区政协、盟市委、区委统战部报送社情民意信息162件，其中6件被中省办专报、民情专报采用，6件被省、市政协专报采用。

【学习活动】 2020年，民盟区工委组织召开工委班子会议、工作部署会、参政议政推进会6次，传达学习贯彻习近平新时代中国特色社会主义思想和中共十九大精神，传达学习全国“两会”、中央和省委、市委、区委重要会议精神，集中学习《习近平在福建》《习近平在福州》采访实录。

【组织建设】 2020年，民盟区工委组织盟员调研闽侯县石山特色历史文化街区，并召开参政议政工作推进会；开展老年节活动，慰问社会支部离退休老盟员，到福州西湖公园参观游览。法律支部联合机关支部和仓山经济一、二支部开展“多支部互联合作 携手抗疫谋发展”专题讲座研讨活动；科一支部开展迎新春茶话会活动；教育、二中、三中、十一中、十八中、格致、铜盘等支部组织开展教师节活动。

【社会服务】 2020年，民盟区工委与水部街道党工委在闽都社区共同开展“民法典进社区”活动，为辖区近50名居民群众和社区工作者宣讲《中华人民共和国民法典》，向社区赠送100本相关书籍。十八中支部联合校党总支到晋安区宦溪镇降虎村开展“同心同行”帮扶助学活动。

（俞文龙）

民建鼓楼区工委

【概况】 2020年，民建鼓楼区工委下辖4个支部，会员279人，其中金融支部73人，企业支部87人，科技支部63人，综合支部56人；年内发展新会员20人。会员平均年龄51.3岁；具有中、高级职称129人，占46.2%；经济界占89%；担任市人大代表1人、市政协委员2人，区人大代表5人、区政协委员7人（其中常委2人），22人在民建福建省委各专委会任副主任或委员，19人在民建福州市委各专委会担任名誉主任、主任、副主任。

【参政议政】 2020年，民建区工委报送社情民意49篇。其中，5篇被省政协采用，18篇被民建省委会采用，4篇被市委办采用，3篇被市政协采用；《关于福州港口执行船泊到港实施14天隔离政策对福州GDP的影响》获福州市政府重视并落实该决定，《关于加大政策力度促进福州绿色智慧物流发展的建议》被市民建采纳并作为福州市政协提案。

【学习活动】 2020年8月，民建区工委综合支部会员参加鼓楼新阶联“同心大讲堂”之民法典解读讲座。10月，组织会员参加民建市委会组织的观影活动；综合支部参加民建市委会妇女委员会举办的健康讲座。11月，组织会员参加鼓楼统战部信息工作会议暨信息员培训班；参加民建市委会在永泰香米拉举办的2020年读书班。12月，综合支部会员参加鼓楼统战部信息工作会议暨信息员培训班。

【组织建设】 2020年1月，民建区工委4个支部在聚春园酒店联合召开支部生活会；综合支部开展春节慰问支部老会员活动，开展新会员见面会暨2019年支部优秀会员表彰会。10月，综合、科技支部开展重阳节慰问支部老会员活动。11—12月，民建区工委举办2期鼓楼工委青年骨干会员培训班。11月，企业支部联合综合、科技等支部到晋安区宦溪镇降虎村开展“重走红色路线，强化革命历史教育”主题调研活动，参观“红军北上抗日先遣队纪念馆”、红军烈士纪念碑等爱国主义教育基地。

【社会服务】 2020年2月，民建区工委综合支部会员为华大街道、霞浦下浒卫生院等捐赠2.3万个口罩。6月，综合支部会员进大学讲授跨境电商有关知识；科技支部会员、综合支部会员为帮扶甘肃岷县脱贫奔小康捐款1000元、5006元。8—10月，科技支部与雍和会餐厅在三坊七巷摆放无人值守爱心冰柜，捐赠饮料60箱。

（陈望青）

民进鼓楼区工委

【概况】 2020年，民进鼓楼区工委下辖10个支部，会员191人，会员平均年龄60岁。其中，具有中、高级职称167人，占87.4%；教育界184人，占96.3%；担任市政协委员1人，担任区人大代表2人，区政协委员4人。

【参政议政】 2020年，在鼓楼区“两会”期间，民进区工委提交《关于提升鼓楼区新入职教师教学技能的建议》等人大代表建议案3篇，提交《关于进一步完善鼓楼区中小学生课后服务机制的建议》政协大会发言及《关于鼓楼区养老服务工作的几点建议》等政协委员提案13篇。全年报送社情民意信息26篇。

【学习活动】 2020年，民进区工委开展“不忘合作初心，继续携手前进”主题教育，召开各类班子会、学习座谈会学习中共十九届五中全会精神和民进中央相关会议文件精神，结合《习近平谈治国理政》第三卷及《习近平在福建》等访谈实录学习。

【组织建设】 2020年，民进区工委配合民进福州市委会完成鼓楼综合支部的换届工作。组织民进区工委教师会员共同庆祝第36个教师节活动。

（陈实）

农工党鼓楼区工委

【概况】 2020年，农工党鼓楼区工委下辖4个支部，党员139人，年内新增党员2人。其中，具有中、高级职称104人，占74.8%；担任省人大代表1人，市政协委员4人，区人大代表2人、区政协委员3人。

年内，农工党区工委获评农工党福建省委庆祝90周年先进基层组织、农工党福州市委会2019年度社情民意信息工作先进集体，综合支部、医务支部、福州三中支部获评农工党福州市委会2019年度四星级支部。党员谭明兰家庭被评为“福建抗疫最美家庭”；车云、赵芸被评为“2019年度福州市政协优秀委员”；王友益、车云被评为“福州市2019年度社情民意信息工作先进个人”；林潇雨被评为“鼓楼区2019年度重点工作先进个人”。

【参政议政】 2020年，农工党区工委提交政协提案12件、人大建议案5件。向农工党福州市委会、区委统战部及区政协报送社情民意11篇，其中1篇被全国政协办、农工党中央采用，2篇被省委会采用，1篇被省政协采用，2篇被市委办采用，2篇被市委统战部采用。工委被评为“农工党福州市委会2019年度社情民意先进集体”。

【学习活动】 2020年6月18日，农工党鼓楼区工委联合农工党福州市委会、农工党晋安区工委、市直机关总支开展2020年环境与健康宣传周活动，组织党员到福州市红庙岭循环经济生态产业园参观。8月13日，召开农工党鼓楼区工委信息交流会暨社情民意信息进支部活动，邀请农工党福州市委会咨询处专家为工委党员作专题讲座，并对党员的社情民意信息进行分析交流。

【组织建设】 2020年，农工党区工委发展新党员2人。8月4日，召开庆祝农工党成立90周年暨半年工作总结、信息交流会，工委主委郭力丹主持并传达中共中央召开的党外人士座谈会会议精神、省委学习贯彻习近平在吉林考察时的重要讲话精神，与会人员围绕庆祝建党90周年展开交流。同时为2019年度社情民意信息工作先进个人颁发奖状。

【社会服务】 2020年5月，农工党区工委发动党员自愿购买湖北滞销农特产品；为连江患癌农工党员捐款420元。6月28日，医务支部党员李元鸿作为鼓楼区卫健局第二批支医团团长，带领10名医生到甘肃岷县开展为期2个月的精准扶贫支医活动，为当地群众提供中医诊疗服务，并为困难家庭及老人捐赠生活用品价值1.12万元。8月6日，医务支部党员参与年度“热血送暖、为生命接力”无偿献血活动。9月25日，跟随农工党福州市委会到罗源县霍口畲族乡中心小学开展结对帮扶活动，与霍口乡中心小学签订结对帮扶协议，并召开现场协调解决问题座谈会。

（林潇雨）

致公党鼓楼区工委

【概况】 2020年，致公党鼓楼区工

委下辖鼓楼一支部、鼓楼二支部、鼓楼三支部、教育一支部4个支部，设主委1人、副主委5人、委员7人；党员141人，其中新发展党员4人。党员平均年龄59.4岁；大学以上文化98人，占69.5%；中高级职称77人，占54.6%；担任区人大代表1人，区政协常委2人，区政协委员8人。

【参政议政】 2020年，致公党区工委撰写社情民意信息15篇，其中1篇被中共中央统战部有关刊物采用，获国家领导人批示；3篇被省委办、省政协专报采用；4篇被市政协专报采用。参加区委、区政府工作报告等征求意见会，围绕鼓楼区经济和社会发展中的重大问题献言献策。鼓楼一支部杜昌敏的《关于福建省文物保护管理条例的修改建议》被致公党福州市委会采用为参政议政成果；鼓楼一支部吕元辉的《关于制定福建省巩固和扩大精准扶贫成果条例的议案》被采纳为福建省十三届人大三次会议议案。

【学习活动】 2020年，致公党区工委持续重点学习中共十九大精神与习近平总书记重要讲话精神、致公党章程、致公党党史，关注社情民意以及改革开放以来取得的宝贵经验。9月29日，致公党区工委主委林志强作题为"坚定信念守初心，清正廉洁勇担当"的廉政专题党课。11月11日，开展《习近平在福州》采访实录学习研讨，会前安排全体党员学习《习近平在福州》采访实录，重点选读"习书记要求身边工作人员要讲规矩、守纪律"章节并作交流发言。

【社会服务】 2020年3月16日，致公党区工委组织全体党员开展"涌动的情，流淌的爱"无偿献血活动；9月7—9日"9·9"公益日期间，在腾讯公益平台上发起"爱·希望"一起捐活动，全体党员通过扫描"一起捐"二维码进行捐款，帮助福建省贫困家庭患重特大疾病的0—14岁儿童及时有效的救治。

（蔡松松）

九三学社鼓楼区工委

【概况】 2020年，九三学社鼓楼区工委下设9个支社，社员236人，其中女性85人，男性151人；年内新增社员10人。社员平均年龄54.71岁；学历构成：博士研究生3人、硕士研究生46人、本科152人、大专27人、其他8人；界别组成：科技161人、医卫9人、高等教育1人、政府机关37人、普通教育3人、财政经济10人、文化艺术3人、其他12人。年内，2人获评九三学社福建省委员会2020年度优秀社员，5人获评九三学社福建省委员会2020年度参政议政工作先进个人，2人获评福州市政协工作先进个人。

【参政议政】 2020年，九三学社区工委报送信息31篇。其中，1篇分别得到中办、省委办、市委办采纳，国家领导批示；1篇分别被全国政协及省政协采纳；1篇被省政协采纳；4篇被市委办采纳；1篇被市政协采纳。

九三学社区工委在区（市、县）提出15件"两会"大会发言、提案、建议。在省政协十二届三次会议上，提交《关于加快我省5G产业发展的建议》获省政协重点提案、重要提案摘报，6名省领导批示；在省十三届人大三次会议上，代表刘景秀提出《关于开展转供电缓解收费检查助推营商环境优化的建议》《关于建立福建省自闭症儿童融合教育支持体系的建议》《关于加快打造我省医疗健康云平台的建议》《关于加强小学生心理健康教育的建议》。

【组织建设】 2020年，九三学社区工委推动青年工作部、妇女工作部、科技工作部等开展各项工作。年内发展新社员10人，其中女社员6人。

（郑小真）

台盟鼓楼区工委

【概况】 2020年，台盟鼓楼区工委有盟员60人，所联系台胞32人。盟员性别：男23人，女37人。年龄结构：60岁以上13人，占21.7%；50—60岁15人，占25%；50岁以下32人，占53.3%。文化程度：大专以上学历58人，占96.7%。界别分布在省市直机关、卫生、教育、体育、旅游、工程、商业服务等。年内，1人获台盟中央第九次议政协商论坛二等奖，1人获福州市政协工作先进个人称号。

【参政议政】 2020年，台盟区工委提交台盟中央重点课题1篇，鼓楼区调研课题1篇。针对新冠肺炎疫情防控，围绕如何在突发公共事件中提升社区应对能力方面开展调研，并向区政协提交《在疫情防控中不断提升社区治理能力的建议》的大会发言。全年提交议案建议16件。

【学习活动】 2020年，台盟区工委通过中心组学习、培训交流座谈等形式，学习贯彻习近平新时代中国特色社会主义思想，中共十九届四中、五中全会精神，以及《习近平谈治国理政》《习近平新时代中国特色社会主义思想学习纲要》《习近平在福州》《习近平在福建》采访实录等；举办读书班，邀请福州市《中华人民共和国民法典》普法宣讲团成员、福州市中级人民法院民事庭副庭长林智远作"民法典的时代精神与新规亮点"专题讲座。组织盟员利用福州干部在线平台、法宣云 App 等进行线上理论学习。

【组织建设】 2020 年 8 月，台盟区工委组织盟员到厦门参加台盟厦门市委会 2020 年台情研讨会，并到启达海峡双创基地走访调研。重阳节期间，结合新冠肺炎疫情防控，组织开展老盟员中医保健公益讲座活动，并参观福建省工艺美术馆。11 月，参加台盟福建省委会、台盟福州市委会共同举办的“中国梦 中华情”“两岸一家亲”主题读书分享交流活动。

【社会服务】 2020 年重要节日期间，台盟区工委与台盟福州市委会到共建社区鼓楼区五凤街道龙泉社区，参与“志愿者服务一条街”、文明交通劝导、地铁志愿服务、禁毒宣传、无偿献血、移风易俗、垃圾分类及“平安三率”“法律六进”宣传等各类志愿服务。动员在榕盟员、盟务工作者、所联系台胞为贵州赫章县金银山街道儿童活动中心帮扶项目献爱心。全年捐助公益事业 1 万余元。在台资企业陆续复工阶段，与台盟福州市委会领导先后走访福州快乐园、闽侯朝阳休闲农场、福华纺织印染有限公司、福州先施企业有限公司等在榕台企，听取企业生产复工情况介绍，了解具体困难需求，与企业负责人探讨应对措施和办法。

（郑菁）

鼓楼区工商业联合会

【概况】 至 2020 年底，鼓楼区工商联会员总数 1335 个，新增 200 个。其中，个人会员 57 人，减少 179 人；企业会员 1264 家，新增 378 家；团体会员 14 个，新增 1 个。年内，区工商联被评为“全国工商联 2020 年民营企业调查点工作先进基层工商联”“2020 年度全省工商联信息工作先进单位”。

【参政议政】 2020 年，鼓楼区第十七届人民代表大会第四次会议期间，区人大代表中的民营经济人士提出《关于加强和创新基层社会治理，发挥社会组织推动社区自治、德治和共治的建议》《关于在大斗彩巷划夜间停车位的建议》《关于加强两车有效管理振兴南街商圈的建议》等议案。鼓楼区政协第九届第四次会议期间，区工商联主席陈雄伟代表区工商联作题为《关于鼓楼区新能源汽车产业发展的思考与建议》的大会发言。区工商界委员提出《关于切实帮助民营企业发展的建议》《关于适时改造提升冠亚商圈的几点建议》《关于建立健全养老服务体系，全力推进养老服务社会化、专业化与规范化的建议》《关于学校假期对公众开放体育设施的建议》《关于以夜色经济为抓手，推动文旅产业联动发展的建议》《关于进一步完善垃圾分类的提案》《关于加强鼓楼高层建筑消防安全的建议》等提案，获区委、区政府重视和肯定。

【会员服务】 2020 年，区工商联走访 100 多家辖区民营企业，收集问题并帮助会员企业与鼓楼区直单位对接等。帮助 34 人参加职称任职资格评审，其中高级职称 8 人，中级职称 13 人，初级职称 13 人。4 月，区工商联携手中国银行、中国建设银行、招商银行举办银企洽谈会。7 月，与区司法局联合开展民营企业“法治体检”活动；与区人社局、区总工会、区企业与企业家联合会举办“构建和谐劳动关系”企业现场观摩会。10 月，召开 2020 年参政议政工作座谈会，了解新冠肺炎疫情防控期间辖区企业复工复产情况，听取小微企业和个体工商业者的意见建议。走访区市场监管局、区人社局、区统计局、区税务局等部门，了解鼓楼区民营经济发展状况，助推民营经济发展。与区人社局、区总工会、区企联会推进和谐劳动关系调研活动。会员企业福建百城新能源科技有限公司被确定为“2018—2019 年省级劳动关系和谐企业”；福建得乾建设集团有限公司被认定为“2019 年度福州市劳动关系和谐企业”；福州市鼓楼区同利肉燕老铺、千易建设集团有限公司、福建百城新能源科技有限公司等 13 家企业获 2020 年度福州市第五批“党员诚信示范店”暨第二批“党员诚信

2020 年 12 月 3 日，区工商联会员企业代表参加在永泰方广书院举办的鼓楼区“统战业务能力提升”暨中共十九届五中全会专题学习班 （区工商联 供）

2020 年 4 月 24 日，区工商联携手中国银行、中国建设银行、招商银行举办银企洽谈会，帮助鼓楼区民营企业破解复工复产中融资难等问题 （区工商联 供）

企业”称号；新东网科技有限公司疫情防控技术攻关团队、恒锋信息科技股份有限公司智慧公共安全研发团队等 6 家企业获 2020 年福州市“工人先锋号”称号。

2020 年，针对民营经济人士开展“守法诚信经营，坚定发展信心”主题理想信念教育实践活动。组织企业学习《关于加强金融服务民营企业的若干意见》文件精神。9—12 月，先后组织会员企业参加福州市民营企业家协会到深圳华为、腾讯、大疆等企业培训，参加福州市民营企业家学习贯彻中共十九届五中全会精神暨 2020 年福州市民营经济人士理想信念培训班，参加鼓楼区 2020 年“统战业务能力提升”暨中共十九届五中全会专题学习班。全年开展学习培训 12 次，参训 1000 多人次。

【商会建设】 2020 年，区工商联引导街镇商会对照“四好”商会标准开展活动。6 月，举办街镇商会社团注册登记培训会。1 月 17 日、9 月 25 日、12 月 11 日、12 月 18 日，温泉街道商会、水部街道商会、华大街道商会、洪山镇商会先后召开成立大会暨第一届第一次会员大会。温泉街道商会被福建省工商联认定为 2019—2020 年度福建省“四好”商会。

【光彩事业】 关注民生 2020 年 1 月 16 日，区工商联开展春节前慰问兰庭社区 5 户困难家庭，每户发放慰问金 500 元和慰问品。重阳节慰问兰庭社区 10 名家庭困难群众，每人发放慰问金 500 元。引导各街镇商会、会员企业开展新春慰问、捐资助学、慰问困难户等活动。全年通过发动辖区民营企业参与扶贫活动，开展资金帮扶、产业帮扶、就业帮扶等捐赠 560 多万元。

“千企帮千村”活动 9 月 24 日，区工商联到永泰县结对帮扶村开展扶贫日活动。慰问白云、同安、赤锡中心小学 24 名困难学生，每人发放 1000 元助学慰问金。向白云、同安、赤锡中心小学各捐赠 1 套书籍，总价值 2.2 万元。到永泰县庄边村，看望并慰问 2 户烈士家属和 4 户困难群众，每户发放 1000 元慰问金。

东西部对口帮扶 开展甘肃岷县对口协作和贵州雷山县帮扶活动。引导 14 家会员企业分别与岷县对口帮扶 14 个村签订帮扶协议。发动会员企业家向岷县捐款，发动会员企业采购岷县农特产品，开展消费扶贫活动。

新冠肺炎疫情防控捐赠 新冠肺炎疫情防控期间，引导会员企业和企业家发起募捐，向所在属地街镇、社区及鼓楼区新冠肺炎防控工作应急指挥部、鼓楼区红十字会等捐赠款物 260 多万元。

（吴育新）

鼓楼区总工会

【概况】 2020年，鼓楼区新增基层工会组织650家，新增工会会员约6000人。3名职工获评福建省五一劳动奖章、1个单位获评福建省工人（五一）先锋号、14家基层工会获评福州市“工人先锋号”、21家基层工会获评福州市“五一先锋号”。8项创新成果在2020年百万职工“五小”创新大赛中获奖。

【职工劳动竞赛】 2020年，区总工会开展“战疫情·促发展·当好主力军”系列劳动竞赛。以企业岗位练兵和技术比武为基础，助推鼓楼重点产业、重点行业开展劳动和技能竞赛。组织开展示范性劳动竞赛5场、重点企业劳动竞赛8场，包括税务综合知识、片段教学、道路保洁、摆台、家政服务、电梯维护、软件设计、木雕工艺、叉车、电力操作等竞赛项目。

【职工教育培训】 2020年，区总工会组织干部职工学习《中华人民共和国民法典》《福建省工会劳动法律监督条例》《中国共产党纪律处分条例》等20余场；组织举办“悦读·成长”——鼓楼区一线职工“大学习”读书班；举办1场劳动法律监督员和集体协商业务员培训班，提高工会干部维权能力；举办1场垃圾分类专项职业能力培训班，率先在全省范围内建立垃圾分类管理员培训持证上岗准入机制；举办1场工会经审业务培训班，明晰工会经费收支管理规定要求，推进经审常态化、规范化工作开展；选送工会干部职工参加省、市总工会组织的提升工会业务素质培训班。

【职工权益维护】 2020年，区总工会推动企业厂务公开民主管理工作和工资集体协商要约季活动开展，全面有效排查化解矛盾风险，构建和谐劳动关系，全区已建工会企事业单位职代会和厂务公开建制率均逾90%，督促企业续签集体合同539份，覆盖职工5794人。开展“安康杯”竞赛活动，涉及23个企业的275个班组，参与职工5523人。在全区企事业单位普遍设立劳动法律监督委员会，维护职工权益。分批分期划拨30.5万元防控专项经费，用于保障疫情防控及慰问抗疫一线职工。提高防暑降温慰问经费，

2020年12月19日，鼓楼区第一届“麦学院杯”海峡烘焙技能大赛在福州温泉公园艺博园举办

（区总工会 供）

2020年6月24日，沃尔玛山姆店工会开展“战疫情、促发展、当好主力军”2020年沃尔玛福州山姆会员商店职工技能竞赛　　（区总工会 供）

采取下拨经费给基层工会购买和区总工会本级采购部分高温慰问品2种方式开展防暑降温慰问活动，全年慰问金额45.21万元。推进关爱小微企业工作，为87家小微企业返还专项工会经费139.6万元。

【职工帮扶服务】　2020年初，区总工会拨付5万元专项资金，助力岷县总工会用于开展送温暖工作。牵头开展消费扶贫工作，组织基层工会购买岷县扶贫产品850多万元。年内深化精准扶贫行动，开展帮扶户“回头看”入户核查，走访慰问困难群众；按照省、市、区关于做好城镇困难职工解困脱困工作要求，鼓楼区总工会建档的困难职工全部解困。

【职工文体活动】　2020年，区总工会组织开展1次“抗疫情、促发展、争当排头兵”职工征文比赛，2场“工会有约　缘来是你”单身职工交友联谊活动（200多名职工参与），21场弘扬传统文化、宣传非物质文化遗产和古厝游的活动，1场“争当排头兵”鼓楼区直机关职工篮球赛；组织近300名机关、街镇（园区）、企事业单位职工参加“争当排头兵”职工趣味登山比赛活动。

【共享职工之家建设】　2020年，区总工会继续推动福大怡山文创园共享职工之家建设，园区所有企业工会职工共享24小时自助图书点、网球场、羽毛球场、怡山剧场等活动场所及会议室、园区公共服务台、中心服务展厅、2个大型停车场等服务场所。7月，新建成福州艺博园共享职工之家。

（郭秋艳）

共青团鼓楼区委员会

【概况】　2020年，共青团鼓楼区委员会有基层团组织262个，团员0.73万人。开展青年志愿服务、青少年活动等700余场，慰问、帮扶贫困青少年300余人。年内，3人获第十七届“福建省青年五四奖章”，1个基层团组织被评为“2019年度福建省五四红旗团委”，1人被评为“2019年度福建省优秀共青团干部”，8人次和4个集体被评为“福州市优秀共青团员”“福州市优秀共青团干部”“福州市五四红旗团委（团支部）”。

【学习培训】　2020年，团区委利用纪念五四运动101周年、中华人民共和国成立71周年、中国少年先锋队建队71周年等重大契机，开展专题学习、座谈交流、主题团日活动等。组织团员青年参加“青年大学习”网上主题团课。发挥青年模范代表、青年宣讲员作用，组织团员青年参与“绽放战疫青春　坚定制度自信”主题学习宣讲活动、“学习寄语精神，展现青春担当”——“福建青年五四奖章”获奖者事迹分享会等，全区262个团支部通过“智慧团建”系统团的会议功能开展学习。邀请专家、学者讲授“加强意识形态，坚定理想信念”主题团课，开展“习近平在福州”采访实录学习宣讲会，其中“加强意识形态，坚定理想信念”主题团课线上即时观看量5000多人次。

【宣传报道】　2020年，团区委通过微信公众号、微博平台、抖音号等新媒体平台发布鼓楼区共青团工作各项动态。全年向区委宣传部、区委办、团市委宣传部等部门报送各类信息、简讯62篇。其中，《福州日报》《福州晚报》等采用10篇，福建文明委官网、福建电视台经济频道等采用8篇，《福州鼓楼：从志愿服务的镜头看“花式”战疫的暖心故事》《“红马甲”筑牢“防疫墙”——福州市党员志愿者战“疫”全景扫描》《防疫“小海容”、社区主战场——“炫彩中华”助力海容社工》《青春志愿行　共创文明城》《福州鼓楼：多种“打开方式”传承非遗文化　暑期感受文化魅力》等报送内容被《人民日报》、中国文明网、中国共产党新闻网、学习强国福建频道等平台报道。

【青少年权益维护】　预防青少年违法犯罪　2020年，团区委通过政府购买服务形式，提升预防青少年违法犯罪工作水平。依托专业的青少年事务社工队伍，为青少年提供预防性、发展性和矫治性服务，开展重点青少年管理、法治宣传教育、安全自护、禁毒防艾教育等日常预防青少年违法犯罪工作及“小海容”成长营、司法社工等特色服务。全年开展活动90余场，服务青少年5000余人次。打造鼓楼区首家“青春家园”，依托南街街道综合文化站建立鼓楼区“青春家园”，通过“童享共建 护苗成长”鼓楼区“青春家园”青少年参与社会治理项目，多形式开展预防青少年违法犯罪工作。团区委联合区检察院、区法院等鼓楼区未成年人保护共同体单位，发挥青少年事务社工作用，搭建未成年法治教育平台。完善杨桥河南等6个社区“鼓楼区社区未成年人保护工作站”阵地建设，打造“法官＋社工＋志愿者”的社区未成年人保护工作队伍，构建社区未成年人保护长效机制。与区检察院共同开展“检容心苑”项目，将福建省未检展示平台向社区延伸，开展普法宣传、法治教育等工作。

服务青年工作　6月，召开鼓楼区青年工作联席会议第一次全体会议，会议审议通过鼓楼区青年发展成长相关制度性文件，为鼓楼区青年工作开展提供制度保障。围绕“争当排头兵”系列竞赛，打造“古厝＋非遗”旅游品牌，开展三坊七巷2020年水果节研学活动、“非遗传承 爱在七夕”主题文化艺术节等传统手工艺体验活动，提升青少年传统文化素养。在端午、七夕、中秋等传统节日，开展“邻里端午 抖转相伴”“青春有约 缘聚七夕”等青年婚恋交友、青年交流沙龙活动。联合厦门国际银行福州分行开展“爱心帮扶 情暖六一”对口帮扶甘肃岷县贫困少年儿童物资捐赠活动，为岷县贫困少年儿童捐赠书包、文具、玩偶等300余件，价值1万余元。开展“青春之光 助老帮困”东西部协作扶贫活动，通过社会组织募集衣物鞋帽等物资29636件，总价值近百万元，用于帮扶岷县困难群体。开展“共青团与人大代表、政协委员面对面”活动，邀请人大代表、政协委员及各界优秀青年代表进行面对面交流，收集青年关于参与城乡社区治理的意见和建议。

【青年就业创业】　2020年10月27日，福州市青年创业促进会鼓楼工作站揭牌成立。该工作站位于福州元泰红茶创客空间，是中国共产党领导下以共青团为主导、以青年为主体的团属青年创业就业类社会组织，通过工作站聚合鼓楼区青年创业人才和各类创业要素，打造共青团在基层服务青年创业就业的重要载体。

【青年志愿服务】　2020年新冠肺炎疫情期间，团区委发挥各级团组织力量，成立11支191人的防疫青年突击队，并招募志愿者，深入抗疫一线开展医疗救护、便民服务、秩序维护、调查登记等志愿服务，组织动员青年志愿者288人，参与全区志愿服务941人次。对接社会资源、上级团委，为投身“战疫”的各级基层团组织和青年志愿者送去各类防疫物资，线下开展青年志愿者信用激励活动，为各街镇、社区、部门一线的优秀青年志愿者送去各类慰问品。联合福州大学团委，通过网络线上一对一辅导形式，为一线防疫工作人员子女提供爱心帮教志愿服务活动，累计128人次。组织机关干部、志愿者、青少年社工按照“一户一策”的要求慰问福州援鄂医护人员家庭。在电动车换牌攻坚行动期间，组织青年志愿者到社区助力电动车换牌攻坚行动，配合交警部门和社区工作人员维持现场秩序，引导群众有序填表、登记，组织动员青年志愿者30余人参与志愿服务50人次。文明城市创建期间，组织机关干部到挂钩社区开展共建工作。结合世界遗产大会和古厝文化保护，打造鼓楼区红领巾志愿服务队，由60余人组成，开展红领巾文物志愿宣讲员系列主题活动，传播福州古厝文化，推动福州文化遗产保护。

【台港澳青年之家建设】　2020年，

2020年9月19日，第一期“听鼓楼，说古厝”红领巾文化宣讲志愿服务培训活动在李世甲故居举办
（团区委 供）

团区委持续推进区台港澳青年之家建设，完善组织架构，制定服务清单，健全各项制度机制。在端午、七夕等节日，依托台港澳青年之家开展“粽情两岸 圆梦红茶”端午主题沙龙活动、“七夕茶叙 花繁两岸”茶文化交流活动等，60余人参加。

【少先队工作】 2020年，团区委将少工委工作纳入共青团工作总体安排，每季度听取少先队工作情况汇报，配备骨干力量负责少先队工作。强化团教协作，对涉及少先队工作的重大事项互通情况、听取意见。持续推进少先队改革，巩固中小学少先队组织基础，规范各校少先队组织架构，指导全区各中小学成立学校少工委，探索队前教育、规范的入队程序和“红领巾奖章”体系。9月28日，在斗南小学举办“先锋引领，做新时代好队员”新队员入队仪式，量化入队标准，增强少先队员的光荣感和组织归属感。“10•13”期间，开展“先锋引领，争做新时代好少年——福州市‘10•13’建队日主题活动暨鼓楼区少先队风采展示活动”，围绕“阶梯式成长激励体系”，展现鼓楼区作为全国少先队改革示范单位的风采。创新少先队教育和活动方式，新冠肺炎疫情期间组织开展红领巾抗疫活动，通过绘画、写信、拍摄小视频等形式为抗疫加油，其中部分作品获中央媒体报道。“六一”国际儿童节期间，指导中山小学开展“童心战‘疫’，点亮希望”市级少先队主题队日活动，活动采用现场直播方式进行，在线观看18万人次。

【团组织建设】 基层团组织规范化建设 2020年，团区委开展“智慧团建”系统团员报到、组织关系转接、组织整顿等工作，加强基层团干部配备率，强化团干部队伍建设。深化星级团组织创建工作，发动全区各团组织和团员参与星级评定工作。

团代表联络站 建立鼓楼区团代表联络站，探索创新“一站两联”工作机制，制定《鼓楼区团代表联络站工作方案》，邀请全区各级团代表入驻联络站，推进团代表专项小组建设，从进站团代表中聘任非公团建指导员，实施商圈楼宇“团代表”派驻机制，推动团的各级代表大会代表为团的工作提供人力、智力和资源支撑。

（陈嘉炜）

鼓楼区妇女联合会

【概况】 2020年，鼓楼区妇联围绕全面建成小康社会，决战脱贫攻坚，强化引领、有效服务、广泛联系、深化改革，开展各项工作。南街街道杨桥河南社区党委书记、居委会主任、妇联主席陈丽，鼓东街道中山社区党委书记、居委会主任、妇联主席吴靓获“2019—2020年度福建省三八红旗手”称号；洪山镇锦江社区获“2019—2020年度福建省三八红旗集体”称号。年内，召开鼓楼区妇女第十四次代表大会，完成区妇联换届工作，选举产生区妇联新一届领导班子。

【创业就业服务】 2020年，区人社局、区妇联执委等联合开展线上就业招聘活动，200余家用人单位提供近千个就业岗位，促进女性就业，助力企业复工复产。

【家庭文明建设】 2020年，区妇联举办20场家教公益大讲堂，开展12场“好家风”主题活动，弘扬家庭传统美德。在鼓楼区15个社区试点福州市早教指导师驻社区志愿服务，每月定期开展驻点服务工作，为基层社区家庭提供精准的家庭教育指导服务项目。2020年，鼓楼区1户家庭获评全国五好家庭；2户家庭获评福建省五好家庭，2户家庭获评福建省最美家庭，2户家庭获评福建省抗疫最美家庭；4户家庭获评福州市五好家庭，8户家庭获评福州市最美家庭；联合区委文明办评选34户家庭为2020年度鼓楼区五好家庭，38户家庭为2020年度鼓楼区最美家庭。

【妇女儿童合法权益维护】 2020年，区妇联持续打造“暖心姐姐•幸福家庭”项目，继续发挥“暖心姐姐”维权工作室、“12338”妇女维权热线作用服务妇女和家庭，接待妇女群众咨询43人次。开展“建设法治鼓楼巾帼行动”，

2020年12月25日，福州市鼓楼区妇女第十四次代表大会召开，选举产生新一届区妇联领导班子 （区妇联 供）

2020 年 7 月 15 日，鼓楼区妇联到甘肃岷县开展东西部扶贫协作，为女童发放助学金　　（区妇联 供）

常态化开展平安家庭创建宣传活动，举办法律微课堂、禁毒、安全生产、《中华人民共和国民法典》宣传等活动 10 场，引导妇女群众和家庭成员增强法律意识。参与区检察院举办的“同舟共济　检护明天”开放日活动，区妇联副主席和区妇儿工委办主任分别受聘为未成年人检察法律监督员和合适保证人。与区法院签订诉非联动机制合作协议，区妇联专职调解员受聘担任诉非联动中心特邀调解员。

【妇女儿童关爱服务】　2020 年“两节”及“六一”国际儿童节期间，区妇联慰问鼓楼区 38 名困难女性和 28 名困难儿童。联合人寿保险公司开展“关爱女性健康”活动，为鼓楼区 20 名困难女性赠送女性安康险，为 208 名计生特殊家庭母亲争取到市妇联、市计生协赠送的女性安康险。在“母亲健康 1+1”公益募捐活动中筹集善款 20.5 万元，并为 15 名“两癌”（宫颈癌、乳腺癌）贫困妇女发放救助金 4.7 万元。到甘肃定西市开展东西部扶贫协作对口帮扶工作，向岷县妇联捐赠 2 万元用于救助 20 名春蕾女童。

【巾帼志愿服务】　2020 年，鼓楼区妇联系统组织动员 8 万余人次参与鼓楼 1 万余场新冠肺炎疫情防控、垃圾分类、爱河护河、规范电动自行车管理、文明创建等助力城市建设管理巾帼志愿服务活动，引导广大妇女和家庭参与城市建设。

【思想政治引领】　2020 年，区妇联 3 次到共建社区主讲党课，邀请全国三八红旗手代表林丹及最美家庭代表郭晓莹、陈红等人在东街街道党员政治生活馆、三坊七巷名人家风家训馆分享社会治理经验和家风故事。举办鼓楼区各级妇女干部、妇联执委党性教育培训班。开展 2020 年妇女理论重点课题调研征文活动，征集妇女理论研讨论文 33 篇，其中 13 篇论文在福州市妇女理论重点课题调研征文活动中获奖，鼓楼区妇联连续 9 年获得福州市妇女理论研讨工作组织奖。

【妇联改革】　2020 年 12 月，召开鼓楼区妇女第十四次代表大会，完成区妇联换届工作，选举产生鼓楼区妇联第十四届执行委员会委员 45 人，并在第十四届执委会第一次全体会议上选举产生由 9 名常务委员组成的新一届区妇联领导班子。其中，陈丽珲当选为区妇联主席，卓力（专职）、曹燕（挂职）、范典（兼职）、王莺（兼职）、李秀玲（兼职）当选为区妇联副主席。指导区法院、区退役军人事务局等单位成立妇委会，督促区房管局完成妇委会换届。在全区开展第三批妇女微家建设工作，继续创建妇女微家 13 个，促进妇女微家向新领域拓展。

（叶琳）

鼓楼区归国华侨联合会

【概况】　2020 年，区侨联继续开展“校地携手　共建侨乡”系列活动。推进涉侨纠纷多元化解机制，依法维护侨益。发挥侨务资源优势，开展招商引资工作。提升“侨胞之家”阵地建设，扩大侨联基层组织覆盖面。年内挂牌成立“鼓楼区侨界政协委员活动中心”“闽侨智库闽江学院研究中心”，搭建平台推动鼓楼经济社会发展。

【侨资侨智引进】　2020 年 1 月，区侨联通过召开侨界重点代表人士新春慰问座谈会，与福州山姆会员商店联合举办侨团侨领迎春茶话会，邀请回乡过年的福州侨领参加，会上介绍鼓楼区情，邀请侨胞到鼓楼投资兴业。5 月 30 日，与中科院物构所侨联、闽江大学侨联联合主办的“校地携手　共建侨乡”系列活动——学习《习近平在福州》暨“一带一路”经济文化交流座谈会在长乐区猴屿乡举行，发挥高校人力、智力、信息等方面优势，探索科研成果转化、推广的需要与地方新农村建设相结合的可

2020年10月19日，省、市、区侨联与闽江学院共建的闽侨智库闽江学院研究中心成立
（区侨联 供）

能性。10月19日，由省、市、区侨联与闽江学院共建的“闽侨智库闽江学院研究中心”授牌成立，打造校地侨联共建、涉侨信息共通、新侨成果共创、侨界人才共荣、侨智咨政共赢的平台。

【招商引资】 2020年，区侨联通过对接市侨联、区委统战部等获取招商线索，全年招商落地项目7个，分别是福州万正环保科技有限公司、福州卓远环保科技有限公司、福州长锦环保科技有限公司、福州谦宝旺建设工程劳务有限公司增资项目、福建欧盛德科技有限公司、福州数联铭信科技有限公司项目、福建侨盛酒业贸易有限公司，总投资额2.78亿元。

【侨胞权益维护】 2020年6月3日，区侨联在海外联谊和委员活动中心召开法律顾问委员座谈会，讨论如何进一步推进涉侨纠纷多元化解工作机制。7月12日，与古田县侨联、闽江学院侨联联合主办“校地携手”全力维权工作经验交流活动，学习古田县侨联在维护侨益方面的经验成效，深化与高校侨联纵向联动，发挥高校侨联人力、智力、信息等优势推动校地合作工作。10月17日，在法国福州十邑同乡会长乐办事处举行“部门联动合力推动为侨维权”工作推进会，区司法局、区法院、区商务局、区教育局、区文体旅局、区侨办、区人大侨台委、区政协港澳侨台委8个部门、10个侨团代表及侨联法顾委成员在会上作交流发言，推动构建部门协同、力量整合、各方互动的大侨务工作体系，落实涉侨维权工作。

【联络联谊】 2020年8月24日，区侨联响应2020年11月海丝国际茶文化论坛系列活动，举办“詹御岩”鼓楼区华侨茶叶品鉴会，邀请来自美国、阿根廷、法国等国家的海外侨领进行交流座谈，助力中国茶文化走向海外。9月17日，召开由福州市侨联主办，鼓楼区侨联承办的“祖国情·赤子心”纪念印度尼西亚归侨回国60周年座谈会，对福州印度尼西亚归侨支持福州改革发展和家乡建设致谢。11月21日，在三坊七巷举行“魂系中华”陈渭书画艺术展。

【区侨界政协委员活动中心揭牌成立】 2020年5月26日，“鼓楼区侨界政协委员活动中心”在三坊七巷大光里9号揭牌成立，为侨界政协委员提供交流活动平台，扩大联谊渠道，调动委员参政议政的积极性，为履行政协委员职责、发挥参政议政作用创造条件。

【基层组织建设】 2020年5月，在福尚名居3B-506设立鼓楼区侨联“侨胞之家”活动场所，配备相关硬件设施，健全各项规章制度；9月，乐天泉社区成立水部街道乐天泉社区六建侨联；11月，温泉街道琼河社区、金汤社区获评福建省侨联系统省级“侨胞之家”；12月，屏山社区成立华大街道屏山社区冶山侨联，庆城社区成立鼓东街道庆城社区闽江苑侨联。

【新冠肺炎疫情防控】 2020年1月，区侨联发出《鼓楼侨界防范疫情倡议书》《鼓楼区侨联关于号召海内外侨胞为打赢“新型冠状病毒肺炎”防控阻击战捐赠款物的倡议书》，组织发动侨界人士筹集善款13.6万元，用于购买N95口罩等防疫物资，募集到侨胞捐赠的N95口罩等防疫物资价值8.1万元。发出《关于鼓楼区侨联领导分片挂钩街（镇）做好海外返乡侨胞疫情防控服务工作的通知》，建立区侨联领导分片挂钩街（镇）联系点，开通24小时对外服务咨询热线，接到80多个海外政策咨询电话，收集确认返乡信息15条。3月14日、22日，区侨联到医学隔离点慰问隔离结束的侨胞代表，发放“侨胞健康爱心包”（含口罩、消毒水、防疫手册、《致鼓楼区海外侨胞的一封信》）。

（刘昌辉）

鼓楼区科学技术协会

【概况】 2020年，鼓楼区科协所属区级学会2个；企业科协115个，会员近8000人。区级人均科普经费3元，区本级预算内科普经费201.7万元。履行为科技工作者服务、为创新驱动发展服务、为全民科学素质服务、为党和政府科学决策服务的工作职能，提升全民科学素质整体水平。年内区科协被福建省科协评为2020年福建省全国科普日活动优秀组织单位。

【院士(专家)工作站建设】 2020年，区科协推进"院士(专家)工作站"建设，经市政府批准，福建鼎旸信息科技股份有限公司院士工作站、福州创源同方水务有限公司专家工作站、福建亿能达信息技术股份有限公司专家工作站通过评审。福建鼎旸信息科技股份有限公司院士工作站被评为"2020年福建省院士（专家）工作站"。至年底，全区有院士工作站3个、专家工作站24个。

【科普基地建设】 2020年，鼓楼区新建福州市温泉小学、福州市铜盘中心小学、福州杨桥中学、华大街道体育中心社区、洪山镇凤凰池社区5所青少年科学工作室。至年底，全区有54所青少年科学工作室，主要面向社区附近的青少年开放，为青少年学生开展校外科学探究和动手制作等科技实践和娱乐活动提供场所。南街街道三坊七巷社区、五凤街道铜盘社区被评为福州市"社区科普标准化建设"试点社区。

【科普宣传】 2020年1月8日，区科协以"家在鼓楼 欢乐童行"为主题，在福州市丞相坊幼儿园举办迎新春科普文艺游园活动，开展文艺表演、机器人互动、3D打印体验、化学科学秀、交通安全知识游戏互动、剪纸、写"福"字等活动，参与师生及家长200人次。1月10日，以"家在鼓楼 快乐同行"为主题，在鳌峰文化广场举办鼓楼区迎新春科普文化游园活动，开展迎新送福慰问文艺演出、科学普及宣传服务、科普展品展示、机器人互动、手工创意制作、剪纸、写春联送祝福等活动，参与居民群众200人次。5月29日，以"与科技同行，乐享永恒'六一'"为主题，在五凤街道永恒社区举办科普进社区宣传活动，开展新冠肺炎疫情科普宣传、机器人拼装课程、机器人互动体验等活动，参与居民群众100人次。6月6日，以"科普+环保"为主题，在省立宿舍篮球场举办"倡导绿色生活，共享文明健康"科普进社区活动，开展歌舞、变脸、化学实验表演及科普知识问答、垃圾分类互动小游戏、义诊活动等，参与居民群众200人次。9月24日，在五凤街道永恒社区举办"决胜全面小康，践行科技为民"全国科普日宣传及团圆中秋、共襄国庆文艺演出活动，开展文艺演出、有奖科普知识竞答、义诊、政策宣传、法律咨询等科普志愿服务，参与居民群众100人次。7—9月，组织未成年人、城镇劳动者、领导干部和公务员、社区居民等"四大人群"参加以"提升全民科学素质，全面建成小康社会"为主题的2020年福建省全民科学素质网络竞赛，参与人数4万人次。

2020年9月18日，鼓楼区全国科普日主场活动在福州市铜盘中心小学举办
（王佳磊 摄）

【品牌科普活动】 2020年8月28日，区科协以"科技战疫，创新强国"为主题，在黎明湖公园举办2020年科技周宣传活动，展出动植物、机器人、无人机等20余种科普展品，开展文艺演出、科普知识问答、义诊等活动，参与群众100人次。9月19—25日，以"决胜全面小康，践行科技为民"为主题，在福州市铜盘中心小学、鼓楼区科艺宫、军门社区、杨桥河南社区、福屿社区等开展"全国科普日"活动15场，采用线上与线下相结合方式，开展文艺表演、科普讲座、科普宣传活动、科技创新成果展示、科普互动体验、科普趣味游戏、科普知识问答等，参与群众2万人次。

【青少年科技活动】 青少年科技竞赛 2020年，区科协联合相关部门举办"第十八届鼓楼区青少年科技创新大赛"，以"创新·体验·成长"为主题，采用线上与线下相结合的方式进行评审，评选出优秀青少年科技创新成果竞赛项目15件，优秀少年儿童科学幻想绘画作品12幅，优秀科技实践活动4件，优秀组织单位3个，优秀科技辅导员科技教育创新成果竞赛

2020年7月15—16日，鼓楼区科协在东街街道竹林境社区举办2期以“红色领航 动感假日”为主题的“数字鼓楼”社区夏令营活动 （王佳磊 摄）

项目4件。

科普夏(冬)令营 7月15—16日，以“红色领航 动感假日”为主题，在东街街道竹林境社区举办2期“数字鼓楼”社区夏令营活动，开展机器人拼装、趣味化学、防疫知识问答互动等活动，参与学生50人次。8月7日，以“非遗+古厝”为主题，在洪山镇福屿社区举办青少年暑期科普文艺进社区夏令营活动，开展3D打印笔绘制古厝、捏面人等特色课程，参与学生50人次。

科普进校园活动 11—12月，在福州市教场小学、西峰小学、屏山小学、小柳小学、中山小学、鼓楼区实验小学开展“公共文化服务校园行”科普志愿服务活动，开设机器人、趣味化学实验、动植物讲座等特色科普课程，参与学生800人次。11月17日，以“崇尚科学防范邪教，守护平安人人有责”为主题，在福州市洪山小学举办“2020年福建省防范邪教宣传月暨福州市‘平安反邪进万家’活动”，开展文艺会演、“平安反邪”绘画大赛颁奖仪式、反邪教知识有奖竞答等，参与学生200人次。

（王佳磊）

鼓楼区社会科学界联合会

【概况】 2020年，鼓楼区社科联对接区委、区政府决策咨询服务，推进“鼓楼大社科”格局构建。年内，开展社科主题宣传活动，举办社科专题报告会；社科课题研究立项4项；推荐申报“福州方言八音”入选福建省第六批非遗代表性项目；全区新增市、区级社科基地9个。

【社科工作机制】 2020年，鼓楼区加强社科工作机制建设，将社科工作落实情况纳入全区意识形态责任制考评内容，每季度对基层街镇开展社科工作情况进行量化考评，年终进行总评，考评内容包括举办理论宣讲、社科宣传活动等。将社科工作与宣传部的理论宣传“千军万马”工程相结合，“业余讲师团”同时成为“社科宣讲团”，常态化活跃在基层一线，宣传中国共产党的创新理论和社科知识。组建“鼓楼大社科”微信工作群，将街镇宣传委员、社科基地及辖区社科工作相关人员纳入，建立社科工作日常沟通交流机制。

【社科普及】 2020年，区社科联开展“社会科学进基层”“社会科学在你身边”等主题宣传活动。以“业余讲师团”成员为骨干，围绕干部群众关心的热点问题，组织社科专家学者、志愿者到基层宣讲党的创新理论、政策方针。以区委中心组（扩大会）的形式组织全区听取社科专题报告，举办“新时代新思想与统一战线”“网络时代与马克思主义意识形态引领”社科专题报告会。编纂社科普及读本《家在鼓楼——行吟坊巷间》，向区“两会”人大代表、政协委员发放，并作为宣传推介鼓楼的重要书籍，向省市领导、部门领导及社会各界赠阅。

举办社科普及周活动60场，推动公众人文社会科学素养和社会文明程度提升。区社科联牵头，在西湖公园晨曦广场集中举办普及周活动启动仪式，组织30多家单位参与，现场开展文艺展演、社科知识竞答等活动。9月，以福建省举办第十二届海峡论坛为契机，结合中秋赏月、闽台融合、闽都文化、古厝宣传等元素，以线下雅集+线上直播+展播的模式，举办首届海峡两岸非物质文化遗产——古琴传承和发展论坛“古琴·古厝”闽台中秋琴茶会。在传统节庆日期间，区社科联与其他单位共同组织开展“我们的节日”活动。区社科联申报的“福州方言八音”入选福建省第六批非遗代表性项目。

【社科研究】 2020年，区社科联完成2019年度社科研究课题结项工作，完成《推进鼓楼区“互联网+文化产业”高质量发展研究》等4个课题项目的

2020 年 10 月 17 日，鼓楼区社会科学普及宣传周启动仪式在西湖公园晨曦广场举行
（区社科联 供）

结项鉴定工作，推动《推进鼓楼区“互联网 + 文化产业”高质量发展研究》成果在《福州党校学报》2020 年第 1 期发表。初步建立起专家咨政献言平台，整理、汇编项目成果，形成《2019 年度福州市鼓楼区社会科学研究课题项目成果汇编》及《成果要报》。开展 2020 年度社科课题研究工作，立项课题 4 项，其中重大项目 1 项，为《鼓楼区非遗传承保护与文化产业发展探究》；一般项目 3 项，分别是《城市社区治理中的社会参与困境及对策研究》《关于进一步提高城市社区党建质量研究》《鼓楼区志愿者参与志愿服务可持续性问题研究》。

【基地建设】 2020 年，鼓楼区落实“鼓楼大社科”机制，制定出台《鼓楼区社会科学普及基地建设与管理工作制度》。把社科工作开展较好的辖区单位、社会团体纳入社科基地评选命名，每三年评选一次。经评选，区社科基地从原来的 27 个拓展为 36 个（其中市级 4 个、区级 32 个），新增命名福建民俗博物馆、鼓楼区鳌峰坊特色历史文化街区、中山路历史文化街区、福州国潮金鱼博物馆、海峡两岸古琴艺术传习基地等社科基地。

（吴宜锴）

鼓楼区文学艺术界联合会

【概况】 2020 年，区文联有委员 16 人，下属鼓楼区作家协会、鼓楼区书法家协会、鼓楼区美术家协会、鼓楼区摄影家协会、鼓楼区音乐家协会、鼓楼区戏剧家协会、鼓楼区曲艺家协会、鼓楼区舞蹈家协会、鼓楼区民间文艺家协会、乌山画院及三山诗社 11 个协会（画院、诗社）。年内，举办或联办文艺演出 4 场，义务写春联 4000 多副，编印《鼓楼文艺》（半年刊）2 期，出版折枝诗集、书画作品集、书法剪纸作品集 4 册。

【组织建设】 区文联 2020 年全委（扩大）会　2020 年 6 月 18 日召开，总结 2019 年工作，交流各协会及画院、诗社工作，部署 2020 年工作；学习全国、全省、全市宣传部长会议，特别是区宣传思想文化工作会议精神。

组织管理　区文联要求相关协会开展年检工作，并加强与区民政局社团办沟通联系，协调解决相关协会历史遗留问题。督促各协会及画院、诗社加强内部管理，开展会员登记、会员补充、会员队伍建设、会员活动。6 月 1 日，区书法家协会召开主席团（扩大）会议。7 月 16 日，区摄影家协会召开一届七次理事会全会。8 月 19 日，区民间文艺家协会在区文联会议室召开主席团成员扩大会暨 2020 年工作部署会。9 月 6 日，区摄影家协会第二届一次会员代表大会在福建会堂召开。

创作基地增设　协调街镇及单位，增设协会创作基地。1 月 17 日，区文联在东街街道党员政治生活馆（综合文化服务站）举行区书法家协会、区民间文艺家协会入驻揭牌仪式。

【文艺活动】 书画作品展　2020 年 1 月 25 日，由区文联主办、乌山画院承办的迎新春乌山画院书画作品展在乌山画院开幕。2 月 2 日，区文联主办、区书协承办“众志成城，抗击疫情”书法微展览作品征集活动。3 月 5 日，省政协公众号“福建政协”发布的“众志抗疫情　翰墨传爱心”福建省政协书画院防控疫情主题书画作品网络展刊登鼓楼区书协主席黄宝春抗疫书法作品。5 月 23 日，在鼓楼区三友大厦 3 层举办“愿有岁月熹微　与君相携言乐”石桥花鸟作品鉴赏会。6 月 24 日上午，在西湖公园西湖书院三公祠举办鼓西街道“迎七一”抗击新冠肺炎疫情主题文艺作品联展。7 月 12 日至 8 月 12 日，在福州市大数据产业基地开发有限责任公司举办水墨滨海石桥 • 林少可书画联展。10 月 1 日，区文联在乌山画院举办以“庆国庆、迎世遗”为主题的书画作品展。11 月 9 日，区美术家协会举办主席团成员线上书画作品展。11 月 13—23 日，乌山画院副院长兼秘书长高洪懋在福建海洋职业学校举办作品展，并于 11 月 23 日举行名家笔会暨绘画讲座。

摄影活动　1 月 8 日，区摄影家协会在乌山社区摄影创作基地举办“摄影构成与裁切”公益讲座。3 月初，由区摄协会员拍摄制作的《福山郊野公园24景》图片完整版推出，集中宣传福山郊野公园。6月11日，区摄协在乌山社区摄影创作基地举办“浅谈三坊七巷”摄影知识公益讲座。6月14日，区摄协组织会员开展“三坊七巷”摄影实践活动及黎明湖公园手机摄影活动。7月11日，区摄协举办“三坊七巷创作高研班”。8月20日，区摄协在华大街道综合文化站（区摄协活动创作基地）举办“手机摄影之美”公益讲座。11月19日，区摄协在乌山社区摄影创作基地举办2020年摄影知识系列公益讲座“拍摄花卉的技术、技巧与手法”专题。

文艺创作　1月20日，区曲艺家协会会员吴韬创作宣传十九届四中全会精神的快板《欢唱数字歌》节目在五凤街道新春联欢会上首演；同场表演的还有区曲协秘书长周宇田创作的相声《鼠年迎新春》及会员王晓彤、高原主演的小品《鸭姆弟》。2月29日，区曲协名誉主席、福建省曲艺家协会副主席、著名剧作家马文正，以冰心先生在榕生活经历为背景，创作音诗画作品《有爱就有了一切》。2月，区摄协主席张勇创作的“巷口的战斗”组照入选“今日头条”每周组照板块。2月，区文联编辑12辑关于抗疫的美篇优秀作品。3月3日，区音乐家协会副主席唐恒为原创诗歌《亲爱的，我等你回家——献给奋战在防控新型冠状病毒肺炎疫情一线的你》谱曲，创作歌曲《亲爱的，我等你回家》。3月5日，区音协副主席唐恒创作的歌曲《这条路》在公安部全国公安文联公众号刊登。3月12日，由区曲协名誉主席马文正创作并朗诵的《等你的微信》《身在新中国》《思思过生日》《志愿者仁心张继先》等系列诗文在闽江学院校友会等官方平台发布。3月28日，中国警察网推出由区音协副主席唐恒参与作曲、录制的抗疫歌曲《惦记》。4月17日，区曲协名誉主席马文正原创的抗疫小故事《怪事》在“福州老干部之家”微信公众号等网络媒体平台发布。4月，区作协副秘书长、区政协文史研究员、延安中学教师林丽钦撰写的《福州十二时辰》文章发表于民盟中央《群言》杂志第4期。5月中旬，市文联主办的《海峡诗人》（2020年第1期抗疫专刊）刊发省作协会员、区文联主席王建干《祈福一座城》《我们必须站在前面》《我们无惧，我们坚强》3首抗疫诗歌。6月18日，由区音协副主席唐恒参与录制、海之声合唱团演唱的抗疫新作歌曲《全球一家人》发布。7月16日，福州市文联今日头条“重走初心路·讴歌新时代”专栏刊发省作协会员、区文联主席王建干创作的《党啊，我们永远追随您》《走进谷文昌故居》《向榕树致敬》3首诗歌。7月，由区曲协名誉主席马文正创作并播讲的10集鼓楼微宣讲《草鞋亲戚》故事在学习强国平台上连载。8月3日至10月31日，区文联举办“迎世遗、游古厝、传文脉”主题征文比赛，收到稿件200篇，优秀奖作品为《老墙的天空》《芙蓉园别记》《风过坊巷》《在老厝，踏着青石板慢慢走路》《鼓楼之美，如莲盛开》《古厝在鼓楼被纳入呐喊的诗句》《福州角梳，在诗意中刻意人间》《远去的脊梁》《鼓楼随想》《第一山房与古厝》，提名奖作品为《婆婆，妈妈和古厝》等9篇。

民间文艺活动　1月8日，区文联、区科协在丞相坊幼儿园联合举办“家在鼓楼　欢乐同行”迎新春科普文艺游园活动。1月10日，由区文联、鼓西街道西湖社区等单位主办的“幸福西湖·扶贫助老·红红火火过大年”暨2020年喜迎新春文艺会演在西湖公园晨曦广场演出。1月15日，区文联与区纪委监委、区妇联联合举办“涵养好家风，清风满鼓楼”新春送“廉”活动。1月17—18日，区文联组织书法家在达明美食街开展“大碗红”2020年迎新春送春联活动。1月20日，区文联协办“家在鼓楼春满古厝”——2020“我们的节日·春节”鼓楼专场。1月21日，东街街道党工委、办事处主办“逛书院·迎世遗”活动，区文联组织区书协、区民文协顾问及会员在正谊书院讲解书院文化，进行剪纸表演，书法家写春联送春联等活动。7月12日，区文联主办的“颂党恩·游古厝”——诗歌快闪鳌峰坊专场在鳌峰坊历史文化街区广场举行。8月7日，区文联、区科协在洪山镇福屿社区联合举办“非遗+古厝”主题青少年暑期

2020年8月7日，区文联、区科协在洪山镇福屿社区联合举办“非遗＋古厝”主题青少年暑期科普文艺进社区夏令营活动　（区文联 供）

科普文艺进社区夏令营活动。9月18日，由区科协、区教育局主办，区文联等协办的2020年鼓楼区“全国科普日”活动在铜盘中心小学举行。9月中旬，福州三山诗社开展“福州诗钟现代佳作征集活动”。9月20日，由福建省经济体制改革研究会等单位主办，鼓楼区文联等单位协办的首届2020阅读福建大型公益活动开幕式在怡山梅园酒店举行。10月1日，由区文联等多家单位共同主办的“中秋佳节 我为旗袍代言——中秋特别活动”在鳌峰坊举行。10月14日，由区文联主办、区书协和区民文协承办的“迎世遗大会，展鼓楼风采”鼓楼区书法剪纸作品展在福建省海峡民间艺术馆举办。10月23日，由区文联和三山诗社联合主办，福州西湖公园管理处、鼓西街道西湖社区党委协办的“迎世遗 游古厝 传文脉”重阳诗钟诗会在福州西湖宛在堂举行。12月10日，由鼓西街道党工委、西湖公园管理处等单位主办，区文联、三山诗社等单位协办的“游古厝、忆先贤、唱廉诗”廉政文化笔会在福州西湖桂斋举行。

【社会服务】 公共文化校园行 2020年11月30日，区文联邀请省书协会员、区书协会员唐培勤为鼓楼第一中心小学的书法社成员讲授“国粹·书法”。12月7日，区文联邀请福州闽剧院演员、区戏剧家协会会员欧焰琳为湖滨小学学生讲授福建地方戏曲——闽剧的有关知识及闽剧文化。12月8日，福州市非遗传承人、区民文协副主席施文钤为则徐小学的学生们讲授“福州方言八音”。12月23日，区文联公共文化校园行走进杨桥中学，邀请区书协理事刘心犀为同学们讲解研习书法之道。12月30日，区文联组织开展非遗项目剪纸艺术走进斗南小学，邀请福州市剪纸学会副会长、区民文协顾问董雅萍开展剪纸文化欣赏实践课。

文化志愿服务 2020年4月23日，区文联秘书长陈珏如参加由中共福清市委宣传部主办，福清市文联、福清市融媒体中心、福清市教育局承办的“诗意人生修炼之道”主题分享讲座。5月19日，由省海洋与渔业局主办，区文联协办的“纳百川”读书会在省海洋与渔业局举办。7月30日，由区文联秘书长陈珏如分享的“只留清气满乾坤——诗词中的廉政之道”主题讲座在大梦书屋举行。10月15日，区文联邀请福州市文联“文艺轻骑兵”讲师团成员张剑在南街街道综合文化站举办讲座。10月18日，由区文联等单位主办、区民文协承办的“福州方言八音嗽语交流活动”在南街街道综合文化站古厝里进行。12月4日，由乌山画院画家陈志武主讲的“走进传统文化，挖掘纯粹之美——中国山水画意境的‘理’”公益讲座在道山路金晚学校举办。12月11日，由福州市文联、鼓楼区文联、鼓东街道办事处等单位共同主办的“谈民间剪纸的吉祥文化”主题讲座在鼓东街道中山社区居民议事厅开讲。

【作品出版】 2020年1月，出版《福州西湖古今诗词选集》《水墨新韵——乌山画院六人山水画作品集》；6月，出版《等你的微信》《众志成城 庚子抗击新冠肺炎疫情诗词集》；8月，出版《演讲比赛经典案例赏析》；10月，出版《庆国庆迎世遗——乌山画院书画作品集》《“迎世遗大会 展鼓楼风采”鼓楼区书法剪纸作品集》。

（余珍珍）

鼓楼区红十字会

【概况】 2020年，鼓楼区红十字会募集捐款2.5万元；开展“红十字博爱送万家”和日常红十字应急救助活动，救助、慰问困难居民220人次，发放救助慰问款物4.75万元；开展红十字应急救护知识进社区、进学校、进企业、进机关、进家庭等工作，普及应急救护知识和技能，6140人次参与。

【新冠肺炎疫情防控】 2020年，

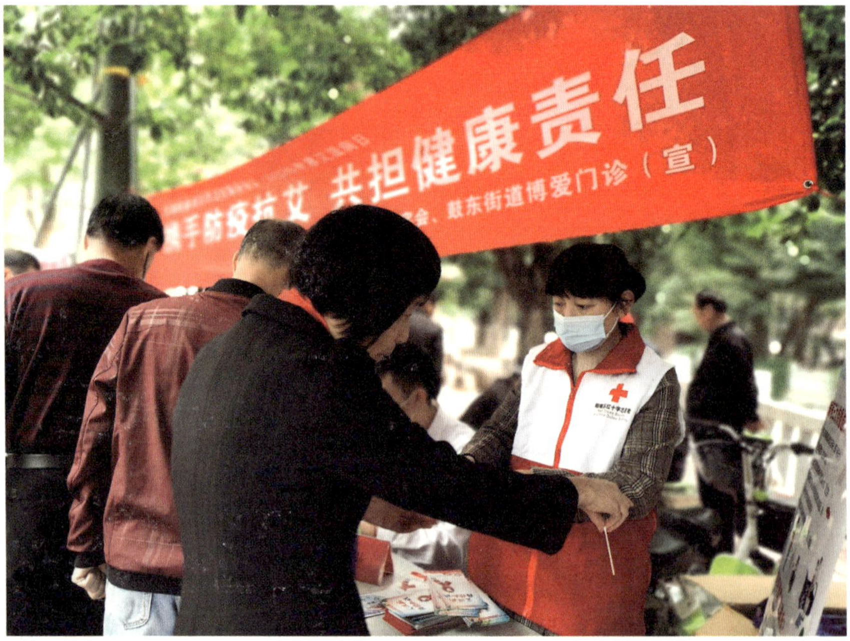

2020年12月1日，鼓楼区红十字会在观风亭新苑小区开展防疫抗艾主题宣传活动

（区红十字会 供）

区红十字会收到新冠肺炎疫情捐款130.92万元，物资4批次。按照捐赠者定向捐赠意愿及相关文件精神支出疫情捐款130.91万元，物资5批次。派遣区红十字会党员干部对接鼓西街道西湖社区深入防疫一线，协助开展卡点登记、宣传排查、督促劝导、入户检查等联防联控工作。

【募捐活动】 2020年，区红十字会募集捐赠款物价值2.5万元。9月7—9日，发动全区各级红十字会组织和社会各界爱心人士参与福建省红十字会“9·9”公益日募捐活动，募集捐款1.02万元；福州市红十字会下拨2020年“‘9·9’公益日——爱过年”募捐款3.4万元；日常募集爱心款物价值1.48万元。

【援助帮扶】 2020年，区红十字会开展社区居民因病、因残、因灾致困等紧急救助活动，救助、慰问居民群众220人次，发放救助、慰问款物价值4.75万元。全区各基层红十字会开展“红十字博爱送万家”募捐和慰问活动。

【急救知识普及】 2020年，区红十字会推进红十字应急救护知识进社区、进学校、进企业、进机关、进家庭等工作，全区各级红十字会开展应急救护知识培训普及活动53场，培训6140人次。

【志愿服务】 2020年，区红十字会组织开展防灾避险、应急救护、绿色环保、文明宣传、综治平安、学雷锋、送温暖等各类志愿服务活动30余场，惠及群众2321人次。

【无偿献血】 2020年6月29日，区红十字会联合水部街道红十字会在福州市妇幼保健院开展“安全血液、拯救生命”无偿献血活动，20人参加献血，总献血量5980毫升，并动员3人登记加入中华骨髓库。7月18日，区红十字会联合区红十字义工服务团在温泉街道琼河社区开展红十字应急救护培训暨无偿献血宣传活动。11月28日，区红十字会联合区红十字义工服务团在宝龙献血屋开展无偿献血和造血干细胞捐献动员活动，8人参与献血，其中2人加入中华骨髓库，1人机采血小板。

【红十字工作调研】 2020年8月13日，福州市红十字会党组书记、常务副会长叶晓霞一行到鼓东街道开元社区调研“红十字博爱驿站”有关工作。10月13日，鼓楼区副区长林诚一行到安泰街道乌山社区开展红十字工作调研。12月11日，福建省红十字会党组成员、副会长林先鑫一行到鼓楼区调研红十字工作。12月21日，市红十字会党组书记、常务副会长叶晓霞一行到洪山镇福屿社区调研“红十字博爱驿站”有关工作。

（林业波）

鼓楼区残疾人联合会

【概况】 2020年，区残联开展精神残疾人救助防治及儿童康复训练，解决残疾人辅助器具需求，投入310.68万元。开展职业培训、就业指导，提供就业信息，86名残疾人签订工作意向；投入224.32万元，慰问残疾人5077人次。办理第三代残疾人证的5342人，其中视力974人，听力790人，言语66人，肢体2120人，智力688人，精神554人，多重150人；年内新办第三代残疾人证749人。

【康复工作】 *残疾儿童康复救助* 2020年，经审核认定，区残联受理残疾儿童康复救助申请192人，补助195.01万元。

精神残疾人防治康复 为全区165名精神残疾人提供1000元/人门诊服药补贴，共补贴10.39万元；为76名精神残疾人提供4000元/人住院补贴，共补贴23.05万元；审核在神康医院

2020年12月2日，福州市残联就业中心、鼓楼区残联在西湖公园晨曦广场联合举办残疾人就业招聘会，残疾人朋友现场咨询就业信息 （区残联 供）

进行康复救助的精神残疾人121人，共补贴35.32万元。

辅具适配补贴　以普通型、大众化辅助器具为主，重点解决残疾人最基本、最迫切的辅助器具需求，以实际购买价格分2档比例给予补贴。残疾人假肢矫形器适配补贴77人，补助11.25万元；助听器补贴140人，补助34.11万元；基本型适配补贴34人，补助1.55万元。

【残疾人就业保障】　残保金征收　2020年，区残联协助征收残疾人就业保障金1.03亿元，审核区属机关团体、企事业单位220名残疾职工身份，覆盖率61.96%。

就业培训　通过政府购买服务开展残疾人就业培训，举办残疾人office办公软件培训1期，培训残疾人16人。培训就业年龄段残疾人997人次，培训率43%，数据完整性100%。举办街镇残联理事长及残疾人联络员培训班1期，培训89人次。

残疾人就业　12月2日，联合福州市残联就业中心在西湖公园晨曦广场举办大型就业招聘会。20家用人单位为残疾人提供文员、服务员、网络营销、服装加工等267个就业岗位，86名残疾人与用人单位达成就业意向。给予24家安排残疾人就业企业奖励154.48万元，6家接纳高校残疾人毕业生就业补贴3.5万元，3家盲人按摩机构补贴8.26万元；审核发放残疾人自主就业创业社会保险补贴116.2万元；扶持残疾人辅助性就业机构2所，补助55.36万元。

辅助性就业　对接福州三山脱胎漆器有限责任公司和福州三正生物工程有限公司，承接洪山福乐家园残疾人辅助性就业项目，参加辅助性就业的智力和精神类残疾人42人。

【扶残助困】　居家托养　2020年，区残联为贫困残疾人提供居家托养服务，年内为113名残疾人发放居家托养补助费21.57万元。发放一户多残补助15户3.72万元。

2020年12月3日国际残疾人日，鼓楼区残联在志愿服务中心慰问特教机构学员
（区残联 供）

残疾人保障　在全国助残日期间走访慰问196户低保及边缘户残疾人，购买慰问品价值3.51万元；联合福州神康医院开展“情满鼓楼·爱在福乐”金秋助残志愿活动，向31名福乐家园学员每人发放价值300元的慰问品及300元慰问金，总价值1.86万元；国际残疾人日走访慰问开智学校、特教机构等211名学员，购买慰问品价值4.88万元；临时救助3名因病住院困难残疾人，补助4000元；为3名视力残疾人提供白内障复明手术补贴4200元；完成59户残疾人家庭无障碍改造工作，涉及金额14.53万元；节日慰问4574人次，发放慰问金159.35万元；审核1995名持证重度残疾人名单，上报至市医保中心办理免费城镇医保；100名残疾人代步车车主享受每年260元燃油补助，其中2名低保残疾车主另享受每人每年1200元交通补助；对153名考入大中专院校的残疾人或残疾人子女发放助学金46.4万元。

东西部扶贫工作　对口岷县残联开展扶贫工作，对3家残疾人合作社扶持共50万元，带动50名建档立卡贫困残疾人就业，带动贫困残疾人家庭增收；对岷县50名0—14周岁在定点康复机构接受康复训练的建档立卡贫困残疾儿童实施帮扶，按每人8000元资金予以救助，发放救助金40万元。

助残活动与宣传　1月21—24日，围绕“文明城　幸福年”主题开展慰问福乐家园志愿助残活动。3月31日，组织发动爱心企业为残疾人捐赠防护用品，3家爱心企业捐赠7000个防护口罩和50副进口墨镜。5月17—25日，围绕“助残脱贫，决胜小康”主题，开展第三十次全国助残日系列活动，举办“同在蓝天下　共筑中国梦——2020年福建省关爱残疾儿童行动”，为辖区0—14岁持证残疾儿童发放爱心大礼包；开展助盲走访送爱心活动，为辖区16名盲人送去抗疫物资及空调被。6月8日，举办肢体残疾康复专场讲座，30名肢体残疾人参加。6月20日，由区盲人协会、福州市橄榄树公益服务中心联合举办“我的视界，你的世界”之明盲携手、粽情端午主题活动，25名盲人及志愿者参加。9月17日，联合福建省残疾人福利基金会举行“鸿星助力，衣路有爱”金秋助残志愿活动，为残疾人发放3886件衣服。11月16日，联合福能总医院开展“情系助残，为爱而行”残疾人康复培训主题活动，提供10名残疾人免费康复名额。12月3日第29个国际残疾人日，围绕“更好地重建：为残疾人重建包容、理解、可持续发展的更加美好的后疫情世界”主题，集中慰问多家特教机构及辅助性就业机构67名鼓楼籍学员，送去牛奶、坚果等每份价值300元的慰问品。全年在省、市、区各级网站、杂志上刊登助残相关文章、信息58篇。

【残疾人维权服务】 2020年，区残联引导残疾人通过法律途径解决矛盾纠纷，减少上访事件发生。年内受理“12345”平台诉求件33件，办结33件，办结率100%。

【组织联络工作】 2020年，区残联组织开展第三代残疾人证（智能化）换发和应用推广工作，完成5342人第三代残疾人证（智能化）换发和应用推广工作，占总持证人数96%。完善联络员队伍建设，全区10个街镇和69个社区全部配备残疾人联络员，并发放工作补贴和经费；完善全区5342名残疾人基本服务状况和需求信息数据动态更新工作，于7月31日前完成入户调查，8月31日前全面完成录入工作。发挥残疾人专门协会作用，在全国助残日、国际残疾人日、全国特奥日等节点，协助专门协会组织各类残疾人参加文艺活动，为残疾人提供贴近基本需求的有效服务。

（林凤铭）

鼓楼区关心下一代工作委员会

【概况】 2020年，区关心下一代工作委员会动员“五老”（老干部、老教师、老专家、老劳模、老战士），发挥教育、联系青少年的参谋和桥梁作用，以“党建带关建”为抓手，打造“三个十”（10个党建带关建联盟示范点、10个主题教育实践基地或优秀项目、10个五老关爱工作室）关爱工程，实现组织创新；建设“网上关工委”，推动青少年思想道德教育实施；融入社会治理，开展青少年法治、科普、传统文化、劳动教育；实施精准关爱，为青少年排忧解难。在中国关工委成立30周年之际，区关工委被中央文明办、中国关工委授予“全国关心下一代工作先进集体”称号；区教育系统关工委在第二十三届“新时代好少年——美好生活·劳动创造”主题教育读书活动中，被评为“全国先进集体”；东街街道军门社区“阳光朵朵”四点钟学校获“全国优秀儿童之家”称号。

【组织建设】 2020年，区关工委以建设“三个十”关爱工程为抓手，加强基层组织建设。成立41家条件成熟、特色鲜明、示范性强的基层党建带关建示范点，编写各示范点简介汇编，以典型示范带动全区基层建设质量提升。10月20日，鼓楼区基层建设提升年工作推进会召开，为41家示范点授予牌匾并发放简介汇编，同时部署区关工委基层建设提升年工作任务。区关工委“党建带关建 联盟+项目”，建设“三个十”经验做法得到省、市领导肯定并在全省推广。

【青少年思想文化教育】 爱国主义教育 2020年，因新冠肺炎疫情防控需要，区关工委采取传统宣讲与“互联网+”相结合形式，推动青少年思想道德教育。联合福建老年报社、水部街道关工委在水部街道党员政治生活馆举办“弘扬良好家风，树立爱国情怀”主题活动，传递家风正能量。联合温泉街道关工委开展“致敬抗美援朝·争做时代新人”主题活动。20余名青少年与抗美援朝老战士共同参观纪念抗美援朝出国作战70周年图片展。开通“鼓楼关工委”微信公众号，内容涵盖关工新闻快讯、鼓楼劳动教育视频专辑、福州市关工委网校公益课程等，为广大“五老”、青少年及家长提供及时的“云端”信息共享服务。

传统文化教育 联合团区委、海

2020年8月20日，鼓楼区关工委联合福州市林则徐纪念馆开展鼓楼区励志少年研学活动，慰问辖区困难儿童

（季望 摄）

容社工分别在南街街道三坊七巷社区、鼓东街道中山社区举办“古厝＋非遗”研学活动，带领青少年了解能补天巷的传说，学习软木画制作。联合华大街道关工委开展“大手拉小手，欢乐六一行”主题活动，带领孩子们一起进行古厝拼图、文明骑行连连看、垃圾分类小游戏、亲子绘图、防疫知识问答等活动。

劳动教育 联合区教育局编写出版《勤劳动 乐成长》鼓楼少年劳动教育有声读本，面向鼓楼区5万多名小学生发放。在第二十三届“新时代好少年·美好生活 劳动创造”主题教育读书活动中，鼓楼区13名中小学生获征文演讲比赛一等奖，13人获二等奖，20人获三等奖。

【青少年普法】 2020年，区关工委开展“关爱明天·普法先行”普法教育。联合省、市关工委及司法部门共同举办“中华魂”读书活动，采用线下征文、线上直播演讲决赛方式，举办“中华魂·托起科技强国梦——‘传承红色基因，争做时代新人’”主题教育，在青少年中营造学法、知法、懂法、守法、用法的良好氛围。联合区检察院在福州市铜盘中心小学、梅峰小学、钱塘文博小学举办多场防校园欺凌讲座。联合省女子司法强制隔离戒毒所、团区委、南街街道等单位到小柳小学，以“上好一堂禁毒预防教育课”和“办好一场禁毒知识竞赛”为主要内容开展禁毒宣传。宪法日，与团区委、区法院共同在湖前小学举办“弘扬宪法精神，我与宪法同行”——“12·4”宪法进校园主题日活动。国际禁毒日，向铜盘小学的高年级学生赠送《中小学生毒品预防教育知识读本》。与团区委、区少工委联合举办为期4天的法治夏令营，带领青少年参观区检察院未成年人法治教育基地，体验鼓楼未成年人法治教育云课堂。

【青少年科普】 2020年，区关工委依托校园及社区青少年科普工作室举办校园科技节、科普夏令营等益智类科普活动，激发青少年学习科普知识兴趣。联合鼓东街道树兜社区关工委，带领青少年走进福州原厝水质自动监测站和省辐射环境监督站核应急指挥中心，零距离接触环保设施，引导青少年做生态文明建设的践行者、推动者。联合钱塘文博小学举办校园科技节活动，通过科创表演、科学实验、科技体验、科学展示激发青少年探索科技奥秘热情。

【青少年关爱工作】 2020年，区关工委联合省关工委关爱工作团、省司法厅、省检察院、省安全厅关工委，加强在鼓西街道、鼓东街道、华大街道3个挂钩帮扶联系点的关爱工作，定期开展捐资助学、上门送温暖等活动。春节、“六一”国际儿童节及秋季入学之际，区关工委集中慰问辖区内102名孤儿、家境困难青少年及刑释解教人员未成年子女，发放慰问资金9.1万元。7月20日，区关工委联合省总工会、省关工委分别在温泉街道、东街街道军门社区举办公益性暑托班，为40多名青少年提供常规课业辅导，开设非遗项目体验、科技手工、音乐律动、国学诵读、书法、写作等课程。

（黄雨威）

鼓楼区个体劳动者协会 私营企业协会

【概况】 2020年，鼓楼区个体劳动者协会、鼓楼区私营企业协会分别有个体会员7.1万户，从业人员15.19万人；私营企业会员4.21万家，从业人员20.94万人。鼓楼区个协党支部1个，私协党支部1个，党员20人。

【服务会员企业】 助力企业复工复产 2020年，区个私协开展走访活动，掌握个体私营企业经营状况、实际困难和实际需求，征求个私企业意见和建议，为会员送信息、送政策、送服务。面对新冠肺炎疫情，帮助企业渡过难关，寻找新的发展渠道，通过微信、短信向企业推送加强疫情科学防控和推动企业复工复产的措施5份；开展4次对“个体工商户经营状况的跟踪调查”工作，对1716户个体工商户的经营状况、遇到的困难问题及对未能参与填答问卷调查的个体工商户进行原

2020年3月2日，福州市鼓楼区永和鱼丸店向福建援鄂医疗队捐赠鱼丸2.5吨，合作捐赠肉燕1吨
（区个私协 供）

因（无法联系、未接受调查、已停歇业）记录；对在疫情中表现突出的会员企业作简讯报道。

企业守法经营引导　督促企业加强自律，抵制囤积居奇、哄抬物价、制假售假等行为，维护良好的市场环境，并通过微信群向会员企业转发、发送倡议书 1.2 万份。

会员履行社会责任引导　1 月 16 日，福州瑞来春堂国药馆有限公司职工党员在世欧王庄一区活动中心广场，为居民测量血压、进行义诊及健康咨询，开展疾病预防等健康教育。新冠肺炎疫情期间，鼓楼区丽人影楼、鼓楼区永和鱼丸店、福州瑞来春堂国药馆有限公司等个私企业捐款捐物，价值 37.47 万元。3 月 2 日，鼓楼区永和鱼丸店向福建援鄂医疗队捐赠 2.5 吨鱼丸，与福建华建工程有限公司联合捐赠 1 吨肉燕运往武汉。

【非公党建】　2020 年，区个私协进一步开展小微企业、个体工商户、专业市场党建工作，探索新时代非公党建工作路子，服务非公经济健康发展。开展走访活动，推荐福州瑞来春堂国药馆有限公司、建州控股集团有限公司为福建省“小个专”党建工作联系点；选定福州瑞来春堂国药馆有限公司、福州正祥物业管理有限公司、福州博医汇中医门诊有限公司为鼓楼区党建工作联系点和示范点，通过典型辐射和带动，推动鼓楼区非公党建水平提升，非公经济持续健康发展。利用走访，完善非公有制企业党建工作基础档案，并开展非公经济组织党建数据的采集、汇总、分析和报送等工作，建立党建情况数据库。

年内，鼓楼区永和鱼丸店、福州舒简城美容休闲会所等 9 家企业被鼓楼区委组织部等部门授予鼓楼区第五批“党员诚信示范店”、第二批“党员诚信企业”称号。

（黄瑞珍）

鼓楼区消费者权益保护委员会

【概况】　2020 年，鼓楼区消费者权益保护委员会开展消费维权教育引导、消费纠纷投诉调解、社会监督等工作，全年发放消费维权宣传材料及宣传品 5300 余份，制作宣传版面 2 面，接受来访咨询 514 人次；录入“全国消费者协会投诉与咨询信息系统”的投诉 161 起，为消费者挽回经济损失 20 余万元，发出消费警示 12 篇。受理投诉统计数据显示：生活社会服务类、销售类、交通工具类投诉量居前 3 位，分别占投诉总量的 26.71%、13.66%、11.18%；合同纠纷、商品质量、售后服务问题居投诉性质前 3 位，分别占投诉总量的 43.48%、16.15%、10.56%。

【消费教育引导】　2020 年，区消委会联合区市场监管局、区卫健局、区文体旅局、区教育局、鼓楼公安分局、区法院及各街镇等成员单位，开展消费教育“五进”（进社区、进商超、进企业、进景区、进校园）活动。10 月 17 日，在福州西湖公园参加以“决胜全面小康　建设幸福鼓楼”为主题的 2020 年鼓楼社会科学普及宣传周启动仪式，通过现场咨询、消费和维权知识普及、发放宣传材料等形式，倡导市民科学理性消费、依法维权。11 月 19 日，参加由市市场监管局和区市场监管局联合主办的鼓楼区 2020 年消费品质量安全“进社区、进校园、进乡镇”消费者宣传教育咨询活动。全年通过“鼓楼市场监管”微信公众号等网络平台，发布消费投诉维权报告、消费维权典型案例、消费维权常识、警示等信息 83 条次。

【“3·15”国际消费者权益日活动】　2020 年，受新冠肺炎疫情影响，为尽量减少不必要的人员聚集，区消委会在落实疫情防控政策的同时，协调区市场监管局、区卫健局、区文体旅局及各街镇等成员单位，利用疫情防控、执法监督、日常工作等时机，

2020 年 11 月 19 日，区消委会参加鼓楼区消费品质量安全“进社区、进校园、进乡镇”消费者宣传教育活动　（区消委会 供）

围绕“凝聚你我力量”消费维权年主题，开展《中华人民共和国消费者权益保护法》及消费维权知识普及宣传活动。

【社会监督】 2020年，区消委会联合区市场监管局、区东街口商圈管委会试点创建消费维权联盟活动，宣传和动员商家依照《福州市线下零售企业开展“无理由退货”承诺工作指引（试行）》，落实经营者消费维权主体责任。辖区28家企业（商户）入选全市“线下无理由退货承诺示范单位”，数量居全市区县之首。

【维权案例举要】 消费者李女士于2019年8月在某电动车店购买1辆电动车，价格4680元，行驶证和发票均显示车辆信息为雅迪牌电动车。2019年12月底消费者前往更换新牌时，被告知原车牌号在交警部门登记的信息为速柯牌电动车，导致无法更换新牌。消费者认为经营者的行为属于“挂羊头卖狗肉”的欺诈行为，要求经营者退一赔三，经营者称“速柯”是“雅迪”旗下的子品牌，表示可以在15个工作日内为消费者办好新牌更换事宜，但消费者不接受，于2019年12月28日向区消委会投诉。经区消委会工作人员调阅该车买卖的相关凭证等事宜，2020年初，经调解，双方协商达成一致意见：经营者同意退车并退还消费者购车款4500元。

（王小华）

鼓楼区慈善总会

【概况】 2020年，鼓楼区慈善总会汇聚各方善款，开展慈善助学、助医、助老、助困和情暖万家系列救助活动。全年筹措善款（物）896.59万元，支出善款（物）913.17万元。辖区受助群众846人次，鼓楼区对口帮扶的甘肃岷县实现脱贫摘帽。

【筹措善款】 2020年，区慈善总会配合区委、区政府对口甘肃岷县扶贫济困，广发倡议书，接受全区346个单位、个人捐款819.73万元。发动辖区机关、企事业单位和干部、职工、学生捐款，成立单位专项爱心基金，用于帮助本单位及偏远山区的贫困群众。年内，收到鼓楼第五中心小学义卖爱心专项基金6.69万元，平潭清清海鲜坊爱心专项基金1.78万元；接受福州市慈善总会资助孤儿专项捐款1200元；接受37个单位及个人专项用于新冠肺炎疫情防控捐款39.43万元；市民捐款箱收到1.9万元；收到爱心人士陈德金爱心助残专项基金5000元。

【扶贫济困】 *慈善情暖万家* 2020年1月7日，市、区慈善总会联合市为民再生资源利用有限公司、市品尚食品开发有限公司在华大街道慰问10户困难家庭，投入8000元发放慰问金和礼品。1月8日，区慈善总会在温泉街道慰问10户特困家庭、失独家庭及一线贫困环卫工人22户，投入善款3.95万元。1月10日，区慈善总会联手省爱心志愿者时间储蓄协会、区文联、鼓西街道等在西湖晨曦广场举办“幸福西湖 扶贫助老 红红火火过大年”文艺演出，开展义诊、写春联等活动，现场慰问29户困难户和14名为社区奉献余热的退休老党员。1月17日，区慈善总会联合平潭清清海鲜坊在安泰街道慰问50名残疾人、环卫工人、孤寡老人和军烈属，发放节日大礼包；慰问1名患白血病的年轻人，投入善款1.05万元。

慈善助学 6月1日，区慈善总会联合福建耕福助困服务中心在洪山小学开展“情系教育 爱传洪小”助学活动，省耕福助困服务中心为24名学生赠送1年的健康保险，区慈善总会向学校爱心书吧赠送少年课外读物300多册，投入善款7400元。9月30日，区慈善总会开展慈善助学活动，资助18名全区低保户、低保边缘户家庭中在读高中、大学、研究生的学生，投入善款4.8万元。

慈善助医 10月1日，区慈善总会开展慈善助医活动，为全区307户低保户、低保边缘户每户每年分别注入助医款400元、300元，投入善款15.73万元。

慈善助老 在中秋、端午节、老年节等传统节日，看望慰问家庭困难的老人、优抚对象等。9月28日，市、区慈善总会联合市为民再生资源利用有限公司在华大街道慰问9个社区12名困难党员、失独家庭和退伍军人，送去节日礼物和慰问金，投入善款6000元。

对口扶贫 按区委、区政府要求，分别于2月14日、5月11日、6月8日、7月20日、8月7日、10月23日转给甘肃省岷县慈善协会10万元、120万元、200万元、400万元、22万元、60万元，总额812万元，用于脱贫攻坚。

慈善抗疫 1月28日至4月3日，根据区委、区政府做好新冠肺炎疫情防控工作的决策部署，区慈善总会发倡议书，得到37个辖区单位及个人的支持，筹得捐款39.43万元。投入善款1.57万元，委托区国投集团购买口罩，交区应急局统一分配使用。

（陈苏）

鼓楼区计划生育协会

【概况】 2020年，鼓楼区计生协会开展失独家庭帮扶服务工作，实现计生失独家庭住院护理险全覆盖，落实计生特殊家庭“双岗”联系人制度；

鼓楼区心理慰藉援助中心被确定为省级“失独家庭心理慰藉援助中心”项目点。开展生育关怀行动，推进幸福工程项目、儿童早期发展项目，提供生殖健康咨询服务、流动人口服务等。出台《鼓楼区计划生育协会改革方案》，调整领导班子和机关内设机构职能，加强基层服务体系建设。

【计生协会改革】 2020年12月1日，区委深改委印发《鼓楼区计划生育协会改革方案》。12月31日，区计生协召开第八次会员代表大会，由区政协原主席担任会长，设常务副会长1人，专职副会长1人（兼任秘书长）。重视发挥老同志在计生协工作中的作用，创造条件支持老同志开展工作。

机关内设机构职能调整　调整区计生协机关内设机构职能，设置办公室、家庭服务科、组织宣传科3个内设机构，并进行人员分工调整，配备3名副股级中层干部。

基层服务体系建设　明确街镇计生协机构、编制和人员，12月在10个街镇公共服务办公室中加挂计生协牌子；街镇计生协会会长均由街镇党（工）委副书记兼任，每个街镇明确1名计生协专职人员编制，有1—2名专职工作人员从事街镇计生协工作，秘书长（正股级）由街镇计生协专职工作人员担任。加强社区计生协组织建设，69个社区计生协会会长由社区党组织书记或居委会主任兼任，每个社区配备1名热心人口计生工作、有责任心的人员担任专职副会长兼秘书长；明确小组长工作职责。区、街镇统筹落实经费补贴，视财力情况适当提高街镇计生协聘用人员、社区常务副会长（或专职副会长兼秘书长）和小组长待遇。

【失独家庭帮扶试点】 2020年，区计生协通过为计生特殊家庭购买住院护理险、设立鼓楼区失独家庭心理慰藉援助中心、建立失独家庭“双岗”联系人制度、开展重大节假日慰问活动等方式，开展失独家庭帮扶服务。

计生失独家庭住院护理险全覆盖　自2020年1月起，区计生协扩面为不居住在鼓楼区的失独人员购买护理险，为户籍在鼓楼区的所有失独家庭486人购买每人每天200元、每年最多给付90天的住院护理补助险。至年底，住院护理险受保获理赔的失独老人累计45人次，理赔总金额14.22万元，赔付率106.11%，帮助失独家庭解决看病花钱护理负担过大的问题。

省级失独家庭心理慰藉援助中心　“鼓楼区心理慰藉援助中心”被确定为省级“失独家庭心理慰藉援助中心”项目点。中心位于温泉街道汤边社区，内部分区明确，功能齐全，有图书室、活动室、心理咨询室、互动休闲区、志愿服务点等，与作为协会会员之家的社区居家养老服务站融为一体，常态化开展心理慰藉活动和失独家庭互动联谊活动，如失独家庭年夜饭活动、健步行、踏青赏花、趣味运动会、DIY手工体验活动等。

“双岗”联系人制度　落实计生特殊家庭“双岗”联系人制度，由街镇计生协会秘书长和1名社区计生协工作人员作为“双岗”联系人，明确联系人联系方式，形成“一对一”“多对一”结对帮扶机制，为辖区70岁以上的高龄独居失独老人提供一帮一的邻里互助志愿服务。新冠肺炎疫情期间，各街镇、社区计生协会发挥“双岗”联系人作用，第一时间上门免费发放口罩给计生特殊家庭，缓解计生特殊家庭口罩紧缺问题。结合疫情防控需要，入户科普防疫知识、送物资，开展电话随访、生日关怀等。

【生育关怀行动】　幸福工程项目　该帮扶项目为计生母亲（优先帮扶计生特殊家庭和计生困难家庭）提供1万—5万元2年期无息贷款。2020年，幸福工程项目开展21批次，滚动投入资金约374.5万元，帮扶总人数611户。项目救助率、资金滚动率100%，资金回收率100%，贫困母亲脱贫率100%。

重大节假日慰问活动　全年区计生协“两节”慰问计生特殊困难家庭

2020年12月3日，福州市计生协项目培训班70余名学员到鼓楼区参观失独家庭“暖心家园”
（区计生协 供）

309人，发放慰问金37.08万元；代发市级两节慰问金慰问100人，金额20万元。母亲节区级慰问失独家庭138户，金额6.9万元；代发市级母亲节慰问金慰问112户，金额11.2万元。代发市级金秋助学补助金补助2户，金额1万元。

儿童早期发展项目　区计生协以购买服务方式为辖区0—3岁幼儿家庭免费提供3节亲子课堂和3次家长讲座，并赠阅《育儿宝典》进行早教知识宣传。年内，主要以线上课堂形式推进儿童早期发展工作，1月3日起连续组织辖区0—3岁婴幼儿家庭观看由省计生协会和福建电视台少儿频道合作的电视栏目辣妈100问、季度公益宣传片、儿科医生进基层、妇幼健康知识互动专题节目等。区计生协联合区妇联在鼓楼区15个“福宝贝·亲子驿站”开展早教指导师入驻社区志愿服务活动。该服务团队按照0—3岁婴幼儿的年龄分段、身心发展特点，渗透体能、精细动作、认知、音乐和社会情感等方面内容，以亲子活动、父母课堂、专家咨询等方式，设计20套活动方案供社区亲子家庭选择，为鼓楼区0—3岁婴幼儿家庭提供优质服务。

生殖健康咨询服务　融入健康鼓楼战略，依托街镇卫生服务中心，加强和区卫健局合作。11—12月，区计生协会联合省计生协会在鼓东街道卫生服务中心开展8场健康宣教系列活动，邀请福建省级机关医院副主任医师或主任医师授课，主题内容包括颈椎病的预防和保健、老年人合理膳食、消化道早癌筛查、失眠健康教育、糖尿病的预防和早期筛查、中医养生、合理用药等，提高群众整体健康水平。在洪山镇国光社区建立青春期健康俱乐部，持续开展青春健康“沟通之道”家长培训班、青少年主题教育等。

流动人口计生服务　全区49家拥有百名以上流动人口的企业中，有45家组建企业计生协会，组建率91.8%。建立鼓东街道闽江饭店流动人口计生协会示范点，为流动人口提供均等化服务，维护流动人口合法权益。

【宣传教育】　2020年，鼓楼区各级计划生育协会通过线上、线下的形式组织开展有计划、有特色、有影响的“5·29”全国计划生育协会会员活动日、“7·11”世界人口日等主题宣传活动，广泛宣传全面两孩政策、婚育前优生优育知识、避孕节育和生殖保健知识，并设立政策法规咨询服务点、宣传资料发放点和免费义诊点。全年发放宣传资料1万余份，免费避孕药具5000余盒，实物宣传品毛巾、围裙、一次性口罩等3000余份；提供咨询服务2000人次，免费为群众测量血压300人次。

（张燕）

鼓楼区老年人体育协会

【概况】　2020年，鼓楼区老年人体育协会召开第七次代表大会，完成换届工作；举办第三届“重阳杯”乒乓球（团体）赛、五城区门球邀请赛等；在金牛山体育公园创建鼓楼区老年人体育活动中心；开展“敬老月”系列活动；举办10个街镇、区直机关、教工老体协常务副主席、秘书长培训班；配合区文体旅局开展全国第五次国民体质监测工作。

【换届工作】　2020年9月23日，区老体协第七次代表大会在区老年人体育活动中心召开。大会表彰2019年获评省级“康乐家园”称号的鼓西街道等4个单位并授牌，向获评市级“康乐家园”称号的洪山镇等32个单位授牌；审议通过第六届委员会工作报告、第六届委员会财务工作报告；选举产生第七届老体协荣誉主席、主席、常务副主席、副主席、常务委员、委员，何秉钧当选荣誉主席，严孝义当选主席。

【老年人健身展示活动】　2020年8月，区老体协组织西湖柔力球辅导站30名队员参加全国柔力球视频展示比赛；8月8日，50多名柔力球队员参加福州市全民健身活动；10月19—21日，参加在闽清举行的福州市第二十五届全民健身运动会门球赛；10月22—23日，参加在连江举行的钓鱼展示交流活动。11月16日，五城区门球联赛在鼓楼区老体协门球场举办，鼓楼、台江、仓山、晋安、市直机关5支门球队参赛，鼓楼区队获第一名。12月1日，区老龄委、区老体协在福州西南证券乒乓球馆举办第三届“重阳杯”乒乓球（团体）赛，东街街道代表队获冠军，五凤街道代表队获亚军，温泉街道代表队和鼓东街道代表队并列季军。

【老年人健身康乐家园】　2020年底，鼓楼区有省、市级“老年人健身康乐家园”67个，其中省级15个、市级52个。全区3个街镇被评为“康乐家园”，覆盖率30%；53个社区被评为“康乐家园”，覆盖率76.81%。

【老年人体育活动中心】　2020年6月8日，区老体协与辖区单位福建至善体育发展有限公司签订战略合作协议书。6月23日，在金牛山体育公园举行鼓楼区老年人体育活动中心揭牌仪式暨老年人健步行活动，区文体旅局、区老体协和各街镇、区直机关、教工系统老体协参加活动。鼓楼区老年人体育活动中心的建立为老年人提供新的活动场所和活动项目。

【“敬老月”系列活动】 2020年，围绕“弘扬养老孝老敬老传统，共建共享老年友好社会”主题，区老体协、区直机关老体协、10个街镇及各社区组织开展敬老活动。省级康乐家园单位鼓东街道开元社区开展“游开元十景谈开元今昔”活动，庆城社区携手党建联盟单位福龄金太阳和福州浩锦物业服务公司开展“敬老金秋送福——我们的节日重阳节活动”；鼓西街道陆庄社区、区直机关老体协开展重阳登高望远徒步行活动；区委文明办、温泉街道、东大社区联合举办“孝行天下，爱满家园——庆祝重阳节 古厝风韵展”；东街街道主办“敬老非遗”主题文艺会演；五凤街道兰庭社区与区委统战部、鼓楼新阶联，凤仪社区与顺欣物业，区委文明办与龙峰社区联合开展重阳节慰问活动；省级康乐家园单位洪山镇锦江社区举办“风雨同舟共奋斗，载歌载舞度重阳”活动，凤凰池社区举办“感恩敬老，爱在重阳”文艺表演，洪山镇、洪山桥社区联办“爱在金秋，情暖重阳”重阳节主题活动；区卫健局与区老体协联合举办“重阳杯”乒乓球团体赛；温泉街道汤边社区、琼河社区和华大街道北江社区举办“健康养生+金融活动”“营养与健康”“指尖上的智慧”等知识培训。

【宣传工作】 2020年，出台《鼓楼区贯彻市老体协宣传工作座谈会精神的意见》，成立区老体协宣传工作领导小组，主席严孝义任组长，组建完善信息员队伍；每年召开1次宣传工作会议，通报送稿用稿情况表彰先进督促后进，同时举办1期常务副主席、秘书长以会代训的培训班。11月13日，区老体协在东街街道文化站举办10个街镇、区直机关教工老体协常务副主席、秘书长培训班，传达市老体协宣传工作座谈会精神，实行宣传工作考核制度，学习老体协工作“3+2”工作模式，讲授撰写工作总结要点。

【体育培训】 2020年，区老体协选送多批多人参加省、市举办的体育培训班，包括省老体协柔力球单双拍、健身秧歌、功气球、钓鱼等项目的培训。

（严金木）

法 治

法治政府建设

【概况】　2020年，鼓楼区以持续深入推进依法行政为重点，进一步将政府各项工作纳入法治轨道，应用全国行政复议平台，开展行政裁决事项梳理工作，落实行政机关负责人出庭应诉制度，全面落实党政机关法律顾问全覆盖。全年受理行政复议案件25件，参加行政案件应诉109件。7月，鼓楼区被中央全面依法治国委员会办公室评为首批全国法治政府建设示范区。

【依法行政】　2020年1月，鼓楼区应用全国行政复议工作平台，新受理的行政复议案件均在线办理，并将2019—2020年行政复议案件在规定时间内汇聚到数据平台。4月，组织开展行政裁决事项梳理工作，经过梳理，鼓楼区有政府采购投诉处理、企业名称争议裁决、土地权属争议调处、林木林地权属争议处理4项行政裁决事项。7月，区委、区政府组织续聘4家律师事务所作为法律顾问，全区各党政机关均聘请法律顾问提供法律服务。12月，监督考核全区各单位2020年度依法行政落实情况，总体良好。

【行政复议和应诉】　2020年6月，鼓楼区针对行政机关负责人出庭率低的问题，将行政机关负责人出庭应诉纳入全区绩效考核，要求全区行政机关负责人百分百出庭。全年，受理行政复议案件25件，参加行政案件应诉109件，推行行政机关负责人出庭应诉机制。

【行政执法监督】　2020年11月，鼓楼区对全区行政执法单位开展行政执法案卷监督检查，抽查9个单位的行政处罚案卷56卷、行政许可案卷85卷。对检查中发现的问题，及时反馈给相关单位予以整改，推进行政执法规范化。

【规范性文件备案审查】　2020年，鼓楼区出台《福州市鼓楼区职业技能提升行动实施方案（2019—2021年）》《福州市鼓楼区人民政府关于印发福州市鼓楼区2020年度地质灾害防治方案的通知》《关于促进朱紫坊基金集聚区发展实施办法》3件规范性文件，均及时按规定上报福州市司法局审查备案。

（陈定密）

政法委及综治

【概况】　2020年，鼓楼区发挥平安建设（综治工作）责任制龙头作用，把维护国家政治安全放在首位，以防控化解各类风险源为着力点，开展扫黑除恶专项斗争、市域社会治理现代化试点、政法领域全面深化改革，妥善应对新冠肺炎疫情防控期间的社会不稳定因素，维护省会核心城区的安定稳定。年内获评全国首批法治政府建设示范区、全省第四轮第一批平安县（市）区。据国家统计局福建调查队调查通报，2020年底，鼓楼区群众安全感率99.131%、扫黑除恶好评率98.32%、执法工作满意率97.05%。

【平安建设责任】　2020年，鼓楼区成立平安建设领导小组，建立平安建设工作机制，承接原综治委工作任务，完善各级书记一起抓、党政同责共同抓、行业部门联动抓的责任落实体系。区委、区政府主要领导与各街镇党政主要领导签订《2020年福州市鼓楼区街镇党政领导平安建设（综治工作）责任书》，推动平安建设责任落实。区委政法委制定《2020年鼓楼区区直单位平安建设责任目标管理考评标准》《2020年鼓楼区乡镇（街道）党政领导平安建设（综治工作）责任书落实情况考核评比标准》，抽调相关单位组成7个考评验收组，对全区10个街镇、56个区直部门及12个市里委评工作机构进行平安建设（综治工作）落实情况考评。强化一线考察机制，组织人事部门把领导干部抓平安建设工作实绩与干部选拔任用、晋职晋级、奖励惩处等挂钩，全年通过综治诚信系统审核1106人（家）次，其中干部905人、集体201个。

【扫黑除恶】 2020年，公安机关打掉涉恶集团和团伙2个，抓获非法拘禁等九类犯罪嫌疑人165人，破获九类刑事案件184件；区检察机关对涉黑涉恶及保护伞案件提起公诉3件10人；区法院开庭审判涉黑涉恶及保护伞案件8件49人，判处财产刑5387.99万元；区纪检监察机关查办涉黑涉恶“保护伞”2件2人。

【“三大攻坚”行动】 重点人群排查管控 2020年，鼓楼区持续加强严重精神障碍患者救治管理，出院登记、落地对接严重精神障碍患者493人次，规范管理率83.78%、规范服药率79.94%；新冠肺炎疫情期间入户随访患者病情，协调医疗机构收治发病患者18人，保持严重精神障碍患者致人死亡案件“零”发案。

重点场所防范处置 鼓楼区建立医患纠纷调处工作机制，处置医患纠纷169起，出动执法人员3831人次，检查医疗机构1906家次，立案查处医疗乱象16件，罚款26.1万元；推进火灾综合防控，火灾亡人数比上年下降100%，直接财产损失比上年下降38.39%。

重点物品全程管控 鼓楼区健全危险物品“一体化”监管模式，建立流向、流量动态监管机制；加强危爆物品监管，落实危爆物品实名购买和流向登记，检查民爆物品和易制爆危险化学品从业单位280家次，摸排寄递物流企业1352家次。

重点问题排查化解 鼓楼区发挥“暖心姐姐”法治宣传站、金牌婚姻家庭纠纷调解室等阵地作用，摸排婚姻家庭纠纷隐患63起，组织调解5次，入户走访120次，电话询访165次；执行启动房屋征收、征迁项目审批前和项目征迁扫尾中诉请法院依法强制搬迁等重大事项社会风险评估工作，召开社会风险评估讨论会4场。

重点时段防范稳控 鼓楼区升级公园景区、东街口商圈、达明美食街等人流密集场所防冲撞设施建设和巡防机制，检查大型商场、广场等人员密集场所506家次，整改安全隐患67处；引导社会力量参与治安巡防等平安建设服务，运用“e福州平安管家”App开展治安巡逻等群防群治任务14621次，参与人数57681人次。

【市域社会治理现代化】 2020年，鼓楼区市域社会治理现代化工作领导小组成立，下设11个专门工作组，负责统筹谋划、协调推进工作。区委办、区政府办印发《关于推进鼓楼区市域社会治理现代化工作的实施方案》《福州市全国市域社会治理现代化试点工作鼓楼区任务分解表》，围绕20个重点任务、52个分解任务、115个基本要求，推行项目化运作、清单式管理。各单位研究制定具体工作方案、工作路线、措施要求、创建目标等。

【网格化服务管理】 2020年，鼓楼区结合“一线处置”机制，提高网格化效能，优化事部件清单，缩短办结时限，普遍提速20%，其中20项事件的办结时限从1个工作日缩短至1小时以内。启动街镇呼叫机制，召集相关区直部门会商处置，全年采集处置各类社会治理事项150万余件，处置率超99.5%。优化提升网格化平台运行、场景模拟、工作模式，推进社会治理网络数据的汇聚整合，通过线上整合、智能预警、线下比对方式，提高对社会风险隐患的提示预警能力。聚焦特殊人群风险防控，完成各类服务工作、上传服务清单记录3017条。

【综治中心建设】 2020年，鼓楼区推进“综治中心+雪亮工程+网格化”一体化建设，夯实三级综治中心建设，完善区级综治中心群众接待厅、监控研判室、矛盾纠纷调处室、综合协调室等场所设置；各街镇综治中心翻新大屏显示系统，配备100兆光纤网络；各社区综治中心配备电脑终端及10兆以上光纤网络。提升综治中心平台智能化水平，联网接入网格化服务管理信息系统、公共安全视频信息共享平台、综治视联网等信息化应用系统，探索特殊人群“清单式”AI智能化管理，构建集“网格管理、雪亮工程、社会微治理、专项工作、指挥调度”五大功能为一体的鼓楼智脑综治中心平台。拓展“雪亮工程”实战性应用。

【平安小区创建】 2020年，鼓楼区发挥政治、法治、德治、自治、智治“五治”作用，探索形成服务型、蜕变型、自治型、智慧型等“平安小区”创建新模式，推进“平安小区”创建。5月26日，全市创建“平安小区”推进会再次在鼓楼召开。年内700个小区通过验收，全区60%小区达到“平安小区”创建标准。结合老旧小区改造和物业小区长效管理工作，加大居民小区高清视频安装，试点推进“微开互联”门禁系统应用，加强流动人口管理，在73个小区安装微开智能门禁系统532套，注册用户3670户，注册使用人数8453人。

【出租房监管】 2020年，鼓楼区开展新冠肺炎疫情防控期间出租房监管工作，组织街镇、社区干部、社区民警共同开展出租房巡查，监督出租户落实主体责任，增强防范意识和责任意识，通过“福建治安便民”微信公众号，

2020年5月26日，福州市创建“平安小区”推进会在鼓楼区召开

（区委政法委 供）

自主开展流动人口登记、注销，要求“人来登记，人走注销”，做到宣传到位、摸排到位、告知到位、核查到位、处置到位、督查到位、落实到位“七个到位”。全年，清查出租房82022户，核查流动人口信息163711人次，发放宣传材料110960份，查处违反出租房屋管理案件552起。

【平安建设宣传】 2020年，全区开展平安建设宣传活动683场，分发各类宣传品、宣传材料73.8万份；户外LED屏24小时播放平安短片、平安标语263万频次；发送平安建设短信263万条；推送“平安鼓楼”公众号微文102期142篇，“平安鼓楼”微信公众号影响力单周排名多次位列全国政法单位排行榜前20名。政法各部门发表宣传报道1400篇，在中央、省、市媒体分别发表174篇、475篇、550篇。

（唐丽莹）

公安

【概况】 2020年，福州市公安局鼓楼分局（简称“鼓楼分局”）围绕推进国家治理体系和治理能力现代化的总目标，以常态化疫情防控、治安清查整治2020、全国禁毒示范城市创建等为抓手，统筹开展战疫情、护安全、保稳定、促发展等工作，为建设首善之区、幸福鼓楼创造安全稳定社会环境。

2020年，鼓楼分局打造“过硬+特色”的党支部达标创星鼓楼模式，21个党支部全部获评先进党支部、4个党支部获评五星党支部；东街、南街、鼓东派出所获评“福州市人民满意派出所”；2个单位立集体三等功，2个单位被授予2020年度“福州市优秀公安科所队”称号。1人被省公安厅记个人二等功1次，32人立个人三等功；3人被福州市公安局评为2020年度公安工作先进个人；11人被授予2020年度“福州市优秀人民警察暨公安工作标兵”称号；4人获评“福州警星”。

【刑事犯罪侦查】 案件查处 2020年，鼓楼分局破各类刑事案件绝对数2326起，其中破获年内案件2045起，破案率43.99%，比上年下降13个百分点；抓获作案人员1844人，公诉840人。全年全区刑事立案总量4649起，比上年下降31.7%，其中关乎民生的侵财案件立案3091起，比上年下降48.54%，实现刑事案件总量连续8年下降。

扫黑除恶专项斗争 鼓楼分局新增抓获九类涉恶人员189人，破获涉恶犯罪案件229起，判决涉案犯罪嫌疑人68人，所有在侦涉黑涉恶案件均移送检察机关审查起诉，其中“7·28”专案抓获王某等28人，以组织、领导、参加黑社会性质组织罪等13个罪名移送审查起诉；持续在深化打击、深挖幕后、依法严惩、综合整治、源头治理上下功夫，全年收到涉恶线索68条，办结68条，办结率100%。

侦破暴力犯罪案件 鼓楼分局破获八类暴力犯罪案件54起，破案率连续两年均100%，其中实现劫持、爆炸、放火等案件的零发案。全年命案发案2起，破案2起，现行命案破案率100%；强奸案件发案17起，破案17起，破案率100%；两抢案件发案8起（7起为抢劫，1起为抢夺），破案8起，破案率持续四年均100%。“云剑2020”行动取得重大进展，破获7起历年命案积案。

打击电信诈骗犯罪案件 鼓楼分局攻坚群众关注的电信诈骗犯罪案件，持续实现“两降两升”，其中立案829起，比上年下降24.6%；涉案金额331.55万元，比上年下降9.29%；破案231起，比上年上升22.9%；刑拘人员数比上年上升145.2%。抓获违法开卡人员225人，破获部督案件4起、省督案件11起。

侦破侵财案件 侵财案件立案3091起，比上年下降48.54%；破获案件1137起，破案率36.78%，比上年下降33.7个百分点。盗窃、扒窃案件得到遏制，发案大幅下降，盗窃案件立案1497起，比上年下降64.8%。其中，入室盗窃案件立案66起，比上年下降24.1%；盗窃机动车案件立案2起，比上年下降77.8%；盗窃电动车案件立案478起，比上年下降70%；扒窃案件立案204起，比上年下降64.3%。

【刑事要案】 侦破“6·5”拐卖婴儿案 2020年6月5日凌晨，鼓楼分局接被害人郑某报警称，其出生仅2天的女婴于当日0时17分许在协和医院产科45床被一陌生人抱走，下落不明。接报后，鼓楼分局成立专案组展开联合侦查，通过现场勘验、现场访问、调取视频等工作，确认犯罪嫌疑人林某某有重大作案嫌疑。2时50分许，专案组民警经地毯式摸排，在鼓楼区东街口易佰良品酒店内抓获犯罪嫌疑人林某某。经查，该人供述因与男友间的感情纠纷，利用协和医院住院部产科大门未关漏洞乘隙抱走婴儿的犯罪事实。

捣毁一电信网络诈骗窝点 10月21日，鼓楼分局根据福州市公安局合成中心反诈专班推送的本地诈骗窝点线索，在鼓楼区洪山园路华润万象城抓获郑某某、范某某等20余名涉嫌诈骗的犯罪嫌疑人，当场缴获作案电脑20余台、手机60余部、手机卡500余张、涉案银行卡100余张等一大批作案工具，一举捣毁1个以“指导外汇交易”为由实施电信网络诈骗的窝点。经查，上述犯罪嫌疑人在鼓楼区洪山园路华润万象城内，冒充外汇交易公司从业人员，谎称有专业经理免费指导操作外汇，诱骗被害人投资入股到该团伙开发的MT4平台，以客户操作不当导致投资该平台资金全部亏损为由，骗取被害人资金并拉黑被害人。该团伙涉及全国数省20余起案件，涉案金额600万余元。

【经济犯罪侦查】 案件查处 2020年，鼓楼分局立案48起，比上年下降43.5%，涉案金额3.259亿余元，抓获犯罪嫌疑人31人；破获案件40起，抓获犯罪嫌疑人31人，起诉13人，挽回经济损失3353.6万元。

“5·15”打击和防范经济犯罪宣传活动 5月15日，鼓楼分局经侦部门联合鼓楼区检察院、洪山派出所、洪山镇等单位在金牛山体育公园举行2020年“预防和打击经济犯罪宣传日”活动，开展预防和打击非法集资和非法传销宣传活动，向市民解释“鉴别非法集资全攻略”及非法集资的主要形式，提高群众的安全防范意识和防范非法集资风险能力。

打击非法集资犯罪专项行动 鼓楼分局立案22起，破案19起，抓获犯罪嫌疑人19人，挽回经济损失3342.49万元。

“2020云端行动”专项行动 鼓楼分局执行公安部部署下发的“2020云端行动”，经侦、刑侦部门联动作战，共同打击犯罪分子的“资金流”。协助核查云端系统线索260起，部署打击云端系统案件220起，向云端系统提交线索18条，被公安部采用18条。

“2020猎狐”专项行动 鼓楼分局成立追逃专班，重点排查全区经济类历年在逃犯，梳理研判人员的情况和潜逃方向，落实专人负责，抓获经济类网上逃犯17人，其中年前逃犯5人，抓获境外在逃人员3人。

金融风险隐患排查 鼓楼分局经侦部门联合派出所、区金融办建立长效机制，对群体性重点管控人员2700人及时跟踪、开展教育化解工作，及时搜集掌握经济类网上维权动态重点情况26条，会同有关部门化解聚集上访事件20起。

【经侦犯罪要案】 北京恒远鑫达信息咨询有限公司福州分公司非法吸收公众存款案 2019年12月16日，鼓楼分局接公安部内部电报称北京恒远鑫达信息咨询有限公司涉嫌非法集资。经查，2016年至2019年11月期间，北京恒远鑫达信息咨询有限公司在福州市鼓楼区五四路118号三盛国际中心15层设立分支机构并实际经营，通过招揽多名业务员在路面发传单、打电话、开宣传会等方式，承诺投资该公司的理财产品项目（P2P、固收、基金等项目）高额返利（年化收益率约5.8%—12%）为由，向社会公众非法吸收存款，至2019年11月底，该公司无法兑付客户到期的本金及利息，向400余名不特定公众对象借款1.572亿元，导致被害人损失1.458亿元。

上海银来资产管理有限公司福州分公司非法吸收公众存款案 2014年11月至2019年2月期间，上海银来资产管理有限公司福州分公司在福州市鼓楼区鼓东街道观风亭街6号恒力金融中心1104-2，通过业务员发传单、打电话、开宣传会等方式，以投资该公司的理财产品“易收益”“企来贷”项目为由，承诺高额返利作为回报，向社会公众非法吸收存款。至2020年底，上海银来资产管理有限公司福州分公司向413名不特定公众对象吸收资金1.36亿余元，造成被害人损失1.21亿余元。

【禁毒工作】 涉毒犯罪侦查 2020年，鼓楼分局开展“禁毒2020两打两控”暨“飓风肃毒2020”会战行动，破获涉毒刑事案件16起，抓获毒品违法嫌疑人40人，移送起诉毒品犯罪嫌疑人46人，其中省督目标案件1起。查处吸毒人员48人，缴获毒品27.56克。

社区戒毒（康复）工作 鼓楼分局按照“七有”（有办公用房、有办公设备、有工作人员、有规章制度、有经费保障、有禁毒宣教、有工作成效）标准，全区建成10个社区戒毒社区康复（管理）工作站，其中军门社区被评为市级示范点。全年，鼓楼区社区戒毒33人，社区戒毒执行率100%；社区康复40人，社区康复执行率100%。

23名社区戒毒社区康复人员就业安置，就业安置率32%，达上级要求。

吸毒人员管控　对全区831名吸毒人员进行风险分类评估，将其纳入社区网格化服务管理体系，依托网上布控、落地查找方式，落实脱失及现状不明吸毒人员动态清零工作。全年，全区收戒收治病残吸毒人员8人，病残送治率100%。新冠肺炎疫情防控期间，与强戒所无缝对接，对17名强戒出所处置社区康复人员均做好衔接手续并管控到位，未出现吸毒人员肇事肇祸现象，年度内吸毒人员管控取得良好效果。

易制毒化学品管控　夯实易制毒化学品管控工作，对辖区104家易制毒化学品企业的易制毒化学品经营、使用情况进行监管，组织辖区段警不定期上门督导，确保安全。全年受理易制毒购买备案申请510条，运输申请6条，检查易制毒化学品经营使用企业220次，核查率100%，防止易制毒化学品流入非法渠道，确保新冠肺炎疫情常态化防控期间及数字中国建设峰会期间不出纰漏。开展易制毒审批在区行政服务中心的入网工作，加强对精麻药品、笑气、可疑新精神活性物质、涉含管制物质“减肥药”、未在监管平台注册但有易制毒化学品经营购买使用运输资质单位的排查工作。

禁毒宣传教育　全区建成市一级毒品预防教育示范校3所，林则徐禁毒宣教室（廊）7处，社区戒毒社区康复（管理）工作站10处。建成左海禁毒教育基地，对进一步开展毒品预防教育宣传等方面发挥作用。开展毒品预防宣传活动86场次，受教育群众和学生3.5万人次，发放禁毒宣传手册4000余份，禁毒宣传品1500余份，在各级各类媒体刊登宣传报道53篇。

【公安法制】　受立案源头管控改革　2020年，鼓楼分局落实受立案工作规定，全面规范警情登记和受立案管理，强化群众上门报案“三个当场”（当场进行接报案登记、当场接受证据材料、当场出具接报案回执并告知查询案件进展情况的方式和途径）制度，整治报案不接、接案不受、受而不立、立而不侦、推诿扯皮、规避监督等执法“顽疾”，推进落实执法音像记录全覆盖工作。

刑事案件“两统一”审核机制改革　鼓楼分局持续优化创新审核机制，结合上级公安机关的意见精神及区域执法实际和特点，规范全区刑事案件立案及不予立案审核流程，严把案件程序关、证据关、事实关，全年书面审核各类刑事案件及强制措施581起，对审核中发现的1200余个问题列出提纲，并落实整改。

专项执法问题整治　鼓楼分局对刑拘未捕未诉、行政拘留未执行开展“两个专项”检查活动，重点排查涉疫案件执法突出问题及矛盾纠纷，督促整改检查中发现的20余个问题，发出纠正违法通知书13份。随机抽取考评各执法办案单位342起刑事、行政案件，发现执法问题143个，将考评结果予以全区通报，促进严格公正规范执法，推动执法质量和办案水平提升。2020年，被福州市公安局评为执法质量优秀单位。

专题执法调研　鼓楼分局法制大队牵头开展各类执法难点热点问题的调研，对民警执法正当权益维权、疫情执法活动中存在的热点难点及法学会论坛主题活动进行调研，全面分析在执法过程中遇到的实际困难和存在问题，解决3个执法问题，为领导决策、民警执法提供3条工作建议。

行政复议、诉讼案件办理　鼓楼分局规范开展行政复议诉讼、国家赔偿、刑事复核等工作，办结刑事复议案件9起，其中维持7起，撤销2起。办理行政复议案件4起，其中维持2起，终止1起，撤销1起。当事人提起行政诉讼20起。

网上执法巡查制度　鼓楼分局法制大队依托执法监督平台，围绕受立案、文书材料扫描、涉案财物网上流转、个案质量、执法记录音视频管理、违法犯罪类警情流转及系统三色预警等关键环节，加强每日通报常态化机制，推动执法质量和办案水平进一步提升。全年发出网上执法监督日报237份、旬通报10份，网上考评个案632起，对网上巡查发现的问题，督促各单位落实整改。

法制队伍履职能力　鼓楼分局围绕新出台的《中华人民共和国民法典》《公安机关办理行政案件程序规定》《公安部刑事案件管辖分工规定》《中华人民共和国公职人员政务处分法》等法律法规，组织业务骨干及小教官到办案单位，开展常态化培训，提升民警执法办案水平和能力。

普法宣传教育　鼓楼分局法制大队牵头细化分解“谁执法谁普法”任务，在各专项法律的宣传日节点，通过设立宣传栏、现场讲解、发放宣传单等形式，开展普法工作“六进”（进机关、进乡村、进社区、进学校、进企业、进单位）活动，宣传疫情防控、扫黑除恶、反骗反毒反恐反邪等各类专项法律知识。通过采取执法提醒、执法规范、案例指导等多种形式，依托分局网页的“法制园地”等栏目，对内发布宣传公安执法活动相关法律法规、规章制度，提升全警的法治意识和执法能力。

【社会治安管理】　案件查处　2020年，鼓楼分局查处治安案件7752起、查结4441起，查处违法人员2052人，其中治安拘留348人。查处赌博案件308起（刑事案件257起）、涉黄案件165起（刑事案件47起）、“四黑四害”类案件119起。

标准地址二维码应用　鼓楼分局开展标准地址二维码应用工作，引导有条件的小区、物业进行智能门禁系统建设，并对接省厅地址二维码系统。至年底，11 个小区完成智慧门禁改造，登记有效居住人 2224 人，自动采集小区进出数据 63302 条，其中人脸进出数据 35657 条。依托标准地址二维码的精准导航功能，加强流动人口出租房屋自主申报，全区自主申报出租房屋 19674 户，自主申报率 72.08%，自主申报单位 760 个，自主申报率 97.56%。

行业场所管理　鼓楼分局处罚不按规定进行住宿登记旅馆和洗浴场所 175 家次，擅自经营留宿日租房、网约房 33 家次，修复损坏探头 219 个，查处不按规定上传信息机动车修理企业 32 家次。

社会治安防控网络　鼓楼分局开展治安防控体系建设示范创建活动，完善“1、3、5”分钟防控圈，健全守点、巡线、控面一体化防控机制，每日投入警力 14 人次、保安 20 人次，联合武警力量 6 人次，处置持刀持械等突发警情、案件 30 余起。完善社会治安五级巡逻机制，开展社会治安第四级村、社区级巡逻防控工作，建设人人有责、人人尽责、人人享有的社会防控共同体，全区盗窃警情比上年下降 22.79%。自主创新开发“鼓楼巡更”系统，10 个派出所组建 254 人巡逻队伍，开展 6041 次巡逻测试，巡逻里程近 4 万千米。

打击黄赌违法犯罪统一清查行动　鼓楼分局查处赌博案件 308 起（刑事案件 257 起），其中破获跨境网络赌博案件 29 起（部督案件 1 起、省督案件 1 起），摧毁跨境网络赌博团伙 3 个；查处涉黄案件 165 起（刑事案件 47 起）。

“打四黑除四害”专项行动　鼓楼分局查处“四黑四害”类案件 119 起（部督案件 1 起、省督案件 2 起）。

【民生警务】　矛盾纠纷大排查大化解　2020 年，南街、东街派出所分别与律师事务所开展深度合作共建，建立律师驻所调解机制，利用“公调对接”驻派出所调解员，调解各类矛盾纠纷 278 起，调解成功率 100%。摸排矛盾风险，从源头预防个人极端暴力和群体性事件的发生，排查矛盾纠纷 1197 起，调处化解 1146 起，把各类矛盾纠纷化解在当地、消除在萌芽状态。

“五星”服务窗口　鼓楼分局以创建第六届全国文明城市和新一届全省文明城区为契机，升级改造窗口软硬件环境，行政审批和公共服务事项提升 130 个星级，1 项业务实现群众“一趟不用跑”、85 项业务实现群众“最多跑一趟”，特种行业许可证的审批时限压缩至 5 个工作日内、办理环节压缩至 3 个以内，推行“指尖办事”，办理预约服务 2 万余起，群众使用微信办理的户籍业务总数 3000 余条，实现“服务好、质量高、投诉少、群众满意”工作目标。

【网络安全监察】　净化网络环境　2020 年，鼓楼分局组织专人巡查网上违法有害信息，发现上报本地有害信息 3000 余条，上报警示线索 600 余条。对散布网络谣言的网民落地查证并处罚 18 人次，其中教育训诫 15 人次，行政警告 3 人次，有效净化网络环境。

破获涉网案件　鼓楼分局破获自侦案件 49 起，抓获犯罪嫌疑人 83 人，协助破获涉网刑事案件 96 起。其中，按照上级网安部门部署，组织协调、牵头打击，破获各类侵犯公民个人信息案件 3 起，刑拘 3 人；破获黑客案件 6 起，刑拘 6 人；破获网络开设赌场案件 26 起，协助抓获涉案嫌疑人 71 人。

涉网单位管理　鼓楼分局对案件、线索等涉及的网站、博主、吧主、版主、群主开展实名管理。在重点单位管理方面，与辖区重保单位、LED 宽频业主单位签订重要信息系统安全责任状，督促重保单位定期开展网络风险评估工作。在网站管理方面，加强对网站备案审核，督促未符合要求网站加紧整改，与交互式网站负责人强调信息安全管理工作要求，加强信息审核发布把关，落实信息安全事件报告制度等，维护网安管控阵地服务和管理职能。年内，全区完成属地 200 余家网站备案，下发限期整改通知书百余份。

【接处警工作】　2020 年，鼓楼分局受理群众报警 66106 起，其中接市局“110”指挥中心警情指令 59113 起、群众直接到分局所队报警 3136 起、自查警情 3857 起。规范接处警平台上警情录入工作，倒查警情 23686 起，核查整改警情 1630 起，及时回访不满意警情。全年接处警满意率 97.13%，达省厅标准。

【公安科技信息通信建设】　信息化重点项目建设　鼓楼分局推进历史户籍档案数字化、分局智慧执法办案中心项目建设，推动全局 616 台新移动警务终端的配备，完成分局加密高清会议系统建设、PKI/PMI 系统升级、鼓检大楼公安机房及分局二楼会议室音控室改造项目建设工作，完成视频专网“一机两用”系统基础服务端及分局网络防护系统的部署工作。

信息通信服务与保障　鼓楼分局完成省“两会”、省委十届十次全会、省十三届人大四次会议、向革命烈士敬献花篮仪式及二级以上保卫任务 10 余场，保障大型警卫保卫任务的通讯畅通。完成各级电视电话会议、局务会保障任务 117 场次。

（童关怀）

检察

【概况】 2020年，鼓楼区检察院受理审查逮捕各类刑事犯罪279件469人、审查起诉568件863人，监督侦查机关立案18件，撤案28件，追捕9人、追诉53人，纠正侦查活动违法21件。办理民事行政检察监督31件，公益诉讼检察40件。配强干部力量，提任派驻纪检监察组组长1人、检委会委员2人，任命内设机构主任9人，晋升6名检察官等级。年内，10个集体获省级以上表彰、42名个人获市级以上表彰。区检察院获第六届全国文明单位，第八次蝉联全国检察宣传先进单位，“12309”检察服务中心被评为全省文明接待室。涌现出全国检察宣传先进个人、“福建青年五四奖章”获得者、全省案件管理业务能手等一批先进典型。

【刑事检察】 2020年，区检察院批捕故意杀人、抢劫、强奸等严重暴力犯罪47人，盗窃、诈骗等多发性侵财犯罪177人。报经最高人民检察院核准，对1起25年前故意伤害致人死亡案犯罪嫌疑人依法追诉。向鼓楼公安分局执法办案管理中心派驻检察室，提前介入发生在网龙公司的特大持刀伤害7人案件。审查逮捕金融诈骗、破坏金融管理秩序犯罪28人，其中涉案金额千万元以上的重大非法集资犯罪9人。加大惩治电信网络诈骗、网络赌博、泄露公民信息等犯罪力度，依法起诉94人。落实审判监督职责，检察长列席审委会3场，发表意见均获法院采纳。在区司法局设立社区矫正巡回检察官办公室，每季度列席联席会议，共同推动《中华人民共和国社区矫正法》规范实施。开展社区矫正对象违规领取养老金专项监督，追回养老金16万余元，促成建立信息互通、年度核查等机制。开展危险驾驶类罪犯交付执行监督，纠正43名罪犯未及时送交看守所执行的问题。

【民事检察】 2020年，区检察院加强对民事诉讼和执行活动的精准监督，维护群众合法权益。对认为确有错误的民事生效裁判，提出再审检察建议6件。对1起民间借贷纠纷案中8万元借款利息认定错误的问题，提请市检察院向福州市中级人民法院提出抗诉。整治虚假诉讼，针对“套路贷”团伙为获取非法利益打“假官司”问题，推动法院再审3件，涉案标的300余万元。共同破解“执行难”问题，对怠于执行、选择性执行等违法情形，提出检察建议17件，促成法院解决1起逾期近10年的执行积案，对拒不执行判决、裁定的提起公诉7人。

【行政检察】 2020年，区检察院开展行政非诉执行监督，提出检察建议6件均获采纳，监督1起行政罚款长达13年未执行完毕的案件，避免国有资产流失。会同行政执法部门规范“两法衔接”工作，建议行政机关移送涉嫌犯罪案件5件。结合食品药品“四个最严”（最严谨的标准、最严格的监管、最严厉的处罚、最严肃的问责）专项行动，开展医美行业专项整治，督促整改26家违规机构。

【公益诉讼检察】 2020年，区检察院通过诉前程序更好维护公共利益，促进基层治理。办理公益诉讼案件40件，比上年增长233%。针对群租房乱象、噪声污染、古厝文物保护不力等问题，发出35件诉前检察建议督促整改，助力品质城市建设。再生资源回收、建筑工地噪声污染、渣土运输不规范公益诉讼案被确定为全市首创案件。针对自动售货机新业态食品监管空白问题，通过诉前检察建议督促职能部门摸排全区151台自动售货机，促成福州市出台加强自动售货食品经营许可监管指导意见。针对假冒“茅台”酒流入市场侵害公益行为，提起侵犯知识产权刑事附带民事公益诉讼，在全省首次以诉讼形式保护“没有姓名的受害者”。拓展办案范围，聚焦个人信息泄露、在酒店安装针孔摄像头侵犯公民隐私等问题，提起刑事附带民事公益诉讼5件。在全省率先建立公益诉讼检察监督员制度，首批聘任12名监督员协助提供线索、调查核实、提供专业意见，相关做法被省、市检察院推广。

【检察改革】 2020年，区检察院建立“案－件比”质效评价标准，将群众经历的诉讼环节纳入办案质效的评价指标，督促检察官强化责任意识、提升司法能力，避免程序空转。启动“提升司法规范建设”专项活动，制定证据审查工作指引，加强案件退补、延期的审查把关，对109起案件开展质量评查。12月，刑事检察“案－件比”较年初下降1.57，减少不必要的办案环节242个。制定检察官业绩考评标准，将办案监督工作实化为272项具体指标，倒逼检察官努力履职、做到极致。在考评“指挥棒”下，1名检察官主动要求退出员额，员额退出、动态管理得以落实。

【扫黑除恶专项斗争】 2020年，区检察院推进“六清”（线索清仓、逃犯清零、案件清结、伞网清除、黑财清底、行业清源）行动，工作成效得到中央政法委副秘书长、全国扫黑办副主任王洪祥肯定。至年底，受理的涉黑涉恶案件全部提起公诉并作出有罪判决，其中充当黑恶势力“保护伞”案件3件3人。针对房产委托公证不规范、“黑护工”扰乱医疗秩序、代理律师泄露案件资料等问题，发出检察建议25件，促进行业规范管理。督促公安机关查封涉黑恶财产4000余万元，监督黑恶案件财产刑执行90人8400余万元，督促收缴涉案款128万余元。鼓楼区首起涉黑套路贷案件“7·28”专案经提前介入、引导侦查，案件性质从恶势力犯罪升级为黑社会性质组织犯罪，涉案金额从800余万元增加到1860余万元，涉案人数从8人追加至28人，其中7名被告人被判处10年以上有期徒刑。根据该案改编拍摄的微电影《套路深深》获首届中国法治微电影展优秀作品奖、美丽乡村国际微电影艺术节最佳作品奖、中国（绵阳）科技城法治微电影最佳微视奖，并在“爱奇艺”平台上线，扩大专项斗争影响力。

2020年1月2日，鼓楼区未成年人保护共同体“守护明天 护苗启航”全面落实“一号检察建议”启动仪式在区检察院举办 （区检察院 供）

【适用认罪认罚从宽制度】 2020年，区检察院全面适用认罪认罚从宽制度，适用率86.8%，确定刑量刑建议采纳率98%，分别高于全省平均水平4.5%和1.5%。对醉驾被告人认罪认罚获得较轻刑罚后，又无故反悔上诉的，依法提出抗诉，维护法律权威。孙某波等3人非法占用农用地认罪认罚案被评为福建省检察机关闽检1号典型案例，并入选最高人民检察院《刑事检察工作指导》。区检察院作为全省基层检察院代表参加“认罪认罚从宽制度控辩审省市县多角度三级谈”沙龙。

【未成年人检察工作】 2020年，区检察院推动辖区116所中小学和幼儿园“一号检察建议”上墙，起诉性侵、虐待等侵害未成年人犯罪23人。在1起侵害多名幼儿的虐待被看护人案中，首次提出“从业禁止”量刑建议获法院采纳。出台侵害未成年人案件强制报告、教职员工入职审查制度，构筑孩子健康成长“防火墙”。针对监护人管教不严、监护缺位问题，发出《督促监护令》19份，并发出全国首份附条件不起诉阶段《督促监护令》。在全省首创未成年人检察法律监督员、合适保证人制度，聘请来自教育、社工等领域的16名专家共同参与未成年人保护。升级全省未成年人检察工作展示平台，建设未成年人一站式帮扶救助中心，集询问、身体检查、心理疏导等功能于一体；运用“云玲工作室互联网云平台”制作预防性侵、禁毒教育等5个普法视频，新冠肺炎疫情防控期间被鼓楼区教育局纳入“空中课堂”，供29所学校7万多名学生、家长在线观看，该系列视频被“学习强国”选用。

【知识产权保护】 2020年，区检察院联合鼓楼公安分局、区法院统一知识产权案件量刑和证据适用标准，依法惩治侵犯知识产权犯罪82人。高某英等人销售假冒注册商标的商品抗诉案入选全国检察机关保护知识产权典型案例。试点审查起诉时主动告知被侵权企业诉讼权利，保障企业及时获取案件信息、行使救济权，其中为匡威品牌权利人美国全星有限合伙公司挽回经济损失120万元。“提升知识产权检察品质 服务企业创新发展”的做法入选全国新时代基层检察院建设典型事例并被推广。12月3日，承办“强化知识产权专业化司法保护 服务保障经济高质量发展”全国研讨会，提升知识产权综合性司法保护水平。12月，福州市知识产权检察办公室在鼓楼区检察院挂牌成立，是全省首家知识产权检察办公室。

【检察建议】 2020年，区检察院结合办案对食药安全、城市建设、企业管理等领域问题发出检察建议153件。与区金融办、鼓楼公安分局、区法院协同落实“三号检察建议”，强化监管合力。服务国家级生态区建设，统筹运用公益诉讼、检察建议等措施，督促治理城市内河、再生资源回收、工地噪声等领域环境问题。落实最高检“四号检察建议”，通过实地走访、座谈交流，推动加强窨井盖管理、施工和维护。运用检察建议促进福州市汽配行业依法依规经营的成效得到全国打击侵犯知识产权和制售假冒伪劣商品工作领导小组办公室肯定。检察建议“案件化”办理的做法得到最高检通报推广。向区人大常委会专题报告《关于加强检察建议工作的决议》落实情况，在监督中提升检察建议刚性和质效。

2020年12月1日，福州市知识产权检察办公室在鼓楼区检察院挂牌成立
（区检察院 供）

【涉诉信访化解】 2020年，区检察院践行新时代“枫桥经验”，对284件信访件均告知“收到了，谁在办”，3个月内办理过程或结果答复率100%。建立院领导“大接访”制度，通过领导包案、带案约访，化解4起长期信访积案，其中帮助1名不服证据采信而在“12345”平台上投诉10余次的当事人解决诉求。推广公开听证，对24起多方关注、反复信访或有较大社会影响的案件邀请代表委员、人民监督员参加听证。针对1起刚毕业大学生误入歧途、涉嫌伪造公司印章案件召开公开听证，依法作出不起诉决定，挽救13名年轻人的执业生涯，该案被人民网、正义网等8家主流媒体关注报道。

【法律服务】 2020年，区检察院立足职能精准扶贫，向11名因案致贫、因案返贫的被害人或其近亲属发放司法救助金18.5万元。针对1起故意伤害致人死亡案被害人家属，因犯罪嫌疑人潜逃20年无法获得赔偿、生活极其困难的情形，发放救助金10万元。依托“12309”检察服务中心设置律师专用通道，接待律师阅卷申请512人次，实现认罪认罚案件值班律师全覆盖。

【智慧检务】 2020年，区检察院依托信息化提升办案质效，自主研发的“知识产权检察法律服务云平台”和“云玲工作室互联网云平台”被评为全国政法智能化建设创新案例。通过“12309”网络平台向社会发布“四大检察”主要业务数据，公开案件程序性信息1619件、终结性法律文书605份。每月开展1次主题检察开放日，召开新闻发布会4场；在“12·4”国家宪法日，以“学习习近平法治思想，强化新时代法律监督”为主题首次开展检察开放日网上同步直播。与甘肃省岷县检察院“云上”结对共建协作，以业务“扶智”推动扶贫攻坚走深走实。建成鼓楼区一流法治城区建设体验教育展示馆，近千名企业家、在校师生和社会各界人士到馆参观视察。

【助力新冠肺炎疫情防控】 2020年，区检察院依法惩治殴打防疫志愿者等危害疫情防控犯罪，建立涉疫案件逐案介入、快捕快诉机制。联合市场监管部门检查12家药店防疫用品、药品销售情况，监督纠正废弃口罩与生活垃圾混合、“雷神山”“火神山”等涉疫标志非正常商标代理等问题。针对防疫措施给诉讼活动带来的不便，为律师提供在线预约、异地阅卷等服务。出台服务保障“六稳”（稳就业、稳金融、稳外贸、稳外资、稳投资、稳预期）、“六保”（保居民就业、保基本民生、保市场主体、保粮食能源安全、保产业链供应链稳定、保基层运转）、助力企业复工复产工作意见，帮助企业稳发展渡难关。

【服务优化营商环境】 2020年，区检察院参与金融风险专项整治，起诉非法吸收公众存款、集资诈骗等金融犯罪48人，依法办理利用互联网平台非法吸收公众存款5.4亿元等一批重特大案件。开展涉民营企业立案监督专项活动，监督立案侵害企业合法权益案件4件。会同区工商联出台11条服务保障意见，建立日常联络、案件快速办理、重大疑难案件会商等多项机制，为企业发展营造良好法治环境。依法平等保护民营经济，对犯罪情节较轻、主动配合调查、认罪认罚的，作出不批捕决定106人、不起诉决定41人。开展涉民营企业案件羁押必要性审查专项活动，对23名在押民企人员依法变更强制措施，占总变更数33.3%。开展“检察护航民企发展”主题活动，到黎明集团实地调研，会同区工商联邀请20余名企业代表座谈，听取民营企业家意见。

【检察理论调研】 2020年，区检察院发动干警开展理论调研，承担市级以上重点课题8项。拓展与最高检《中国检察官》、高等院校等研讨合作，参与国家社科基金项目《两岸反洗钱制度比较研究》，联合福建师大法学院、福州市律师协会开展本土知识产权保护省级理论课题研究，均结题。组织参与各类学术研讨与征文竞赛活动，在国家级刊物发表18篇，参加全国性交流研讨2次，获国家级论文一、二、三等奖各1篇，省级论文一等奖1篇。《“捕诉一体”办案机制运行状况之实证分析》获全国检察官阅读征文活动一等奖；“案件管理理论与实务研究”调研成果获全国二等奖、全省一等奖。

【作风建设】 2020年，区检察院关注司法责任制、“捕诉一体”等改革带来的廉政风险，在全省率先建立检察权廉政风险防控机制，经验做法被最高检专门刊发推广。创新建立检纪联席会议制度，制定机关效能和队伍作风建设23项负面清单，进行日常监督管理。执行“三个规定”（《领导干部干预司法活动、插手具体案件处理的记录、通报和责任追究规定》《司法机关内部人员过问案件的记录和责任追究规定》《关于进一步规范司法人员与当事人、律师、特殊关系人、中介组织接触交往行为的若干规定》），做到全员覆盖、逐月报告，定制手机提醒彩铃，记录报告有关事项42件。开展个人重大事项报告、违规经商办企业、“失信被执行人”等专项检务督察，遏制违纪违法问题发生。全年组织集体廉政谈话、个别提醒谈话等活动16场211人次。

（韩林力）

法院

【概况】 2020年，鼓楼区人民法院受理各类案件27103件，审、执结25097件，结案率92.6%，比上年上升5.48%，结收比109.89%，员额法官人均结案386件，结收比列全省基层法院首位，收、结案数及人均结案数均位居全市基层法院首位。全年受理刑事案件628件，审结574件；受理各类民商事案件13724件，结案12717件；受理行政案件924件，审结767件；受理执行案件11608件，执结10873件，执行到位标的47.19亿元；受理国家赔偿与司法救助案件60件，审结42件；受理区际、国际司法协助案件92件，审结73件；受理司法制裁9件，审结7件；受理非诉保全案件45件，审结42件；受理强制清算与破产案件13件，审结2件。4月17日，鼓楼法院成立“鼓法博观讲堂”。鼓楼法院被人民法院新闻传媒总社授予“司法宣传和通联工作先进单位”称号；被省高院评为“信息工作优秀单位”；以全省基层法院第三名的成绩获评全省法院系统第三十二届学术论文研讨会“组织工作先进奖”。

【刑事审判】 刑事犯罪惩治 2020年，区法院受理刑事案件628件，审结574件，判处罪犯915人。其中，受理故意伤害、聚众斗殴、抢劫、强奸等暴力犯罪49件，审结45件；受理抢夺、盗窃、诈骗等多发性侵财犯罪148件，审结143件；受理交通肇事罪、危险驾驶罪及非法持有、私藏枪支、弹药罪等危害公共安全犯罪146件，审结146件；受理非法吸收公众存款、非法经营等涉众型经济犯罪案件49件，审结46件；受理贪污贿赂、滥用职权等职务犯罪案件2件，审结2件。

扫黑除恶专项斗争 开展扫黑除恶“六清”行动，审结涉黑恶及“保护伞”案件8件53人，依法审结以王某为首要分子的“7·28”专案及以黄某敏为积极参与者的“2·8”专案，年内受理的涉黑恶及“保护伞”案件全部清结，执结涉黑涉恶财产案件104件，执行到位标的4381万元。

未成年刑事审判 受理未成年人刑事案件11件16人，审结10件13人，判处非监禁刑4人，封存犯罪记录13人，针对“平安校园”建设发出5条司法建议，组织回访帮教5场。

【民商事审判】 民生保障 2020年，区法院受理民商事案件13724件，审结12717件。加强人身保护令执行力度，审结婚姻家庭、继承赡养等案件699件。审结劳动争议案件451件，促成调解撤诉161件，依法追回劳动报酬1805万元。参与居住项目配套幼儿园专项治理工作，审结配套幼儿园产权案件7件。审结房屋租赁合同、买卖合同、金融借款合同等合同纠纷4325件。加强司法救助，设立法援律师值班制度，为困难当事人缓减免诉讼费158万余元，走访慰问刑事案件被害人及其亲属130余人，发放司法救助款15万元。创新“智慧+网格”工作模式，成立

2020年4月17日，鼓楼法院举办“鼓法博观讲堂”启动仪式 （区法院 供）

9个社区法官工作室，山西、江苏等六省代表团的部分全国人大代表在闽视察时对三坊七巷社区法官工作室予以肯定。

优化营商环境　区法院落实中央“六稳”“六保”政策，服务经济健康发展，审结涉金融案件4599件。保障破产审判工作，设立50万元破产专项保障基金，探索“五精”（精选团队、精准分类、精心保护、精深联动、精细防控）、“四化”（简易审理规范化、重整功能重点化、府院联动机制化、自然人破产可行化）破产审判模式，相关工作得到省、市领导的批示肯定。

知识产权司法保护　区法院落实知识产权审判激励和保护创新任务，完善“三审合一”（由知识产权审判庭统一受理知识产权民事、行政和刑事案件的试点工作）审判制度，审结各类知识产权案件885件。创新工作思路，审理全市首起知识产权刑事附带民事公益诉讼案件，为食药品领域中消费者权益保护问题提出创新解决方式。维护新兴行业，审结10起涉及网络直播案件，探索总结直播行业等新业态纠纷快速解决机制。向社会发布《鼓楼法院知识产权司法保护状况（2018—2019）》白皮书、“鼓楼法院知识产权保护十大典型案例”，其中由区法院审理的全市首例侵犯商业秘密罪案例入选“福州中院2019年知识产权司法保护十大案例”。

【行政审判】　2020年，区法院受理行政诉讼案件924件，审结767件。坚持行政行为合法性审查，审结食品卫生、交通执法等行政非诉执行案件128件。开辟行政诉讼诉前调解通道，完善判前协调、联合约谈制度，协调撤诉案件78件。服务城市发展，审结房屋征迁类案件237件。监督行政机关依法行使职权，行政首长出庭应诉案件196件，比上年增长9.3倍。加强府院良性互动，召开府院联席会议6场，向行政机关提出司法建议2条，提供法律咨询20余次，为鼓楼区获评首批“全国法治政府建设示范区”提供司法支撑。

【执行工作】　案件受理与执行　2020年，区法院受理执行案件11608件，执结案件10873件，执行到位标的47.19亿元。开展夜间敲门执行行动、节假日集中执行和涉民生、金融专项执行等大会战47次。梳理重塑执行案件节点流程，清理沉淀案款3.2亿元。开展终本案件评查整改，案件合规率达100%。

创新执行方式　区法院上线不动产网络司法查控模块，实现不动产查控全流程网上办理，线上查控34万余次。畅通执行法官与当事人沟通渠道，开通9个执行团队微信工作号，推行团队轮岗接待日机制，接访当事人4952人次。曝光失信被执行人信息4670人次，移送涉嫌拒执罪犯罪线索6件7人，审结拒执罪案件4件5人。

善意文明执行　区法院落实执行信用修复及正向激励机制，开展失信“黑名单”专项清理工作，依法撤销失信惩戒措施2648人次，促成被执行人自动履行2377件，到位标的3.8亿元。对企业审慎适用财产保全和“查冻扣”强制措施，依法及时解封涉企财产案件124件，涉及标的2.03亿元。

【社会治安综合治理】　诉源治理工程　2020年，区法院以区矛盾纠纷多元调处中心为基础，汇集金融、劳动、生态保护等25家相关单位，聘请113名特邀调解员，打造“诉非联动中心”，委托调解2214件，调解成功1131件，成功率51.08%，中央政法委副秘书长王洪祥及省人大常委会副主任梁建勇调研时均对该项工作予以肯定。持续探索矛盾化解从终端裁决向源头防控延伸，深入分析案件成因，发送相关司法建议5份、白皮书3份。民商事一审新收案件数量减少5594件，比上年下降34.4%，常住人口万人成讼率152.89‱，比上年下降77.67‱。

“一站式”建设　区法院聚合诉讼服务与非诉讼事项功能，实现“一站通办、一号通办、一网通办、一次通办”，窗口登记立案16998件，接待当事人1.6万余人。提升人民群众诉讼体验，制作39个立案格式模板，提供诉讼指南、举证指南等诉讼指导。推广远程立案服务，受理网上立案4969件，完成跨域立案871件。更新升级“互联网+调解”模式，建立民事、商事、仲裁及远程视频等调解室，

2020年7月10日，鼓楼法院诉非联动机制合作协议签约仪式暨“一站式”多元解纷机制建设工作推进会召开　（区法院　供）

诉前快速化解案件514件。

涉诉信访化解 区法院规范信访办理流程，出台《福州市鼓楼区人民法院信访工作办理规程信访规定（试行）》。坚持接待接访和院领导接待日制度，处理群众来信105件，转办上级法院交办信访件18件，接待来访460人次，终结信访案件7件。

【司法服务】 *司法防疫力量* 2020年，新冠肺炎疫情防控期间，区法院线上开庭891场，审结涉疫情案件9件，审结1起被告人不服从防疫管理、殴打志愿者的刑事案件。全院300余名干警志愿到50余个社区点位，参加防疫工作5000余次。引导群众配合防疫工作，依托法院官网、微信公众号等新媒体平台，推送与疫情相关法律知识和防疫常识文章40余篇。

普法宣传活动 引导辖区群众学好用好《中华人民共和国民法典》，组建民法典宣讲团，开展巡回宣讲22场，制作典型案例展板19期。开展法律"六进"活动91场，利用学校网课直播平台举办普法公开课5场，组织"庭审直播进校园"活动4次。打造法治文化墙，运用"两微一网"发布法治宣传文章千余篇，举办"面对面法治攀讲会"17场，拍摄并在抖音平台发布"法治小剧场"24期。

审判监督管理 区法院制定审判执行质效红、黄、绿三色标识通报表，缩短案卷流转、管辖权异议、司法鉴定、买卖合同纠纷等平均用时，严把延长审限事由，增强审理期限预警，清理长期未结案件3064件。总结制定案件裁判尺度指引、民事案件程序操作规程等7项规则，规范类案同判问题4724件。

【司法改革】 *审判资源配置* 2020年，区法院开展干部轮岗交流，完成院领导交流1人，调整中层干部3人。充实员额法官力量，择优选升三级高级法官1人，按期晋升一级法官3人、二级法官6人、三级法官2人，6名法官助理经过考核遴选入额。完成司法警察执法勤务警员套改工作及晋升工作、公务员晋升工作20人。优化审判团队人员配置，进行院内人员调整90余人次。

繁简分流改革 推进民事诉讼程序繁简分流改革试点各项工作，完善简易程序规则，依法规范小额诉讼程序、简易程序和普通程序转换机制。组建4个"1+1+2"（由1名员额法官、1名法官助理、2名书记员组成的审判团队）模式的简案快审团队，审结案件5490件，四成以上民商事案件在该团队办结。制定出台《诉前司法鉴定实施细则（试行）》，运用"诉前鉴定+诉前调解"模式，化解争议焦点，办理诉前鉴定案件44件。

送达机制改革 在全市首家挂牌成立集约送达服务中心，与中国邮政福州分公司合作，探索诉讼文书集约化送达路径，实现法律文书从"自主送达""分散送达"向"电子送达""集约送达"转变。全年开展集约化送达案件3984件，送达6813次，送达成功率85.4%。

【接受监督】 *人大及政协监督* 2020年，区法院主动接受区人大及其常委会监督，接受政协民主监督，定期通报法院工作情况，听取代表、委员的意见建议，全年办结区人大代表建议件2件、督办件6件，办结委员提案4件。邀请代表、委员开展视察工作、旁听庭审、参与调解、见证执行等活动22场150人次。参与市人大重大调研课题研究，撰写的调研文章分别获省级二等奖、市级一等奖等奖项。

社会监督 区法院强化司法公开四大平台建设，上网文书18874篇，直播庭审665次，召开新闻发布会11场。接受舆论监督，重视发挥媒体作用，在各级各类媒体上刊发宣传报道239篇，多项典型做法被《人民日报》《人民法院报》《福建日报》等中央、省级媒体报道。

（孙妍）

司法行政

【概况】 2020年，鼓楼区司法局继续加强公共法律服务体系建设，开展人民调解、律师进社区、法律援助、社区矫正、安置帮教等工作，推进平安鼓楼、法治鼓楼建设。年内，鼓楼区被评为第一批全国法治政府建设示范区，是福建省唯一入选的县级地区；区多元调处中心刘子钰调解工作室被省委政法委、省司法厅命名为全省首批11家"省级金牌调解工作室"之一。

【人民调解】 2020年，全区各调委会调解各类纠纷1620件，向"中国法律服务网"上传优秀调解案例22篇，5条调解工作相关案例在福建电视台《帮帮团——调解有一套》栏目播出。配合开展服务保障全市房屋结构安全隐患大排查大整治工作，全区各调委会组织入户摸排1247人次，排查出涉及此类纠纷165件。欠薪警情处置中，完成处置欠薪事项335件，其中通过人民调解方式化解10件，当事人自行和解242件，其余83件均引导分流。

【社区矫正】 2020年6月，鼓楼区社区矫正管理局成立；8月，推进成立鼓楼区社区矫正委员会；12月，建立社区矫正心理矫治中心。加强日常监管工作，利用信息化手段加密社区矫正对象巡查点名和活动区域报告，联合区检察院开展司法所执法检查。落实新冠肺炎疫情防控期间社区矫正对象的教育学习任务，要求各司法所统一启用“学习强国”App，规定“法纪”专栏为社区矫正对象的必学项目。通过购买服务组建专业心理咨询团队，引入专业心理咨询力量参与社区矫正工作，探索社区矫正对象心理疏导和思想改造新模式。全面铺开《中华人民共和国社区矫正法》宣传，邀请法律工作者共同研讨学习社区矫正法内容，利用电子信息平台和法治文化长廊，联合社区、部门开展主题宣传活动。全年全区接收社区矫正对象1862人，解除矫正1674人，在册社区矫正对象188人。

【安置帮教】 2020年，区司法局落实刑满释放人员无缝衔接机制，全年衔接刑满释放人员197人，均建立一人一档。至年底，全区在册刑满释放人员961人。

【普法依法治理】 2020年，区司法局牵头召开区委全面依法治区委员会第二次、第三次、第四次会议，出台区委全面依法治区委员会2020年工作要点和深化新冠肺炎疫情依法防控、推进法治化营商环境建设、综合治理执行难等专项依法治理文件。开展法治示范创建专项新闻宣传，发布专题稿件12篇。落实“谁执法谁普法”责任制，将2020年度区直各单位“谁执法谁普法”工作继续列入综治考评指标，实施区直相关部门“谁执法谁普法”责任清单制度。按照“七五”普法考核评估指标体系，完成全区“七五”普法验收工作，推进各街镇、各部门以评促改，落实“七五”普法各项任务。参与开展宪法、民法典、平安建设、新冠肺炎疫情防控等主题普法活动132场次，发放《法治宝典》等普法材料1.9万余份。“法治鼓楼”官微推送专项普法稿件42篇，向社会公众推广“中国普法”“法治福州”等优质普法微信公众号。

【律师工作】 2020年，区司法局组成律师年度考核检查组，采取“双随机、一公开”的方式对律师事务所进行2019年度考核检查工作。在全区范围内组织开展律师违规兼职等行为专项清理活动。走访调研福建省知望等6家律师事务所，了解存在的困难，推进营商工作进行。至年底，全区有律师事务所65家，执业律师376人，担任政府、企事业单位法律顾问366家；代理各类案件11617件，解答法律咨询代写法律事务文书952件。社区律师为社区和群众提供法律咨询2625人次，参与或协助开展法律宣传活动52场次，开展法治讲座45场次，提供上门服务7次，参与化解矛盾纠纷65起，发放宣传资料5855份。年内新增9个独立的社区律师工作室，律师工作室数增至21个。

【法律援助】 2020年，区司法局办理法律援助案件313件，为受援人挽回经济损失178万元；接待群众法律咨询1060余人次，“12348”法律服务热线接听群众咨询4876人次。持续开展“法援惠民生”活动，为56名家庭贫困者、118名妇女提供法律援助；为151名农民工提供法律援助服务，免收法律服务费用75.5万元，为农民工挽回经济损失139万元。协调区法院联合制定实施方案，在全区开展刑事案件律师辩护全覆盖试点工作。全年为31名刑事被告人提供法律援助，安排律师为581名犯罪嫌疑人提供法律帮助。

【公证工作】 2020年，区司法局采取上门服务、延时办证、绿色通道等一系列便民措施，缩短办证时限，大多数公证事项可以当天出证。全年全区办理各类公证2942件，业务收费329.99万余元。

【助力新冠肺炎疫情防控】 2020年，区司法局针对新冠肺炎疫情防控期间企业复工复产涉法涉诉问题，安排5名律师组建法律服务团队，帮助企业及时了解有关疫情防控期间的涉企优惠政策及法律问题。加强对社区矫正对象排查，专门登记造册，规范管理措施。全面开展对辖区刑满释放人员排查防控工作。开展律师管理工作，推进复工复产。推动辖区内涉疫情纠纷隐患排查化解，各调委会排查化解涉疫情矛盾纠纷93起，涉企矛盾纠纷95件。

（谢佩佳）

2020年3月17日，南街司法所联合南街街道办事处在杨桥河南社区小公园开展“忠诚铸平安 南街在行动”平安建设宣传活动 （区司法局 供）

军事

思想政治工作

【概况】 2020年，鼓楼区人武部把思想建党、政治建军摆首位，用习近平新时代中国特色社会主义思想和习近平强军思想武装头脑，开展“党纪条规大学习”活动和“庆祝建党99周年”主题党日活动等。

【主题教育】 2020年，区人武部围绕“传承红色基因、担当强军重任”主题和抗击新冠肺炎疫情推进思想政治教育。开展“五看五增强”和“破除和平积弊、强化责任意识”专题教育、“党纪条规大学习”活动、“庆祝建党99周年”主题党日活动等。

【干部队伍建设】 2020年，区人武部强化领导班子建设，组织领导干部带头过双重组织生活、上党课，如实报告个人事项。结合“七涉”（涉密、涉酒、涉车、涉网、涉财、涉疫、涉交往）倾向性问题专项整治，开展干部职工教育管理。

征兵工作

【概况】 2020年，鼓楼区完成新兵征集任务，征兵“五率”（报名率、上站率、合格率、择优率、退兵率）排名全省第一。

【征兵宣传】 2020年，针对新冠肺炎疫情防控实际，区人武部加大电话、网络、微信等宣传力度，在区、街镇、社区先后开展3轮动员，发放征兵宣传册2万份、征兵宣传品1000余件（套）。

【政策激励】 2020年，鼓楼区全面落实上级关于征兵入伍激励政策（公务员专门职位招考、事业单位加分、免试专升本、研究生加分等）；连续第3年提高义务兵入伍优待金标准；进一步完善入藏入疆兵员优待措施，将自谋职业调整为自主择业。

【廉洁征兵】 2020年，鼓楼区在高校老师、人大代表、退伍兵等人群中，选出廉洁征兵监督员，定期组织学习政策法规，落实每周廉洁征兵“零报告”，确保征兵过程公平、公正、公开。

【役前训练】 2020年9月3日，区人武部组织鼓楼区“双合格”预定兵员到湾边教导大队训练基地进行为期7天的“新兵入伍前实训”，并做好入营前的“隔离”保障。

民兵工作

【民兵整组潜力数据会审】 2020年1月，区人武部联合区政府成立军地领导小组，召开整组潜力调查任务部署会和业务培训会，安排区政府19个局办、10个街镇开展潜力调查工作；召集成员单位收集掌握潜力数据，组织3次集中会审；部领导带队走访鼓楼区20余家规模以上企事业单位，动员潜力资源丰富的单位参与编兵。

【民兵整组质量提升】 2020年，区人武部组织开展2轮全面检查，2次通报下发问题清单；采取查阅资料、组织抽点、实地查看的方式，对基层武装部进行检查督导，规范整组点验程序，抽检应急分队，对基干民兵进行全面电话抽查。6月，组织防空分队民兵参加警备区集训，成绩突出获肯定。11月，接受省军区民兵整组检查，综合成绩名列全省前列。

【新冠肺炎疫情防控】 2020年新冠肺炎疫情防控期间，区人武部每日派出民兵参与地方整体防控，协调省立医院和省疾控中心派出民兵医疗分队支援湖北 2 个多月。

国防动员

【概况】 2020 年，鼓楼区国防动员工作发挥区位优势，加强统筹协调，落实各项工作。按照“平时服务、急时应急、战时应战”需要，实现硬件设施配套齐全，专（兼）职人员落实到位，战时人员编组合理和配套方案编实管用。

【军事授课】 2020 年 8 月，区人武部邀请福建省军区原党委常委、动员局局长、省委党校兼职教授杨基穆作“当前中美关系中的几个热点问题”专题讲座，后组织召开军事日现场办公会。

【国防动员演练】 2020 年 12 月，区国防动员综合办牵头经动办、交战办、科动办、支前办等“一委九办”全体人员参加省、市、区三级军地联合指挥机构带部分实兵演习，全面完成演习各项任务。

【国防动员潜力调查】 2020 年，区国防动员委员会组织人员对信息力量、医疗救护能力、交通运力、人防建设、支前力量等潜力进行调查，采取军地结合、条块结合、资料查对和实地调查相结合等方法，组织精干人员逐项进行资料查对和实地调查核对，确保国防动员潜力调查的准确性和有效性。

（刘浩言）

人民防空

【概况】 2020 年，鼓楼区审批人防结建项目 10 余个，竣工验收项目 10 余个，人防工程总开发利用率逾 90%。开展人防开发利用项目消防安全管理工作，强化早期人防工程维护管理，全年人防工程使用无安全责任事故。开展人防宣传教育，加强人防信息系统建设和管理，确保人防各项保障任务完成。

【人防宣传教育】 2020 年，区人防办在共建单位、挂钩社区的宣传栏、广告栏等开设人防宣传教育专刊、墙报。结合“4·21”防空警报试鸣活动，在洪山镇锦江社区、洪山桥社区、国光社区、金牛山社区等处开设人民防空知识专栏，宣传人民防空知识及相关政策法规。在区属杨桥中学、延安中学开设人防教育课，全年开设 28 个班次，受教育中学生人数 1389 人，其中杨桥中学 8 个班次 423 人，延安中学 20 个班次 966 人。征订《中国人民防空》杂志，分送区四套班子领导、10 个街镇及部分企业。

【人防工程建设】 2020 年，鼓楼区开展人防开发利用项目消防安全管理工作，制定消防安全隐患排查方案，组织安全检查 39 次，对发现的问题及时整改到位。加强早期人防工事平战结合开发利用项目安全管理，强化早期人防工程维护管理，对安全隐患点进行初步修缮加固。全年人防工程使用无安全责任事故。

【指挥通信建设】 2020 年，区人防办每周常态化开展市区信息系统联调联试工作，组织人防视频会议系统、通信短波电台和其他通信设施的联调联试。对辖区防空警报设施和人防应急指挥中心信息设施进行定期检修保养。4 月 21 日上午，全市开展防空警报试鸣活动，辖区警报设施的完好率和鸣响率均达 100%，音响覆盖率逾 96%。4 月起，开展国防动员重点潜力统计调查和全省人防数据统计核查工作，完成组织指挥、人员防护、目标防护、专业力量、支援保障等人防数据统计核查。

【人防防疫监管】 2020 年，区人防办督促人防工程平战结合租赁单位开展人防工程新冠肺炎疫情防控工作，实现“每日情况一报告，突发情况随时报”，并现场核查人防工程平战结合租赁单位的新冠肺炎疫情防控与停、复工情况。

（王琦隽）

应急管理

防汛抗旱

【概况】 2020年，影响鼓楼区的灾害主要有暴雨、寒潮、强对流天气、台风、高温。影响较重的气象灾害有5月31日至6月8日的持续暴雨、第6号台风“米克拉”和12月底的寒潮，气象灾害总体较轻。

【防汛】 2020年4月，修订印发《福州市鼓楼区人民政府关于调整防汛抗旱指挥部组成人员名单的通知》，修编《福州市鼓楼区防汛防台风应急预案》，进一步完善防汛防台风应急预案体系，并对全区易涝点、责任单位和责任人进行重新梳理，形成《2020年鼓楼区防内涝工作责任清单》《2020年鼓楼区度汛前防内涝整治工作责任清单》《2020年鼓楼地质灾害（隐患）点避险人员撤离工作责任清单》《2020年鼓楼区危旧房防台防汛人员撤离工作责任清单》。在汛前、汛期开展安全隐患排查260余次，整治安全隐患15处；举办全区防汛防台风知识培训班1期，对备汛工作、城区防涝、防汛指挥、应急调度等工作进行系统培训，区防指成员单位120余人参加；各街镇、园区开展防汛应急演练23次，参训参练人员及群众500余人。全区有13个防汛物资储备点，储备橡皮艇、抽水泵、动力站、雨具、沙袋等防汛抢险救灾物资。

【抗旱】 2020年，印发《鼓楼区人民政府防汛抗旱指挥部关于印发福州市鼓楼区抗旱工作预案（试行）的通知》，落实抗旱救灾措施，提高抗旱应急处置工作的科学性、有效性，最大程度地减轻干旱灾害损失，保障全区经济社会健康、稳定发展。在旱情期间加强同各街镇、园区和区建设局、区工信局等相关单位沟通联系，组织人员对可能出现供水困难的社区、住户进行彻底摸排，每天汇总全区供水、生产用水情况，及时掌握全区旱情，并要求旱情数据统计、报送工作由专人负责，确保数据信息的实时性、真实性，提高抗旱信息统计、报送质量，落实“零报告”制度。

防震减灾

【概况】 2020年，区应急管理局（简称“区应急局”）统筹落实防震减灾工作，推进“十三五”期间地震应急避难场所和预警信息专用接收终端建设工作，完成3处城市避难场所和100个自然灾害避灾点提升建设、80台地震预警终端三年规划任务。突出“5·12”全国防灾减灾日、“10·13”国际减灾日等重要时段，开展防震减灾科普宣传工作。

【地震灾害防御】 2020年，区应急局提升、建设城市避难场所10处，组织推进河东全国综合减灾示范社区创建工作，按计划组织完成省、市下达减防灾工作各项任务指标。

【防震减灾科普宣传】 2020年，区应急局突出“5·12”全国防灾减灾日、“10·13”国际减灾日等重要时段，开展防震减灾科普宣传工作。组织开展应急演练，开展重要时期应急救援各项准备工作。

【地震应急避难场所】 2020年，区应急局按规划要求全面完成福州大学至诚学院、福建体育技术学院、福州大学铜盘校区3处城市避难场所建设工作，完成率100%，并对早期建设的避难场所进行提升改造。

【地震预警信息发布终端】 2020年，鼓楼区完成地震预警终端三年规划任务总数80台，按时按量完成规划任务数。

2020 年鼓楼区地震应急避难场所一览表

表 14

序号	名称	等级	地址	
			所属街道（镇）	具体地址
1	温泉公园	Ⅰ类	温泉街道	温泉公园路 8 号
2	屏山公园	Ⅱ类	华大街道	福飞路 141 号
3	左海公园	Ⅱ类	五凤街道	铜盘路 29 号
4	西湖公园	Ⅱ类	鼓西街道	湖滨路 70 号
5	金牛山公园	Ⅱ类	洪山镇	西洪路 588 号
6	五一广场	Ⅱ类	安泰街道	古田路于山前
7	省体育中心	Ⅱ类	华大街道	五四路 330 号
8	福州大学至诚学院	Ⅲ类	洪山镇	工业路 523 号
9	福州大学（铜盘校区）	Ⅲ类	五凤街道	软件大道 89 号
10	福建省体育职业技术学院	Ⅲ类	华大街道	福飞路 151 号

【易受地震破坏房屋设施加固】 2020 年，区应急局联合区直有关部门，对鼓楼区 8 家区管医院、11 家社区卫生服务中心、2009 年 5 月之后建成的 22 栋校舍建筑、10 处地震应急避难场所的抗震性能进行排查，未发现辖区建设工程存在地震安全方面有关问题，未发现不满足抗震要求的建筑。

【建设工程地震安全监管检查】 2020 年，区应急局按照相关标准、技术规范，督促鼓楼区 2016 年以来建成的 8 个区管一般建设房建项目、2009 年 5 月 1 日后建成的 22 栋校舍建筑及 1 家区管医院所在建筑开展建设工程地震安全监管自查自纠，并牵头组织区直有关部门抽查 5 个学校建设工程、1 个医院建设工程、3 个一般建设工程（房建工程），暂未发现辖区建设工程存在地震安全方面的问题，未发现不满足抗震要求的建筑。

安全生产管理

【概况】 2020 年，鼓楼区履行安全生产“党政同责、一岗双责、齐抓共管、失职追责”和“三个必须”（管行业必须管安全、管业务必须管安全、管生产经营必须管安全）要求，落实属地管理责任、部门监管责任和企业主体责任，推进安全隐患大排查大整治攻坚行动、安全生产专项整治三年行动等各项工作，遏制重特大生产安全事故，辖区安全生产和消防安全形势稳定向好。全年全区发生一般生产安全亡人事故 3 起、死亡 3 人，分别比上年减少 4 起、4 人，两者均下降 57.14%。

【重点行业（领域）专项整治】 2020 年，出台全区安全生产专项整治三年行动总体方案和 2 个专题、8 个专项实施方案，开展安全隐患大排查大整治攻坚行动。

危险化学品安全监管 全区有加油站 6 座、危化贸易企业 122 家。每月对加油站、每年对危化贸易企业开展 1 次以上执法检查，全年开展执法检查 200 余次。

烟花爆竹安全监管 春节期间，全区设 2 个烟花爆竹零售点。区烟花办投入 2 万多元，印制《福州市烟花爆竹销售和燃放管理办法》宣传手册、《燃放须知》、安全燃放烟花爆竹海报、禁燃标识、《致市民一封信》等宣传材料 5 万多份，在全区 630 多处禁止燃放点张贴禁燃标识，发动街镇、社区、物业单位的志愿者深入居民小区、商场、公园、学校、企事业单位、文保单位等场所，宣传普及烟花爆竹禁燃限放规定。加大执法检查力度，发挥区、街镇、社区三级联动作用，高密度高频度巡查辖区 2 个零售点安全情况，开展执法检查 50 余次。全区烟花爆竹违法销售、燃放现象明显减少，没有因燃放烟花爆竹造成火灾和人员伤亡问题，空气质量持续改善。

房屋结构安全专项治理 区应急局牵头对全区危险化学品及化工企业房屋结构安全隐患开展大排查大整治。制订整治方案，明确排查整治的对象、内容、步骤、处置排查规程和责任分工；督促开展自查，通过召开部署会、建立微信群、打电话、进企业等方式，督促全区 8 家危化品企业根据整治方案开展自查；开展拉网式排查，邀请专家对全区危化品企业开展检查 2 次，对照房屋建设资料，逐一排查，建立档案，排查隐患；全力

2020 年 10 月 2 日，区委书记朱训志（右二）带队检查西湖大酒店

（区应急管理局 供）

开展整改，截至 5 月 30 日，所有问题均整改完成。

【安全生产检查】 2020 年，在春节、“五一”国际劳动节、国庆、中秋及数字中国建设峰会等重要时间节点、重大活动期间，鼓楼区四套班子领导带队到辖区人员密集场所、建筑工地等开展安全生产检查，突出道路交通、消防、危化品等重点行业领域，制定应急保障方案，实行领导带班和 24 小时值班制度，落实每日“零报告”和“一日一报”，保持应急状态，确保重要时期辖区安定稳定。2020 年，全区检查生产经营单位（场所）约 4.8 万家次，排查整改隐患 3966 个。推进重大安全隐患治理，完成 2 个市级第五批重大安全隐患点和 25 个区级较为严重安全隐患点整治工作，完成 1 个区政府挂牌督办重大火灾隐患整治工作。

【安全监管基础建设】 2020 年，鼓楼区全面完成 10 个街镇、69 个社区及 358 家消防安全重点单位的微型消防站建设工作，完善各类消防安全管理制度、职责，配备泵浦、水带、水枪、防护服等消防器材装备，提高火灾防控能力。落实特殊人群“一对一”互帮互助要求，在全区各社区的孤寡老人、残疾人等家庭住户内加装独立式烟感探测器近 3000 枚，提升火灾防控技术水平。

【森林防火】 2020 年，鼓楼区成立森林防灭火指挥部及其办公室，制定森林防灭火指挥部工作规则。全年发布森林防火禁火令 7 次，举办森林防火应急演练 2 次，组织森林防灭火业务培训 2 次，悬挂森林防火宣传条幅 150 多面，印发《致全区居民一封信》4 万份，编发森林防火短信 1 万条。全年全区无森林火灾发生。

【安全宣传教育】 2020 年，鼓楼区开展形式多样的安全生产月宣传活动，举办网络课堂培训 62 场；组织干部职工参与“安全生产大家谈”云课堂 1791 人次；安全生产“公开课”“微课堂”“公益讲座”等线上直播活动 10 场，参与总人数 8110 人次；开展安全生产宣传“六进”（进企业（楼宇）、进园区、进商圈、进社区、进学校、进家庭）活动，其中进企业活动 58 场、进社区活动 46 场、进学校活动 58 场、进家庭活动 243 场。

（刘微）

消防工作

【概况】 2020 年，鼓楼区消防救援大队接警出动 363 起，出动消防车 491 辆次、消防人员 2796 次，抢救被困人员 52 人，疏散人员 11 人，抢救财产价值 2889.6 万元。完成节庆期间和“两会”、第三届数字峰会、全国第三届中国粮食交易大会等消防安全保卫工作任务。至年底，辖区发生火灾 54 起，受伤 1 人；火灾起数比上年下降 1.82%，火灾亡人数比上年下降 100%，直接财产损失比上年下降 39.42%。

【监督管理】 2020 年，区消防救援大队检查社会单位 2594 家次，下发责令改正通知书 350 份、行政处罚决定书 54 份、临时查封决定书 6 份，临时查封单位 6 家，责令“三停”（停止施工、停止使用、停产停业）6 家，罚款 16.47 万元。督促单位落实主体责任，加强“户籍化”管理，辖区 358 家消防安全重点单位“户籍化”管理系统录入率 100%，三项报告备案（消防安全人员管理备案、消防设施维护保养报告备案、消防安全自我评估备案）落实率 100%，单位“六加一”（开展一次消防安全评估、签订一份消防安全承诺书、维护保养一次消防设施、组织检测一次电气和燃气线路设施、全面清洗一次油烟道、集中培训一次全体员工，在此基础上建立一支志愿消防队）措施全部落实；完成第三届“数字中国”建设峰会、第三届中国粮食交易大会、国庆 71 周年安保等消防安全保卫工作任务。

【微型消防站建设】 2020年，区消防救援大队依托原有基层网格、志愿消防组织和联防组织，在社区和重点单位推动建立"防消一体化"微型消防站，实现"统一挂牌、统一房舍场室、统一装备配备、统一人员配备"。将建成的微型消防站纳入消防救援队伍的作战编程，与市消防救援支队119指挥中心、辖区中队消防救援站联勤联动。至年底，辖区建设以重点单位为单元的微型消防站184处，以10个街镇69个社区为单元的街镇、社区微型消防站79处。

【消防设施建设】 2020年，区消防救援大队在全区家庭住户中新增3000枚独立式烟感探测器，加装300枚简易喷淋设施。

【微型站联勤联训机制建设】 2020年，在完成全区10个街镇、69个社区、358家重点单位，建立一类微型消防站10个、二类微型消防站253个的建设工作基础上，区消防救援大队继续指导各站在场室设置、人员和器材配备、制度和标识上墙、台账整理等方面的规范工作。依托各消防救援站，组织辖区800多名微型站成员分10批次进行业务培训和实战演练。

【娱乐性场所房屋结构安全隐患排查整治】 2020年，区消防救援大队开展娱乐性场所房屋结构安全隐患大排查大整治专项行动。整治期间，大队对全区消防安全重点单位中的105家娱乐性经营场所开展摸排，其中KTV、娱乐城类场所50家，桑拿、洗浴、足浴类场所39家，健身馆9家，电影院、剧场类场所6家，网吧1家，经摸排判断这些场所建筑结构安全。

【助力复工复产复学】 2020年，区消防救援大队提前介入企业复工复产，确保社会单位符合消防安全条件后方可恢复经营；为563家单位场所防疫期间复工复产消防安全工作提供指导服务，督促整改各类火灾隐患735条。助力学校安全复学，为钱塘小学、延安小学、温泉小学、井大小学等35所学校提供复学消杀服务；到77所中小学、幼儿园开展消防安全检查，消除火灾隐患67处，保障学生返校复课消防安全。

【"消防安全三年整治"行动】 2020年，区消防救援大队提请区政府安委会印发《鼓楼区安全生产专项整治三年行动实施方案的通知》。年内，完成对辖区567栋高层建筑自查自纠、对商业综合体东百A区消防安全标准化达标创建、对新材料新业态相关产业主管行业部门发函、对辖区6处加油站和1处燃气充装站危化企业实地检查等工作；提请区政府安委会下发《坚决遏制"小火亡人"火灾事故的通知》，重点对医院、沿街店面、养老院、寺庙、教堂等老年人活动较多的场所开展检查；部署各街镇摸排全区老旧小区856处，其中有物业小区143处、无物业小区713处，对消防车通道存在隐患的老旧小区开展"一区一策"（有消防车道隐患的老旧小区建立对应治理措施）相关行动。

【火灾隐患举报投诉查处】 2020年，区消防救援大队通过"96119""12345"举报热线、网站和信件，接到各类消防举报投诉581件，其中"96119"举报热线159件、"12345"便民平台422件，全部在规定时间内核查办结，回复率100%。

【消防安全宣传教育】 2020年，区消防救援大队结合消防宣传进学校、安全生产月、综治宣传月、文明城市创建等活动，加强对党政领导、区直行业部门、街镇"两委"负责人、网格员和消防志愿者、消控室值班操作人员、微型消防站站长等各类人群消防培训，并组织消防宣传进军训活动。9月11—15日，组织开展消防科普教育基地开放日等活动，全区12所幼儿园2000余名师生到营区参观学习。通过微信工作群、手机短信发送消防安全知识，在人员密集场所的电子屏、大屏幕户外视频媒介滚动播放消防安全知识1850余次。到东百中心、幽舍酒店、省妇幼保健院等45家消防安全重点单位开展消防安全培训及消防演练活动。印发各类宣传彩页3万余份，张贴各类通告2000余份，受益群众3万余人次。

【消防演练】 2020年，区消防救援大队依托"主战队为主、协战队为辅、消防大队领导和辖区参谋联合会审"的联勤制度，有计划、有步骤地开展"六熟悉"（熟悉辖区交通道路、消防水源情况，熟悉消防安全重点单位数量、分类和分布情况，熟悉消防安全重点单位建筑结构和使用情况，熟悉消防安全重点单位重点部位情况，熟悉消防安全重点单位内部消防设施和消防组织情况，熟悉辖区主要灾害事故类型和处置对策、程序）和灭火实战演练，重修制定各类预案，严格值班执勤、替勤制度。组织辖区"六熟悉"及实战演练232次，修制订预案162份。

（彭峰）

外事 侨务 台港澳事务

外事

【概况】 2020年，鼓楼区加强对外交流合作和涉外企业服务，主动融入“一带一路”和“海上丝绸之路”核心区建设，开展世遗大会相关筹备、友城交流等工作。年内，为迎接第四十四届世界遗产大会在福州召开，对“1个重点门户、3个重要片区、6条重要线路”周边区域及其他区域内的外语标牌标识进行整改。

【经贸文化交流】 2020年，鼓楼区克服新冠肺炎疫情影响，加强对外招商引资工作，引进落地日本欧力士集团招商项目、日本7-ELEVEn招商项目等外资项目16项，总投资77.29亿元。围绕国家“一带一路”倡议，加快推动“海丝”项目，至年底，全区有“海丝”项目7个，总投资81.78亿元，完成投资4.51亿元。

【友城事务】 2020年，区外事办挖掘“空海”元素，开展“空海”文化的历史渊源及独特资源优势的宣传工作，推动《空海入唐之路》中文版成书出版，为促进鼓楼与日本和歌山县高野町结交友城打下基础。

【涉外事务】 2020年，22家辖区企业申请办理26张亚太经济合作组织（APEC）商务旅行卡，区外事办为13家企业（单位）外籍高管及工作人员60人办理来华邀请函初审。

【涉外企业常态化疫情防控】 2020年，区外事办督促鼓楼区境外设立的8家分公司制定企业新冠肺炎疫情防控工作方案和应急预案，落实境外企业疫情防控工作。

（江娟）

侨务

【概况】 2020年，鼓楼区侨办继续开展涉侨管理和服务侨胞侨属等工作，受理99名旅外乡亲回国定居申请；为辖区华侨、归侨、侨眷开具身份证明22份，“三侨子女”中考加分件15件；按规定向困难侨胞侨属发放各类补贴，并继续开展侨规侨法学习宣传工作。

【涉侨管理】 2020年，区侨办加强与公安部门沟通交流对接，开展华侨回国定居出具相关材料工作，受理来自8个国家99名旅外乡亲回国定居申请。开展“侨”身份证明工作，核实华侨、归侨、侨眷身份认定及“三侨子女”的中高考身份证明，全年开具身份证明22份，“三侨子女”中考加分件15件。

【服务侨胞侨属】 2020年，区侨办开展困难侨慰问和补贴发放工作。发放破产、困难企业离退休归侨职工困难补贴12人，总金额1.44万元；“两节”慰问困难归侨侨眷13人，总金额1.3万元；救助患病受灾困难归侨侨眷1人、1500元；专项慰问区华侨塑料制品厂职工3人，总金额5160元。

【侨规侨法宣传活动】 2020年12月4日，区侨办在鼓西街道后县社区开展宪法宣传周暨侨法进社区宣传咨询活动，现场发放《涉侨法律政策指南》《福建省华侨权益保护条例》等宣传资料300余份，接受咨询50余人次。

（方琪）

台港澳事务

【概况】 2020年，鼓楼区继续优化交流平台建设，新增省、市级对台交流平台载体3个，开展包括国台办对台重点交流项目、“海峡论坛”配套活动等在内的涉台交流活动近20场次，

2020年6月24日，鼓楼区台港澳青年之家参与举办“粽情两岸，圆梦红茶”元泰雅集之两岸茶文化交流活动（区委台港澳办 供）

邀请台商台胞到鼓楼参访交流，满足台商台胞多元化法律需求。

【涉台港澳经贸合作】 2020年，区委台港澳办对接台商，邀请台湾大成欣叶餐饮等台商到鼓楼参访调研，年内新增福州云响乐器有限公司等台企24家，福州市新谱环保科技有限公司等港资企业25家。

【涉台文化交流】 2020年，鼓楼区举办党的十九届五中全会精神宣讲报告会、台商台胞学习党的十九届五中全会精神暨迎新座谈会2场交流活动。“闽台匠人大会”入选国台办对台重点交流项目；举办第十二届海峡论坛福州市配套活动项目“首届海峡两岸非物质文化遗产——古琴传承和发展论坛”。指导并推动省级台湾青年体验式交流中心分别举办“禅和共临水 文传会两岸”闽台非遗线上直播活动和“2020‘海峡回声’线上音乐节”活动。邀请4户在鼓楼台胞家庭参与“步步登瀛，独占鳌头”鳌峰状元道开街仪式。举办3场两岸茶文化交流系列活动，宣传推介茶文化。

【服务台胞】 2020年，鼓楼区新增2家省级台湾青年体验式交流中心、1家市级台湾青年就业创业基地。在新冠肺炎疫情防控期间，区委台港澳办实地走访台创基地、台商台企，宣传省、市、区帮扶政策，并发放口罩等防疫物资，推动落实各级助企纾困政策，助力台企复工复产，同时到集中观察点慰问台胞。利用区台胞权益保障法官工作室，通过兼职涉台事务调解员、区人民法院诉非联动中心特邀调解员，协调妥处信访件、咨询求助件52件。

【人才交流】 2020年，区委台港澳办鼓励台胞参与非物质文化遗产传承，台湾铜门刀制作技艺入选鼓楼区第五批区级非物质文化遗产代表性项目名单。推荐1名台胞参加鼓楼区妇女第十四次代表大会并当选执委。鼓励台胞参评各类奖项，5名台湾青年当选福建省台湾青年“创业之星”，5个台胞团队入选福建省“101台湾青年创业扶持计划”项目。组织开展鼓楼区首届闽台茶艺职业技能竞赛，大赛特设两岸友谊表演环节，两岸茶艺从业人员和爱好者50人参加。

（江艳）

2020年10月16—18日，“2020年‘元泰杯’鼓楼区首届闽台茶艺职业技能竞赛”举办（区委台港澳办 供）

综合经济管理

宏观经济管理

【概况】 2020年，鼓楼区推进实施“六区引领、五新发力、四化发展”战略，在全市率先推出重点产业链链长制，“数字经济、总部经济、平台经济”活力迸发，“楼、圈、园”产业载体提档升级，构建优质高效、充满活力、竞争力强的现代产业新体系。年内，全区实现服务业增加值1758.2亿元，比上年增长3.4%，服务业增加值占鼓楼区生产总值的84.9%。

【规划编制】 2020年，鼓楼区开展“十四五”规划编制工作，通过召开“十四五”专题务虚会，工作思路座谈会，人大、政协、专家学者及企业家、区直部门专场征求意见会等，把握规划编制方向；多方借智借力，委托专家团队参与编制工作，以“实地调研+现场座谈”形式，进一步厘清现状、研判形势；依托新媒体平台开展网络意见征集，为鼓楼区“十四五”谋篇布局献计献策。

【楼宇经济】 2020年，鼓楼区推行商务楼宇星级评定标准，授予信和广场等16座楼宇“星级楼宇”称号。宣传贯彻《鼓楼区关于扶持楼宇经济发展的八条措施》政策保障，为企业落实扶持奖励。建成、改造商务楼宇31.5万平方米。全年税收超千万元楼宇110座，其中超亿元楼宇24座。11月17日，鼓楼区作为全省唯一受邀单位出席中国楼宇经济峰会，并获评中国楼宇经济焕新发展城区奖。

区发改局探索“支部建在楼上、党建落到实处”的基层党组织建设，创新推出“楼宇党代表”工作模式，组建楼宇党建联盟，形成平安共管、问题共治、政企共建、资源共享的基层党建治理新格局。创新开展楼宇常态化防控和复工复业工作，建立楼宇督导员制度，将防控半径细化到最后一米；在全市率先上线“鼓楼辖区企业复工复业平台”；创新“颜色分类管理法”分类指导复工复业；推进部门联动和新媒体运用，稳控并引导社会舆论，建立形成常态化防控机制，楼宇防疫工作得到楼宇企业肯定。

【总部经济】 2020年，区发改局完善辖区总部数据库，宣传解读福州市、鼓楼区总部企业政策和福州市、鼓楼区新引进企业总部4条措施，指导帮助企业申报福州市、鼓楼区总部企业及新引进企业总部。新增福建省建设人力资源集团股份公司等市级总部企业10家，新增福建航天信息科技有限公司区级总部企业1家。至年底，辖区有市级总部企业35家，居全市首位；区级总部企业10家。年内，新增福建新希望澳牛乳业有限公司等新引进企业总部10家，合计新引进企业总部26家。

2020年8月12日，鼓楼区科技特派员工作联席会议召开 （苏静 摄）

2020 年鼓楼区市级总部企业情况表

表 15

序号	企业名称	类型	注册地址
1	福建联迪商用设备有限公司	市级综合型总部	软件大道 89 号福州软件园 A 区 17 号楼
2	海峡出版发行集团有限责任公司	市级综合型总部	东水路 76 号
3	华福证券有限责任公司	市级综合型总部	鼓屏路 27 号 1 号楼 3—5 层
4	福建新华都综合百货有限公司	市级综合型总部	五四路 162 号
5	永辉超市股份有限公司	市级综合型总部	西二环中路 436 号
6	福建六建集团有限公司	市级综合型总部	龙庭路 10 号
7	福建建工集团有限责任公司	市级综合型总部	五四路 89 号置地广场 36 层
8	兴业国际信托有限公司	市级综合型总部	五四路 137 号信和广场 25—26 层
9	沃尔玛（福建）商业零售有限公司	市级综合型总部	道山路 59 号 3 座 708 单元
10	中富通股份有限公司	市级综合型总部	软件大道 89 号福州软件园 F 区 4 号楼 20—22 层
11	福建东百集团股份有限公司	市级综合型总部	八一七北路 84—185 号（除 178-1 号）
12	福州屈臣氏个人用品商店有限公司	市级综合型总部	东街 83 号福建国际青年交流中心 15 层 03 写字间
13	福建省二建建设集团有限公司	市级综合型总部	冶山路 105 号
14	福建榕基软件股份有限公司	市级综合型总部	福州软件园产业基地
15	福建省招标采购集团有限公司	市级综合型总部	洪山园路 68 号
16	福建海峡人力资源股份有限公司	市级综合型总部	软件大道 89 号福州软件园 F 区 7 号楼 16 层
17	德艺文化创意集团股份有限公司	市级综合型总部	五四路 158 号环球广场 1701 单元
18	福建睿能科技股份有限公司	市级综合型总部	软件大道 89 号福州软件园 C 区 26 号 A 幢 3 层
19	中国（福建）对外贸易中心集团有限责任公司	市级综合型总部	五四路 71 号国贸广场 31 层
20	福建省博达企业管理咨询服务有限公司	市级综合型总部	八一七中路 98 号宇洋中央金地 14 层 01 室
21	福建永辉超市有限公司	市级综合型总部	西二环中路 436 号 2 层
22	福建省建设人力资源集团股份公司	市级综合型总部	软件大道 89 号福州软件园 F 区 7 号楼 6 层
23	福建广电网络集团股份有限公司	市级综合型总部	华林路 207 号福建广电网络大楼
24	福州万山电力咨询有限公司	市级综合型总部	湖前路 150 号 10 栋
25	中石化森美（福建）石油有限公司	市级综合型总部	五四路 109 号东煌大厦 18—26 层
26	福建顶点软件股份有限公司	市级综合型总部	软件大道 89 号福州软件园 A 区 13 号楼
27	福建东飞环境集团有限公司	市级综合型总部	五四路 158 号环球广场 29 层 01 室
28	麦斯特人力资源有限公司	市级综合型总部	软件大道 89 号福州软件园 F 区 3 号楼 9 层
29	中煤京闽（福建）工贸有限公司	市级销售中心总部	湖头街 89 号双安城 10 号楼 1 层
30	福建大生控股有限公司	市级销售中心总部	乌山西路 318 号洪山科技园创业中心大厦第 2 层 213 室
31	福建省福化工贸股份有限公司	市级销售中心总部	省府路 1 号石化楼
32	福建省鞋帽进出口集团有限公司	市级销售中心总部	五四路国际大厦 15 层
33	百胜餐饮（福州）有限公司	市级运营中心总部	五四路 158 号环球广场 32 楼
34	福建国药器械有限公司	市级运营中心总部	五一北路 1 号力宝天马广场 2701 单元
35	福建联创智业建设工程有限公司	市级运营中心总部	东街 121 号新亚大厦 8 层 04 室

2020 年鼓楼区区级总部企业情况表

表 16

序号	企业名称	类型	注册地址
1	福州市规划设计研究院集团有限公司	区级综合型总部	高新区高新大道 1 号
2	福建中旅集团有限公司	区级综合型总部	湖东路 171 号中旅城闽江苑 5 楼
3	中国石化销售股份有限公司福建福州石油分公司	区级综合型总部	鼓屏路 47 号
4	福州建工（集团）总公司	区级综合型总部	福新路 315 号
5	宝宝巴士股份有限公司 曾用名：福州智永信息科技有限公司	区级综合型总部	软件大道 89 号福州软件园 F 区 3 号楼 15 层
6	福建省人力资源服务有限公司	区级综合型总部	六一北路 558 号金三桥大厦 3 号楼 04 室
7	福建航天信息科技有限公司	区级综合型总部	软件大道 89 号福州软件园 G 区 18 号楼
8	福建亿榕信息技术有限公司	区级销售中心总部	软件大道 89 号福州软件园 G 区 20 号楼
9	福建省福农农资集团有限公司	区级销售中心总部	尚宾路 32 号 2 号楼 10 层
10	福建福诺移动通信技术有限公司	区级运营中心总部	软件大道 89 号福州软件园 A 区 27 号楼

2020 年鼓楼区新引进企业总部情况表

表 17

序号	企业名称	注册地址
1	融通地产（福建）有限责任公司	福飞南路 205 号 6 层 609 室
2	福州善合青锋互联网科技有限公司	华屏路 25 号屏东城 1—3 号楼连接体 27-271
3	特隆凯丰（福建）环保科技有限公司	华屏路 25 号屏东城 1—3 号楼连接体 27-183
4	福建新希望澳牛乳业有限公司	古田路 88 号华丰大厦 527 室
5	福建鑫顺隆实业有限公司	东大路东大商场北座 2 层 4 号写字楼 289 室
6	福建鑫仁晟实业有限公司	东大路东大商场北座 2 层 4 号写字楼 288 室
7	福建京台侨鑫酒店管理有限公司	五四路 252 号 1 楼
8	福建华电福瑞能源发展有限公司	湖东路 231 号前田大厦 20 层
9	福建脉易信息科技有限公司	软件大道 89 号福州软件园 B 区 1 号楼
10	福州市新谱环保科技有限公司	树汤路 82 号 2 层 01 室

【社会信用体系建设】 2020 年，区发改局开展社会信用体系建设示范城市创建工作，加强红黑名单认定，落实联合奖惩、信用修复、信用承诺工作，持续强化信用监管。持续深化“信易批”“信易贷”“信易行”“信易游”“信易租”等五大“信易+”项目建设。至年底，归集各类信用信息 120 万余条，公示信用承诺 11 万余份，认定红黑名单 3700 余例，完成联合奖惩 3600 余例，完成信用修复 150 例，在“信用福州”发布各类新闻信息 3000 余篇。

【行政审批制度改革】 2020 年，区发改局调整规范行政审批中介服务事项，梳理区级行政审批中介服务事项 24 项，逐项明确审批事项名称、实施部门、共同实施部门、中介服务名称、中介服务机构类型、设定中介服务的法定依据、中介服务的收费标准及依据、中介服务项目收费的承担对象等相关要素。完善行政审批及公共服务事项目录清单，配合市审改办完成市、县两级行政审批和服务事项通用目录编制，建设全市统一的政务清单管理系统，并督促部门进行动态更新调整。

重点项目建设

【概况】 2020 年，鼓楼区安排市级重点项目 62 项，年度计划投资 174.03 亿元，全年完成投资 188.19 亿元，超序时进度 8.13 个百分点。

【在建及新开工重点项目】 2020年，鼓楼区在建重点项目38个，完成投资141.35亿元，其中福州延安中学西校区项目、保利天悦花园、华润斗池路项目等9个项目完成竣工或基本竣工。计划新开工项目23个，完成投资46.84亿元，其中兴业银行（集团）福州营运中心、福州软件园数字经济产业创新中心项目等项目开工建设。预备前期项目1个，总投资3亿元。

【"五个一批"项目】 2020年，区发改局根据投资主体不同，将"五个一批"（谋划一批、签约一批、开工一批、投产一批、增资一批）项目分为政府（含省级及以下国企）项目、民企项目、央企项目和外资项目4类，涉及服务业、城乡建设与生态环保、社会事业与民生三大行业。全年，全区"五个一批"项目381项，其中谋划一批4项、签约一批17项、开工一批166项、投产一批193项、增资一批1项；总投资约1621.55亿元，年度计划投资397.45亿元，年内累计投资404.64亿元。

2020年鼓楼区市级在建重点项目完成情况表

表18

项目名称	所属行业	总投资（亿元）	全年计划投资金额（万元）	全年累计完成投资（万元）	累计完成投资比例(%)
华润综合体建设项目	商贸服务业	70	41332	70500	170.57
闽投营运中心	商贸服务业	10	48000	48002	100.00
福州新权南路综合发展项目（香格里拉二期）	商贸服务业	10	10000	10000	100.00
中寰广场	商贸服务业	47	182500	183800	100.71
华润斗池路项目	商贸服务业	22	100000	100000	100.00
华润乌山府	商贸服务业	10	20000	90000	450.00
五凤工业园区地块	商贸服务业	6	10000	10000	100.00
汇诚中心	商贸服务业	7	34500	37953	110.01
振华大厦	商贸服务业	1	6000	6600	110.00
好运联联无车承运平台综合项目	商贸服务业	30	60000	60000	100.00
基于人工智能图片、视频深度压缩与增强产业化项目	商贸服务业	1	4000	4195	104.88
福建省工业智能化用能监测和诊断技术试点项目	商贸服务业	11	10000	11385	113.85
银医惠民服务平台	商贸服务业	1	5000	5000	100.00
基于海上丝绸之路大数据的智慧综合服务平台项目	商贸服务业	1	800	2200	275.00
5G承载用激光发送器件研发和产业化	商贸服务业	1	1293	1600	123.74
依图科技人工智能平台项目	商贸服务业	2	6000	6100	101.67
主动安全识别防控系统平台和终端应用项目	商贸服务业	2	5400	5515	102.13
区域智慧教育平台	商贸服务业	6	20000	21075	105.38
广电车联网应急广播平台及终端应用项目	商贸服务业	1	5000	5000	100.00
东街街道周边改造地块安置房项目	商贸服务业	4	4800	5280	110.00
福州延安中学西校区项目	社会事业	3	6000	16006	266.77
福州教育学院附属第一小学校园扩建项目	社会事业	2	13000	13050	100.38
福州市教场小学	社会事业	1	1000	1000	100.00
福州市中医院新病房综合大楼	社会事业	1	8500	10200	120.00
福建医科大学附属协和医院门诊楼、急诊楼、心血管病房楼	社会事业	3	5000	5000	100.00

续表 18

项目名称	所属行业	总投资（亿元）	全年计划投资金额（万元）	全年累计完成投资（万元）	累计完成投资比例（%）
省老年医院综合楼项目	社会事业	1	5000	5000	100.00
福州市花园小学教学综合楼项目	社会事业	4	35000	38500	110.00
福州市屏西小学教学综合楼项目	社会事业	2	5000	5050	101.00
融巨盛公馆	旧改及保障房（含房地产）	13	58200	59500	102.23
红墙新村旧改地块	旧改及保障房（含房地产）	18	30500	36600	120.00
正祥贵里香园	旧改及保障房（含房地产）	11	42400	42402	100.00
阳光五一花园	旧改及保障房（含房地产）	26	74000	74077	100.10
杨桥西路兰尾村旧屋区改造项目	旧改及保障房（含房地产）	5	5000	5300	106.00
中建·龙庭嘉园 A 区	旧改及保障房（含房地产）	2	5000	5061	101.22
中建·龙庭嘉园 B 区	旧改及保障房（含房地产）	13	72500	72552	100.07
保利天悦花园	旧改及保障房（含房地产）	34	130000	130000	100.00
金辉珑岳花园	旧改及保障房（含房地产）	80	170000	180000	105.88
万城万充新能源汽车充电桩产业开发项目	工业科技	10	30000	30000	100.00

2020 年鼓楼区市级计划新开工重点项目完成情况表

表 19

项目名称	所属行业	总投资（亿元）	全年计划投资金额（万元）	全年累计完成投资（万元）	累计完成投资比例（%）
三坊七巷·文华酒店	商贸服务业	12	11300	11300	100.00
兴业银行（集团）福州营运中心	商贸服务业	21	10000	12000	120.00
玺悦居	商贸服务业	2	5000	3760	75.20
福州软件园 D 区软件信息产业基地	商贸服务业	6	10000	6000	60.00
福昕互联 PDF 可控文档协同平台	商贸服务业	1	5750	5965	103.74
福州市鼓楼第二中心小学教学综合楼项目	社会事业	1	1500	1650	110.00
福州市小柳小学	社会事业	5	12700	12700	100.00
古乐路幼儿园	社会事业	2	10000	10320	103.20
闽江学院附中综合楼和体艺校	社会事业	3	13600	13605	100.04
冶山文化公园二期	社会事业	4	38000	45600	120.00
中国科学院大学福建学院学生公寓楼及专家楼	社会事业	2	10000	10600	106.00
乐业大厦	旧改及保障房（含房地产）	3	6000	6044	100.73

续表 19

项目名称	所属行业	总投资（亿元）	全年计划投资金额（万元）	全年累计完成投资（万元）	累计完成投资比例（%）
花满庭	旧改及保障房（含房地产）	8	41100	45220	110.02
陆庄河沿线及柳桥危旧改 B 地块安置房项目	旧改及保障房（含房地产）	2	4000	4000	100.00
西郊坊下南地块旧屋区改造项目	旧改及保障房（含房地产）	3	3000	3700	123.33
正祥西江月	旧改及保障房（含房地产）	7	40000	40600	101.50
群升·左海悦	旧改及保障房（含房地产）	5	33000	36000	109.09
冠坤柒号院	旧改及保障房（含房地产）	2	13000	14800	113.85
白马路沿线西侧旧改项目（柳河路以北）地块二	旧改及保障房（含房地产）	8	46300	46300	100.00
白马映书台	旧改及保障房（含房地产）	11	72800	72800	100.00
鼓屏路 86 号旧屋区改造	旧改及保障房（含房地产）	3	27950	27950	100.00
鼓屏路人民日报印务中心及周边旧改项目	旧改及保障房（含房地产）	5	49600	32432	65.39
福州软件园数字经济产业创新中心项目	工业科技	3	5000	5020	100.40

2020 年鼓楼区市级预备前期重点项目完成情况表

表 20

项目名称	所属行业	总投资（亿元）	全年计划投资金额（万元）	全年累计完成投资（万元）	累计完成投资比例（%）
红墙幼儿园	社会事业	3	0	0	0.00

【“抓项目促跨越”行动项目】 2020 年，鼓楼区完成福州市“抓项目促跨越”行动开工项目 143 个，其中产业项目 97 个，战略性新兴产业项目 66 个；总投资 541.78 亿元，占目标任务 131.2%，提前 5 个月完成全年开工任务。完成竣工项目 69 个，总投资 132.5 亿元，占目标任务 121.05%，提前 5 个月完成全年竣工任务。

【服务业跨越发展项目】 2020 年，区发改局贯彻《福州市服务业跨越发展升级版工作方案（2018—2020 年）》，加大服务业跨越发展重大项目跟踪服务力度，牵头 28 个重点项目。年内完成投资 77.3 亿元，完成率 120.4%，超序时 20.4 个百分点，6 个项目竣工。

【项目成果转化】 2020 年，鼓楼区在第十八届“6·18”项交会期间，上报入库企业对接项目 47 项、技术需求 15 项，项目总投资约 7.28 亿元。

（陈学成）

价格管理

【概况】 2020 年，鼓楼区落实非商品价格监管工作，公布 2020 年度区本级行政事业性收费单位名单、市级政府定价管理的经营服务性收费项目清单。加强市场价格监管，开展价格专项治理和价格监测工作。推动降低涉企用电成本，加强电力价格监管，规范商业综合体、写字楼、产业园区转供电收费行为。

【非商品价格监管】 2020 年，区发改局公布 2020 年度区本级行政事业性收费单位名单，包括区本级有资质的行政事业性收费单位名单及收费项目，涉及 27 家收费单位、13 项收费项目。

2020 年鼓楼区区本级有资质的行政事业性收费单位名单及收费项目一览表

表 21

序号	单位名称	收费项目
1	福州市鼓楼区园林中心	城市绿化赔偿费
2	福州市鼓楼区人力资源和社会保障局	专业技术职务资格评审费、机关事业单位工勤人员等级岗位考核收费、机关事业单位工勤人员岗位继续教育培训收费、专业技术职务资格评审费、公务员培训和专业技术人员继续教育培训收费、职业技能鉴定收费
3	福州市鼓楼区市政维护管理所	城市道路占用挖掘修复费
4	福州市鼓楼区老年大学	老年大学学费
5	中共福州市鼓楼区委党校	公务员培训和专业技术人员继续教育培训收费
6	福州市鼓楼区人民法院	诉讼费
7	福州市鼓楼区教育局	专业技术职务资格评审费、报名考试费
8	福州市鼓楼区教师进修学校	中小学校长培训和中小学教师继续教育培训收费、公务员培训和专业技术人员继续教育培训收费
9	福州市花巷幼儿园	公办幼儿园保育教育费
10	福州市鼓楼区教工幼儿园	公办幼儿园保育教育费
11	福州市温泉幼儿园	公办幼儿园保育教育费
12	福州市小柳幼儿园	公办幼儿园保育教育费
13	福州市旗汛口幼儿园	公办幼儿园保育教育费
14	福州市丞相坊幼儿园	公办幼儿园保育教育费
15	福州市大凰山幼儿园	公办幼儿园保育教育费
16	福州市鼓楼区福新幼儿园	公办幼儿园保育教育费
17	福州市鼓楼区庆城幼儿园	公办幼儿园保育教育费
18	福州市鼓楼区新晖幼儿园	公办幼儿园保育教育费
19	福州市崇庆幼儿园	公办幼儿园保育教育费
20	福州市鼓楼区东湖幼儿园	公办幼儿园保育教育费
21	鼓楼区温泉街道桂香幼儿园	公办幼儿园保育教育费
22	鼓楼区陆庄幼儿园	公办幼儿园保育教育费
23	福州市鼓楼区晨光幼儿园	公办幼儿园保育教育费
24	福州市鼓楼区鼓西街道保定幼儿园	公办幼儿园保育教育费
25	福州市鼓楼区河南新村幼儿园	公办幼儿园保育教育费
26	福州市鼓楼区五凤街道五凤新村幼儿园	公办幼儿园保育教育费
27	鼓楼区华大街道互爱幼儿园	公办幼儿园保育教育费

涉企收费清单制度　区发改局完成区属相关单位 2020 年度经营服务性收费情况报告工作，收费项目主要涉及区司法局（鼓楼公证处）公证服务收费、区城管局生活垃圾处理收费相关内容。

国有景区门票价格管理　区发改局完成福州怡山西禅寺、华林寺、海峡（福州）大熊猫研究交流中心 3 家区属景区 2020 年度门票收费情况报告。

【价格监测与宣传服务】　价格监测　2020 年，区发改局对辖区内 71 种粮油副食品开展价格监测，通过政务网等信息公开形式，发布《鼓楼区粮油副食品零售价格》及《主要主副食品价格趋势综述》等，全年发布 50 余期。

转供电价格降价成果惠及转供电终端用户　区发改局会同区市场监管局配合鼓楼供电服务中心印制下发《转供电主体电价政策告知书》，提醒鼓楼区各转供电主体，并联合走访终端单位及物业公司，要求执行福建省目录销售电价表用电价格，向非直抄用户分摊的电费总和以向电网企业缴交的电费为限，确保政策落实到位，减轻企业负担。

价格举报投诉　区发改局继续办理反馈价格收费政策解释或政策咨询方面的投诉举报工作，全年受理价格举报投诉 12 件，完成率 100%，无不满意反映。

（王熙翔）

【市场价格监管】　2020 年，区市场监管局进一步加强涉企收费监管，禁止各部门将自身应承担的费用转嫁企业承担；推动降低涉企用电成本，加强电力价格监管，以推进降低一般工商业电价政策落实为重点，规范商业综合体、写字楼、产业园区转供电收费行为规范，排查转供电主体 159 家，督促落实国家支持复工复产电价优惠政策，进一步优化营商环境、增进民生福祉。针对节假日旅游高峰期，加强与旅游相关的餐饮、购物、景点及景区附属停车场等商品价格及收费监管，规范商品明码标价，重点对6个农贸市场、10家大型商场（超市）、5条商业大街、三坊七巷景区等的明码标价情况开展全面检查，确保市场供应平稳有序，保护消费者权益。全年查获各类价格违法案件11件，罚没款2.36万元。

【专项治理】 2020年，区市场监管局加强特殊时期价格检查，持续开展新冠肺炎疫情防控期间价格专项治理，打击不按规定明码标价、哄抬价格等价格违法行为，维护市场价格秩序稳定。全年立案查获哄抬价格违法行为2起，虚假标价违法行为1起，罚没款1.92万元。依托福州市市场监管局扫黑办开发的“停车场违法举报”平台，开展停车收费价格整治，处置机动车停车场未明码标价、未设置价格公示牌、超过公示标准乱收费以及敲诈勒索、强行收费等涉黑涉恶行为的线索举报，全年分流处置投诉举报184条，立案查处未明码标价案件1起，罚没款1200元。

（陈秀娇）

国有资产管理

【概况】 2020年，鼓楼区开展运营的区属国有企业21家，其中一级国有企业2家，即鼓楼区国投集团和鼓楼区城投集团；二级及以下企业19家，为区国投集团及城投集团的下属企业。

【国企改革】 2020年，鼓楼区5家区属全民所有制国有企业完成公司制改革工作，推动经营机制转换，建立符合现代企业制度的有效组织形式。区属国企发挥金融杠杆作用，灵活运用金融工具，加快融资能力建设，区城投集团的4个旧改项目申报专项债3亿元待审批；区国投集团通过股权并购，取得金融机构融资授信3.6亿元。区城投集团、区国投集团均基本完成《国有企业党委前置研究讨论重大经营管理事项清单示范文本（初稿）》的制定工作，推动党的领导与国有企业法人治理结构有机融合。

【国有资本运作】 2020年，区国投集团与浙江省属国企物产中大集团（世界500强第249位）旗下物产云商开展合作，依托其海外集采供应链平台，创新发展线上、线下新型零售——热选超市。区国投集团、区城投集团与日本欧力士、首程控股在金融领域、城市智慧停车领域开展合作，成立福建润楼金融产业投资公司、润楼诚驿停车公司等子公司，投资金额43亿元。区国投集团与华润旗下华润物业合资成立福建省润楼智慧城市科技运营有限公司，引进华润物业的管理系统、标准化服务体系，提高鼓楼区城市运营和管理水平。

【国资履职监管】 2020年，区国资中心指导国有企业开展编制经营预算及收益上缴工作，督促国有企业足额上缴2020年国有资本经营收益162.89万元。印发《关于贯彻落实〈中国共产党宣传工作条例〉的通知》《关于认真学习贯彻〈中国共产党国有企业基层组织工作条例（试行）〉的通知》《关于做好基层党建重点工作的通知》等文件，督促国有企业深化党的建设。开展清理拖欠农民工工资支付监管工作，全年鼓楼区国有企业未发生拖欠农民工工资情况。超额完成发布高校毕业生岗位需求工作，国有企业年内发布高校毕业生就业岗位56个，任务完成率近200%，一定程度缓解高校毕业生就业压力。

【国有房产管理】 2020年，区国资中心重视经营性房产的维护维保、监管审批、疫情减租及租金收缴工作。全年开展房产日常安全巡查54人次，排查发现安全隐患15处，均整改到位；审核审批全区各类租赁申请30余起、房产评估400余次，确保鼓楼区房产租赁合规、有序开展；对疫情期间承租鼓楼区房产的中小微企业及个体工商户给予3个月租金减免，减免中小微企业及个体工商户500余家，减免租金约2500万元；全年区国资中心上缴国库租金收入5400万元。

【国有企业退休人员社会化管理】
2020年，区国资中心完成中央、省、市、区国有企业的退休人员社会化管理（档案移交、管理职能移交、党员的党组织关系移交）工作。45家央属企业（单位）、23家省属企业（单位）、21家市属企业（单位）、3家区属企业（单位）向鼓楼区提出移交国有企业退休人员共21939人的社会化管理工作。至年底，上述退休人员基本移交至鼓楼区由属地街镇（社区）管理。

（元志强）

统计与调查

【概况】 2020年，鼓楼区统计局加强对经济运行情况的监测，强化统计的事前预警、事中监测、事后服务功能。开展联网直报单位统计数据采集及重点产业、重点行业、重点企业的调研，做好分析工作。开展与周边县（市）区横向比较，查找差距，提出意见建议。开展第七次全国人口普查工作。开展“三新”经济统计试点、2020年知识产权产品投资统计试点工作。贯彻落实统计制度方法改革，继续执行主要经济指标定期通报机制，编印《鼓楼统计月报》《鼓楼统计年鉴》等统计资料。参与修订《2020年度鼓楼区绩效管理工作实施方案》。开展家政服务调研、福州市应对新冠肺炎疫情政策落实情况调研、返校复学情况调研等各类经济和社会民生调研。

【统计数据联网直报】 2020年，区统计局开展76家规模以上工业法人单位，209家有资质的建筑业法人单位，1161家限额以上批发和零售业法人单位，217家限额以上住宿和餐饮业法人单位，63家房地产开发经营业法人单位，816家规模以上服务业法人单位的年度、季度、月度统计联网直报数据采集工作。

【第七次全国人口普查】 2020年，第七次全国人口普查是鼓楼区年度重点工作。区主要领导、分管领导先后召开5次专题会议推进人普工作，6次作出工作批示，并要求全区探索基层网格化管理对人口普查的推进作用。各街镇主官亲自推动、部署，发动街镇上下参与人口普查工作，实行“1+10+N”全方位包干制度。区人普办组织骨干力量包干街镇，各街镇班子包干指导社区，各成员单位指派专人对接任务，形成覆盖全区、分工明确、协调顺畅的普查组织体系。鼓楼区承接国家、省、市统计局布置的各项工作，宣传方式多样，自采自编“大国点名，没你不行”宣传片，在福建电视台播报，同时录制的视频素材被中央电视台、“福建统计”公众号采用。启动24小时应答制度、工作复盘制度、区办包街制度、进度日通报制度、交叉抽检制度，确保各阶段工作按时保质保量完成。11月，鼓楼区现场登记工作得到福建省委常委、常务副省长赵龙的肯定。

【统计调查】 2020年，区统计局持续开展城乡一体化住户收支调查电子记账工作，协助区综治办开展平安建设“三率”调查，协助区人大开展社区治理调查、营商环境调查工作，配合福州市调查队开展家政服务调研、福州市应对新冠肺炎疫情政策落实情况调研、返校复学有关情况调研、“小店经济”调研、疫情影响下“新零售”发展情况调研、服务零售调研、中药产业调研、城镇老旧小区改造情况调研。通过实地走访、问卷调查、咨询从业人员等方式进行深入调研，为开展经济和民生工作提供参考。

【其他常规调查和调查服务】 2020年，区统计局每月完成12个小区120户居民收支调查、96户全国月度劳动力调查、18家工业生产者价格调查、18家采购经理调查、6家二手房价格调查；每个季度完成106家限额以下商业调查、181家规模以下服务业调查、76家新设立小微企业调查、20家建筑业小微企业调查；年度完成29家服务零售结构调查等常规调查。开展区对街镇党委政府和区级机关绩效公众评议调查，协助福州统计局开展县（市）区政府绩效管理公众评议、市级机关单位绩效管理工作评议等专项调查，协助区综治办开展平安建设“三率”调查工作。

【统计执法与监督】 2020年，区统计局开展年度“双随机”统计监督检查工作，下发《统计监督检查通知书》，制定全区检查工作方案。突出执法检查工作，对一些无统计制度和统计台账、统计台账不健全的单位给予限期改正，并作出处理决定。监督检查28家企业四经普数据，立案查处1家提供不真实统计资料的企业。

【宣传与培训】 2020年，为开展第七次人口普查工作，区统计局通过多种渠道、方式向居民普及相关知识，包括在福建电视台经济频道宣传播放鼓楼区第七次人口普查宣传片；向上级统计部门微信公众号推送鼓楼区录制的“乡音说人普”；通过家在鼓楼、鼓楼新闻网、社区幸福通等宣传矩阵推送人普动态10余篇；重点入户，保证重点片区、重点人员宣传到位，面访到位。9月，举办4期人口普查“培训月”系列业务课程培训，参训人员约4200人次，提升人口普查“两员”的业务能力。12月，陆续召开各专业年报会，对各街镇统计人员进行统计知识培训，讲解最新统计制度、联网直报工作具体操作事项。

【统计年鉴编纂】 2020年，区统计局组织编纂《福州市鼓楼区统计年鉴（2020）》，全书内容分为综合，工业，建筑业，批发零售贸易与餐饮业，服务业，外经贸，房地产开发，财政收支、人民生活，科技、教育、文化、卫生、旅游，民政、民族宗教，房管、园林、环境保护，人口、司法，劳动工资、劳动保障13个篇目。收录2019年鼓楼区及所辖各街（镇）、各部门经济和社会发展等方面的统计数据，以及历史重要年份鼓楼区国民经济主要指标的统计数据。

（杨依水）

审计

【概况】 2020年，鼓楼区审计局完成审计项目24个（含专题审计7个），比上年增长28.57%。审计查出主要问题金额63124.25万元；损益（收支）不实3273.42万元；审计处理处罚金额1563.62万元，其中应上缴财政456.48万元，应归还原资金渠道1107.14万元；审计促进整改落实有关问题资金4103.27万元；审计发现非金额计量问题137个。报送审计信息、要情专报78篇，被批示、采用142篇次，提出审计建议34条，采纳34条，各类审计报告、审计要情被区领导批示6次。年内，审计项目获全市审计项目质量考评县（市）区组第一名，并创造连续五年项目质量全市第一名的纪录，南街街道经济责任审计项目作为省审计厅选送的2个项目之一参评全国基层县区优秀项目；审计信息总分排名全市县（市）区组第一名，区审计局连续两年在全区绩效管理考核中被评为优秀等次、首次获评“省级文明单位”。

【审计组织方式】 2020年，区审计局采取“1+N”方式统筹审计项目，整合审计资源，实行全局一盘棋，灵活管控项目及人员的调度和衔接。在新冠肺炎疫情防控过程中，探索特殊时期数据化审计方式，加大非现场数据分析力度，加强现场审计与非现场审计的资源配置和协调衔接。利用项目间的空置人员和时间开展自定跨年项目，如开展政府购买普惠性幼儿园教育服务审计，既服务鼓楼区中心工作，又缓解上级审计机关下达审计项目过分集中在上半年造成人手不足的问题，全年审计任务完成数比上年增长21%。

【重大政策措施落实跟踪审计】 2020年新冠肺炎疫情防控期间，区审计局调整工作步调，组织人员开展疫情防控相关决策部署及政策措施落实跟踪审计，加大对“六稳”（稳就业、稳金融、稳外贸、稳外资、稳投资、稳预期）、“六保”（保居民就业、保基本民生、保市场主体、保粮食能源安全、保产业链供应链稳定、保基层运转）政策审计力度，保障全区疫情防控资金、物资及时安全有效使用。助推企业复工复产，保障企业税费减免、降低企业运营成本、增产增效、援企稳岗、营商环境等政策落实到位，并对就业补助相关政策宣传方面提出建议意见。开展新增财政资金直达基层直接惠企利民专项审计，确保直达资金发挥效用，推动政策、资金与项目落地。

【国有资产和资本运营管理情况专项审计】 2020年，区审计局以优化财政资源配置、盘活各类国有房产和土地收储存量，挖掘形成财政可统筹财力为切入点，对全区国有房产的管理和租赁情况进行全面调查，发现国有房产存在多头管理、底数不清、部分闲置房产未妥善管理、公租房分配不符合规定、房产招租过程存在违规操作等问题，得到区主要领导的重视及批示，并召开区政府专题会议，成立国有房产分类整合组等6个相关工作领导小组，出台房产专项清查处置工作方案。区审计局牵头负责清理清退违规租用国有房产工作，召集有关部门开会部署，按工作方案持续跟踪相关单位清理清退工作，对推进中发现的问题，针对性提出促进清理工作开展的建议，并注重与区国资中心沟通工作推进情况。

2020年7月15日，鼓楼区审计局审计人员在开展福州鼓楼与甘肃岷县东西部扶贫协作帮扶专项资金审计中，现场查看贫困户中蜂养殖情况（区审计局 供）

【民生资金审计】 2020年，区审计局从政策成效和资金绩效两个方面入手，开展政府购买民办普惠性幼儿园教育服务绩效审计，处理个别幼儿园违法违规套取财政补助资金问题，给民生教育相关单位警示的同时又对幼儿园的学生和家长增加稳定系数，督促违规资金及相应违约罚金182.7万元上缴财政。助力脱贫攻坚战，开展东西部对口协作岷县帮扶资金审计，发现个别合作社帮扶资金使用不规范、新建卫生室工程建设质量等问题。

【财政资金绩效管理专项审计】 2020年，区审计局连续两年开展财政资金绩效管理专项审计，提出预算绩效管理不够完整和精细等问题，推动区财政局出台《鼓楼区全面实施预算绩效管理的方案》，并推进预算绩效管理信息系统上线和使用。

【经济责任与资源环境审计】 2020年，区审计局加强对经济责任审计工作的组织领导和统筹协调，调整经济责任审计工作联席会议召集人及成员单位名单，制定《鼓楼区经济责任审计工作联席会议议事规则和办公室工作规则》。综合协调审计项目实施和项目现场管理，统一确定重点审计内容和程序，完成2个街道党政领导经济责任审计和自然资源资产离任（任中）审计，围绕领导干部履职情况，注重对权力、廉政和民生项目的审查，并融入重大政策措施落实情况审计等“两统筹”要求的审计事项。

【审计整改】 2020年，区审计局对2019年13个审计项目涉及38个部门单位开展审计查出问题整改绩效考核，整改率100%。在审计整改回头看中，特别对2019年得到区主要领导肯定的营商审计问题整改成效进行全面跟踪梳理，促进相关街道回归飞地企业17家、12个招商备案项目转化落地总投资额23亿元。

【内部审计】 2020年，区审计局加强对内部审计工作的领导，构建集中统一、全面覆盖、权威高效的审计监督体系。至年底，全区有内部审计机构13个，内部审计人员75人；完成审计项目11个，其中财政收支审计4个，经济责任审计4个，内部控制评审2个，信息系统审计1个，审计总金额14745.1万元；提出的建议意见被采纳23条。区审计局邀请特约审计员到福州市软件园管理委员会，以《审计署关于内部审计工作的规定》《福州市内部审计工作推进实施方案》等相关文件为指导，介绍大型国企的内审工作开展、运行机制等方面经验，对软件园管委会有关成立内审机构、建立内审制度及健全内审运行机制等问题进行现场沟通和指导，促进园区尽快规范建立内部审计机构。

（魏莉莉）

对外及台港澳经济贸易

【概况】 2020年，鼓楼区商务局加大政策扶持力度，组织进出口企业参展，为进出口企业搭建线上线下平台。全年组织300多家次企业参加首届中国进口博览会等各类境内外展会（含线上展会）40多次，克服新冠肺炎疫情带来的负面影响，帮助企业开拓国际市场，推动辖区外贸出口企业化危为机。全年，鼓楼区进出口总额499亿元，其中进口总额142亿元，出口总额357亿元。

【外贸出口企业转型升级】 2020年，区商务局聚力“六稳”“六保”，培育外贸新业态，促进外贸稳增长。利用福州列入第四批国家跨境电商综合试验区的契机，结合新冠肺炎疫情期间消费者跨境线上消费习惯的加速养成、跨境电商监管模式的不断创新，引导传统外贸企业向跨境电商新业态转型升级。

【外资及台港澳资项目】 2020年，区商务局重点推动福州汇华企业管理咨询有限公司、福建京台侨鑫酒店管理有限公司、福州市新谱环保科技有限公司等外资及台港澳资项目落地。全年签约外资及台港澳资项目3项，合同外资及台港澳资约1.75亿美元；合同外资及台港澳资39.938亿元，实际利用外资及台港澳资10.004亿元。

全区新批外商及台港澳商投资项目74项，其中新批设立外资及台港澳资企业53家，增资企业21家。在新批设立的53家外资及台港澳资企业中，中国台湾22家，中国香港23家，尼日利亚2家，阿根廷、澳大利亚、荷兰、加拿大、日本、新西兰各1家。

项目招商

【概况】 2020年，鼓楼区开展招商专项行动，全年引进落地招商项目468项，总投资938.14亿元，综合成绩排名全市第5；从市域外新引进现代服务业招商项目16项。

【“抓项目促跨越”专项行动】 2020年，鼓楼区引进落地招商项目468项，总投资额938.14亿元。其中，国企项目34项，投资额353.81亿元；外企项目20项，投资额99.99亿元；民企项目414项，投资额484.34亿元。围绕国内外500强、央企、独角兽企业等招商重点，引进落地福建华电福瑞能源发展有限公司、福建省金服云有限公司、福建字节悦动科技有限公司、京师（福州）律师事务所、福建心里程科技发展有限公司等优质项目。

【数字峰会】 2020年第三届数字中国建设峰会期间，鼓楼区重点针对移动互联网、大数据、云计算、物联网、人工智能、VR（虚拟现实技术）、区块链等产业，接洽数字经济领域知名企业，对接项目成果60项，总投资额130.11亿元。促成心里程福建区

2020年4月23日，“鼓楼区2020年第二季度重点招商项目签约仪式”举行

（区商务局 供）

域总部等7个重点签约项目落地鼓楼。

（林香）

金融工作

【概况】 2020年，鼓楼区实现金融业增加值529.8亿元，比上年增长6.1%，占全区生产总值的25.6%，占三产的30.13%，占全市金融业增加值的46.04%。在新冠肺炎疫情防控期间，持续加大金融扶持力度，畅通金融服务渠道，强化金融服务保障，帮助企业实现复工复产，发挥金融“输血供氧”作用，服务实体经济加快复苏。鼓楼区在上市工作方面稳居省、市首位，接续打造企业上市高地“榕树计划”，根据企业上市进程痛点实行分段补助，全流程精准施策实现新突破。区金融办持续加大类金融扶持力度，稳步推进类金融工作。各类持牌金融机构通过外部担保和增信，促进金融资源向中小企业及新兴朝阳型、科技产业有效配置。

【金融招商】 2020年，鼓楼区发展地方类金融组织，加强类金融招商力度。发挥区位优势和金融机构集聚效应，主动跟踪对接，进行项目储备。对接国网融资租赁拟新设福建分公司、海峡融资租赁拟增资10亿元等线索，促成中禾信融资担保（福建）有限公司（注册金额85000万元）迁入鼓楼。以商招商和产业链招商为重要抓手，引进日本最大的非银行金融机构欧力士集团到福州开展全面战略合作。福建省委副书记、省长王宁与北京、香港、大连四地在线“云谈判”，推进润楼金融产业投资有限公司项目落地。引进中禾信融资担保（福建）、兴业银行金服云、和晟（福州投资）等一批大企业、好项目落地鼓楼。重点打造全省基金高地，汇集省、市、区三级资源，出台《关于促进朱紫坊基金集聚区发展实施办法》《朱紫坊基金港建设专项行动方案》等相关系列政策，完成一期项目选址，引进海峡汇富、恒盈资本等。

【金融风险防范】 2020年，鼓楼区建立长效机制，守住不发生系统性金融风险的底线。联合省、市地方金融监管局开展“守住钱袋子·护好幸福家”“七进防范非法集资”等主题宣传活动近20场，发放宣传手册2000余份，滚动播放防范非法集资公益广告5000多条次。强化风险排查，开展涉嫌非法从事网络现金贷机构整治，对9家公司现场排查并列入经营异常名录，全年查收“12345”投诉件36起，办结率100%，将相关风险隐患扼杀在苗头，及时防范非法从事网络现金贷风险。全面核查鼓楼区2家P2P网贷机构清退情况，对核查海丝金融和汇诚金融的退出市场及整改情况，聘请第三方会计事务所审查出具退出市场书面意见。加大非法集资违法犯罪打击力度，全年完成非法集资陈案积案结案18起，结案率78.26%，率先超额完成全区非法集资陈案积案攻坚三年指标任务58.26个百分点，实现“案件清零”；配合鼓楼经侦大队立案各类非法集资案件23起，破案22起，抓获犯罪嫌疑人19人，涉案金额3.24亿元。打击非法集资犯罪活动，完成非法集资举报奖励7例，兑现举报奖励金3.5万元。

（郑烨仪）

综述

2020年，鼓楼区市场监督管理局在全省率先推出电梯“养老”综合保险模式。在全市率先构建“一档一评一监测”冷链食品疫情防控监管体系，委托第三方机构对辖区冷冻库经营单位开展风险评估，为基层监管提供技术支持。在全市率先推行市场监管系统“证照联办”新模式。实施服务业品牌标准化建设三年行动，巩固“国家知识产权强县工程示范区”创建成果。推进老旧住宅与商务楼宇乘客电梯修复改造更新与安全评估工作，将该项工作列入2020年为民办实事工作计划，出台2020年老旧乘客电梯修复改造更新资金补贴方案，并全部完成老旧乘客电梯安全评估。至年底，鼓楼区存量市场主体总户数131699户，注册资本9753.81亿元。年内，区市场监管局获评全国法治政府建设工作先进单位、福州市市场监管系统2019年政务信息工作先进单位等。

商事制度改革

【概况】 2020年，鼓楼区市场监督管理局继续开展深化“放管服”改革和优化营商环境工作，着力压减企业开办时间，提升办事便利度，优化审批流程，推动企业驿站建设。配合帮扶小微企业和开展疫情防控工作，辖区（含省、市、区）实有内资企业2599户，注册资本2699.47亿元；私营企业56988户，注册资本6563.67亿元；个体工商户70971户，注册资金45.31亿元；农民专业合作社2户，注册资本0.06亿元；外资企业1139户，注册资本445.3亿元。至年底，鼓楼区存量市场主体总户数131699户，注册资本9753.81亿元。

【注册登记】 2020年，辖区新增内资企业138户，注册资本164.41亿元；新增私营企业7099户，注册资本778.54亿元；新增个体工商户15882户，注册资金11.69亿元。

【个体经济】 2020年，鼓楼区实有个体工商户70971户，比上年增长28.83%，资金45.31亿元，比上年增长34.77%；新开业15882户，比上年下降2.28%，资金11.69亿元，比上年增长0.26%。在总户数中排名前五位的是批发和零售业、住宿和餐饮业、居民服务业、租赁和商务服务业、房地产业，分别为50803户、10475户、5979户、1891户和451户，分别占个体工商户总户数的71.58%、14.76%、8.42%、2.66%和0.64%。从事第一、二、三产业个体户分别为3户、291户和70677户，分别占个体工商户总户数的0.01%、0.41%和99.58%。

【私营经济】 2020年，鼓楼区实有私营企业56988户，比上年增长14.23%，资金6563.67亿元，比上年增长13.46%；新开业7099户，比上年增长6.94%，资金778.54亿元，比上年下降5.57%。在总户数中排名前五位的是批发和零售业、租赁和商务服务业、信息传输软件和信息技术服务业、科学研究和技术服务业、建筑业，分别为18307户、13571户、7322户、6536户和4121户，分别占私营企业总户数的32.12%、23.81%、12.85%、11.47%和7.23%。从事第一、二、三产业的私营企业分别为208户、4618户和52162户，分别占私营企业总户数的0.36%、8.1%和91.54%。

【内资经济】 2020年，鼓楼区实有内资企业2599户，比上年增长5.61%，注册资本2699.47亿元，比上年增长6.49%；新开业138户，比上年增长39.39%，资金164.41亿元，比上年增长74.37%。在总户数中排名前五位的

2019—2020 年鼓楼区市场主体行业分布情况表

表 22

行业	2019 年（户）	2020 年（户）	增长户数（户）	增长率（%）
农、林、牧、渔业	208	238	30	14.42
采矿业	7	10	3	42.86
制造业	747	820	73	9.77
电力、热力、燃气及水生产和供应业	79	83	4	5.06
建筑业	3820	4371	551	14.42
批发和零售业	54858	69961	15103	27.53
交通运输、仓储和邮政业	1094	1209	115	10.51
住宿和餐饮业	9827	11376	1549	15.76
信息传输、软件和信息技术服务业	6383	7692	1309	20.51
金融业	721	737	16	2.22
房地产业	1679	1907	228	13.58
租赁和商务服务业	14283	16178	1895	13.27
科学研究和技术服务业	6137	6976	839	13.67
水利、环境和公共设施管理业	141	159	18	12.77
居民服务、修理和其他服务业	6712	7727	1015	15.12
教育业	152	168	16	10.53
卫生和社会工作	343	384	41	11.95
文化、体育和娱乐业	1300	1689	389	29.92
其他	12	12	0	0.00
合计	108503	131697	23194	21.38

注：不含农民专业合作社及外资企业。

是批发和零售业、租赁和商务服务业、金融业、建筑业、科学研究和技术服务业，分别为573户、513户、418户、172户和171户，分别占内资企业总户数的22.05%、19.74%、16.08%、6.62%和6.58%。从事第一、二、三产业的户数分别为13户、291户和2295户，分别占总户数的0.5%、11.19%和88.31%。

【企业年报】 2020年，鼓楼区内资企业累计35075户（年报率90.07%）、农民专业合作社2户（年报率100%）通过公示平台申报并公示2019年度年报。

市场监督执法

【概况】 2020年，鼓楼区市场监督管理局加强经营异常名录管理，实施“一处违法，处处受限”举措。加强反不正当竞争执法和广告监管工作，立案查处各类案件279件，办结285件，罚没入库458.58万元。推进“双随机、一公开”（在监管过程中随机抽取检查对象，随机选派执法检查人员，抽查情况及结果及时向社会公开）监管工作，加快企业信用体系建设，依法实施守信联合激励和失信联合惩戒制度。全年受理各类投诉（举报）21951件，办结率100%，为消费者挽回经济损失243.45万元。

【合同监管】 2020年，鼓楼区开展合同格式条款专项整治工作，依法查处利用不公平格式条款侵害消费者权益、危害社会公共利益的合同违法行为，维护消费者权益。全年，查处格式合同违法案件6件，罚没1.76万元。

【工业产品监管】 2020年，区市场监管局落实商品（产品）质量风险监测，抽检食品接触用品、服装鞋帽、玩具文具、消防产品、小家电、眼镜产品、

2020 年 5 月 13 日，鼓楼区市场监督管理局执法人员到延安中学检查集体用餐配送情况（区市场监管局 供）

成品油、电线电缆、残疾人辅助用品、网络商品等 10 个大类 182 批次，对抽检不合格商品立案 5 起 6 批次，责令改正 3 批次。开展“放心消费示范单位”活动，辖区 28 家企业（经营户）入选福州市“线下无理由退货承诺示范单位”，数量居全市区县之首。

【广告监管】 2020 年，区市场监管局加强广告导向监管，开展清理整治含有“软色情”等低俗庸俗媚俗广告专项行动，排查涉嫌含有“软色情”等低俗庸俗媚俗广告线索 5 条，立案查处 1 件，罚没款 21.2 万元。加强重点领域广告监管，以社会关注度高、群众反映强烈、危害人民生命财产安全、危害社会和谐稳定的医疗、药品、保健食品、房地产、金融投资理财等领域虚假违法广告为整治重点，查处各类违法广告案件 36 件，罚没款 40.8 万元；全省典型广告案例采用 3 件。

【企业信用监管】 2020 年，区市场监管局对日常监管中发现违法违规、被列入经营异常名录的市场主体实施信用约束。全年，列入经营异常名录管理企业 4090 家（包含省、市局注册登记企业），移出经营异常名录管理企业 1263 家。推进跨部门“双随机一公开”联合抽查工作，抽取鼓楼区企业 1865 家，抽查结果均公示。

【网络监管】 2020 年，区市场监管局开展元旦、春节“两节”期间、“6·18”促销期间等网络商品和服务信息定向监测，加强特定时段重点平台网上定向监测，实现线上线下一体化监管，监测样本 76 条。以建立“吹哨人”制度和发挥网络餐饮第三方平台的“哨岗”作用为核心，落实推进福州市网络餐饮“e 治理”，年内发放“吹哨人”奖励 7 件，发放奖励金额 2800 元，查办各类网络违法案件 10 起，罚没 24.61 万元。

【消费维权】 2020 年，鼓楼区开展“12315”全国“一号对外”衔接工作；在落实新冠肺炎疫情防控措施的同时，开展“3·15”国际消费者权益日及相关宣传活动 11 场次，全区有“12315”消费维权站（点）126 个，全年受理各类投诉（举报）21951 件，办结率 100%，为消费者挽回经济损失 243.45 万元。

【行政案件执法】 2020 年，鼓楼区围绕重点地区、重点行业、重点市场和重点商品加大执法办案力度，开展落实食品药品安全“四个最严”（最严谨的标准、最严格的监管、最严厉的处罚、最严肃的问责）要求专项行动、打击走私“国门利剑 2020”、打击野生动物违规交易、打击整治非法制售口罩等防护产品专项行动，查处各类违法案件 279 件，办结 285 件，罚没入库 458.58 万元。

食品、药械、特种设备监管

【概况】 2020 年，鼓楼区市场监督管理局持续推进“智慧食安”监管平台升级，完善“一品一码”体系，推动追溯凭证从农业源头到食品生产经营环节全链条互认互通。开展保健食品行业、校园食品安全守护等重点领域专项整治行动，完成省、市、区“两会”和数字峰会等重大活动餐饮服务食品安全保障工作。开展“两品一械”（药品、化妆品、医疗器械）经营企业与使用单位的风险、信用等相关等级的评定工作，加大对高风险、低信用的企业监管频次。加大对疫苗、中药饮片、无菌和植入性医疗器械等重点品种监管力度。开展对特种设备使用单位日常监督检查、特种设备领域安全隐患大排查大整治、压力管道排查、起重机械隐患治理等专项行动。

【食品安全生产监管】 2020 年，区市场监管局结合日常监管，开展生产环节食品安全监管工作，重点排查使用非法原料、掺杂掺假、虚假宣传、滥用食品添加剂等系统性、区域性风险。全年出动78人次，检查食品生产企业16家次、小作坊22家次，宣传培训从业人员40人次，进一步强化食品生产单位的食品安全主体责任。

【食品安全流通监管】 2020年，鼓楼区创建食品安全“一证通”试点。在全市范围内率先开展“一证通”试点工作，指导辖区食品生产经营者依托福建省食品安全追溯管理系统，采用“生产企业统一录入数据—批发企业收货时核对上游追溯凭证、销货时向下游出具追溯凭证—终端企业核对上游追溯凭证收货”的“单方向录入”模式，推动追溯信息对接、串连，形成追溯链条，进一步巩固追溯成效，降低试点辖区内食品生产经营者进货查验工作量。至年底，辖区390家经营主体累计录入追溯数据456.7万条。印发《鼓楼区市场监督管理局关于印发进一步做好“联防联控，四方责任”常态疫情防控工作方案的通知》，加大对进口冷链食品摸底排查，并委托第三方机构对辖区食品冷冻库进行检查评估，防范潜在食品安全风险。全年开展食品安全专项整治行动30余次，立案查处各类食品安全违法违规案件83起，罚没金额90.52万元，办结食品类投诉举报313件。

【餐饮业食品安全监管】 专项整治 2020年，区市场监管局承接上级业务对口部门下发的专项整治及日常监管任务12项；加强重点区域、重点环节、重点项目的食品安全治理，完成省、市、区“两会”及数字峰会等多场重大活动餐饮服务食品安全保障工作。全年出动2876人次，检查餐饮服务企业4953户次，下发《监督意见书》60份。

“互联网+”监管 持续推进“智慧食安”监管平台建设，运用网络监管手段进行远程执法监管。运用该平台发布消费提醒、食品资讯、服务导览等信息38条；通过移动执法App，执法人员通过执法终端对街区内餐饮服务单位开展量化分级管理，实施远程监管；运用该平台指导764名食品生产企业和学校食堂的食品安全管理员完成培训系统注册，490名从业人员完成40学时学习并通过考试。

餐饮服务监管 率先在全市探索构建“一档一评一检测”冷链食品新冠肺炎疫情防控监管体系；多次组织召开强化餐饮环节进口冷链食品疫情防控培训会，要求餐饮服务单位执行进货查验制度，同时与各餐饮服务单位签订《冷链食品疫情防控承诺书》。2020年，区市场监管局对以冷链食品为原材料的餐饮服务单位开展全面排查和执法检查，出动执法人员2600余人次，检查餐饮服务单位1.5万余家次；签署《疫情防控食品安全承诺书》750余份，引导餐饮服务单位自行开展人员核酸检测612人次。

【保健食品日常监管】 2020年，区市场监管局开展特殊食品安全风险隐患排查整治、保健食品行业专项整治联合行动等，检查经营主体303家，出动执法人员387人次。

【医疗器械及化妆品监管】 2020年，区市场监管局突出重点监管，将疫苗、中药饮片、血液制品、国家集采药品、无菌和植入性医疗器械、体外诊断试剂等重点监管品种作为监管工作的中心任务，发挥互联网+监管优势，采取分级监管、联合执法等各种手段，联合疾控部门，结合法律法规宣贯实现疫苗接种单位等重点监管对象的全覆盖监督检查，督促其按照相关法律法规要求开展药品、医疗器械质量追溯体系建设工作；结合投诉举报查处、行政许可检查等各种形式，加大对处方药销售、中药饮片质量安全、疫情防控所需药品医疗器械、疫苗、医疗美容等群众关注的热点难点问题的监督检查力度，净化辖区药品医疗器械化妆品流通秩序。全年，区市场监管局受理核发药品医疗器械经营许可31件，核发第二类医疗器械经营备案凭证189家，注销药品、医疗器械经营许可28家，取消第二类医疗器械经营备案凭证42家；出动执法人员3570

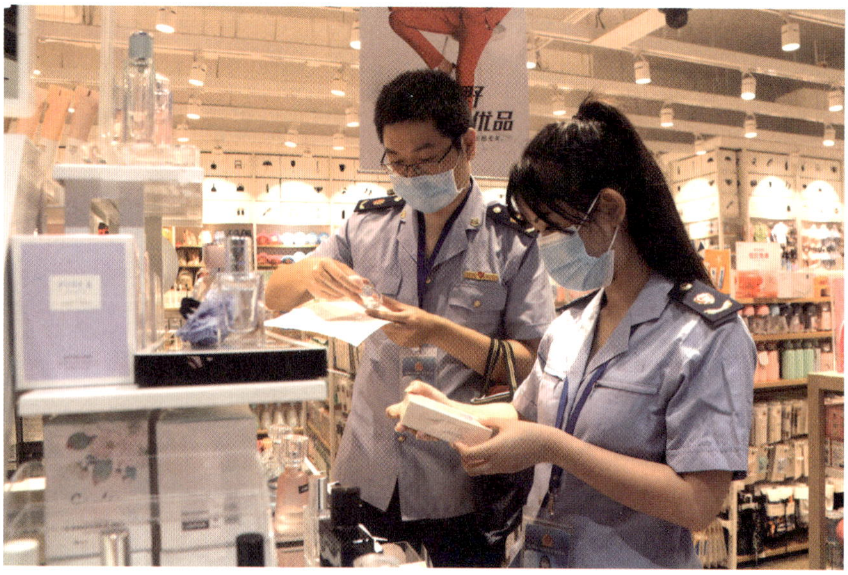

2020年8月3日，鼓楼区市场监督管理局执法人员开展化妆品检查

（柯洁 摄）

2020 年 4 月 9 日，特种设备安全监察人员查看大型游乐设施安全情况

（柯洁 摄）

人次，组织检查药品医疗器械化妆品经营企业 1786 家次，检查各类药品医疗器械使用单位 345 家次，对 28 家“两品一械”企业进行重点约谈，责令 108 家次企业予以限期整改，查处“两品一械”相关案件 54 起；开展药品医疗器械质量抽验、不良反应监测及药品安全满意度系列宣传活动，完成 50 批次省级药品监督抽样任务，30 批次市级药品监督抽样、5 批次省级医疗器械监督抽样、25 批次化妆品监督抽样，督促医疗机构上报各类药品、医疗器械、化妆品不良反应信息 1076 条。

【特种设备管理】 2020 年，区市场监管局持续开展特种设备安全隐患治理工作，全年辖区特种设备使用登记率、定期检验率、作业人员持证率、隐患整改率均 100%，4 项工作硬指标均位列全市第一。开展电梯、快开门式压力容器、大型游乐设施、危险化学品相关特种设备等专项整治行动；检查特种设备使用单位 475 家次，下达《特种设备安全监察指令书》171 份，已闭环指令书数 171 份。办理答复政协提案 2 起，受理使用单位状态变更报备 385 台，平台诉求及群众投诉举报案件 143 起，报请政府、相关行业主管部门协调解决问题 47 件，开展各类使用单位预警约谈 7 家，立案 13 起，办结 8 起，罚没款 20.24 万元。

在全省率先对商务楼宇和使用年限超 10 年的老旧乘客电梯更新改造进行资金补贴，将老旧住宅与商务楼宇乘客电梯修复改造更新与安全评估工作列入 2020 年为民办实事工作计划，持续执行区政府出台的《鼓楼区老旧乘客电梯修复改造更新资金补贴方案》，至 2020 年年底（4 年间），鼓楼区累计投入财政资金 1000.31 万元，更新改造 73 个小区的老旧乘客电梯 148 台，惠及 7539 户、26186 人。按照《鼓楼区推进老旧住宅与商务楼宇乘客电梯安全评估为民办实事项目实施方案（2018—2020 年）》要求，分 3 批全部完成 2005 年 1 月 1 日前投用的 963 台老旧乘客电梯安全技术评估。2020 年 11 月 16 日，鼓楼区通湖公寓 5 台电梯投保电梯“养老”综合保险，是福建省首单电梯安全综合保险业务，将电梯日常维护保养、检验费用、人身财产损失、部件维修更换和整梯置换纳入保险“一揽子”支付和赔偿范围，打造“电梯安全社会综合治理模式”的鼓楼升级版。

【安全宣传】 食品安全宣传 2020 年，鼓楼区加大食安示范城市创建宣传力度，结合文明城市创建、平安建

2020 年 11 月 9 日，“食话食说榕城行”鼓楼站活动在鼓楼前公园举办

（区市场监管局 供）

设等开展同创同建；协调各食安委成员利用自身资源优势、载体，加大宣传，提升食安示范城市创建“三率”（群众满意度、知晓率、支持率）；通过招标广告公司对全区69个社区食品安全宣传栏进行每月更新。2020年，鼓楼区食品安全满意率和食品安全城市创建“三率”得分94.12分，位列第一档。

药品安全宣传　将《中华人民共和国药品管理法》《中华人民共和国疫苗管理法》《化妆品监督管理条例》《医疗器械监督管理条例》等法律法规宣传作为全面提升监管效能的切入点，创新宣传手段，利用腾讯会议等网络软件以及抖音、微信公众号等新媒体，加大对相关企业和使用单位的培训宣传力度。组织开展2期“鼓楼区药品安全满意度”网络专题测评，对收集到的2万份有效测评信息进行全面总结分析。

特种设备安全宣传　加强企业特种设备宣传指导，梳理各类设备的重点注意事项，结合风险隐患整改情况，组织开展普法和安全教育培训，对安全基础薄弱的小微企业加强巡查，指导其开展安全和设备的管理。9月17日，在左海公园海底世界开展大型游乐设施应急救援示范演练活动；9月28日，在东百大厦开展“特种设备安全知识进企业系列宣传”活动，向群众宣传相关法律法规，接受咨询500多人次，解答群众咨询100余人次，发放宣传礼品200余份。

质量监督管理

【概况】　2020年，鼓楼区市场监督管理局实施质量品牌战略，引导企业申报国家和省、市等各类品牌奖项，组织申报福建省政府质量奖企业3家、福州市政府质量奖企业2家（其中进入现场评审环节企业2家）。跟踪指导国家级服务业标准化试点项目、省级家政服务业标准化试点项目的承担单位按申报方案开展标准化建设工作，新增1家省级家政服务业标准化试点项目通过终期验收，国家级服务业标准化试点项目通过终期评估。开展电子秤、重点领域安全用计量器具、眼镜制配场所计量器具、认证活动、认证获证企业事后监督检查等专项行动。

【质量检查和整治】　2020年，区市场监管局开展重点消费品质量安全“三进”活动，组织辖区2家检验检测机构向社区、学校、乡镇的广大消费者提供现场免费检验检测、消费咨询、产品真假鉴别等惠民服务，发放宣传资料600份，受众1000余人。全年完成福州市市场监督管理局下达的监督抽查后处理工作任务16件，转发产品质量安全风险监测信息2条，配合省局部门开展缺陷产品现场调查工作1次，立案1起，罚没款2033.5元。全面开展质量宣传活动，组织政府质量奖获奖企业、省级家政服务业标准化试点项目单位开展“云上经验分享”活动，组织辖区20家企业代表参与福建省企业首席质量官任职培训、组织7家企业代表参与福州市小微企业质量公益培训。在地铁二号线加洋站出口处、福州东百商场门口举办质量主题宣传活动2场。

【品牌产品培育和推荐】　2020年，鼓楼区实施品牌发展战略，引导辖区企业主动申报国家、省、市等各类品牌奖项，帮扶企业争创荣誉。全年，全区组织申报福建省政府质量奖企业3家、福州市政府质量奖企业2家（其中进入现场评审环节企业2家）。区市场监管局牵头组织开展鼓楼区服务业品牌与标准化建设五年行动，初步筛选出辖区各行业207家创品牌企业名单，制定《鼓楼区创建服务业品牌之都集群发展动议》。

【标准化管理】　2020年，鼓楼区鼓励辖区企业参与国家标准、行业标准、地方标准制修订，助推企业标准体系建构。全年，鼓楼区企业参与制修订新发布国家标准5项、地方标准10项。跟踪指导国家级服务业标准化试点项目、省级家政服务业标准化试点项目的承担单位按申报方案开展标准化建设工作，新增1家省级家政服务业标准化试点项目通过终期评估，福州树人家政服务业有限公司承担建设的国家级服务业标准化试点项目于9月通过终期评估。组织辖区内6家企业9个标准化项目申报2020年福建省标准化工作专项资助经费。

【计量管理】　计量服务与保障　2020年，区市场监管局落实开展“计量服务中小企业行”活动，了解企业在计量等方面的困难和需求，解决实际问题。现场走访生产企业3家，收集调查问卷9份，发放计量宣传资料60余份。开展计量服务企业网络大讲堂活动，20家企业的37名员工参与计量集中学习、自学活动。

专项计量监督检查　继续加强辖区眼镜配置场所的计量专项执法检查行动，出动检查人员41人次，检查眼镜店31家，检查计量器具58台，其中2台综合验光仪检定超期，均整改完毕。持续开展电子秤专项整治行动，出动执法人员45人次，检查农贸市场8家，抽查电子秤194台，发现超过检定周期计量器具14台，均整改完毕。开展能效水效标识监督检查。对辖区家用电器、日杂店、卫浴产品等生产企业、经营单位开展检查，出动执法人员78人次，检查家具建材市场1家、大型商超7家、小区日杂店10家，整体检查情况良好，未发现问题。配合完成上级定量包装商品净含量监督抽查工作，辖区2家单位接受抽检，抽检合格率100%。开展重点领域安全用计量器具专项监督检查，对鼓楼区道路交通领域、医院3家单位的7台安全防护用强检计量器具开展监督检查，整体检查情况良好，未发现问题。

计量宣传　围绕2020年世界计量日主题“测量支撑全球贸易”“计量精准战‘疫’、助力复工复产”，5月20日在三坊七巷开展计量日专题宣传活动。

【科技认证管理】　检验检测机构系统直报　2020年，区市场监管局通知辖区69家获证检验检测机构开展2019年度检验检测服务业统计工作，督促各企事业单位在规定时限内完成系统直报、上传年度报告和自查表。

认证活动监督检查　发布常态性认证活动监督检查信息9期。全年出动执法人员759人次，检查认证活动163件，占平台认证活动总数15.42%。对辖区3家强制性产品获证企业进行监督抽查，检查率14.28%；对辖区2家获证企业开展有机产品获证企业认证及标志标识情况检查，检查率100%，整体检查情况良好，未发现问题。进一步加强免于办理强制性产品认证属地监管工作，对辖区2家企业3项产品开展后续监管活动，任务完结率100%。

认证宣传　结合世界认证认可日、有机宣传周等重要时间节点，开展认证工作、有机产品等宣传，出动宣传执法人员79人次，组织近百家沿街商户通过LED屏滚动播放宣传标语的形式在辖区营造宣传氛围。

知识产权管理

【概况】　2020年，鼓楼区市场监督管理局按照“量质并重、质量优先”原则，进一步强化政策导向，提升企业创新意识，助推高质量发展。全年，新增福州市“贯标”（贯彻执行《企业知识产权管理规范》国家标准GB/T 29490—2013）培养企业9家、福州市知识产权示范企业6家、福建省产业高价值专利组合储备项目2项，查处、调解知识产权相关案件122件。

【知识产权示范工程】　2017年3月，鼓楼区以全国第三、全省第一的成绩获评国家知识产权强县工程示范区，创建期为2017年3月至2020年3月，并印发实施《福州市鼓楼区创建国家知识产权强县工程示范区工作方案》。2020年3月，创建期基本结束，待国家知识产权局复核。9月，鼓楼区召开专题会，部署国家知识产权强县工程示范区复核有关事宜，根据复核指标要求开展材料准备工作。

【知识产权运用】　2020年，区市场监管局联合福建省知识产权发展保护中心、福州市知识产权中心、“知创福建”福建省知识产权公共服务平台开展“知识产权质押融资银企对接会暨相关政策解读”线上培训活动，惠及企业80余家。开展专利权质押贷款贴息需求摸底，发放福州市企业知识产权质押融资需求调查问卷36份，了解企业融资需求，推动知识产权转化。年内，辖区5家企业获1.014亿元专利质押贷款，解决企业融资难题。推荐福建省优拓贸易有限公司申报福建省专利权质押贷款贴息项目。推荐认定福州市知识产权贯标培育企业9家、福州市知识产权示范企业6家、福建省产业高价值专利组合储备项目2项。引导申报2020年度福建省知识产权专员，至年底，全区有专员97人。

【专利行政执法】　2020年，区市场监管局（知识产权局）开展2020年打击与新冠肺炎疫情相关非正常商标申请代理专项行动、2020年知识产权保护专项行动、2020年知识产权服务业“蓝天”行动等执法行动。全年查处假冒专利案件111起，调解专利纠纷4起，查处商标侵权案件7起（含移交1起），维护消费者、权利人权益，规范市场秩序。

【知识产权宣传教育】　2020年，区市场监管局（知识产权局）组织开展以“知识产权与健康中国”为主题的第二十个“4·26”世界知识产权日宣传活动。联合“知创福建”平台、省市上级部门、兄弟单位等，组织企业参与“2020年第三期福州市企业专利挖掘远程教育培训班”“知识产权质押融资银企对接会暨相关政策解读”“加大品牌保护，优化营商环境”“企业专利管理与专利信息的运用”“专利质量提升与企业标准化应用”等系列线上线下培训活动。至年底，鼓楼区有效发明专利拥有量4231件，每万人发明专利拥有量约63件。

（陈秀娇）

2020年鼓楼区专利申请授权情况表

表23　　　　单位：件

专利申请数	其中			专利授权数	其中		
	发明	实用新型	外观设计		发明	实用新型	外观设计
5194	1986	2746	462	3481	651	2320	510

财政

【概况】 2020年，鼓楼区一般公共财政预算收入30.84亿元，加上上划中央财政收入20.72亿元，一般公共财政预算总收入51.56亿元，支出35.49亿元。政府性基金支出21.8亿元。全区国有资本经营预算收入163万元，支出85万元。

【财政保障】 防控疫情 2020年，区财政局保障新冠肺炎疫情防控经费支出和公共卫生保障体系，对区卫建部门、街镇财政部门防疫资金拨付情况及时关注指导，贯彻落实财政部、省财政厅关于疫情防控采购便利化的工作要求，建立采购“绿色通道”，为医疗救治、疫情防控所需设备和防控物资采购等提供资金保障。

保障民生 全区民生领域支出占一般公共预算支出比重持续保持在近八成水平。城乡居民基础养老金补助标准提高至每人每月190元；城镇居民医保政府补助标准由每人每年550元提高至580元；人均基本公共卫生服务经费由69元提高至74元。足额将老旧小区改造项目列入年度预算，全年改造老旧小区27个，惠及住户2330户。健全社区公共财政保障机制，全年区级平安建设（综治）经费投入0.8亿元，居全市前列。

精准扶贫 鼓楼区对接甘肃岷县、新疆奇台县、西藏八宿县等贫困地区，全方位多领域持续加力，开展产业合作、劳务协作。发放吸纳跨省贫困人口就业奖励96万元，惠及328家吸纳贫困人口的企业。

【经济发展】 减税降费 2020年，区财政局落实落细支持疫情防控、经济社会发展的各项税收优惠政策，跟踪全区近400家重点企业减税降费落实情况，及时掌握重点税源变动情况，尤其是受疫情影响冲击较大的住宿和餐饮业、文化体育和娱乐业、交通运输行业等重点税种、重点行业的税收变化，落实减税降费32.5亿元，释放大规模减税降费红利，对冲疫情影响。

培育税源 鼓楼区加大财政支持力度，助推企业复工复产，帮扶小微企业渡过难关，加快涉企奖补资金兑现，累计拨付各类财政奖补资金6亿元，对262家租用区国有资产经营的中小微企业及个体工商户减免房租；落实永辉等10余家疫情防控重点保障企业财政贴息资金0.25亿元，落实企业稳岗补贴资金2.1亿元。

科技研究开发 鼓楼区助推科技创新，保障企业研发费用分段补助及高新技术企业奖励，加强产学研合作，推动科技成果转化；激发创新主体积极性，支持知识产权保护、科技人才奖励。全年鼓楼区科学技术支出1.43亿元。

【社会事业】 社会保障和就业 2020年，区财政局落实临时价格补贴、稳岗返还等各项社会保障政策，确保各类政策补助资金及时发放到位，保障困难群众、失业人员的基本生活水平。支持社区养老服务站运营，优化居家养老服务布局；助力高层次人才队伍建设，提升就业创业服务水平。全年，鼓楼区社会保障和就业支出6.45亿元。

医疗卫生 鼓楼区加大对突发公共卫生应急处理的资金投入，基本公共卫生年度的提标资金（人均5元）全部用于疫情防控，保障基层联防联控所需资金及时拨付。改善基层医疗卫生服务机构条件，加快补齐卫生短板。全年，鼓楼区卫生健康支出2.71亿元。

城乡社区事务 鼓楼区深化道路保洁市场化及垃圾分类工作，推动公厕建设和社会服务承包，提升城区环境卫生。实施“十位一体”专项行动，支持小街巷改造和修复，全面提升城市品质。全年，鼓楼区城乡社区事务支出 2.83 亿元。

教育事业 鼓楼区全面保障教师队伍建设，统筹义务教育教师待遇保障，确保义务教育教师平均工资收入水平不低于公务员平均工资收入水平；进一步支持中小学新建、改扩建项目，完成 3 所中小学建设，新增学位 3500 个。全年，鼓楼区教育支出 10.15 亿元。

文化旅游体育与传媒 鼓楼区进一步完善公共文化服务体系，提升街镇综合文化服务站和社区“一老一少一普”场所的综合服务功能；支持数字图书馆、博物馆、西河游泳场等文体场馆运营，推动基层文体事业发展。全年，鼓楼区文化旅游体育与传媒支出 0.56 亿元。

【财政管理】 **绩效管理水平提升** 2020 年，区财政局推进绩效管理提质扩围，以信息化方式开展绩效管理工作，全区 74 个一级预算单位均编制 2020 年度整体支出绩效目标。在单位自评项目中选取涉及民生、教育、环保等方面的 11 个项目开展复评和重点评价，加强预算绩效评价和结果应用，实现绩效自评全覆盖，健全绩效评价结果反馈整改机制、信息公开机制。

财政法治建设 区财政局贯彻预算法，涉及预算重大收支调整事项，按程序提请区人大常委会审批后执行。接受人大、政协、审计监督，承办各级人大代表建议件、政协委员提案件，全部按时办理完毕，答复满意率 100%；健全财务内部控制制度，加强内部监督机制，推进预决算信息公开，加大预决算信息公开的透明度。

政府采购行为规范 区财政局通过福建省政府采购网上公开信息系统组织政府采购 246 次，比上年增长 12%；采购金额 3.67 亿元，节约采购经费 0.12 亿元，其中中标民营企业交易额占采购金额 93% 以上，为中小微企业发展创造良好营商环境；运用政府采购政策支持脱贫攻坚，依托“扶贫 832”平台，会同区扶贫办鼓励采购人政府采购贫困地区农副产品，累计成交金额位列福州市各县（市）区第一名。

2020 年鼓楼区一般公共预算收支执行情况表

表 24

预算科目	2020 年决算数（万元）	2019 年决算数（万元）	增长率（%）
一、一般公共预算收入合计	308384	300739	2.5
（一）税收收入	254703	249580	2.1
增值税	90274	86845	3.9
企业所得税	77973	81008	-3.7
个人所得税	—	—	—
资源税	83	92	-9.8
城市维护建设税	14963	14946	0.1
房产税	27622	37278	-25.9
印花税	16075	13417	19.8
城镇土地使用税	4142	5326	-22.2
土地增值税	23222	10537	120.4
车船税	—	—	—
耕地占用税	—	—	—
契税	4	—	—
烟叶税	—	—	—
环境保护税	75	107	-29.9
其他税收收入	270	24	1025.0
（二）非税收入	53681	51159	4.9
专项收入	5681	5619	1.1
行政事业性收费收入	3577	3917	-8.7
罚没收入	1153	849	35.8

续表 24

预算科目	2020 年决算数（万元）	2019 年决算数（万元）	增长率（%）
国有资本经营预算收入	16087	3181	405.7
国有资源（资产）有偿使用收入	26707	36631	-27.1
其他收入	476	962	-50.5
二、一般公共预算支出合计	354892	379484	-6.5
（一）一般公共服务支出	45834	48641	-5.8
（二）外交支出	—	—	—
（三）国防支出	429	563	-23.8
（四）公共安全支出	6148	6518	-5.7
（五）教育支出	101475	101196	0.3
（六）科学技术支出	14278	12776	11.8
（七）文化旅游体育与传媒支出	5592	7532	-25.8
（八）社会保障和就业支出	64478	65576	-1.7
（九）卫生健康支出	27110	25723	5.4
（十）节能环保支出	2025	3378	-40.1
（十一）城乡社区支出	28327	56936	-50.2
（十二）农林水支出	6475	5243	23.5
（十三）交通运输支出	16	55	-70.9
（十四）资源勘探信息等支出	13407	25980	-48.4
（十五）商业服务业等支出	11684	9822	19.0
（十六）金融支出	2464	—	—
（十七）援助其他地区支出	—	—	—
（十八）自然资源海洋气象等支出	660	165	300.0
（十九）住房保障支出	20018	5447	267.5
（二十）粮油物资储备支出	—	—	—
（二十一）灾害防治及应急管理支出	1200	999	20.1
（二十二）其他支出	82	100	-18.0
（二十三）债务付息支出	3166	2820	12.3
（二十四）债务发行费用支出	24	14	71.4

（张嫡）

税务

【概况】 2020 年，鼓楼区税务局以组织收入为中心，全面推进依法治税，加强税收征管，落实减税降费，优化纳税服务，开展各项税收工作。全年组织入库税费收入 320.31 亿元，比上年增收 75.95 亿元。同期办理出口退税 40.17 亿元，办理免抵调库 1.73 亿元。面对严峻复杂的国际形势及新冠肺炎疫情冲击，落实落细减税降费等各项税收优惠政策，缓解纳税人资金压力，全年新增减税降费 35.03 亿元。

【法制建设】 2020 年，区税务局以“三项制度”（行政执法公示制度、执法全过程记录制度、重大执法决定法制审核制度）试点为契机，进一步规范执法行为，优化执法程序，减少执法失误。落实执法公示制度和执法全过程记录制度，规范文字记录，推行音像记录，依法进行全过程音像记录，建立健全装备的配备、使用、管理和监督规则，实现全过程留痕和可回溯管理，降低执法风险。完善重大执法决定法制审核制度，全面提高法制工作水平，发挥审理的过程监督作用，及时纠正偏差，保证税务工作准确性。

【税收征管】 科学管征 2020年，区税务局继续开展“放管服”改革工作，组建数据分析利用工作小组，加强涉税数据使用效率，同时开展信息安全保密等相关工作。推进电子税务局建设，推广网上办税功能，实现纳税人90%以上主要涉税服务事项网上办理。核实税源数据，夯实税收基础。核实修正核心征管问题数据，对总局数据质量检测问题数据开展清理工作。

风险管理 区税务局开展增值税发票风险防控工作，比照指标，加强风险评估力度，全年完成风险管理系统等渠道下达任务逾4000户次、申诉逾3500户次。完成跨区域协作反馈、跨部门联动，对弹窗提示异常企业及时核实并采取措施。

【货物劳务税】 2020年，区税务局严格增值税退税审批，审核企业申请材料，开展软件企业超税负返还、资源综合利用企业即征即退审批工作，全年审批退还增值税超1.9亿元。

【企业所得税】 2020年，区税务局布置、落实、完成企业所得税汇算清缴工作，企业所得税年度纳税申报约4.2万户。应补汇算清缴企业所得税约91.9亿元。落实小微企业所得税优惠政策，优惠政策享受面100%。

【个人所得税】 2020年，鼓楼区个人所得税改革首个汇算年申报补税人数8600余人，实际入库个人所得税4000万余元；申报退税人数13万余人。审批个税代扣代缴手续费返还2000余户。

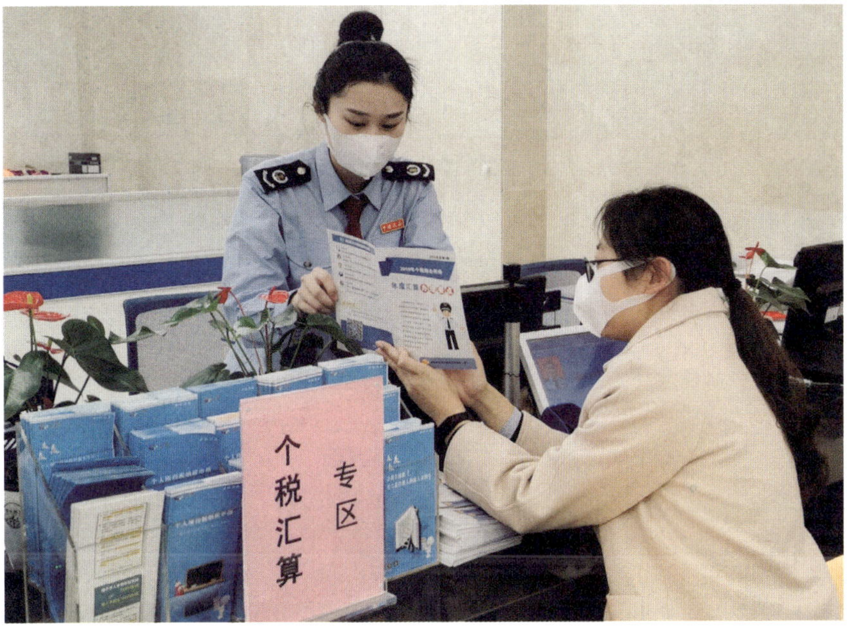

2020年4月10日，2019年度个税汇算期间，鼓楼区办税服务厅开设个税汇算专区，提升个人所得税汇算精准服务水平 （区税务局 供）

【财产行为税】 2020年，区税务局完成土地增值税审核项目12个，完成序时进度100%。开展疫情期间房产税和城镇土地使用税减免工作，为符合条件的近400户纳税人减免房产税约3400万元，城镇土地使用税超370万元。

【国际税收】 2020年，鼓楼区非居民企业所得税收入约9300万元，增值税收入约8000万元；超80户次非居民企业享受税收协定待遇，减免非居民企业的企业所得税近3000万元。

【出口退税】 2020年，区税务局多举措力稳外贸，加快退税进度，全年退税审批超1万户次，审核退税近39亿元，免抵税额超7000万元。

【纳税服务】 2020年，区税务局创新服务手段，提档升级“智慧税务”。推广“非接触式办税”，区税务局智能云自助办税设备入驻工商银行福建省分行闽都支行智慧大厅，为全国首家入驻金融机构的税务云厅，该举措获央视《新闻联播》栏目、央视《经济半小时》栏目和《中国税务报》、总局官网、总局微信公众号等媒体、渠道报道，同时助力“闽税易 优化营商环境走前头”项目，获2020年全省创新项目评审第一名。完善纳税服务投诉管理，维护纳税人合法权益。对接省局“12366”、市政府“12345”等平台，全年受理诉求件2354件，均按期办结。

（林彧）

自然资源和规划管理

【概况】 2020年，鼓楼区自然资源和规划局（简称“区资源规划局”）加强用地报批工作，有序开展土地资源供应，公开出让国有建设用地使用权地块12幅，面积17.067公顷，出让金额69.34亿元，主要为住宅和商服（商业）用地。完成福州至长乐机场城际铁路（鼓楼段）“两公告一登记”工作，面积0.703公顷，征地补偿款9.87万元。年内完成2宗建设项目用地预审，主要涉及地铁建设、道路工程、学校和医院等民生工程项目，面积0.598公顷。

【用地管理】 标识系统建设 2020年，区资源规划局规划人行标识系统改造提升道路35条，安装标牌187面，建设质量和进度居全市首位，得到福州市领导的肯定和通报表扬，多次召开现场调研会，为全市提供参照样品和借鉴经验。

耕地和生态保护红线 区资源规划局开展对永久基本农田变化情况分析调研；通过签订耕地保护责任状，开展永久基本农田核实整改工作，加强永久基本农田刚性约束。进一步优化调整生态保护红线，对基础数据的准确性、划定边界的合理性、应划尽划情况、保护区重叠和冲突等方面进行重点评估，因河流边界调整调出面积1.39公顷，调整后生态红线面积94.33公顷。

公共停车场建设 区资源规划局建设公共停车泊位727个，超额完成福州市下达年度任务数（500个泊位），完成率145%。

污染防治 区资源规划局配合开展第二轮中央环保督察工作，推动鼓楼区发展绿色转型工作。派出多个检查组，摸排31个已批未建项目，对未落实防尘要求的工地发出整改通知，确保各工地扬尘治理达到标准。

【土地节约集约利用】 2020年，区资源规划局全面查清鼓楼区批而未供土地情况，依法依规开展批而未供土地清理处置工作，促进土地利用方式转变。全年，进一步梳理批而未供项目37宗，多措并举、多途径消化批而未供，完成清理4.881公顷。

【土地权属性质认定】 2020年，区资源规划局办理权籍调查28宗，核实房屋的土地权属性质和使用权类型56宗，完成划拨土地使用权改出让收费核定158件。

【地质灾害防治】 2020年，区资源规划局发布年度地质灾害防治方案，分析、明确鼓楼区主要地灾点分布情况，预测地质灾害威胁的主要对象和威胁范围，围绕地质灾害组织管理、预防、应急、治理等关键环节，细化工作内容，建立巡查、监测、预报、值班等制度，明确责任人和监测人，并向社会公示。更新、完善地质灾害综合管理信息系统，明确责任人和监测人并向社会公示，加强落实汛期值班、巡查监测、预警预报、灾情速报等制度，健全完善群测群防网络，解决防灾“最后一公里”问题。设置高陡边坡警示牌16面；确定地质灾害应急支撑队伍，开展3轮专业支撑队伍与基层防灾人员相结合的地灾（隐患）点、高陡边坡巡查，组织日常检查44次、应急调查3次；邀请地灾防治专家现场调研、指导灾点（高陡边坡）确认、核销等防灾工作，开展防灾宣传培训9场310人次。对6处地质灾害（隐患）点开展工程治理，保障人民群众财产生命安全。至年底，全区有3处地灾（隐患）点、16处高陡边坡，地灾（隐患）点比上年减少1处（治理完成，被核销），高陡边坡比上年减少5处。全年未发生地质灾害。

2020年鼓楼区地质灾害治理工程一览表

表25

序号	位置	灾害类型	治理类别	备注
1	福建省职业病与化学中毒预防控制中心3号楼、4号楼、25号楼北侧	崩塌	工程治理	社会资金
2	洪山镇西凤社区省军区福州第六干休所后县路23号军桥公寓4号楼西北侧	崩塌	工程治理	社会资金
3	福州大学至诚学院中区学生宿舍4号楼西侧	崩塌（隐患）	工程治理	区政府投资
4	福州软件园B区网讯公司南侧	崩塌（隐患）	工程治理	区政府投资
5	华大街道北江社区省人防办宿舍南侧	崩塌	简易治理	区政府投资
6	五凤街道湖前社区湖前兰庭小区	滑坡	简易治理	区政府投资

【执法监察】 *年度土地卫片执法监督检查* 2020年，自然资源部、福建省自然资源厅下发鼓楼区卫片图斑102宗。其中，季度卫片图斑76宗，总面积33.14公顷；月卫片图斑26宗，总面积12.236公顷。经内业核查后，向鼓楼区城管局移送疑似违法用地图斑12宗，总面积1.52公顷；向晋安区自然资源和规划局移送疑似违法用地图斑2宗，总面积0.412公顷。

农村乱占耕地建房问题摸排 区资源规划局成立农村乱占耕地建房问题整治工作专项行动领导小组，牵头制定《鼓楼区农村乱占耕地建房问题摸排工作方案》，并通过区政府审定下发执行。下发的图斑中，涉及鼓楼区的有13宗，图斑总面积2.199公顷，其中洪山镇9宗，图斑总面积2.142公顷；五凤街道4宗，图斑总面积0.057公顷。摸排成果均上报，并向区城管局移送疑似违法用地图斑3宗，图斑总面积0.037公顷。

房屋结构安全专项治理 区资源规划局成立深化城乡房屋结构安全专项治理行动工作领导小组，配合牵头单位区建设局制定《鼓楼区农村房屋和钢结构建筑安全隐患专项治理行动实施方案》，开展农村房屋安全隐患专项治理。通过全区摸排核查，全年未发现违法审批行为。

【既有住宅增设电梯】 2020年，区资源规划局受理加装电梯申请253件，其中通过审查备案214件，完工率99%，通过福建省特检院、福州市市场监管局验收并投入使用，涉及小区70多个，惠及居民群众2000多户。

【森林资源管理】 *年森林采伐限额编制* 2020年，在“十三五”采伐限额的基础上，鼓楼区完成“十四五”期间年森林采伐限额的编制工作。通过测算，鼓楼区合理年伐量指标13.78公顷、688立方米（含天然林6立方米）。

林木种质资源普查 区资源规划局制定鼓楼区林木种质资源普查方案，按序时开展鼓楼区林木种质资源普查项目，完成外业调查、标本制作、区自查以及普查报告的撰写工作，提交普查成果至省、市相关部门，进一步完成普查的查验、复核等工作。

林地征占用审核审批 区资源规划局对重大民生项目提前介入，实行全程跟踪管理和服务，完成福州梅峰（保福）220千伏输变电工程建设项目的征占用林地审核审批手续，依法审核审批林地征占面积0.0996公顷。

义务植树 区资源规划局集中组织义务植树活动11场次，植树人数21.76万人次，尽责率98.9%；植树76.2万株，完成任务率99.5%。

野生动物保护和管理 区资源规划局联合鼓楼公安分局、区市场监管局等部门开展涉野生动植物违法违规专项打击行动，加大对野生动物的保护和管理力度。建立健全联合执法及日常检查巡查机制，把网点检查与快递物件收寄验视、实名寄递及过机安检等“三验视”工作有机统一起来，禁止收寄野生动物。加强流通监管，要求道路货运企业落实零担货物受理抽检抽查制度，做好托运人身份查验和登记，根据受理货物票数要求进行抽检抽查；道路客运企业实施托运物品实名登记、开封验视和安全检查制度，防止通过客运班车行李舱运输野生动物。区市场监管局、鼓楼公安分局等部门联合开展排查、暗访，重点巡查农贸市场、农家乐餐馆、酒楼、商超、中医药店等场所，全年出动执法人员2993人次、巡查上述场所712家，发现并查处私自贩卖娃娃鱼的违法案件1起。

森林防火 区森林防灭火工作领导小组明确细化各成员单位防火职责，各有林街镇组织护林人员禁火、巡山，做到管理属地化；区直部门平时加强巡查、宣传，重点防火期开展防火督查，落实防范措施，做到监督常态化。通过广播、短信、标语等宣传形式，组织森林防火宣传，张贴标语7张、防火码15张，悬挂横幅8条、警示牌10块，发送防火知识短信300余条。年内，全区组织2次防灭火演习演练，

邀请专家授课、指导，针对性开展森林防灭火业务知识培训和演练，提升护林员和半专业队伍处置森林火险火情的能力。督导各有林街镇、公园加大林区的检查和巡逻力度，查禁各种野外火源，加强防火值班的检查和护林员队伍管理。在春节、清明、“五一”国际劳动节和“十一”国庆节等节假日期间，下发《进一步做好森林防火工作的通知》，指导有林街镇在重要时节设置临时防火检查点20余个，并由局领导带队实地走访、巡查各相关单位防火措施落实情况。全年鼓楼区森林火情“零报告”。

【宣传活动】 第三十八届“爱鸟周” 2020年3月25—31日是福建省第三十八届“爱鸟周”，鼓楼区开展主题为“同心呵护鸟类，共建美好家园”的“爱鸟周”活动。区资源规划局组织干部职工和志愿者向市民发放《爱鸟倡议书》、宣讲保护野生动物法规等活动；组织有林街镇、公园开展专项巡查，遏制滥捕滥杀鸟类的行为；联合区市场监管局突击检查餐饮企业、农贸市场、超市等场所，杜绝贩卖野生鸟类等不法行为。

世界地球日宣传周 4月22日是第51个世界地球日，区资源规划局开展主题为“珍爱地球、人与自然和谐共生”的宣传周活动，利用社区宣传专栏播放科普视频和图片；组织干部职工使用网络新媒体参加“我和地球告白”线上互动游戏和“守护地球、尊重自然”线上宣传活动，集中观看央视纪录频道人文纪录片《海上福建》；在鳌峰坊历史文化街区设立志愿服务台，向群众分发宣传单和宣传小背包；到于山社区开展书香社区科普阅读活动，向少年儿童赠送科普图书。

全国防灾减灾日宣传 5月9—15日，区资源规划局开展主题为“提升基层应急能力，筑牢防灾减灾救灾的人民防线”的防灾减灾宣传周活动。5月12日，区资源规划局联合安泰街道于山社区开展宣传培训活动。于山社区以于山风景区为基点，有17家单位和住宅小区与于山接壤，存在不同高度的边坡，其中4处边坡作为高陡边坡列入省地质灾害综合信息管理系统重点监管。区资源规划局结合社区特点，向社区工作人员及居民介绍滑坡、崩塌成因、诱因，如何判别即将发生的地质灾害以及如何避险逃生等防灾避险常识；防灾人员、社区工作人员还走进于山风景区，向游客宣传防灾减灾常识，发放防灾宣传资料。

全国土地日宣传 6月25日是第30个全国土地日，区资源规划局围绕“节约集约用地、严守耕地红线”主题，进行《中华人民共和国土地管理法》实施、地灾防治、森林防火、野生动物保护、平安综治等系列宣传活动，现场发放各类宣传图册、宣传指甲剪、宣传背包100余份，提供咨询服务约60人次。通过制作微信多媒体公益宣传短片和转发省厅、市局“土地日”公益宣传片等形式，引导群众提升保护耕地、节约集约和依法依规用地意识。

“11·9”全国消防日宣传 11月9日是全国消防日，区资源规划局联合福州尚将物业管理公司在鳌峰坊历史文化街区广场开展“11·9”全国消防日宣传活动。活动以“全民关注消防、生命安全至上”为主题，推动社区群众重视消防安全、学习消防知识。

【信访受理】 2020年，区资源规划局处理各类法定途径信访投诉，全年办理上级批办件、转办件、群众来访来信投诉20件；办理“12345”诉求件446件，办理满意率100%；接待群众来访19批168人次。依申请公开政府信息18件。

（韩清）

生态环境保护

【概况】 2020年，鼓楼区围绕大气污染防治、水环境整治、重点污染源监管、医疗废物处置等工作重点，加强环境监管，开展污染治理，推进国家生态文明建设示范区创建。全区空气质量达标率99.7%；饮用水源水质达标率100%，Ⅴ类水体功能断面达标率64.5%；区域环境噪声55.5分贝，道路交通噪声年均值69.9分贝。通过“12345”政务网、“12369”环保热线、数字城管等投诉渠道，受理各类环境信访投诉2439件。审批建设项目2个，督促建设单位完成建设项目“三同时”（建设项目中防治污染的设施，应当与主体工程同时设计、同时施工、同时投产使用）自主验收4个，149个项目通过建设项目环境影响登记表备案系统进行网络备案。

【生态创建】 2020年，鼓楼区开展国家生态文明建设示范区创建工作，编制《鼓楼区国家生态文明建设示范区规划（2020—2025年）》，于2020年9月底颁布实施，同步下发《鼓楼区国家生态文明建设示范区创建2020年工作计划》及《鼓楼区创建国家生态文明建设示范区实施方案》。12月，委托第三方福州大学开展示范区创建迎检工作，推进创建软件材料的收集汇总整理。

【大气环境质量】 2020年，鼓楼区环境空气质量控制目标基本完成，全年有效监测天数366天，优良率99.72%，比上年上升0.27个百分点。对比2019年、2020年鼓楼区环境空气质量表明：2020年度环境空气质量优良率有较明显的上升；各监测因子中，细颗粒物、二氧化氮年均值有较明显下降，可吸入颗粒物年均值略有下降，年臭氧最大 8 小时滑动平均值百分 90 分位值有所下降，其余各监测因子处于持平状态。

【水环境质量】 2020 年，福州市环境监测中心站、鼓楼环境监测站分别对鼓楼区原厝水源地进行监测，监测结果表明原厝水源地水质达到《地表水环境质量标准》中Ⅲ类水体标准，水质达标率 100%。鼓楼环境监测站每月对辖区 9 条内河的区属监控断面进行监测，监测结果表明，经过综合整治之后，水质较明显提升，但距离全面达标仍有一定距离；辖区内河《地表水环境质量标准》Ⅴ类水体水质达标率 64.5%，比上年上升 17.3%。

【声环境质量】 2020 年，鼓楼区建成区昼间区域环境噪声均值 55.5 分贝，比上年下降 1.2 分贝，原因为 2020 年鼓楼区各项施工工地密度较 2019 年有所下降和疫情期间小区封闭式管理；道路交通噪声年均值 69.9 分贝，比上年有较明显的上升，原因为福州市车流量不断上升，道路因地铁施工，拥堵情况有所加重。

【监测基础设施】 2020 年，鼓楼环境监测站以租赁的方式搬迁至新站址，总面积 760 平方米，其中办公用房面积 120 平方米，实验室面积 640 平方米。

【空气质量整治】 2020 年，鼓楼区制定《2020 年鼓楼区颗粒物污染防治实施计划》《第 44 届世界遗产大会鼓楼区生态环境提升方案》；鼓环委办转发《福州市 2020 年秋冬季颗粒物污染防治百日攻坚行动计划的通知》；鼓提升办出台《关于开展长空亮剑大气污染防控督查行动的通知》，从各个层面推进辖区大气污染整治工作。

城市扬尘污染控制 区房管局实行“分项目包干，责任到人”的工作责任制，明确扬尘污染防治管理和检查责任，实施单位每月 15 日和 30 日向区房管局各报送 1 次在拆的征收项目名单，动态掌握项目拆旧进展，全年开展房屋拆除工地巡查 201 次，下发整改通知 8 份，每周 1 次全面覆盖巡查并督促落实整改。落实建筑工地巡查机制，区建设局安排工地扬尘巡查人员 9 人，按照屏东、紫阳、三坊七巷、福大划分 4 个网格，分组对 4 个网格内建筑工地造册登记，分析其扬尘风险等级，根据工地扬尘风险等级差异化巡查，做到扬尘高风险工地每天巡查 1 次，3 天完成一次各自网格内在建工地全覆盖巡查，全年巡查建筑工地 5714 次，发现和处理各类施工扬尘问题 186 次。落实预警反应机制，福州市生态环境局启动应急响应通知时，区建设局值班人员通过鼓楼区工地扬尘防治微信群第一时间将通知要求传达到各在建工程项目部，派出巡查人员逐一排查各自网格内工地，现场核实停工、喷淋、净车

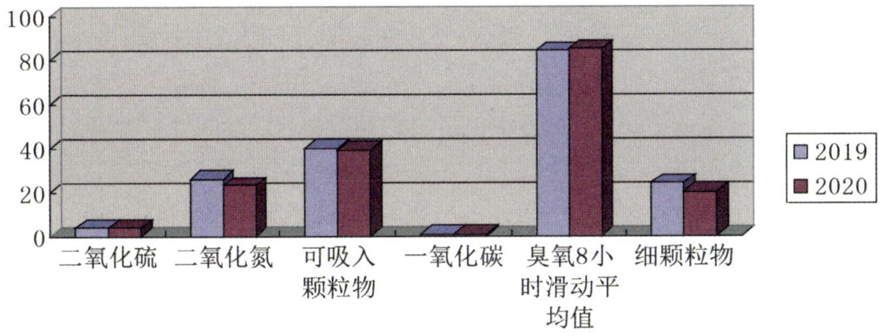

单位：微克 / 立方米（一氧化碳为毫克 / 立方米）

图 2　2019—2020 年鼓楼区环境空气质量六参数对比图

2019—2020 年鼓楼区环境空气质量对比情况表

表 26

年份	总监测天数（天）	一级天数（天）	二级天数（天）	劣二级天数（天）	空气优良率（%）
2019	365	177	186	2	99.45
2020	366	214	151	1	99.72

2019—2020 年鼓楼区环境空气质量六参数监测结果对照表

表 27

年度	二氧化硫（微克 / 立方米）	二氧化氮（微克 / 立方米）	可吸入颗粒物（微克 / 立方米）	一氧化碳（毫克 / 立方米）	一氧化碳百分 95 分位值（毫克 / 立方米）	臭氧最大 8 小时滑动平均值（微克/立方米）	年臭氧最大 8 小时滑动平均值百分 90 分位值（微克 / 立方米）	细颗粒物（微克 / 立方米）
2019	4	26	40	0.7	1.0	84	129	24
2020	4	23	39	0.7	0.9	85	124	20

出场等情况。夜间、周末、节假日期间安排巡查人员值班，确保接到应急响应通知后1小时内有巡查人员赴现场查看处理。落实联防联动机制，区建设局第一时间派出工作人员现场查看和处理街道、其他部门转来的工地扬尘问题，对辖区内市管项目扬尘问题，通过微信群、书面上报等方式，及时转福州市建设局处理。通过持续延长道路保洁时间、拓展保洁范围、实现机械化作业全覆盖等措施，确保辖区道路保洁始终保持无粉尘、见本色。区环卫中心按“两冲洗、两机扫、四降尘、重点路段六降尘、人行道每周两冲洗”要求，落实道路洒水，减少道路扬尘，继续开展空气监测点及工地周边洒水降尘工作，5辆雾炮车每天8小时不间断对重点区域及工地周边进行洒水抑尘、降尘。制定行道树冲洗机制，区园林中心聘请专业施工队伍对重点区域附近的树木进行修剪，增加空气流通，提升空气质量。

挥发性有机物（VOCs）专项整治　鼓楼生态环境局加强对辖区内的汽车维修行业和加油站监管，打击违法排污行为，6家汽修企业全部完成“油改水”改造，产生的挥发性有机物废气收集处理后排放，经监测，排放浓度达到《工业涂装工序挥发性有机物排放标准》(DB35/1783—2018)要求；6家加油站均在汽车加油区域顶部安装水喷雾系统和配套油气回收系统，将油罐汽车卸汽油及加汽油时产生的油气，通过密闭方式进行收集；5家加油站完成安装油气回收在线监控。

油烟污染治理　通过源头控制与日常监管控制，严格新建饮食服务经营场所的环保审批，指导符合规划要求的餐饮项目进行环保备案，加强营业执照和餐饮服务许可证申办过程中有关大气污染防治的宣传；对敏感点位周边餐饮店面进行监测，保证餐饮油烟达标排放；加强网格化管理系统建设，合理利用大数据平台，加强对敏感点位附近餐饮等污染源的排查、定位、上报，开展重点监控单位的一企一策工作；按照大型餐饮企业油烟在线监控安装工作方案，完成10个街镇适合安装在线监控大型餐馆摸排工作，对试点单位（店）进行安装调试，对前期安装的设备进行数据比对，确保监控设备数据的准确率。全年完成34家餐饮单位油烟在线监控设备安装，实现对油烟排放的实时监控。全年受理“12345”政务网、“12369”环保热线平台油烟投诉1049件，比上年下降17.4%。

【水环境整治】　2020年，制定《福州市鼓楼区水污染防治2020年度工作方案》，从城镇生活污染治理、水资源节约、加强水环境管理、保障水生态安全、水环境监管能力建设5个方面全面开展鼓楼区水污染防治工作，序时推进全区10个年度计划项目，完成省、市下达年度任务。

水源地监管　定期巡查，加强水源保护区周边环境的综合整治，将水源地监管与网格化工作相结合，在敏感地区设置网格巡更点，由环保网格员对水源巡更点周边进行巡查。在敏感地区增设探头，实时监管水源地来往人员及水源地环境状况，确保水源地安全。6月，鼓楼生态环境保护综合执法大队配合环境监测站在水源地开展水源地突发环境事件应急演练，提升队伍的应急处置能力。

内河水系沿岸污染源整治　对内河153个排放口及闽江段12个排放口进行逐一排查、建档。对闽江段设置排放口的2个重点企业加强日常监管，每半个月对企业尾水排放情况进行巡查，加强福建省海峡环保集团有限公司福州祥坂分公司的监督性监测，保证废水达标排放。

【声环境整治】　2020年，鼓楼区实行生态环境执法人员24小时值班制度，及时到现场查处、跟踪办理辖区群众举报环保部门职责范围涉及噪声问题。高考、中考期间，开展噪声严管工作，生态环境执法人员出动执法125人次，检查周边工地及企业87家次，受理投诉案件2件。

2020年8月20日，鼓楼生态环境局联合西区水厂、洪山镇环保员对闽江水断面及沿岸进行检查采样监测

（鼓楼生态环境局 供）

【土壤环境整治】 2020年，鼓楼区全面落实土壤污染防治相关工作。执行新修订的《中华人民共和国土壤污染防治法》，督促辖区用地性质变更地块开展土壤污染状况调查，联合区资源规划局组织土壤污染调查报告评审会，在污染地块管理系统上报调查情况及评审结果。原嘉达纺织有限公司土地污染状况经调查，土壤污染物含量未超过土壤环境质量一类用地筛选值标准，可直接用于第一类用地再开发利用。

【危险废物污染防治】 2020年，鼓楼生态环境局根据区控产废名单，按季排查风险源、组织对辖区20家产废单位进行考核，加强现场监管，督促企业按照危险废物规范化管理各项指标要求，全面落实各项管理制度；不定期对企业进行检查，填写被抽查单位基本情况记录表及现场勘察笔录。全年转移医疗危废2452.8吨，均委托福建省固体废物处置有限公司进行专业处置；辖区机动车维修行业企业、科研检验机构及学校全年委托转移处置废矿物油、实验室废液和废药品等危险废物319.6吨。

【新冠肺炎疫情防控】 2020年，鼓楼生态环境局结合日常环境监管和信访查处工作，出动执法人员989人次，检查省立医院、协和医院等27家医疗单位，对医院的医疗废物暂存间及废水处理设施情况进行实地检查、线上调度，确保医疗废物及时清运，污水处理设施正常运行；环境监测人员采取远程指导、现场指导、现场抽样监督性监测的方式对辖区各医疗机构开展污水监测工作的指导与监督，确保医疗废物处置到位，保证生态环境安全。

【环境监管网格化建设】 2020年，鼓楼生态环境局梳理网格员现场处置环保事项19个，接入鼓楼区网格化服务管理综合平台。根据网格人员“采办分离”原则，在10个街镇各安排1个专职网格处置员，全年接收、处置、反馈事件信息2868起，最大限度实现辖区环境监管无死角。

2020年12月21日，鼓楼区汽修行业危险废物规范化管理培训会在区会议中心召开（鼓楼生态环境局 供）

【环境影响评价审批与备案】 2020年，鼓楼区落实各项环评审批法律法规，执行分级审批制度和登记表项目备案制度，实施建设项目环保审批网上“三公示、一公告”（环评前期公示、环评送审前公示、环评评审后批复前公示，环评报告公告）制度。全年审批建设项目2个，其中报告表项目2个，项目总投资2530万元，环保投资77万元；督促建设单位自主验收建设项目4个，项目总投资8448.3万元，环保投资299.7万元。辖区通过建设项目环境影响登记表备案系统进行网络备案的项目149个，项目总投资277.971亿元，环保投资1.942亿元。

【行政执法】 2020年，鼓楼区加强专项执法行动，保持打击污染大气环境违法行为的高压态势。结合建筑工地扬尘整治督查、餐饮业隔油池长效管理日常巡查、汽车维修行业及加油站等挥发性有机物污染整治巡查、危险废物规范化管理现场督导大巡查，定期开展回头看，对违反环保法律法规、造成环境污染的行为保持高压态势，年内环境行政处罚案件13起，处罚金额47.1万元。

【信访件办理】 2020年，鼓楼生态环境保护综合执法大队处理各类环境信访投诉件2439件，办结率100%，保持信访受理率、按时查处率、反馈率均达100%，保障群众环境权益不受侵害；主办的37件中督信访件，全部完成验收及销号工作。

【环保宣传】 2020年，鼓楼生态环境局结合“6·5”世界环境日、“我们的节日”等活动，组织党员志愿服务队开展生态创建迎检宣传、环保宣传进社区、进校园等宣传活动。联合三坊七巷社区开展生物多样性日主题宣传活动，联合军门社区开展“美丽中国，我是行动者”环境日主题宣传活动等，向社区居民宣传生态文明、新冠肺炎疫情防控、垃圾分类、环境整治等内容。

（陈容 周筱妍）

市政建设

【概况】 2020年，鼓楼区建设局重点推进新一轮城市品质提升、“十位一体”综合整治工作，完成3条道路新改建、5条小街巷整治；实施华林路、湖东路等5个重要片区综合提升；完成5个片区21条传统街巷整治；实施27个老旧小区宜居环境综合改造；基本形成“一江、两河、三线、多片区”的夜景框架，维修5个节点、1个公园、110栋楼体夜景灯光设施。全面推行河湖长制，全区22条河道（含闽江）、3个湖泊设立区级河长、街镇河长各20人；完成21条河道治理并转入运营阶段，新建改造沿河截污管52.4千米，新建调蓄池2个，新建分散式污水处理站1个；整改36处E类安全隐患（圈围占压）燃气管道，扣缴20个15千克、1个5千克黑气钢瓶；开展建筑施工安全专项治理工作，在行政执法监督过程中发出工程质量安全隐患责令整改通知书157份。至年底，鼓楼区有区管道路雨污管网110千米、瓶装燃气供应企业6家、餐饮店2000家。

【道路新改建】 2020年，鼓楼区完成赛月亭巷、水利局宿舍周边道路、德胜公寓周边道路3条市政道路建设，完成新改建道路长度731米，面积7130平方米，总投资额306.86万元。

【小街巷治理】 2020年，鼓楼区完成捷报里、北后街支弄、大营街、杨桥永辉便道、福大至诚学院修缮工程5条小街巷改造，完成小街巷改造长度574米，面积3336平方米，总投资额450万元。

【市政设施维护】 2020年，鼓楼区清疏公正路、营迹支路等268条市政道路，主要包括雨水主井、边井的清掏及雨水主管、支管疏通。组织开展“城市环境大清理、城市景观大提升”专项活动，春节前对辖区内268条市政道路雨水收水井进行全面清理疏通。

【河长制建设】 2020年，鼓楼区通过培训班、以会代训等形式开展河长、河道专管员履职培训。全年召开培训会议63次，与区委组织部、区委党校共同举办街镇河长、河道专管员专题培训班。结合世界水日、“七一”中国共产党建党日等节日举办各类宣传活动163次，与区妇联、团区委、区教育局等联合举办巾帼护河、“河小禹”等活动。深化“主动型”河长制综合信息平台，与鼓楼智脑系统信息互联互通，与省、市平台对接，实现数据共享。落实河长、河道专管员巡查制度，制定《2020年河长制一线

2020年鼓楼区新改建项目完成情况表

表28

序号	项目名称	路段	建设规模		面积（平方米）	投资额（万元）	年末进展情况
			长度（米）	宽度（米）			
1	赛月亭巷	湖东路—观风亭路	405	6—12	4774	196.86	完工
2	水利局宿舍周边道路	西河路—凤湖路	167	7—13	1396	80	完工
3	德胜公寓周边道路	白马路—小区门口	159	5—7	960	30	完工
合计			731	—	7130	306.86	—

2020年鼓楼区市政小街巷改造情况表

表29

序号	项目名称	路段	建设规模		面积（平方米）	投资额（万元）	项目进展情况
			长（米）	宽（米）			
1	捷报里	西洪路—省二建宿舍	181	6	1086	300	完工
2	北后街支弄	北大路—北后街	50	4	200	15	完工
3	大营街	东大路—小区门口	91	12	1092	80	完工
4	杨桥永辉便道	杨桥中路—万科九如府	101	5	505	20	完工
5	福大至诚学院修缮工程	双凤路—福大宿舍区后门	151	3	453	35	完工
合计			574	—	3336	450	—

捷报里整治前后　（区建设局 供）

工作清单》，实行日报、周报、月报制度，加强河长制监督管理。

【城区水系治理】 2020年，鼓楼区21条河道完成整治工作，转入运营阶段。新建截流井125个；新建改造沿河截污管道52.4千米；新建龙峰河、树兜河调蓄池2个；新建分散式污水处理站1个，投入使用。完成串珠公园建设30个，新建和提升公园绿地约12.16公顷，沿河绿道约33千米。

【老旧小区整治】 2020年，鼓楼区继续按照系统整治理念推进老旧小区综合整治，推广改造内容"必选项"+"可选项"的菜单模式，因地制宜实施改造，实施宏扬新城、省监狱管理局宿舍等27个老旧小区改造，总投资额约5600万元，涉及78栋2330户，惠及群众约9000人。

【环境综合整治】 2020年，鼓楼区实施对华林路、湖东路、鼓东—尚宾路、西湖周边、乌山支路周边5个重要片区综合提升工作，涉及81栋楼体，总投资额（建安工程造价）27464万元。实施先施大厦、世纪长冠大酒店等10项精准景观整治项目，总投资额约2070万元。

【传统老街巷改造】 2020年，鼓楼区以片区治理原则，整治提升开元、旗汛口、西峰、兴园路4个片区21条街巷，因地制宜打造"一街一特色""一巷一亮点"，重塑鼓楼区街巷肌理，完善老城区街巷网，完成投资约6900万元。

【液化气市场整治】 管道燃气隐患整改　2020年，区建设局组织华润燃气有限公司及南街街道、鼓西街道等街镇执法中队对圈围占压点（E类安全隐患）进行排查协调，全年全区查出E类隐患点70处，整改36处。

瓶装液化气市场监管　对全区使用瓶装液化气的2000余家餐饮场所开展4轮大检查，排查餐饮场所8000多家次，发现液化气使用隐患426处，整改426处，隐患整改率100%。组织各街镇执法中队联合执法，打非治违，扣缴15千克黑气钢瓶20个、5千克黑气钢瓶1个。

【店牌店招整治和夜景灯光管理】

店牌店招管理　2020年，区建设局审批店牌店招设置许可194本。开展"新一轮品质提升户外招牌广告""清清爽爽过新年店招整治项目""老城区综合提升'十位一体'改造户外广告牌匾整治项目"3项户外广告整治工作，需整治568面，全部完成整治，其中拆除216面、整修提升352面。

夜景灯光维护管理　完成新一轮品质提升项目中涉及鼓楼区的夜景项目33个。全面完成2019年福州市城区亮化提升改造项目100个，涉及镇海楼片区及五一广场片区。组织安泰河沿线夜景灯光提升（桂枝里—朱紫坊），投资约146.4万元。组织维修闽江北岸及市区其他建筑夜景灯光等设施116处。

（宋倩倩）

智慧鼓楼建设

【概况】 2020年，鼓楼区城市运行指挥中心依托"智慧鼓楼"服务中心管理，采用"平战结合"（平时，主要开展总值班、"一线处置"、"12345"平台、片长制网格化管理、城市数字管理等指挥调度；战时，作为防汛抗旱、安全生产、公共应急、人民防空等突发事件指挥调度）工作模式，被《福建日报》、福州新闻网等媒体刊物报道，获省、市领导肯定。年内，鼓楼区城市运行指挥中心被授予"福州市五一先锋号""数字政府建设卓越实践奖"等称号。

【社会治理模式创新】 2020年，区城市运行指挥中心依托鼓楼智脑，在军门社区工作法、"片长制"网格化、"一线工作法"等工作探索实践的基础上，以大数据应用、3S技术、信息化、智能化等手段为技术支撑，赋予街道、社区“呼叫权”“考评权”“监督权”三权统一，形成集事项收集、智能派遣、呼叫响应、处置办结、监督考核为一体的基层社会治理“一线处置”创新机制，创新构建一个运转高效处置平台、形成一种全覆盖问题收集模式、建立一套事项分类办理标准、完善一系列事项分析和整改机制的“四个一”逻辑架构，解决“有人管”“尽快管”“管得好”等问题，打通服务群众“最后一米”“最后一步”。至年底，解决护栏缺失、管道堵塞、路灯不亮等各类问题10980件，获省、市领导肯定批示；“一线处置”在第三届数字中国建设峰会亮相推广，在福州市2020年改革创新项目中获评全市第一，并获评福州市“五一先锋号”，得到《法治日报》、新华社、人民网、《福建日报》等主流媒体宣传报道。

【便民（惠企）服务】 2020年，区城市运行指挥中心通过“12345”平台受理诉求件76561件；诉求受理率、及时查阅率、按时办结率、反馈回复率均保持100%，群众满意率99.83%。

【城市治理精细化】 2020年，区城市运行指挥中心通过“片长制”网格化服务管理采集事件157.46万余件，处置率99.99%，平均每天4300多件。通过数字城管受理市“智慧福州”管理服务中心批转案件140769件，急要件331件，督办件2件，综合指标得分99.97分，位列五城区之首。

（于静雅）

城区管理与执法

【概况】 2020年，鼓楼区城管局推进城市精细化管理、垃圾分类、城市品质提升、老旧城区“十位一体”工作整治提升等宜居工作。新增古田路、湖滨支路等“两车”禁停区域，重新施划非机动车停放标线6.7万米；开展房屋结构安全隐患排查“两违”整治工作；新建2座公厕，提升改造10座公厕；完成拆墙透绿点位80处，整治违章广告牌匾123面，改造提升沿街店面卷帘门5867面；全面深化垃圾分类“亭长制”，建立区、街镇、社区三级“亭长制”体系；完成缆线下地工作120段，清理154根废弃杆线，整治提升177个箱柜。鼓楼区在福州市城市管理年度绩效综合考评中名列第一。

【市容管理】 2020年，鼓楼区新增签订“门前三包”责任书商家约1.1万户，签订率100%；清理查处违反“门前三包”行为15464起，处罚653起，罚款54.98万元。开展市容“六乱”（乱搭建、乱堆放、乱设置、乱停放、乱吊挂、乱张贴）专项整治，并形成长效管理机制。清理取缔占道摊点8984起，清理取缔夜间大排档、烧烤摊463起，查扣摊车294部，查扣机动车占道售货车辆19部，罚款2.4万元。新增古田路、湖滨支路、湖东路、华林路等“两车”禁停区域，重新施划非机动车停放标线6.7万米，暂扣违规停放的“两车”4291辆，行政处罚13.486万元。执行区建设局移交的任务清单，对123面不规范、有碍观瞻的违章户外广告及沿街店招牌匾标识进行清理整治。推进店面清理整治和“门前三包”工作落实，对华林路、湖东路及其他64条道路5867面卷帘门进行提升改造。完成拆墙透绿80处，拆除围墙3136米，新增绿化5640.5平方米。

【生活垃圾分类】 2020年，鼓楼区全面深化垃圾分类“亭长制”，建立区、街镇、社区三级“亭长制”体系。推进“脚步下沉69社区”行动，以脚步丈量、骑行检查等方式开展工作督导，推行下沉式脚步服务10个街镇69个社区。开展误时投放专项整治行动，推进“十差小区”专项整治行动，按照每周取证一批、曝光一批、处罚一批的原则，处罚1507起，处罚金17.25万元。在全区精选150个小区，打造具有鼓楼特色的垃圾分类精品示范点，重点提升垃圾分类屋样式外观、完善功能设施、拓展融合宣教功能、提升精细化智能化管理水平。“五一”国际劳动节期间，组织街镇、社区、垃圾分类企业、区委文明办、区城管局等部门6700人次，开展垃圾分类主题宣传活动45场。7月，引入垃圾分类智能监

营迹支路配电箱柜彩绘　（区城管局 供）

管平台，应用AI技术智慧监控和管理服务，在垃圾分类前中端、智慧化管理及居民自治方面实现垃圾分类智慧化和居民自治管理。

【环境卫生管理】 道路保洁 2020年，鼓楼区提升道路保洁精细化水平，落实“两冲洗、两机扫、两降尘、人行道每天一冲洗”，保证无积沙、无粉尘、见本色。以八一七路等10条道路作为创建精品示范街，每个月选取1条路段，组织城管、保洁人员召开现场交流观摩会，以线带面，促进辖区市容、环境卫生整体水平提升。鼓楼区在福州市城管委、市环卫中心组织的15次道路检查考评中均位列第一。

公厕新建及改造 新建公厕2座（温博、蛤埕中路），提升改造公厕10座（屏山公园碎拼广场、地矿局、外九彩、鼓西路、蛇山、通湖路、华榕广场、东泰路各1座，软件园2座）。建立“一厕一档”查询系统，调整设置公厕导引牌67面，公厕“十无五有”（洗手间地面全时段无积水、无垃圾、无污渍，门窗墙壁无灰尘、无粘贴物，镜面台面无水迹，纸篓垃圾桶无满溢，小便斗、蹲坑无尿碱、无便渍，无臭味；公厕内有纸巾、有洗手液、有保洁员服务、有绿植、有定位）精细化管理日常落实到位。

垃圾收运 采用“一小区一策”直接进小区收集、“换桶”、电瓶车快速转运等多种垃圾收运模式，形成垃圾收运融合体系。实现厨余、其他垃圾“一天两收”模式覆盖率70%，取消路面垃圾桶集中点，实现路面“无桶化”。

【“两违”综合整治】 2020年，鼓楼区开展“春季攻坚战”，集中力量化解“两违”积案，对尚未处置的“两违”积案进行梳理，实施“清零”销号，处置“两违”积案9起617平方米。开展房屋结构安全隐患排查整治，通过边动员、边排查、边整治，地毯式、全覆盖、无死角的方式，排查发现存在安全隐患违建185起，至年底全部拆除完毕，面积约2.74万平方米。开展小区违法建设专项整治，以小区为单位，连线成片，整体推进，拆除小区内违建65起3764平方米。3月底，开展消防通道违法建设清理整治，拆除占用消防通道的违法建筑物17起1133平方米。

【建筑工地管理】 2020年，区城管局采取源头严防、过程严管、后果严惩措施，打击渣土违规运输行为，对辖区工地实行24小时不间断巡查，监控工地施工行为，对渣土违法违规行为执行顶格处罚。全年查处渣土类、噪声类等案件316起，处罚金额87万余元，其中运输企业违法案件10起，处罚金额8.5万元；在建工地未采用密闭式防尘网覆盖案件1起，处罚金额3万元；未采取防尘措施案件1起，处罚金额10万元。处置应急消纳15处，回填消纳渣土9万余立方米。

【市政维护】 2020年，区城管局采取分片包干、网格巡查等方式修复车行道7294平方米、人行道13278平方米、小街巷225平方米、破路15342平方米，修复桥梁8座；检查路灯123941盏，维修路灯1345盏。优化营商环境道路审批手续，全年审批区管市政道路破路345件，均在3日内审批完成。开展围挡施工整治，全面排查摸底，建档立册，落实责任到人，采取领导包干街镇，落实脚步丈量法，将围挡整治纳入“一线处置”工作机制，查处37批次围挡不规范行为，处罚5万元。

（王康）

鳌峰坊公厕 （区城管局 供）

园林绿化

【概况】 2020年，鼓楼区园林中心推进“绿进万家、绿满榕城”项目、新一轮城市品质提升行动、公园景区建设、精细化管理等工作；福道、福山郊野公园成为城市公园建设样板，相继建成环温泉公园林荫绿道、福山郊野公园二期三标段等改造提升项目，启动乌山历史风貌区二期改造项目；通过整合各类公园资源、林荫道路网建设、城区精准补绿、立体绿化推广等“植绿”项目，鼓楼区绿化总量不断提高，绿色空间持续拓展。至年底，全区绿化覆盖率 40.98%，绿地率 34.75%，人均公园绿地 10.64 平方米。

【城区绿化】 2020 年，区园林中心结合“绿进万家、绿满榕城”项目、“新一轮”城市品质提升行动，重点聚焦城市绿网建设、“花样”街区和花化彩化、义务植树、公共休闲空间拓展等，全年完成 101 项绿化工作。

“新一轮”城市品质提升绿化景观建设 按照“应绿尽绿、全部开放、按路梳理、风格统一、简洁为主、按需配套、因地制宜、合理改造、注重精品、融合文化”原则，完成华林路、湖东路、西洪路—西二环北路交叉口（南侧）、乌山立交桥桥底绿化等“新一轮”城市品质提升绿化景观项目，完成面积 6173 平方米、乔灌木 1523 株、斜面花坛 567 平方米、中分带花箱 1776 米、垂直绿化 171 平方米、屋顶绿化 146 米的景观建设，总投资约 2683 万元。

城市绿网建设 坚持规划建绿、见缝插绿原则，整合城区林荫道、边角地资源，建设街头小公园和绿化小品，打造社区串珠式公园，拓展群众家门口的绿色休闲空间。新建五四路华林路口如家酒店、五凤街道办事处等 20 处立体绿化，完成 60 处街头小公园建设，新建、改造绿地面积约 1.3 万平方米，总投资约 370 万元。实施交通节点等绿化、公交站台植绿增荫，完成湖东路北大路口等候区、乌山西路公交站、闽江学院工业路校区公交站等城区交通等候区、公交站等增种林荫 10 处，改造提升城区林荫道 1 条（开元路北段）。结合城区水系治理，接管新改造的 17 条区管内河沿线 22 万平方米的绿化景观，以及河岸约 3400 株大树养护。

“花样”街区和花化彩化 结合东街口商圈建设、历史文化街区建设、历史街巷整治，打造“花样”街区，加快公共绿地及道路绿化的提升改造步伐。重要节日在津泰路、吉庇路、温泉路、八一七路等进行花卉氛围布置，对华林路、五四路、湖东路、冠亚广场等城区绿化景观节点进行花化彩化改造提升。

义务植树活动 开展以“军地共建 绿化军营”为主题的“3·12”义务植树活动，组织区四套班子领导、区直机关干部 200 余人，在东部战区陆军机关营区义务植树，种植杧果、茶花、小叶榕等苗木 100 余株。

【公园景区建设】 2020 年，区园林中心以建设“鼓楼区 15 分钟绿色生活圈”为目标，加大绿廊绿道、郊野公园建设。全年，建成环温泉公园林荫绿道、福山郊野公园二期三标段等改造提升项目，启动乌山历史风貌区二期改造等项目；推进福道公园、屏山公园 A 级景区创建。

环温泉公园林荫绿道 公园林荫绿道总长约 2 千米，利用温泉公园边角绿地，结合路网改造建成连贯的塑胶跑道，串联起公园的榕荫绿道、花雨绿道、竹荫绿道等特色林荫步道，开拓更多林下空间，配套便民服务设施、夜景灯光、园林小品等。

福山郊野公园三标段贯通工程 福山郊野公园三标段即卧牛潭至牌坊段，优化提升卧牛潭钢构外立面、夜景灯光和绿化景观，其中新增彩虹步道约 0.8 千米。

乌山二期改造提升项目 系鼓楼区全域旅游项目之一，包含乌山周边名城核心区“十位一体”改造提升、周边配套提升、出入口改造、人防工程改造、一期景观提升等配套子项目。至年底，初步完成罗浮岭景区部分景点等一标段建设，改造或新建绿地 2 万平方米。

A 级景区创建 推进福道公园 AAAA 级旅游景区创建工作，提升品牌价值；屏山公园创建 AAA 级旅游景区，更新、完善配套设施建设。

【园林管理】 园林绿化社会化养管 2020 年，区园林中心按照区级管养细则标准，对乌山历史风貌区、黎明湖公园、屏山公园、福道公园、温泉公园、福山郊野公园、国光公园、区管道路及小街巷绿化进行社会化养管，规范“阳光作业”流程，加强养护巡查等制度，推进精细化管理。督促、指导社会化养护企业对园林绿化垃圾的分

屏山公园北门照壁 （区园林中心 供）

黎明湖公园内景 （区园林中心 供）

类处理，将垃圾分类纳入养护企业考核内容。

绿化管养和树木修剪　开展无物业小区的日常树木修剪和绿化管理，修剪无物业小区树木3000余株，处置危树倒树抢险100多起，整形补植各类绿地1500余平方米，养护和更换江厝路、观风亭街、铜盘路等路段的景观花箱和花卉约5000平方米、40万株花卉。

古树名木保护　开展辖区内204棵古树名木的保护工作，对古树名木开展白蚁防治，全年未出现古树名木倒伏、死亡现象。开展古树名木后备资源普查工作，摸排树龄接近百年的大树105株作为后备资源，并落实监管保护措施。

园林绿化执法　通过阻止、劝导、责令整改及强制拆除等措施处理各类园林绿化违法案件60起。依托“数字城管”“智慧鼓楼网格化”“12345”“一线处置”等诉求平台，处理危树、倒树等突发事故，办理群众绿化诉求案件2.37万件。

园林进社区活动　开展园林进社区志愿服务，向社区推广阳台绿化10处，鼓励市民美化庭院，增强“爱绿、护绿、植绿”意识；推行“绿色银行”、园林生活，举办园艺课堂、园林进社区、“园丁式”种植体验等活动4场，鼓励市民和社会力量参与城市园林建设和管理。

安全生产　落实安全责任制，坚守红线意识和底线思维，定期开展自查自纠、隐患排查、抢险演练，突出辖区道路危树、房屋结构安全、消防安全、森林防火安全和防汛防台风隐患排查治理，建立安全隐患清单，明确整改责任，落实整改措施，确保园林系统安全生产形势持续稳定。

新冠肺炎疫情防控　全体机关干部取消春节等假期，到岗到位，中心领导带队到各公园景区检查落实防控措施。区属各公园景区第一时间实施闭园，并根据防控阶段要求有序开放、常态化消毒。

（唐巧倩）

房产管理服务

【概况】　2020年，鼓楼区房管局推动新冠肺炎疫情防控、房屋结构安全治理、房屋征收审批服务、住房保障管理服务、物业和房地产经纪机构行业监管、老旧住宅小区管理、房地产稳增长统报指标等工作，依法加强房地产行政管理和服务民生工作，完成直管公房租金收缴入库704.31万元，公租房登记资格审核1603户，核发住房货币补贴72.04万元，受理房屋征收项目12个，扩面长效管理小区20个。年内，办理群众信访132件、“12345”平台1373件、“一线处置”168件、“片长制”网格12件；办理区人大建议20件、区政协提案17件。

【新冠肺炎疫情防控】　2020年，区房管局落实居民住宅小区、楼宇、售楼部、中介门店和征迁工地的防疫巡查工作，出动1610人次，抽查物业小区3551个次、楼宇1384座次，对疫情期间未能按要求落实疫情防控措施、存在重大失误和漏洞的53家物业企业给予相应警告处罚。成立助力社区防疫党员志愿者队伍，下派近2000人次支援结对社区，协调防控物资支援一线，开展片区设卡和小区封闭式管理工作。加大房地产、中介企业指导力度，推广网络办公、线上营销等新模式，促进房地产行业安全有序复工。

【房屋征收管理】　房屋征收审批服务　2020年，鼓楼区加快推进福二路道路改造工程、工业路（上浦路—杨桥路）提升改造工程等12个项目征收手续办理，作出欧冶池至城隍庙周边旧改、原省气象局乌山旧址2个项目征收决定。发布都司巷11号、市三建宿舍1号楼等6个零星旧改项目的紧急抢险搬迁公告。

安置房建设进展情况跟踪　对正祥贵里香园、铜盘路五凤工业园区等27个地块安置房项目建设进展情况进行工作督查，汇总存在的问题上报区政府协调解决，推动华屏苑、华润万象城、保利天悦、华润乌山府4个项目完成竣工验收。

拆迁工地扬尘污染防治　加强扬尘防治宣传教育，转发、印发扬尘防治条例规定，制定《第 44 届世界遗产大会鼓楼区征收项目拆除工地扬尘综合管控方案》，要求属地街镇、征迁实施单位开展自查自纠，规范环保施工作业。定期开展拆除工地督导巡查，并对重点项目予以二次复查，建立健全工作台账。全年实施拆迁工地巡查 203 次，发出整改通知 8 份，并督促问题整改到位。

【住房保障】 保障房屋受理审核 2020 年，区房管局开展对街镇基层保障房申请受理初审工作人员的业务指导培训，完成 2020 年度 1603 户公租房申请家庭的资格审核工作，509 户登记资格转入轮候配租。根据福州市国有房产管理中心意见取消公租房保障资格 102 户、恢复资格 6 户、核减家庭成员 28 人、完成 1 户保障家庭年审工作；审核鼓楼区机关事业单位干部职工申请住房货币补贴 171 人，核发补贴金额 72.04 万元。

高龄老人征收过渡周转 开展福州市国有房产管理中心下拨的高龄老人征收过渡周转房房源管理工作，协调市国房中心、区属各征收实施单位开展过渡房源申请、安排、入住对接工作。全年，为 4 户征迁高龄老人及 9 户 D 级危房撤离人员申请到过渡周转房。

房屋结构安全隐患排查整治 拆除住宅 D 级危房 11 处 17 栋，通过危险住房自建改造方式推动排危 4 处 7 栋；通过修缮加固方式推动排危 4 处 8 栋。牵头开展“进一步深化鼓楼区房屋结构安全专项治理行动”，推动剩余 7 栋重大隐患房屋完成整改整治，开展钢结构建筑、农村经营性自建房和各类行业生产经营房屋专项整治，完善房屋安全“一楼一档”。

【物业管理】 物业管理备案 2020 年，区房管局依法受理并办结物业服务合同备案 50 个项目，维修资金使用申请 125 件，核准拨付金额 523.84 万元。受理物业企业前期物业招投标备案 8 家、中标备案 6 家。

创建文明城市检查督导 会同区社区办、区爱卫办等相关部门组成文明督察二组，对各街镇的城市道路、小街巷、小区、公共场所、宣传文化建设等情况开展督查，实地检查 178 次，对发现的问题及时指导街镇、社区整改，并进行“回头看”落实工作。协同街镇、社区对全区进行明察暗访，检查物业小区 845 次，下发整改通知书 56 份，督促物业企业整改。对整改不力的 4 家物业企业给予黄牌警告，并纳入 2020 年物业企业不良信用记录。采取“四随机”方式，由区长效办考评员对老旧小区不间断地进行抽查考评，考评小区 17639 频次。

2020 年 1 月 9 日，鼓楼区“党建 + 小区物业管理”推进会暨房管业务培训会召开 （区房管局 供）

为民办实事项目 推进 20 个老旧小区纳入长效管理，累计纳入长效管理小区 476 个，惠及居民 1934 幢、78547 户；提速完成全部 1996 栋居民住宅楼的化粪池清掏工作；受理既有住宅增设电梯补贴申请并完成审核手续 54 部，其中 15 部转区财政局审核，39 部拨付区级资金 195 万元至各街镇；完成自来水户改安装 3060 户；组织开展 7 轮次 481 个居民小区的楼道及消防通道集中清理整治工作；试点推行社区化物业管理服务，委托金顺保洁公司进驻杨桥河南社区实施片区内机动安保巡逻、路面卫生保洁、垃圾分类转运等基本服务工作。

典型示范建设 配合业务主管部门开展 2019 年度物业标杆小区、优秀物业企业和项目经理人评选活动，鼓楼区融信澜郡、阳光白金瀚宫等 29 个项目被评为 2019 年度福州市物业管理标杆小区。打造物业管理工作交流平台，邀请先进小区物业企业、业主委员会、业主代表作经验交流。设立“鼓楼物管”微信公众号，推出报道文章近 50 篇，宣传先进小区物业管理优势；《海峡都市报》等多家媒体以系列报道的形式，宣传推广丰海花园“红色业委会”、融信澜郡党建“红管家”、福寿巷片区式物业管理、城市之光小区党建工作等先进典型。

【公房管理】 2020 年，鼓楼区完成公房租金收缴入库 704.31 万元，确认 147 户直管公房拆迁，建筑面积 3744.3 平方米。落实私改产权及信访问题案件 36 件；排查企事业职工申请住房补贴是否租住公房16户，协查征迁地块被征迁户是否租住其他公房情况8253户，协查城区直管公房租赁更名是否租住区内公房情况77户；办理新接管移交剩余公房5户，办理公房租赁更名6户，拆迁退租64户。开展直管公房修缮及安全管理，配齐配足灭火器材，张贴电动车充电等消防安全告示，消除安全隐患。投入修缮资金40万元，完成公房修缮186起，修缮面积8017平方米，其中抢修危墙危屋26起，面积2457平方米，投入抢修资金10.88万元。

【群租房排查整治】 2020年，区房管局牵头10个街镇、相关职能部门推进群租房排查整治百日攻坚专项行动，总结归纳“123456”工作法（组建“一套班子”、坚持“二个对照”、实施“三级联动”、强化“四方发动”、采取“五种手段”、落实“六项措施”），5月初率先在全市100%完成辖区内存量群租房的排查整治工作，完成群租房整治1252户，清租2362户、3895人。通过“12345”“一线处置”政务呼叫平台、群众来信来访及市、区领导和相关部门批办转办文件等方式筛查群众反映的群租房线索，继续坚持高压严管态势，打击群租行为。

【房地产经纪机构备案】 2020年，区房管局开展辖区内房地产经纪机构的备案受理工作，受理并办结房地产经纪机构备案149件。不定期对辖区内房地产经纪机构进行随机抽查，组织开展2020年住房租赁中介机构乱象专项整治行动，全年检查153家房地产经纪机构，责成8家未办理备案的房地产经纪机构办理备案证，规范中介机构在房地产交易市场中的运作。

【房地产稳增长统报指标】 2020年，区房管局实时跟踪在建的融巨盛公馆、金茂府等住宅类商品房项目、安置型商品房、保障房项目地下车位及华润万象城（商务办公）的建设进度及开发企业申请预售证情况，建立新建商品房销售面积台账，联系福州市房管局、福州市不动产登记和交易中心，掌握楼盘的预售证办理进度和销售情况。加强企业走访服务工作，协调规模企业新都物业、三坊七巷物业、软件园物业新入盘申报，将未在鼓楼区入统申报的皇家物业、家家乐物业引导并移回入统申报，促进指标提升。全年商品房销售面积46.76万平方米，比上年增长49.9%；房地产业城镇单位劳动者报酬比上年增长5.2%。

（林成森）

产业发展

工业

【概况】 2020年，鼓楼区工信局坚持稳中求进总基调，进一步促进全区经济社会事业发展，保障全区工业经济平稳增长。全年规模以上工业产值完成128.07亿元，比上年下降8.6%；工业固定资产投资比上年增长21.4%。

【惠企助企政策】 2020年，区工信局利用惠企政策，调动企业生产积极性，辅导企业用好用足政策。全年为福建福昕软件开发股份有限公司等132家企业申请到惠企资金24项4639.59万元。

【民企项目对接】 2020年，区工信局推进“五个一批”（谋划一批、签约一批、开工一批、投产一批、增资一批）民企产业项目对接工作。将符合要求的民企项目纳入“五个一批”管理，每月按时开展项目新增、跟踪、审核工作。2020年，鼓楼区“五个一批”民企项目125项，总投资456.47亿元，年度计划投资162.51亿元，全年累计完成投资约164.67亿元，其中签约3项，开工95项，投产47项。

【工业行业发展】 2020年，区工信局促进“互联网+先进制造业”融合，推动企业上云上平台。依托华为福州云创新服务中心，累计培育上云企业数1400余家，包含联迪、亿榕、榕基软件、顶点软件等高新企业、龙头企业，1300多个项目在云上开发，用户数逾3300人。培育综合云平台服务商，在全市第一批、第二批、第三批企业上云综合云平台服务商入选名单的12家企业中，鼓楼区占8个。深耕本土培育工业互联网龙头企业，实施工业互联网创新发展战略，引导工业企业转型升级，华鼎智造和富昌维控获评“福建省工业互联网示范平台（第一批）”，华拓自动化入选“福建省工业互联网App典型应用案例”。培育华虹智能、闽高电力等3家工业企业入围福建省“专精特新”中小企业。

【工业龙头企业】 2020年，区工信局培育壮大龙头企业，实施技术改造。推荐福建好运联联信息科技有限公司新增入福建省工业和信息化龙头企业，至年底，全区有13家省级工业和信息化龙头企业。推荐奥通迈胜和福昕软件入选首批省产业领军团队，各获补助资金150万元。推动福晶科技实施技术改造，企业获市级技改补助资金118万元。

福建榕基软件股份有限公司　　（福州软件园管委会 供）

【企业服务】 2020年，区工信局配合区行政服务中心开展“一窗受理”服务工作，开展工业和信息化领域企业投资项目备案等7个事项受理工作。全年，区工信局受理企业投资项目备案156项，总投资216.75亿元。推荐瑞恒科技、世通装配等30家企业填报中小微企业纾困专项贷款需求，缓解企业资金困难。指导通力达实业等24家次企业申报2020年《福州市名优产品目录》，帮助企业拓展市场。

【营商环境优化】 2020年，区工信局提前完成获得电力组工作任务，包括压减办电环节、压缩办电成本、提升用电透明度、提升供电可靠性、优化破路审批模式、优化办电服务、推动供电企业业务系统与政务平台融合等8项任务，并持续推进建立健全政策落实跟踪反馈机制及清理拖欠民营企业、中小企业账款问题2项工作任务，2020年优化营商环境工作任务完成率100%。

【节能降耗】 2020年，区工信局配合省、市开展2020年节能宣传周相关工作，完成宣传品验收及分发工作。带领福建三能节能科技有限责任公司等企业参加节能宣传周启动仪式，并协同区机关中心、街道、社区等共同普及推广节能常识，倡导绿色生活、绿色出行。

【海上福州】 2020年，区工信局挖掘“海上福州”项目线索，推动海洋经济发展。鼓楼区入库跟踪的“海上福州”项目10项，其中开工7项，投产3项。项目总投资14.59亿元，年度计划投资约9.16亿元，全年累计完成投资10.38亿元，超序时完成投资计划，并在“海上福州”全市考核中排名第二梯队第二名。

（李舒平）

建筑业

【概况】 2020年，鼓楼区完成建筑业产值912.6亿元，建筑业增加值269.57亿元，质量安全监督工程项目11项，完成7个项目招投标监管，完成投资额约1亿元。

【建筑业产值】 2020年，鼓楼区完成建筑业产值912.6亿元，比上年增长11.8%，全市占比19.6%。完成建筑业增加值269.57亿元，比上年增长2.3%，增加值总量排名全市第12。

【工程质量与安全监督】 2020年，鼓楼区在建受监的工程项目11项，建筑面积约26.34万平方米，工程造价约11.38亿元。在行政执法监督过程中，发出工程质量安全隐患责令整改通知书157份，发现质量安全隐患621处，对施工单位记116.88分，对项目经理记116.88分，对监理单位记90.8分，对总监理工程师记90.8分。

【工程招标监管】 2020年，区建设局完成福州软件园D区软件信息产业基地初步设计及概算、西河智慧体育公园提升改造项目（施工）、古乐路幼儿园（施工）等7个项目招投标监管。

【建设工程消防审验】 2020年，鼓楼区消防审批事项在全市率先实现5星事项“全网办”，全年审批消防审验事项61个。落实既有住宅增设电梯消防备案工作，参照市级部门“多规合一”工作方式，牵头组织区资源规划局研究讨论，议定采用部门流转的方式进行消防备案审核，减少群众申报流程。2020年下半年，区建设局备案审核电梯方案约100个。

（宋倩倩）

【鼓楼建筑工程集团公司】 2020年，区建工集团主要开展城区建设项目、教育代建项目、房屋征迁、抢险项目建设、建筑市场承接项目、质量安全监督等工作，全年总产值45981万元，年缴税597.1万元。

城区建设项目　完成对2020年老旧小区宜居整治项目（西片）、鼓楼区省直湖前广厦住宅老旧小区整治工程、二环沿线建筑景观提升、温泉路15号环境综合整治、苔泉古井景观整治工程、安泰河沿线景观整治提升、中山社区改造装修、西湖西片区环境综合整治工程、乌山九巷项目周边环境提升工程等约60个工程项目建设。

教育代建项目　达明小学项目竣工验收；怡山小学、福州延安中学西校区完工并交付使用；花园小学、杨桥中学、开智学校等8个教育代建项目在施工推进阶段。

房屋征迁　全面开展房屋征收工作，欧冶池旧改项目于2019年12月5日进场实施征收，总建筑面积3.19万平方米，总户数317户，签订协议逾90%。完成中山大院片区6幢及鼓屏路95号大院8幢约1.86万平方米房屋的拆除交地，移交3栋保留建筑。

抢险项目　建设完成急难险重的工程任务，安排精干班组进场，完成东泰路日报宿舍围墙、湖前兰庭小区滑坡、北江社区省人防办宿舍南侧崩塌、福州大学至诚学院学生公寓4号楼西南侧挡墙等多个项目治理工程，消除安全隐患，保障人民生命财产安全。落实福州市房屋结构安全隐患大排查的整治百日攻坚专项行动部署，拆除省水利厅宿舍、福州第十九中学学生宿舍楼、六一中路38号亿力宿舍及办公楼、福新新村、市三建宿舍楼、孙老营巷5号等D级危房，完成多处边坡抢险加固任务。

建筑市场承接项目　承接四川正坤丹凤朝阳项目、万新路复线段工程

A2 标段室外安装工程及中科（福州）数据产业园项目，其中四川正坤丹凤朝阳项目基本完工，万新路复线段工程 A2 标段室外安装工程竣工。

质量安全监督 坚守安全生产底线，落实各级安全生产责任，做到各司其职、全程管控。加强宣传教育，提高职工安全意识和安全技能，增强全员安全生产和安全防范意识，实现安全生产。通过加强安全工作组织领导，落实安全保障措施，创新安全管理方法，抓好隐患检查整改落实，确保各项目安全生产。全年，各在建项目均未发生安全事故，项目现场检查次数 56 次，发出安全隐患整改通知单 28 份，整改安全隐患 106 条。

（黄伟）

【鼓楼区建设投资管理中心】 2020 年，区建投中心主要开展土地收储、重点工程项目建设、旧屋区改造、房屋征收等各项城建工作，推进已回迁自建安置房项目的两权证办理，实施工程项目施工管理。

连片旧屋区征迁 启动文林南路南侧旧屋区改造项目、道山路省社科院旧改项目等 12 个征迁项目，选址面积约 4 公顷，征收房屋面积约 6 万平方米。完成白马路沿线西侧旧改项目（柳河路以北）征迁扫尾工作。

安置房回迁及产权证办理 区建投中心配合区旧改部门、征迁实施单位完成斗池黎明永辉、华润万象城 2 个安置房源的选房工作，涉及 310 多户被征迁对象，约 550 套，总建筑面积约 4 万平方米。完成万科登俊园安置房交房工作，同时将新回购的万科登俊园商场租赁给永辉超市及百安居，推进黎明永辉地块交地。与安置房开发单位联系，将已具备开具购房发票条件的安置房信息与征迁实施单位沟通，要求其及时报送相关材料以便向被征迁户开具购房发票；对未签订购房合同、未支付购房款的安置房源及时跟踪督促。全年开具被征迁户个人购房发票 1962 套。

工程项目施工管理 区建投中心作为软件园 D 区软件信息产业基地项目业主单位，成立项目公司作为融资主体进行融资及开发建设，完成可行性报告编制、初步勘察设计、土地资产无偿调拨至项目公司、控规调整、方案设计等工作。鳌峰坊特色历史文化街区建设基本完工，继续开展招投标、合同会签、工程款支付等作为业主职责的配合工作。完成康特南侧地块、西洪路沿线地块等 3 个临时停车场建设工作，完成原电线厂宿舍、长春铺旧改地块电动车临时换牌点建设，完成原市财政局大楼附属楼装修改造工程。配合区步道办，继续推进福道、福山郊野公园建设工作。推进各旧改地块管线迁改工作，完成古乐路沿线周边旧改地块、加洋巷及周边旧改项目、工业路省筑路机械厂地块及扩征（华润地块）等各类管线迁改工作。

（许临风）

【鼓楼区城建投资发展集团有限公司】

2020 年，区城投集团公司及下属企业组织实施 2 个标段 20 个老旧小区综合整治、2 个标段传统街巷整治、3 项城市道路品质提升、5 项重点工程、14 个旧改地块房屋征收工作；促进国有资产保值增值，推动已竣工安置房项目地下车库接管及商品房销售，提高国有资产收益；抓招商引资促国企发展，完成 2 项招商任务，完成申报专项债 2.67 亿元；开展甘肃岷县扶贫对接工作，捐助扶贫资金 100 万元，获得“岷县 2019—2020 学年度捐资助学工作先进集体”称号；化解信访积案等各类群众诉求问题。

老旧小区、传统街巷提升 区城投集团负责实施华林路、湖东路、鼓东一尚宾路 3 个关键区域城市品质提升项目，完成建筑外立面 41 栋楼体立面整治；人行道提升铺砖 41 段约 4 万平方米；绿化提升 42 处约 8600 平方米。全面完成老旧小区东片 01、02 两个标段，涉及 20 个小区，总投资约 4000 万元；全面完成传统老街巷整治项目 01、02 两个标段，涉及开元片区、旗汛口片区、西峰片区、兴园路片区 20 条街巷，总投资约 5090 万元。上述项目建成得到省、市、区领导肯定和群众好评。

重点工程项目建设 区城投集团下属开发企业承担东街商务中心、坊下南地块、五凤工业园周边、兰尾村、市委宣传部危房改造 5 个项目安置房建设，用地面积约 2.67 万平方米，总建筑面积约 9.95 万平方米，年度完成投资约 2.14 亿元。在做好新冠肺炎疫情防控的同时，稳步推进复工复产，化解项目建设中遇到的问题，按序时推进项目建设进度。

旧改征收 区城投集团下属 3 个征收工程处持续推进于山风貌区整体提升改造、中旅西侧道路、朱紫坊（二期）扩征等 15 个征迁清盘扫尾项目；实施乌山历史风貌区二期、地铁 4 号线闽都站 2 个新征收项目，并配合相关单位对鉴定为 D 级危房的秘书横巷 16、18 号、新财弄原东百集团宿舍、五一北路 28 号实施房屋征收工作；完成中寰花园、保利天悦、金辉珑岳等 14 个地块涉及的 40 余个旧改项目 2300 余户群众的图纸回迁选房工作。

地下车库接管、商品房销售及融资 区城投集团开展 7 个安置房项目地下车位的销售和租赁工作，销售车位 207 个，租赁 329 个，回笼资金 4383.7 万元；启动杨桥新苑 6 号楼 116 套商品房销售登记及购买工作，全年销售 35 套，回笼资金 12588 万元。完成专项债申贷 26700 万元。

信访维稳 区城投集团受理信访事项 73 件，办结 67 件；化解信访积案 5 件；“12345”诉求件 1359 件，办结 1323 件；一线处置 252 件，办结 243 件；数字城管件 314 件，办结 297 件。协调推进产权办理工作，完成陆庄庭苑、龙峰雅居园首次登记，解决群众关注的安置房办证问题。

（吴欣）

商贸服务业

【概况】 2020 年，鼓楼区商务局统筹推进新冠肺炎疫情防控和经济社会发展，推动消费回升；探索创新夜色经济发展路径，核心商圈持续释放商业势能；推动家政服务企业标准化发展；平台经济成为增长新引擎，服务外包总量居全市首位。防控疫情常态化，确保市场供应平稳充足，提升文明创建水平，推进商贸行业垃圾分类，全面优化便民惠民环境。全年，鼓楼区实现社会消费品零售总额 1305.1 亿元，总量排名全市第一。三坊七巷步行街入选商务部第二批试点步行街名单，是福州市唯一入选的单位。

【商圈经济】 2020 年，鼓楼区结合节庆开展“第四届东街口嘉年华”“夜色撩人 2.0——2020 鼓楼区夜色经济街区嘉年华”等促销活动逾 200 场；策划开展“区长直播”“全闽乐购寻店之旅”“第三届东街口数字生活节”等线上线下促销活动，新引进华为 Plus 体验店、乐高、格拉苏蒂等首店品牌 244 个；支持核心商场拓展线上渠道，推广运营东百云商城、大洋微商城，东街口商圈全年销售额突破 85 亿元。支持六意、7-ELEVEn 等新开门店，全区品牌连锁便利店总数逾 360 家。

【夜色经济】 2020 年，在全省范围内率先推出《鼓楼区发展“夜色经济集市”规范工作导则（试行）》，配套出台《鼓楼区夜色经济街区建设提升专项行动方案》，建成“鼓楼区三坊七巷市级夜色经济体验示范街区”，提升达明美食街、环省体周边街区。完成安泰河沿线改造工程，全新打造并常态化运营梦山路青年梦想集市等 8 个夜色经济集市，形成“1+2+N”的夜色经济街区布局。

【对口商贸协作】 2020 年，推动鼓楼、甘肃岷县农超企业开展合作，永辉、心蓝天、瑞来春堂等鼓楼企业供货及销售岷县特产金额逾 1 亿元。甘肃岷县永辉农业发展有限公司在岷县茶埠镇特色食品产业园投资建设中蜂药蜜项目，占地 0.627 公顷，总投资额 2000 万元，2020 年投入正式运营，全年销售各类中蜂药蜜产品约 120 万元。

2020 年 12 月 30 日，鼓楼区三坊七巷市级夜色经济体验示范街区举行开街仪式 （周大仙 摄）

【家政服务业】 2020 年，鼓楼区加快推动家政服务企业标准化发展，辖区企业好月子母婴护理公司参与起草福建省地方标准《母婴护理机构居家护养服务规范》；树人家政、雪品家政、正忠信家政 3 家企业列入福建省首批家政服务业标准化试点单位（全市 3 家均在鼓楼区），其中树人家政通过国家级服务业标准化试点验收。

【平台经济建设】 2020 年，鼓楼区平台经济项目总数 102 个，全年纳统（纳入鼓楼区一套表联网直报）平台企业 80 家，实现纳统金额 236.7 亿元。年内新引进松果直播小镇、福建润楼金融产业投资等平台项目 30 个。2020 年福州市平台企业认定的平台企业 35 家，居全市第一，在 2020 年福州市商务局商贸服务业运行情况综合评估结果中的“平台福州”建设考评居全市第一。

【电商企业】 2020 年，区商务局对接省、市促进电商产业发展的扶持政策，助力鼓楼区电商企业发展，引导电商企业向金牛山互联网产业园和福州软件园集聚，并组织申报扶持政策，提高鼓楼区电商产业招商竞争力。福州金冠杰贸易有限公司等 3 家企业获 2020 年省级跨境电商扶持项目资金 178 万元；福建永辉云创科技有限公司等 4 家企业获 2020 年省级首季度电子商务发展资金 165 万元。

【服务外包企业】 2020 年，鼓楼区服务外包企业 91 家，新增 18 家，服务外包执行金额 72.7 亿元，完成额占全市总量近 60%，其中离岸服务外包执行金额13.5亿元，占全市总量70%。福建国通信息科技有限公司获评中国服务外包百强企业。

【新冠肺炎疫情防控】 2020年，区商务局落实鼓楼区商贸领域常态化新冠肺炎疫情防控各项措施，督促并确保各商贸企业严格落实体温检测、口罩佩戴、清洁消毒、通风换气、保障公共卫生和公共秩序等措施。督促大中型商场、非星级宾馆及酒店内的餐饮场所合理设置就餐设施和餐桌距离，避免聚集。督促非星级宾馆及酒店落实入驻人员健康信息登记制度。至年底，全区商贸系统疫情防控情况平稳。

【市场供应】 2020年，区商务局及时了解鼓楼区“菜篮子”相关企业的商品库存情况，督促重点商贸企业完善市场供应应急预案。加大“菜篮子”市场监测力度，加强市场预警和形势分析研判，配合市商务局开展应急调控工作。鼓励永辉、沃尔玛等商贸企业开展各类线上线下促销活动，备足货源，丰富品种，确保市场供应充足。全年，鼓楼区牛肉、羊肉、水产品、禽类、蛋品等生活必需品市场运行平稳。

【文明创建】 2020年，区商务局按照文明城市建设工作测评标准，督促落实业主主体责任制。落实包点工作责任制和调度通报督查机制，由区商务局领导牵头挂钩，从组织领导、责任分工、实地检查、汇总点评、情况通报5个方面进行统筹安排，加强人员配置，定人、定点、定时，到辖区33家大中型商超、农贸市场进行全面检查。

【安全生产保障】 2020年，鼓楼区成立商务领域安全生产工作领导小组，加强日常督查，配合相关部门开展安全隐患排查整治、安全宣传教育等工作；履行城市综合体和大中型商场安全生产工作联席会议职责，牵头各成员单位每2个月开展安全生产工作检查。2020年，辖区商贸企业安全生产宣传氛围良好，安全生产形势稳定，未发生重特大安全生产事故。

【垃圾分类管理】 2020年，区商务局围绕“分得清、收得齐、运得走、处理好”垃圾分类管理目标，从组织架构、细化方案、政企联动、督促检查、宣传引导5个方面进行推动落实。至年底，鼓楼区商贸行业从业人员4971人，厨余垃圾约36.09万千克、其他垃圾约42.11万千克、可回收垃圾约17.06万千克、有害垃圾约324.55千克，均落实生活垃圾分类投放、分类收集、分类运输、分类处理。

【政策扶持与奖励】 2020年，区商务局宣传兑现各级各类商贸奖励政策，全年发放促进商贸服务业发展奖励金、外贸出口等各类奖励金41项，约1.31亿元，惠及限上商贸企业、电子商务、中小商贸流通企业等多类企业920家次，壮大企业发展信心。

（林香）

服务业

【概况】 2020年，鼓楼区实现社会消费品零售总额1305.07亿元，比上年增长1.9%，占福州市社会消费品零售总量的30.9%。限额以上批发和零售业企业法人单位1161个，从业人员5.82万人；其中，限额以上企业累计实现社会消费品零售总额782.51亿元，比上年增长6.8%，占全区社会消费品零售总额的60%。全年新增限上企业单位489家，其中批发行业144家，零售行业39家。

【商品批发业】 2020年，鼓楼区限额以上批发业有法人企业804个，其中国有企业5个，集体企业1个，有限责任公司69个，股份有限公司2个，私营企业717个，港、澳、台商投资企业6个，外商投资企业4个。年末从业人员1.71万人。全年限额以上批发企业商品购进总额1293.48亿元，商品销售总额1342.6亿元，年末零售营业面积12.75万平方米。按单位规模分，有从业人员200人以上、营业收入4亿元以上的大型企业2个，占比0.25%，年末从业人员601人，商品销售总额36.82亿元；从业人员20—200人、营业收入5000万元至4亿元的中型企业136个，占比16.9%，年末从业人员7075人，商品销售总额741.44亿元。

【商品零售业】 2020年，鼓楼区限额以上零售业有法人企业357个，年末从业人员4.12万人。其中，集体企业1个，有限责任公司20个，股份有限公司2个，私营企业317个，港、澳、台商投资企业7个，外商投资企业10个。商品购进总额1058亿元，商品销售总额1063.63亿元，年末零售营业面积516.14万平方米。

纳入统计的限上零售企业中，大型超市6家，年末从业人员15640人，商品销售总额277.25亿元，年末零售营业面积157.78万平方米；百货店13家，年末从业人员777人，商品销售总额33.34亿元，年末零售营业面积13.58万平方米；专业店148家，年末从业人员6403人，商品销售总额153.38亿元，年末零售营业面积17.66万平方米；专卖店105家，年末从业人员14742人，商品销售总额555.55亿元，年末零售营业面积321.28万平方米。新兴业态互联网零售业增长迅速，有网上商店24家，商品销售总额10.12亿元，年末从业人员614人。

【住宿业】 2020年，鼓楼区限额以上住宿业有法人企业73个，其中旅游饭店50个，一般旅馆19个，民宿1个，其他住宿业3个。年末从业人员5305人，餐饮营业面积21.88万平方米，全年营业总额12.76亿元。

按规模划分，限额以上住宿业有从业人员300人以上、营业收入1亿元以上的大型企业1个，年末从业人员449人，营业总额1.56亿元，年末餐饮营业面积1.12万平方米；从业人员100—300人、营业收入2000万元至1亿元的中型企业9个，年末从业人员2314人，营业总额6.18亿元，年末餐饮营业面积6.12万平方米；从业人员10—100人、营业收入100万—2000万元的小型企业55个，年末从业人员2476人，营业总额4.7亿元，年末餐饮营业面积14.45万平方米。

【餐饮业】 2020年，鼓楼区限额以上餐饮业有法人企业144个，其中正餐服务企业126个，快餐服务企业6个，饮料及冷饮服务企业4个，餐饮配送及外卖送餐服务5个，其他餐饮业3个。年末从业人员21733人，餐饮营业面积29.3万平方米，全年营业总额41.87亿元。

2020年鼓楼区限额以上批发业法人单位主要数据一览表

表30

项目	法人企业数（个）	从业人员期末人数（人）	商品购进总额（万元）	商品销售总额（万元）	年末零售营业面积（平方米）
农、林、牧产品批发	19	424	766344	722727	2012
食品、饮料及烟草制品批发	77	1867	2085203	2130491	4828
纺织、服装及家庭用品批发	205	4636	1966046	2129469	21511
文化、体育用品及器材批发	60	1175	385317	432802	21045
医药及医疗器材批发	60	2046	724473	804335	18730
矿产品、建材及化工产品批发	197	3161	5670058	5711468	42039
机械设备、五金产品及电子产品批发	162	3098	768329	899697	14137
贸易经纪与代理	3	314	400337	40967	200
其他批发业	21	390	168695	185374	2981

2020年鼓楼区限额以上零售业法人单位主要数据一览表

表31

项目	法人企业数（个）	从业人员期末人数（人）	商品购进总额（万元）	商品销售总额（万元）	年末零售营业面积（平方米）
综合零售	25	18138	3205006	3275947	1747882
食品、饮料及烟草制品专门零售	71	3862	273047	348090	43035
纺织、服装及日用品专门零售	48	2633	325426	410936	52074
文化、体育用品及器材专门零售	44	3748	666271	679971	90922
医药及医疗器材专门零售	20	785	59233	68005	7774
汽车、摩托车、燃料及零配件专门零售	33	9463	5712002	5445242	3158199
家用电器及电子产品专门零售	50	1240	161201	193836	13745
五金、家具及室内装饰材料专门零售	33	439	75558	89357	15558
货摊、无店铺及其他零售业	33	856	102320	124929	32170

2020年鼓楼区星级饭店情况一览表

表32

分级	法人企业数（个）	从业人员期末人数（人）	营业总额（万元）	客房数（间）	床位数（个）	年末餐饮营业面积（平方米）
五星	3	985	25977	1222	1684	46815

续表 32

分级	法人企业数（个）	从业人员期末人数（人）	营业总额（万元）	客房数（间）	床位数（个）	年末餐饮营业面积（平方米）
四星	7	1071	20057	1460	2214	55688
三星	10	1027	31458	1383	2220	20906

2020 年鼓楼区限额以上餐饮业法人单位主要数据一览表

表 33

经营类型	法人企业数（个）	比重（%）	从业人员期末人数（人）	营业总额（万元）	餐位数（位）	年末餐饮营业面积（平方米）
独立门店	120	83.3	4924	197929	29765	149878
连锁总店	5	3.5	13990	181431	33035	118459
连锁直营店	2	1.4	252	6640	312	1964
其他	17	11.8	2567	32734	13971	22675

【其他服务业门类】 2020 年，鼓楼区规模以上服务业联网直报企业分 28 个大类行业、816 个单位，利润总额 75.66 亿元，期末从业人员 145925 人，其中利润总额超过 10 亿元、从业人员超过 1.5 万人的行业有信息传输、软件和信息技术服务业，租赁和商务服务业，科学研究和技术服务业，房地产业。

电信、广播电视和卫星传输服务业　2020 年末，规模以上电信、广播电视和卫星传输服务业企业法人单位 13 家，比上年增长 8.33%；从业人员 16054 人，比上年下降 1.86%。法人单位资产总计 530.62 亿元，比上年增长 5.49%。营业收入 162.74 亿元，比上年增长 2.24%。

交通运输、仓储和邮政业　2020 年末，规模以上交通运输、仓储和邮政业企业法人单位 55 家，比上年下降 5.17%；从业人员 4290 人，比上年下降 3.47%。法人单位资产总计 311.87 亿元，比上年增长 2.78%。营业收入 87.93 亿元，比上年下降 12.41%。

信息传输、软件和信息技术服务业　2020 年末，规模以上信息传输、软件和信息技术服务业企业法人单位 200 家，比上年增长 13.64%；从业人员 32394 人，比上年下降 0.41%。法人单位资产总计 714.46 亿元，比上年增长 12.08%。营业收入 280.24 亿元，比上年增长 10.29%。

房地产业（不含“房地产开发经营”）　2020 年末，规模以上房地产业企业法人单位 52 个，比上年下降 36.59%。其中，物业管理企业 40 个，比上年下降 34.43%；房地产中介服务企业 3 个，比上年下降 70%；房地产租赁经营企业 9 个，比上年下降 18.18%。物业管理企业从业人员 16709 人，比上年下降 6.46%；房地产中介服务企业 70 人，比上年下降 1.41%；房地产租赁经营企业人员 570 人，比上年下降 4.84%。法人单位资产总计 381.24 亿元，比上年增长 19.85%。其中，物业管理企业 20.71 亿元，比上年增长 17.94%；房地产中介服务企业 0.35 亿元，比上年下降 6.9%；房地产租赁经营企业 360.34 亿元，比上年增长 20%。营业收入 20.6 亿元，比上年增长 10.34%。

租赁和商务服务业　2020 年末，规模以上租赁和商务服务业企业法人单位 229 个，从业人员 44713 人，分别比上年增长 18.04% 和 -5.64%。法人单位资产总计 2922.67 亿元，比上年增长 23.74%。营业收入 192.52 亿元，比上年下降 8.55%。其中，租赁企业法人单位资产总计 9.42 亿元，占 0.32%；商务服务业企业法人单位资产总计 2913.25 亿元，占 99.68%（商务服务业营收 186.23 亿元，上年同期 208.04 亿元）。

科学研究和技术服务业　2020 年末，规模以上科学研究和技术服务业企业法人单位 106 家，比上年增长 11.58%；从业人员 15928 人，比上年增长 5.6%。法人单位资产总计 113.26 亿元，比上年增长 13.02%。营业收入 109.78 亿元，比上年增长 24.92%。

水利、环境和公共设施管理业　2020 年末，规模以上水利、环境和公共设施管理业企业法人单位 12 个，比上年下降 14.29%；从业人员 3367 人，比上年增长 1.45%。法人单位资产总计 119.38 亿元，比上年增长 9.62%。营业收入 7.12 亿元，比上年下降 8.83%。

居民服务、修理和其他服务业　2020 年末，规模以上居民服务、修理和其他服务业企业法人单位 73 家，比上年增长 12.31%；从业人员 16589 人，比上年下降 0.26%。法人单位资产总计 10.4 亿元，比上年增长 0.03%。营业收入 16.96 亿元，比上年增长 6.87%。

教育 2020 年末，规模以上教育企业法人单位 18 家，比上年增长 125%；从业人员 5874 人，比上年增长 1.35%。法人单位资产总计 8.37 亿元，比上年增长 19.74%。营业收入 12.78 亿元，比上年下降 3.7%。

卫生和社会工作 2020 年末，规模以上卫生和社会工作企业法人单位 17 家，比上年增长 41.67%；从业人员 2413 人，比上年下降 4.7%。法人单位资产总计 10.93 亿元，比上年下降 11.07%。营业收入 7.42 亿元，比上年下降 14.71%。

文化、体育和娱乐业 2020 年末，规模以上文化、体育和娱乐业企业法人单位 54 家，比上年增长 1.89%；从业人员 2609 人，比上年增长 7.1%。法人单位资产总计 50.76 亿元，比上年下降 1.11%。营业收入 15.98 亿元，比上年下降 12.05%。

（杨依水）

福州软件园

【概况】 2020 年，福州软件园云集软件信息、光电芯片、新一代信息技术三大数字经济支柱产业，汇聚超 800 家企业，上市企业 9 家，产值超亿元企业 70 家，拟上市后备企业 26 家，发展后劲强劲，汇聚瑞芯微、联迪、榕基、福昕、福晶等一批数字经济产业细分领域领军企业。全年，园区总收入 1200 亿元，突破“千亿园区”目标，并蝉联“中国最具活力软件园”，入选第三批国家双创示范基地；获 2019 年度市级重点工业园区绩效考评第 2 名，比上年提升 3 个位次。

【项目建设】 2020 年，按照《福州高新技术产业园区（福州软件园）控规详细规划》，开展园区提升改造工作，拓展载体空间。加快推进 E 区 25 地块光电芯片产业基地项目建设，完成年度投资额约 5500 万元。推动 D 区软件信息产业基地项目、福晶科技二期 D 楼动工建设。

2020 年 10 月 12 日，福州软件园举办中国数谷数字嘉年华（福州软件园管委会 供）

【招商引资】 2020 年，福州软件园通过开展线上招商、平台招商、以商招商等举措，瞄准国内外数字龙头企业，推动数字经济领域的领军企业落户园区。全年引进字节跳动、阿里钉钉生态加速基地、新西兰绘梦集团等招商项目 63.5 项，总投资 65.39 亿元，在鼓楼区排名第一。

【创新驱动】 2020 年，福州软件园鼓励企业设立联合实验室、联合攻关中心、企业技术中心等机构，提高科技成果转化效率，拥有各类省级及以上重点实验室、企业技术中心、工程技术研究中心、新型研发机构等创新研发平台 43 个。完善创新配套，实施“众创空间—孵化器—加速器—园区”全链条、差异化的创新创业“苗圃计划”，以技术、资本、IP、人才、市场全方位服务企业，汇聚国家级、省级、市级众创空间和孵化器等创新创业载体 24 家次。2020 年，园区企业瑞芯微、福昕软件上市。

【营商环境】 2020 年，福州软件园创新服务模式，设立鼓楼区行政服务中心软件园分中心，提供证照联办、人社服务、人才服务等审批服务，服务事项由 81 项增加到 302 项，做到企业办事不出园区，进一步推动全程代办制。上线企业服务“一线处置”系统，进一步方便企业和员工诉求一键上报，满意率 100%。新增 5 条员工通勤快线、定制公交专线及园内摆渡车，方便员工出行。在第三届数字中国建设峰会召开期间，举办鲲鹏赛道年度总决赛、闽派数字精英大会、“数谷之夜”晚会 3 场数字嘉年华活动，提高园区知名度与影响力。

（叶敏英）

高新区洪山园

【概况】 2020 年，高新区洪山园结合“争当排头兵”赛道工作，推进招商引资、数字经济、特色小镇建设、服务企业等各项工作。全年新增投资额5000万元以上的互联网产业项目21个，总投资额14.96亿元。实现技工贸总收入500亿元，比上年增长16%。引进省、市、区重点平台经济项目“松果直播小镇”，项目计划投资10亿元。数字经济发展迅猛，汇川物联网入选福建省“独角兽”创新企业，福信富通等8家企业入选“瞪羚”创新企业。

【招商引资】 2020年，洪山园克服新冠肺炎疫情影响，通过线上招商、以商招商、联合招商等方式开展精准招商，提升招商实效。年内，新增互联网产业项目21个，总投资额14.96亿元；华润万象城TB、TC楼在招商阶段；欧力士、百纳在线等企业进场装修。全年上报服务业开工项目6个，均为战略新兴产业项目，总投资额超过11.5亿元；省级“五个一批”项目5个，总投资额超过7亿元；市重点项目2个，总投资额超过7.5亿元。

【数字经济】 2020年，洪山园数字经济产业发展迅猛，成长起一批重点企业。4月，福建省发改委、省数字办发布2020年度福建省数字经济领域创新企业，福建汇川物联网技术科技股份有限公司入选“独角兽”创新企业，是鼓楼区唯一入选的企业（全省3家）；福信富通、帝视科技、米客互联、天志股份、天闻教育、百城新能源、经纬测绘、星云大数据8家企业入选“瞪羚”创新企业。福信富通、君邦正业、百城新能源、众事达、米客互联、中康信息、星云大数据7家企业入选福州市平台企业。米客互联等6家企业入选福建省数字经济百项应用场景。

【“互联网+”小镇建设】 2020年，洪山园推进鼓楼金牛“互联网+”小镇建设，重点开展长春铺地块、华润TA栋写字楼、小镇形象提升等方面的建设，全年完成投资3.7亿元。其中，长春铺地块出让并由园区企业汇川物联网公司竞得，完成建筑工程方案设计；华润TA栋写字楼在主体工程建设阶段；小镇LOGO、视频、手册等完成设计和制作；完成小镇核心区金牛山互联网产业园、鼓楼科技大厦、鼓楼科技商务中心等提升改造设计。8月，在全市特色小镇创建典型经验交流会上，小镇创建经验被福州市发改委列为典型经验进行交流分享。

【政策服务】 2020年，洪山园落实鼓楼区服务企业“百十千”行动和“服务企业直通车”“一企一议”等工作机制，全年走访服务企业180多家次，收集企业各类问题100个，上报“一企一议”会议纪要66篇，其中上报福州市认定问题12个，解决12个。为5家直通车企业6名高管子女解决入学需求，为25家直通车企业89名高管申请体检服务。协助米客互联、汇川物联网等6家企业申报并兑现2019年省数字经济专项扶持资金1700多万元。为睿和科技、中康体检等10家企业兑现高新技术企业奖励金220万元；为帝视科技、经纬测绘等13名“双一流”高校毕业生兑现人才奖励金18万元。协助开展拟上市企业的培育和服务工作，汇川物联网6月向上交所报送科创板上市申请获受理，年底在接受上交所问询；省招标集团11月向深交所报送创业板上市申请获受理。

【新冠肺炎疫情防控】 2020年，洪山园为保障园区企业复工复产和疫情可防可控，开展企业员工入园管理，维护园区安全的生产环境，携手新东网科技公司，用时3天在金牛山互联网产业园构建智慧疫情防控系统，并迅速在线上收集186家企业逾6000名企业员工信息，实行一人一码、秒速扫码入园，实现智慧管控园区出入人员，有效开展相应的防疫措施和后续服务。宣传和落实市、区出台的疫情期间租金减免政策，为25家企业申请减免租金167万元，同时为园区企业提供信贷需求、防疫物资采购、返岗补贴、包车复工、核酸检测等多方面服务。

（李小军）

科学技术

【概况】 2020年，鼓楼区在集聚创新资源、提高科技综合实力等方面加大工作力度，推动鼓楼区经济社会发展走上创新驱动、内生增长的轨道，全方位推动高质量发展。

【高水平研发平台】 2020年，鼓楼区鼓励企业研发，支持企业创新，提升技术创新能力。年内，新增省级新型研发机构6家，进一步加强在信息技术、大数据、人工智能等重点领域的科技创新攻关力度。

【创新服务平台】 2020年，鼓楼区鼓励培育有实力的企业开展技术创新工作，推进创新平台建设，促进科技成果转化应用，加速先进科技成果与产业精准对接。年内，鼓楼区新增省级技术转移机构4家。

【创业孵化平台】 2020年，鼓楼区推进创业孵化体系建设，新增市级众创空间2家。福州软件园获批建设第三批国家级双创示范基地。

【科技投入】 2020年，区发改局指导企业开展2019年度研发（R&D）经费年报统计工作，加强与统计部门沟通协调，组织动员企业参加企业研发费用统计培训，指导企业进行填报。2019年企业研发经费投入23.05亿元，比上年增长15.3%，总量保持全市前列，占全市约14.9%。加大研发经费投入引导与扶持，发挥科技政策正向激励作用。

【科技计划项目】 2020年，区发改局鼓励有实力的企业开展技术创新工作，强化项目实施对科技创新的引领作用，鼓励指导辖区企业申报各类科技项目，全年新增省科技计划项目8项、市科技计划项目12项。

【高新技术企业】 2020年，区发改局联合市科技局开展高企培训会及高企认定申报材料辅导，开展高企申报工作。年内，276家企业通过国家高新技术企业认定，通过率91%，比上年增长23%。高新技术企业总数598家，居全市第一；新增省级高新技术企业209家，总数占全市的25%。

【科技小巨人企业】 2020年，鼓楼区加强科技小巨人企业培育工作，

2020年6月12日，鼓楼区发改局联合福州市科技局在金山科技企业孵化器开展第一批高新技术企业认定申报材料辅导会 （潘舒婷 摄）

2020年8月28日，鼓楼区科技活动周主场活动在黎明湖公园举办（潘舒婷 摄）

新增科技小巨人领军企业22家，总数139家，总数占全市的25%以上，总量连续5年保持全市第一。

【科技特派员】 2020年，鼓楼区探索推进符合实际情况的科技特派员工作模式。鼓楼区新增区级个人科技特派员16人，其中10人选任市级个人科技特派员，4人选任省级个人科技特派员；新增省、市、区级法人科技特派员1人；新增省、市、区级团队科技特派员2人。

【创新人才】 2020年，鼓楼区加强科技创新人才培育，鼓励企业培养、引进人才，新增1名国家科技重大专项、国家重点研发计划项目负责人，2名省级“创业之星”。

【科技宣传活动】 2020年，区发改局以“科技战疫 创新强国”为主题开展科技周宣传活动，通过科技战疫成果展示、普法宣传、专家义诊、科技产品展示等系列科技活动和科普宣传，向1个主会场、9个分会场普及各种科技知识，营造“爱科学、讲科学、学科学、用科学”社会氛围。

（潘舒婷）

教育

【概况】 2020年，鼓楼区属公立学校42所，其中区属公办幼儿园9所，小学27所，中学2所，特殊教育学校、区教师进修学校、区科艺宫、区青少年校外体育活动中心各1所。区属学校学生（幼儿园至中学）60478人，其中中学5047人，小学53440人，幼儿园1991人；开智学校174人。在编教师2474人，编外教师770人。在编教师中研究生及以上学历245人，占9.9%；本科学历1903人，占76.9%；高级教师177人，占7.2%；一级教师1184人，占47.9%。年内，普通高考报名5672人，编排普高考点6个。区教育局被评为“福州市疫情防控一线先进集体”。区教师进修校科教室被授予“福州市五一先锋号”称号。

【教育基础设施建设】 2020年，鼓楼区规划并实施中小学、幼儿园建设项目12个，年内完成投资3.32亿元，在建面积16.8万平方米。建成鼓二小教场分校、钱塘小学教育集团怡山校区、延安中学教育集团国光校区等，新增学位约3630个。

【学前教育】 2020年，鼓楼区发放政府购买普惠资金4494万元，惠及幼儿8854人。普惠性学额覆盖率93.45%；公办学额覆盖率55.71%。2020年，学前教育入园率98.94%。温泉幼儿园获得福州市“五一先锋号”称号。

【小学教育】 2020年8月，鼓楼区被教育部列为“基于教学改革、融合信息技术的新型教与学模式实验区”（国家级信息化教学实验区）；12月，被教育部列为基础教育优秀教学成果推广应用国家级示范区。2月10日起，创新开展新冠肺炎疫情期间鼓楼区“空中课堂”活动，组织全区名优骨干教师免费提供18周1600多节优质在线课程，视频点击量逾1945万次，收看人数565万人次，惠及福州地区和甘肃岷县等帮扶地区学生，115节优秀课程资源被推荐上“学习强国”平台。鼓楼区“空中课堂”入选教育部“线上教学优秀案例”，被中央电化教育馆向全国推荐，《人民日报》、新华社等多次报道，省委改革办刊文推广“鼓楼经验”。3篇案例被评为2020年度全国基础教育优秀工作案例。

【中学教育】 2020年，延安中学中考优秀率68.08%，平均分570分，连续17年取得市区公立学校第一名；高中会考各科合格率99%；高考本一上线15人，文史理工类本科上线率71%，艺术类本科上线率100%，专科上线率100%。杨桥中学中考优秀率57.35%，平均分537.5分，名列全市公立校第四名，连续四年进位；中考全科合格率88.2%，单科合格率85.3%。延安中学、杨桥中学获初中教学质量综合效益优胜奖，杨桥中学连续四届获初中教学质量进步奖。区教育局被市教育局评为区县初中教学质量综合效益优胜单位。

【教育信息化】 2020年，鼓楼区投资1000多万元，建成鼓楼教育城域网；进一步完善鼓楼区教育资源公共服务平台、鼓楼区教育质量监测系统功能，依托钉钉技术搭建鼓楼教育管理应用平台，初步实现多应用的统一管理；获评国家级信息化实验区、国家级成果应用推广示范区、省级基础教育改革实验区，启动融合信息技术学科教学研究。新增第二批福州市智慧校园试点校10所，获评首批福州市智慧校园示范校5所。在福建省及福州市第十六届信息化成果“三优联评”活动中，获一等奖10个、二等奖16个、三等奖20个。

2020年10月16日，“先锋引领，争做新时代好少年——福州市‘10·13’建队日主题活动暨鼓楼区少先队风采展示活动”在井大小学主会场举行　（团区委 供）

【体艺工作】 2020年，鼓楼区击剑代表队参加福州市第二十五届运动会，个人加团体赛获7枚金牌、4枚银牌、2枚铜牌；参加福建省青少年俱乐部冠军总决赛，获6枚金牌、1枚银牌、5枚铜牌。花园小学、林则徐小学在福建省中小学生（少儿）戏剧展演中获一等奖。鼓楼第二中心小学教场分校在福州市合唱比赛中获一等奖。

【德育工作】 2020年新冠肺炎疫情期间，鼓楼区每周在“空中课堂”开设“空中思政微课堂”，邀请20名各行各业的先锋人物做客，将疫情防控作为爱国主义教育的主战场。年内，“空中课堂”被中央电教馆评为最佳教学案例。开展思政工作队伍培训，组织2场“思政大讲坛”专题培训、2场班主任专题培训和1场少先队辅导员专题培训。开展区第六届十佳班主任评选工作。编写《少先队活动辅导员用书》（低、中、高3册），为辅导员教学、少先队员学习提供优质教案、教材。开展福州市“10·13”建队日活动暨鼓楼区少先队风采展示。打造少先队品牌活动“红领巾亲子营”，完善家校社协同育人机制。探索区域劳动教育特色模式，编写并出版有声读本《勤劳动 乐成长》，6所区属学校获福建省中小学劳动教育特色项目。组织开展鼓楼区未成年人第七届劳动技能大赛，评选1000多名劳动小能手，形成劳动教育“一校一特色、一区一品牌”。开展日常德育工作和主题教育，深化好习惯教育活动，推进垃圾分类宣传教育。组织“闽都风 星火扬”鼓楼区中小学生助力2020年第四十四届世界遗产大会非物质文化遗产进校园启动仪式和非遗研学抖音大赛。在第五届全国学生“学宪法 讲宪法”活动中，钱塘小学学生郭昊杨获国赛、省赛一等奖。

【民办教育】 2020年，区教育局完成268家民办教育机构年检工作。辖区有民办中学5所（立志中学、三牧中学、西湖国际学校、文博中学、黎明中学），学生6494人；民办小学1所（黎明实验小学），学生986人（含西湖国际学校小学部）；民办幼儿园54所，学生12800人。

【社区教育】 2020年，鼓楼区社区学院东大社区分校被评为省级示范性社区（老年）学校（学习中心）；兴业银行融侨锦江分行余辛宁被评为省级“百姓学习之星”。鼓楼区社区学院推出的“月公益、越公益”系列惠民活动成为鼓楼区社区学院公益活动品牌，每月根据时令季节、传统节日等安排不同主题的公益惠民活动。4月，开展“十里春风酿桃花果酒DIY”“以手造物，解压戳戳绣DIY”“龙舟DIY”“草帽DIY”“尤克里里创意涂鸦亲子DIY”“冬日甜心蛋糕DIY”等7场“月公益 越公益”惠民活动。

【特殊教育】 2020年，开智学校获评全国残疾人体育先进单位；由福建师范大学体科院主持、开智学校联合参与的教育部课题“中度智力障碍学生基本动作技能的评价工具的研制信效度检验”，通过教育部专家评审，获准立项；开智学校与福师大体科院Bridge服务队开展为期8周的特奥线上融合足球、篮球训练营；疫情期间，开展“停课不停学”教学活动；开智学校与梅峰小学开展随班就读巡回指导工作，为普通小学中随班就读的特殊儿童提供适合的教育；开展送教上门活动；开智学校与福建师范大学、福建中医药大学、福建医科大学等高校及社区开展“大手拉小手，我们一起走”志愿者活动，为特殊儿童营造良好的融入社会实践环境。

【教师管理】 2020年5月20日，发布《鼓楼区深入推进中小学教师“区管校聘”管理体制改革的实施方案（试行）》，为教师合理交流轮岗提供制度保障，促进师资均衡配置，进一步实现教育公平。开展师德师风教育活动，在全区教师中评选10名鼓楼区第五届师德之星和20名第六届鼓楼名师，倡导良好师德风范。创新教师队伍补充机制，在编制许可情况下，通过招聘2名省外高校研究生、3名公费师范生、12名编外转编教师、2名新任教师，补充教师队伍。完成职称评聘工作，新增1名正高级教师，20名高级教师，51名一级教师。

【教师获奖】 2020年，旗汛口幼儿园欧林铃、延安中学蔡琤、鼓一小王国韬、鼓二小金亮、杨桥中学黄村玲获福建省优秀教师称号。在福州市第十六届“三优联评”活动中，鼓楼区报送作品50件，获一等奖8个、二等奖13个、三等奖17个，获奖率76%，鼓楼区教师进修学校获市级优秀组织奖。在福州市幼儿园优秀游戏案例评选中，鼓楼区获一等奖2篇、二等奖3篇、三等奖2篇。鼓楼区47名教师在福州市中小学、幼儿园、特教教师教学技能大赛中获奖，其中特等奖5人、一等奖4人、二等奖20人、三等奖18人。鼓楼区34名教师在福州市中小学作业设计评选中获奖，其中一等奖9人、二等奖16人、三等奖9人。在2020年省、市“一师一优课，一课一名师”评选活动中，鼓楼区获市级优课11节、省级优课5节。

【教育督导】 2020年，鼓楼区为辖区内各级各类幼儿园配备22名责任督学，实现责任督学从幼儿园至高中学校全覆盖，完成辖区五年办园行为督导评估。鼓楼区作为福建省义务教育质量监测样本区，有24所省、市属中小学校被抽中参加省质检，得到省、市好评。巩固控辍保学工作成果，项目化管理，精准摸底跟踪，动态排查监管，坚持一日一报、一月一核，同时开展送教上门等服务。接省、市控辍保学台账113人任务后，会同相关街镇、职能部门组织排查，实现“动态清零”，完成任务。鼓楼区符合建立校园督导室条件的31所学校均按照要求建立学校督导室，配备专职责任督学。汇编2020年督导案例，1篇责任督学案例获省级一等奖，并为福州市唯一入选国家级督导办案例汇编的案例。

【教育扶贫】 2020年，鼓楼区选派19名教师到甘肃岷县、宁夏、新疆、长乐等多地支教。接收岷县、松溪、罗源等地约50名教师到鼓楼区跟岗学习，安排优秀教师帮带跟岗教师从课堂教学、班级管理、信息化能力提升等各方面予以指导、帮助。鼓楼区学校与岷县、宁夏、宁德下党、南平松溪、罗源等地区近50所学校建立结对帮扶关系，在学校管理、研讨等各方面开展线上交流。年内开展图书捐赠、书信联络、手拉手交友等爱心活动，教育系统扶贫（定西）消费434.77万元。

（俞杨霖）

文化

【概况】 2020年，鼓楼区文体旅局依托辖区公共文化场所资源，开展“家在鼓楼 年年高”春节迎新演出、“步步登瀛 独占鳌头”状元道开街仪式、“弦管秋话”南音分享沙龙启动仪式、“非遗传承 健康生活”——文化和自然遗产日等百场群众性文化活动。10月，区博物馆、区数字图书馆挂牌为“鼓楼区社会科学普及基地”。年内新增市级非遗项目4个，区级非遗项目9个。

【文化场所与设施】 2020年，鼓楼区有区级文化馆、博物馆、数字图书馆、福州市历史文化名城展示馆（镇海楼）、高士其故居、林纾故居、11个24小时自助图书点等公共文化基础设施。全区10个街镇综合文化站全部建成并达到二级以上标准，69个社区文化普及服务站全面建成投用并开展日常活动，每周免费开放时间逾40小时。

文化馆 全年接待游客5.32万人次，接待未成年人3425人次。受新冠肺炎疫情影响，年内文化馆开设为期60天线上微课堂，设置舞蹈、绘画、书法、雕塑等九大门类，开设线上公益课堂200余节，3000余人观看。杨弋夫名师堂面向社会音乐爱好者举办12场线下公益讲座培训，吸引1850人次到馆学习、交流。书画室全年免费对外开放，接待1.15万人次参观。

非遗互动体验厅 鼓楼区非物质文化遗产互动体验厅设静态展示区、互动表演区和动态表演区，展示鼓楼区各级别、各种类非遗项目展品200余件。丰富充实展品，邀请福建艺术职业学院退休乐器工程师、乐器收藏家陈恭，国家级非物质文化遗产建盏传承人詹桂溪，省级非物质文化遗产同利肉燕的传承人陈君凡等人征集展陈品，征得展品170余件。全年接待游客1.02万人次，讲解300场次，接待未成年人2270人次。

博物馆 鼓楼区博物馆统筹管理镇海楼、福州历史文化名城展示馆、福州温泉博物馆、高士其故居、林纾故居、仁寿堂等单位的免费开放工作。区博物馆及其下属场馆全年开设固定展陈5组、临时展览2组，接待游客约5.4万人次。开展“移动展板进校园”活动2场。迎接第四十四届世界遗产大会，加强文化遗产保护管理工作，鼓楼区博物馆在镇海楼2、3楼建设福

2020年12月2日，鼓楼区博物馆在茶园山小学开展“移动展板进校园”活动

（周梦扬 摄）

州古厝展示馆。10月，区博物馆获“鼓楼区社会科学普及基地”挂牌；区博物馆讲解员参加第二届福州市幸福导游员大赛，获第一名及第六名。

区数字图书馆 2020年，区图书馆采购纸质图书8351册，场馆藏书2.51万册上架供读者借阅。与福州市图书馆合作，采用总分馆形式共享数据资源，按照福建公共图书馆图书通借通还相关参数标准规范执行图书馆借阅规则。全年到馆读者2.57万人次，文献借还5276册次。开展“4·23”世界读书日、流动图书下基层等活动8场，文化志愿者服务10余场，参与文化志愿者服务60多人次。11月，与闽江学院海峡学院签订《青年志愿服务基地共建协议》，与福建生物工程职业技术学院建立长期合作关系。支持鼓励辖区家庭、校园、军营、社区、机关单位参与福建省全民阅读“七进”（进农村、进社区、进校园、进军营、进企业、进机关、进家庭）示范推荐点评选，区数字图书馆被授予“鼓楼区社会科学普及基地”称号。

【群众性文化活动】 2020年，鼓楼区举办各类文艺演出、主题活动、讲座培训等57场。

【文艺作品获奖】 2020年，区文化馆选送舞蹈、音乐等方面人才和优秀作品参加各级文艺比赛，其中选送15个团队、3名选手参加市级及以上比赛，取得3枚金牌、6枚银牌、1枚铜牌和7个优秀奖。

2020年鼓楼区博物馆临时展览情况表

表34

时间	展览内容	活动地点
1月1日至2月29日	“华侨旗帜 民族光辉”百国百侨百物展	福州温泉博物馆
8月17日至12月31日	道德模范和抗疫先进典型专题展	福州温泉博物馆

2020年鼓楼区群众性文化活动一览表

表35

序号	时间	活动名称	活动地点
1	1月1日	黎明湖公园开园仪式	黎明湖公园
2	1月1日	2020年“诗书传千古，国文耀万方”——非遗文化游园会	镇海楼
3	1月2日	第二课堂主题活动：美丽的服装	镇海楼
4	1月10日	“翰墨飘香送春联文化惠民进社区”活动	高士其故居
5	1月16日	“家在鼓楼 年年高”新春慰问活动	冠亚广场
6	1月20日	“家在鼓楼 春满古厝”——2020年福州市“我们的节日 春节”主题活动鼓楼区专场	高士其故居
7	1月20日	“家在鼓楼 春满古厝”——2020年福州市“我们的节日 春节”主题活动鼓楼区专场	李世甲故居
8	1月21日	秘书巷开街仪式	秘书巷
9	1月22日	新春文化旅游月	鳌峰坊
10	2月19日	居家防疫运动	线上举办

续表 35

序号	时间	活动名称	活动地点
11	2 月 20 日	60 天的免费公益“微课堂”	线上举办
12	5 月 18 日	“品味闽都文化 相约文薮鼓楼”“5·18”古厝宣传片和有奖知识问答	线上举办
13	5 月 20 日	“探商圈首店、访千年坊巷”商旅文融合直播活动	线上举办
14	6 月 13 日	“弘扬文化遗产，走进幸福鼓楼”“6·13”有奖知识问答	线上举办
15	6 月 13 日	“非遗传承 健康生活”——文化和自然遗产日	鼓楼区文化馆
16	6 月 20 日	第六届少儿故事大王视频比赛	鼓楼区文化馆
17	7 月 1 日	十二届福州市少儿故事大王视频比赛（决赛）	福州市群众艺术馆
18	7 月 5 日	步步登瀛 独占鳌头——状元道开街仪式	状元道
19	7 月 21 日	第十六届福建省少儿讲故事大王比赛	福建省艺术馆
20	8 月 7 日	凝心聚力 携手前行——福建省文化馆志愿者联盟抗疫专场演出	百姓大舞台
21	8 月 15 日	第五届少儿歌手视频大赛	鼓楼区文化馆
22	8 月 21 日	“祖国在我心中”2020 年福州市少儿歌手视频大赛	福州市群众艺术馆
23	8 月 25 日	“非遗传承 爱在七夕”——文化艺术节	南街街道灵响社区文化站
24	9 月 1 日	“纪念抗战胜利 弘扬高士其精神”爱国主义教育活动	高士其故居
25	9 月 25 日	家在鼓楼 福满中秋——“我们的节日·中秋节”主题活动	黎明湖公园
26	9 月 28 日	“家在鼓楼 红色小广播”周年庆典暨迎中秋庆国庆系列活动	光禄吟台
27	10 月 3 日	中国画·戏曲——创作与欣赏分享会	集贤宾艺文古厝
28	10 月 17 日	社会科学普及宣传周活动启动仪式	西湖公园晨曦广场
29	10 月 20 日	重阳 孝沁感恩——2020 年福州市“我们的节日 重阳节”主题鼓楼区专场	冠亚广场
30	10 月 23 日	《风·雅·颂》古典雅集	集贤宾艺文古厝
31	10 月 25 日	弦管秋话——南音分享沙龙	集贤宾艺文古厝
32	10 月 27 日	我想和世界慢慢相爱——色彩美学公益分享会	集贤宾艺文古厝
33	11 月 6 日	菊黄蟹肥酒香——古乐雅集	集贤宾艺文古厝
34	11 月 8 日	菊黄蟹肥酒香——古乐雅集	集贤宾艺文古厝
35	11 月 21 日	我想和世界慢慢相爱公益分享会——中国古琴音乐的文人思维和意象观照	集贤宾艺文古厝
36	11 月 22 日	我想和世界慢慢相爱公益分享会——文学密码里的生死爱欲，培养纯正的文学趣味	集贤宾艺文古厝
37	12 月 1 日	福州八音走进则徐小学	则徐小学
38	12 月 1 日	展板进校园走进湖前小学	湖前小学
39	12 月 2 日	展板进校园走进茶园山小学	茶园山小学
40	12 月 5 日	我愿结识天下人——百家洪家茶公益分享会	集贤宾艺文古厝
41	12 月 5 日	第十四届福建音乐舞蹈节颁奖晚会	福建大剧院
42	12 月 5 日	2020 年福建省“运动健身进万家”系列赛事活动社区体育嘉年华（鼓东街道站）暨“12·5”国际志愿者日活动	恒力城广场
43	12 月 6 日	我想和世界慢慢相爱公益分享会——文人品酒 醉梦家山	集贤宾艺文古厝
44	12 月 8 日	方声洞故居开馆仪式	九彩巷方声洞故居
45	12 月 9 日	流动图书车系列活动——“进校园”鼓楼区温泉小学	温泉小学
46	12 月 11 日	“学习宣传贯彻党的十九届五中全会精神”系列文艺演出——第十四届福建省音乐舞蹈节福州市优秀节目展演	飞凤山公园
47	12 月 12 日	“我想和世界慢慢相爱”——诵读诗书温暖我们诗意生活	集贤宾艺文古厝

续表 35

序号	时间	活动名称	活动地点
48	12 月 14 日	新三山提线木偶戏走进福州市达明小学	达明小学
49	12 月 17 日	我想和世界慢慢相爱——妙音乐坊国风音乐会	集贤宾艺文古厝
50	12 月 18 日	观赏金鱼走进达明小学	达明小学
51	12 月 18 日	流动图书车系列活动——“进校园”鼓楼区华侨小学	华侨小学
52	12 月 19 日	第十四届福建音乐舞蹈节福州市优秀节目展演	九日台音乐厅
53	12 月 24 日	集贤戏聚	集贤宾艺文古厝
54	12 月 25 日	闽剧走进鼓楼第一中心小学	鼓楼第一中心小学
55	12 月 25 日	第十四届福建音乐舞蹈节优秀节目惠民演出	百姓大舞台
56	12 月 27 日	2021 新年音乐会暨第二十一届新福州人歌手大赛颁奖晚会	九日台音乐厅
57	12 月 30 日	三坊七巷夜色经济体验示范街区开街活动	大洋百货前广场

2020 年鼓楼区文艺作品参加市级及以上比赛获奖情况表

表 36

时间	赛事名称	举办单位	参赛作品 / 参赛人	获得奖项
9 月 18 日	第十四届福建省音乐舞蹈节福州赛区选拔赛	福州市文化体育和旅游局	《巴赫恰空舞曲》	金奖
			《丝绸之路》	
			《我幸福，我生在中国》	银奖
			《绿叶之歌》	
			《行吟坊巷》	
			《娄山关》	
			《多想成为你的战友》	
			《掌中》	铜奖
			《威尼斯狂欢节》	优秀奖
			《一炷清香》	
			《戏梦》	
			《山村迎亲人》	
			《渔舟唱晚》	
			《军人本色》	
			《归》	
12 月 5 日	第十四届福建省音乐舞蹈节决赛	福建省文化和旅游厅	《巴赫恰空舞曲》	金奖
12 月 27 日	第二十一届新福州人歌手大赛	福州市文化体育和旅游局	王诗芬	银奖

【非物质文化遗产】 2020 年，鼓楼区有非物质文化遗产项目 9 个大类 60 项，其中入选国家级 1 项、省级 15 项、市级 17 项、区级 27 项；非遗项目传承人 53 人，其中国家级 1 人、省级 16 人、市级 13 人(其中 1 人为 2 个项目传承人)、区级 23 人(其中 1 人为 2 个项目传承人)，均不包括已故传承人；非遗传承基地 7 个，其中市级 1 个、区级 6 个。

年内新增第五批区级非遗项目 13 项：新三山提线木偶戏、赵堡太极拳、福州观赏金鱼培育技艺、传统旗袍盘扣手工制作技艺、福州花巷肉松制作技艺、香舍手工制香技艺、福州大坂派木雕技艺、福州角梳制作技艺（鼓楼）、台湾铜门刀制作技艺、手工彩绘玻璃、元帅庙斗堂技艺、中秋摆塔习俗、青霜露陈氏烧伤创伤治疗法。其中，赵堡太极拳、福州观赏金鱼培育技艺、福州花巷肉松制作技艺、福州角梳制作技艺（鼓楼）4 项成功申报福州市第六批非物质文化遗产。区文化馆组织非遗项目进校园活动 4 场，分别是 12 月 1 日福州方言八音进则徐小学、12 月 14 日提线木偶戏进达明小学、12 月 18 日观赏金鱼进达明小学、12 月 25 日闽剧进鼓楼第一中心小学。

2020年1月2日，鼓楼区第二课堂主题活动：美丽的服装——“古厝里的萌娃秀”在镇海楼举办（周梦扬 摄）

【文化市场】 2020年，鼓楼区有娱乐场所59家、文艺表演团体11家、网吧21家、演出场所经营单位1家、印刷企业（其他印刷品及包装装潢企业）13家、出版物零售单位209家。

文化市场行政审批　区文体旅局全年受理审批事项175件，其中新申请经营性公共游泳场所审批14件，新申请许可证载明事项发生变更、改建、扩建、整改后开放申请（公共游泳场所）6件，新申请设置卫星地面接收设施、接收境外电视节目审批、接收卫星传送境外电视节目许可证变更、年度核验、延续4件，新申请不可移动文物认定2件，新申请电视剧制作许可证（乙种）核发审批2件，新申请歌舞娱乐场所设立审批6件，新申请歌舞娱乐场所“娱乐经营许可证”延续、注销、补证21件，新申请歌舞娱乐场所变更审批9件，新申请举办营业性演出审批99件，新申请文艺表演团体变更审批3件，新申请文艺表演团体“营业性演出许可证”延续、注销、补证4件，新申请文艺表演团体设立审批3件，新申请互联网上网服务营业场所变更审批2件。

文化市场综合执法　全年行政处罚11起，其中文化类7起，出版、版权类4起，组织出动执法人员712人次，罚款11.7万元，没收违法所得178.01元，收缴非法出版物6本（册），没收侵权复制品（U盘）1个。受理省市交办、办公电话、“12345”文化市场（市政府）热线等各类举报、投诉案件204起，开展文化市场综合执法业务交流10场次。

扫黑除恶专项行动　召开文化市场“扫黑除恶”部署会7次，在文化市场发放宣传材料、宣传折页近5100份，在网吧电脑桌面设置宣传海报，全年开展摸排整治工作950余家次。

【文物保护修缮】 2020年，鼓楼区有全国重点文物保护单位7处26个点，省级文物保护单位25处，市级文物保护单位30处，市政府挂牌保护的名人故居7处，区级文物保护单位15处，尚未列入文物保护单位的不可移动文物247处。其中，已公布为文物保护单位的古厝民居60个，未定级别的古厝建筑176个。

古厝长制　在全省率先推行“古厝长制”，并制定下发《鼓楼区全面推行古厝长制实施方案》。古厝长制推广实施接入“鼓楼数字古厝”宣传平台，实现古厝管理、巡查、反馈系统化、数字化操作，并逐渐完善平台系统建设。

“文物守护认领”新模式　启动建立文物保护志愿者联盟，面向社会招募文物保护志愿者。至年底，招募鼓楼区文物守护志愿者560余人（包括企业和家庭），认领未定级文物150处。举办“听鼓楼·说古厝”等文物保护志愿者专业培训指导讲座10场，开展文物巡查836人次。

文物保护互联网＋　开发上线运营全功能古厝保护数字化平台——“鼓楼数字古厝”数字平台，是全国首个AI古厝有声地图、全国首个古厝游览导览系统。利用互联网＋及数字化手段开展古厝保护宣传工作，运用高科技手段结合有声方式，将全区各级文物保护单位中的古厝民居部分予以展示宣传。该平台提供鼓楼文物及古厝介绍、美景直播、VR古厝展示、活动发布、工艺介绍、游览推荐、语音讲解、地图导航、新闻发布等服务。

鳌峰坊特色历史文化街区专项工作　开设“鳌峰讲座”系列课堂48场，举办王羲之《兰亭序》、福州评话等特色专题讲座，开展各类文化主题活动47场，包括“家在鼓楼·春满古厝”、“爱在鼓楼”520区长直播 访千年坊巷、“步步登瀛，独占鳌头”状元道开街、夜读·鳌峰——文化集市、鼓楼区红领巾志愿者课堂、“中秋佳节·我为旗袍代言”、中秋琴茶会·非遗项目展示等。开展街区业态提升工作，推进街区内24处房产招商工作，其中23间确认招商业态，项目包括艺术书吧、花艺、文创设计等类型；暂空置1处。

高士其故居改造提升和李世甲故居陈列布展　在“高士其生平与著作展”基础上，对高士其故居进行整体包装内涵升华，打造成街区特色科普展示馆和青少年课外活动基地，全年接受视察调研工作30余次、约480人次，举办各类文化主题活动29场次、约750人次参加。李世甲故居提升改造成街区综合展馆，其中“李世甲生平事迹展”和“状元文物展”作为艺术馆长期固定展览内容，另结合当代综合城市展厅功能，创建不同类型艺术展览、公益讲座、文化沙龙等活动，全年接受视察调研工作20余次、约320人次，举办各类文化主题活动56场次、1023人次参加。

【广播电视】 2020年，区文体旅局协调福建广电网络鼓楼分公司加强对辖区广播电视安全播出监管，配合上级主管部门开展打击治理“黑广播”违法犯罪专项行动，落实日常广播监听制度，在辖区星级酒店开展“非法接收卫星电视设施”专项整治活动。加强卫星电视广播地面接收设施管理，开展“私拉卫星锅”监管和“无小耳朵”创建活动；加强广电设施安全监管，对辖区广电设施可能存在的安全隐患问题，按照“一线报到、一线处置”工作机制，及时协调广电网络公司专业人员现场处置，消除安全隐患。

2020年鼓楼区广播电视类行政审批服务事项清单

表37

序号	事项名称	序号	事项名称
1	县级广播电台、电视台变更节目设置范围县级初审	25	接收卫星传送的境内电视节目许可证县级初审
2	县级广播电台、电视台变更节目套数县级初审	26	接收卫星传送的境内电视节目许可证注销县级初审
3	县级广播电台、电视台变更台名县级初审	27	广播电台、电视台合并县级初审
4	有线广播电视站设立县级初审	28	广播电台、电视台续办县级初审
5	跨省（市）经营广播电视节目传送（无线）业务申请县级初审	29	广播电台、电视台终止县级初审
6	开办频率频道县级初审	30	广播电台、电视台暂时停止播出县级初审
7	区域性有线广播电视传输覆盖网总体规划、建设方案县级初审	31	区域性有线广播电视传输覆盖网工程验收县级初审
8	省级行政区域内经营广播电视节目传送业务（无线方式）申请县级初审	32	播音员主持人证延续注册县级初审
9	省级行政区域内经营广播电视节目传送业务（有线方式）申请县级初审	33	播音员主持人证首次注册县级初审
10	广播电台、电视台设立县级初审	34	换、补领播音员主持人证县级初审
11	广播电台、电视台变更传输方式、技术参数县级初审	35	播音员主持人证变更单位注册县级初审
12	无线广播电视发射设备（不含小功率无线广播电视发射设备）订购证明核发县级初审	36	广播电视视频点播业务许可证（甲种）载明事项变更县级初审
13	小功率的无线广播电视发射设备订购证明县级初审	37	广播电视视频点播业务许可证（甲种）续办县级初审
14	广播电视视频点播业务许可证（甲种）申请县级初审	38	广播电视视频点播业务许可证（甲种）注销县级初审
15	广播电视视频点播业务许可证（乙种）申请县级初审	39	广播电视视频点播业务许可证（乙种）载明事项变更县级初审
16	广播电视设施迁建县级初审	40	广播电视视频点播业务许可证（乙种）续办县级初审
17	省域服务区的卫星地面接收设施安装服务许可证载明事项变更县级初审	41	广播电视视频点播业务许可证（乙种）注销县级初审
18	省域服务区的卫星地面接收设施安装服务许可证申请县级初审	42	省域服务区的卫星地面接收设施安装服务许可证注销县级初审
19	县域服务区的卫星地面接收设施安装服务许可证载明事项变更县级初审	43	县域服务区的卫星地面接收设施安装服务许可证注销县级初审
20	县域服务区的卫星地面接收设施安装服务许可证申请县级初审	44	省级行政区域内经营广播电视节目传送业务（有线方式）变更县级初审
21	接收卫星传送的境外电视节目许可证变更县级初审	45	省级行政区域内经营广播电视节目传送业务（有线方式）终止县级初审
22	接收卫星传送的境外电视节目许可证注销县级初审	46	广播电视频率使用许可证（甲类）县级初审
23	接收卫星传送的境外电视节目许可证县级初审	47	广播电视频率使用许可证（乙类）县级初审
24	接收卫星传送的境内电视节目许可证变更县级初审		

体育

【概况】 2020年，鼓楼区继续建立具有鼓楼特色的全民健身公共服务体系，提升辖区群众体育工作水平和幸福指数，举办区第十五届全民健身运动会、企业运动会等体育赛事；打造“10分钟健身圈”，新建10条健身路径、1个社区室内健身房、1个智能驿站、5套纳凉点轨道棋。在福州市第二十五届运动会中，鼓楼区少体校各项目运动员获29枚金牌、62枚银牌、30枚铜牌。

2020年10月29日，鼓楼区第十五届全民健身运动会暨第二届企业运动会三对三篮球赛在爱家微运动中心举行 （陈小云 摄）

【群众体育】 企业运动会 2020年10月27—30日，鼓楼区举办企业运动会，设拔河、三人篮球、乒乓球、羽毛球和升级赛，10个街镇176支企业队伍参赛。

老年体育 1月1日，组队参加2020年全国新年登高健身大会（福州站）活动。1月12日，组队参加2020年全国徒步大会开幕式暨福建·福州“红红火火过大年”第十五届万人健步行活动。

区第十五届全民健身运动会 举办2020年鼓楼区第十五届全民健身运动会，设羽毛球、拔河、三人篮球、乒乓球、升级赛、少儿足球邀请赛、围棋精英赛、象棋精英赛等10个项目，近2000人参赛。

参加福州市第二十五届运动会 组队参加福州市第二十五届运动会群众组羽毛球、笼式足球、三人篮球、乒乓球、气排球、门球、广场舞、定向越野、龙舟9个项目比赛，获群众组团体总分一等奖。

2020年10月29日，鼓楼区第十五届全民健身运动会暨第二届企业运动会拔河赛在区委大院举办 （谢赞星 摄）

体育培训 8月3—4日，区文体旅局举办广场舞暨三级社会体育指导员培训班，30名骨干参加培训。

【竞技体育】 2020年，区少体校组队参加福州市第二十五届运动会，参与青少年组田径、游泳、篮球、排球、羽毛球、网球、击剑、跆拳道、摔跤和围棋10个项目比赛，参赛运动员259人，总得分1386.7分，位居全市第六名，获29枚金牌、62枚银牌、30枚铜牌，获青少年组团体总分三等奖。

【体育设施】 2020年，鼓楼区新建10条健身路径（25个点、120件）、1个社区室内健身房、1个智能驿站、5套纳凉点轨道棋。至年底，鼓楼区自建体育设施有健身路径471个、城市社区多功能运动场4个、小型运动场18个、室内健身房8个、青少年校外活动场所3个（街道负责建设）、青少年校外活动中心1个、西河智慧体育公园1个。

【国民体质监测】 2020年，国家体育总局指定仍由鼓楼区温泉幼儿园、五凤街道、区委区直机关工委、区老体协提供监测人员，于8月18—19日在区青少年校外活动中心进行国民体质监测，监测样本408份。

【体育行业复工复产】 2020年，区文体旅局加强对体育行业新冠肺炎疫情防控工作指导，有序推进鼓楼区体育场所复工，制定《鼓楼区体育行业复工复产指导方案》，下发各街镇及辖区体育场馆。结合疫情调整对辖区体育场馆的管理，疫情严重时要求所有场馆闭馆；危险期过后帮助企业进行复工复产，实地查看指导体育场馆有序开放，做好疫情防控工作。

【政府购买服务项目】 2020年，区文体旅局加强对健身设施管理，对2002—2020年建有的469个健身路径点列入固定资产管理调拨到各街镇，要求各街镇对健身器材加强管理，及时报修，统一由舒华体育器材公司进行维修维护。

旅游

【概况】 2020年，鼓楼区有国家A级旅游景区4个，其中国家AAAAA级旅游景区1个（三坊七巷），国家AAAA级旅游景区1个（于山风景区），国家AAA级旅游景区2个（源脉温泉园、福道）。全区有旅行社81家，分社23家，营业网点98个，星级饭店16家。全年旅游接待总人次2051.62万人次，旅游总收入265.74亿元。

【旅游基础设施】 2020年，区文体旅局推动福道AAAA级景区创建，完成福道夜间照明和永久供电系统的安装项目、智能化系统项目（包括监控、广播、森林防火、对讲、入口显示屏等），监控中心设置在梅峰山地公园游客服务中心2楼，智能化系统包含180个监控探头、10个森林火灾探头、120个应急广播、121个一键报警按钮、福道7个出入口及休息亭内16处智能显示屏，公园外部交通标识完成安装。

推动屏山公园（镇海楼）AAA级景区创建，全面提升标识标牌及景区导览系统，编制完成屏山公园（镇海楼）旅游景区总体规划，建成游客服务中心，完善设施设备。

推动福山郊野公园AAA级景区创建，实现公园一、二期全面对接联通，建设生态公园约200公顷，步道总长约20千米（其中主轴线15千米），主要大型出入口7处。

【旅游资源开发】 *全域生态旅游示范区创建* 2020年，区文体旅局挖掘鼓楼旅游资源，强化“一核、两区、三带、四集群”旅游发展格局，开展“争当排头兵——旅游示范创建”赛道竞赛工作，打造生态旅游、人文旅游、智慧旅游目的地。11月，鼓楼区以全省第一名的成绩获评省级全域生态旅游示范区。

商旅文融合发展 推动三坊七巷—朱紫坊旅游集聚区、冶山历史文化风貌区和鳌峰坊特色历史文化街区等重大旅游项目建设。推进“旅游+商贸”融合发展，福建中景文化旅游产业有限公司、福建康途商旅有限公司等6个项目落地，注册资金3.6亿元。承办“左海论谈”新文旅分论谈，促进消费提档升级，推动新冠肺炎疫情后文旅市场复苏振兴，激发三坊七巷、朱紫坊、达明美食街区夜色经济。

品牌影响力提升 启动“大美鼓楼·四季坊巷”周周游系列活动，推出52条漫步坊巷旅游线路，打响独具鼓楼特色的“闽都文化游、生态休闲游、温泉康体游”三大品牌。发挥传统媒体、新兴媒体作用，加大旅游营销力度。

【旅游企业】 2020年，鼓楼区有旅行社81家，分社23家，营业网点98个。星级饭店16家，其中五星级4家、四星级9家、三星级3家。

【旅游服务】 2020年，区旅发中心继续开展旅游投诉平台“12345”“12315”“12301”投诉处理工作，投诉回复率及游客满意率均达100%。开展旅游专项资金申报及兑现工作，根据《关于印发推动鼓楼区新一轮经济创新发展十二项政策的通知》文件精神，持续协助街镇向企业兑现营收奖励。

【宣传推介】 *旅游宣传活动* 2020

2020年5月1日，“大美鼓楼·四季坊巷”周周游系列活动启动，图为首发团的20名市民游客在全国最美导游黄玉麟带领下，游览福州中山纪念堂

（区文体旅局 供）

2020 年鼓楼区星级饭店名单

表 38

星级	饭店
五星级（4 家）	福州西湖大酒店、福州金源大饭店、福州美伦大饭店、福州香格里拉大酒店
四星级（9 家）	福州大饭店、福州梅峰宾馆、福建山水大酒店、福建省闽江饭店、福建银河花园大酒店、最佳西方财富酒店、福建丽景假日大酒店、福州聚春园大酒店、福州于山宾馆
三星级（3 家）	福州三明大厦、福州凤凰假日酒店、福州梅园酒店

2020 年“鼓楼坊巷游”活动一览表

表 39

活动时间	活动主题	游览路线
5 月 1 日	逛坊巷、读古厝！“大美鼓楼·四季坊巷”文化旅游年启动，用脚步丈量鼓楼坊巷之美	能补天巷—中山路—冶山
5 月 5 日	逛坊巷、读古厝！“大美鼓楼·四季坊巷”文化旅游年启动，用脚步丈量鼓楼坊巷之美	鼓楼遗址公园—东牙巷—开元寺—闽王祠—化民营巷
5 月 19 日	浪漫五月天！“大美鼓楼·四季坊巷”惠民旅游活动亮相“5·19”旅游日	二梅书屋—天后宫
8 月 1 日	“大美鼓楼·四季坊巷”今日漫游鳌峰坊，此后周周有活动	高士其故居—非遗旗袍盘扣—状元道—李世甲故居—鳌峰书院
12 月 29 日	温情十二月！“大美鼓楼·四季坊巷”惠民旅游活动第四期	塔巷（集萃苑）—郎官巷（二梅书屋）

年，区文体旅局编写鼓楼坊巷主题旅游线路，制作旅游线路宣传口袋书。通过“经典古厝坊巷游、名人故居坊巷游、非遗匠心坊巷游、红色记忆坊巷游、花开花落坊巷游、舌尖美食坊巷游、美丽传说坊巷游”七大主题，进行坊巷城市微旅行，持续巩固“寻美鼓楼”“新鼓楼十景”活动成果，从吃、住、行、游、购、娱、商、学、情 9 个方面，打响“鼓楼坊巷游”品牌。

旅游推介 2020 年 11 月 27 日，参与第六届海上丝绸之路（福州）国际旅游节活动。12 月 7—11 日，参与郑州、济南“有福之州、幸福之城”旅游推介会。对外展示福州“海丝”旅游魅力，对内宣传“有福之州”城市新篇章，配合推动福州旅游产业发展。

（叶子涵）

卫生健康

【概况】 2020 年，鼓楼区卫生健康工作坚持一手抓新冠肺炎疫情防控、一手抓卫生健康高质量发展，以推进基层综合医改、改善公共卫生保障体系、提升健康服务能力、优化家庭发展和老龄健康服务 5 项工作为重点，推动全区卫生健康工作平稳、有序、创新发展。鼓楼区被国家卫健委评为全国计划生育优质服务先进单位（2018—2020 年），五凤街道湖前社区卫生服务中心被评为 2020 年全国“敬老文明号”，区卫健局、区疾控中心、湖前社区卫生服务中心被评为“福州市五一先锋号”，区卫健系统在福州市首届基层健康教育宣讲大赛中获团体三等奖。

至年底，鼓楼区属医疗卫生机构有疾病预防控制中心 1 家（与卫生监督所合署办公）、妇幼保健所 1 家、萧治安医院（鼓楼区中医外科医院）和社区卫生服务中心 11 家，社区卫生服务站 38 家（公立 8 家、民办 30 家）；辖区各类医疗机构 380 家。全区基层公立医疗卫生机构中专业技术人员总数 569 人，其中编内 206 人，临聘 363 人；中级职称及以上 162 人，占比 28.47%；在编全科医生 147 人，占比 25.83%。

2020 年是“十三五”收官之年。5 年来，鼓楼区持续推进以环境卫生整治为主要内容的爱国卫生运动，疾病预防控制能力明显提升，禽流感、登革热等重大传染病疫情得到及时有效预防和控制，全区人居环境得到较大改善，居民健康主要指标持续保持在全市、全省前列。至 2020 年底，全区居民人均期望寿命 79.5 岁，比 2015 年提高 1.12 岁；传染病发病率控制在 277/10 万的较低水平；全区孕产妇死亡率为零，婴儿死亡率 1.31‰，婴儿死亡率比 2015 年下降 30%，5 岁以下儿童死亡率 2.29‰。

【基层医疗服务体系建设】 *分级诊疗和医疗联合协作机制* 2020 年，区卫健局推动建立鼓楼区医联体联席会议制度和议事规则，促成协和医院、省妇幼医联体在鼓楼区落地。至年底，鼓楼区与省、市医院建成 11 个医联体，49 个医疗协作帮扶对子。全年

2020 年 11 月 6 日，鼓楼区举行医疗联合体工作推进会暨签约仪式（谢赟星 摄）

省、市医联体协作医院下派医生坐诊 1330 人次，基层医疗机构经由医联体渠道预约转诊 1251 人次，派送至医联体上级医院短期进修、培训 767 人次。

基层医疗机构达标建设　继续推进水部等社区卫生服务中心场所设备“双达标”建设，完成洪山、五凤、鼓西、华大 4 家社区卫生服务中心场所提升改造项目；完成 6 家公立卫生服务站运行机制改革，使家庭医生签约和基本公共卫生服务更加便民惠民。

基层医疗服务　在受新冠肺炎疫情影响的情况下，全区基层医疗机构总诊疗量 406 万人次，比上年增长 16.45%，其中 11 家社区卫生服务中心门诊诊疗人次数 63 万人次，较 2015 年增长 45.49%；医疗总收入 1.98 亿元，较 2015 年增长 267%。“十三五”以来，各社区卫生服务中心和区管社会办医疗机构门诊量持续保持增长态势。

2020 年鼓楼辖区医疗机构床位及卫技人员情况表

表 40

机构级别	床位数（张）	卫技人员（人）	执业医师（人）	执业护士（人）	每千人床位数（张）	每千人卫技数（人）	每千人执业医师数（人）	每千人执业护士数（人）
福建省属医疗机构	8183	11775	4256	5796	11.21	16.13	5.83	7.94
福州市属医疗机构	2551	2859	995	1330	3.49	3.92	1.36	1.82
鼓楼区管医疗机构	245	4876	2473	1519	0.34	6.68	3.39	2.08
鼓楼辖区医疗机构	10979	19510	7724	8645	15.04	26.73	10.58	11.84

2020 年鼓楼区医联体建设情况表

表 41

基层医疗卫生机构	与鼓楼组成医疗联合体合作的省、市级医院													
	省立医院	附一医院	协和医院	省第二人民医院	省康复医院	省级机关医院	省口腔医院	市一医院	市中医院	孟超肝胆医院	儿童医院	第四医院	第七医院	福州东南眼科医院
鼓东街道社区卫生服务中心		√		√	√		√	√		√				
鼓西街道社区卫生服务中心		√				√		√	√					
温泉街道社区卫生服务中心	√	√		√			√		√					
东街街道社区卫生服务中心	√	√		√			√		√					
南街街道社区卫生服务中心	√	√		√						√		√	√	
安泰街道社区卫生服务中心		√	√						√		√ 领办	√		
华大街道社区卫生服务中心		√		√	√	√		√		√				
水部街道社区卫生服务中心								√ 领办						
五凤街道社区卫生服务中心				√										
湖前社区卫生服务中心	√			√			√							
洪山镇社区卫生服务中心		√		√					√			√	√	√

【疾控及公共卫生服务】 疾控能力建设 2020年，鼓楼区落实预防为主的方针策略，加强防疫健康科普教育和传染病监测预警、流行病学调查、健康管理等，开展疾病预防控制工作。全年辖区未发生麻疹、结核病、登革热等重大传染病疫情，传染病管理的各项相关指标均达国家和省市标准要求。进一步建立完善公共卫生应急预案和管理体系，推动形成跨部门协调联动的公共卫生应急管理机制，组建并充实紧急医学救援、突发急性传染病应急处置、心理干预救援及核酸采样检测等区级卫生应急队伍，重大传染病疫情和突发公共卫生事件应急处置与应对能力得到提升。加强疾控机构监测检测能力，区财政投入72万元完成一期设备购置，投入76万元用于实验室基础环境改造，完成区疾控中心P2实验室提升改造一期项目建设，中心初步具备核酸检测能力。

基层公共卫生信息化 在全省率先引入疫苗接种互联网预约管理及追溯系统建设，建成并启动省内首家官方且能实现疫苗全过程可追溯的预防接种预约及追溯平台，实现预防接种全过程最小包装单位疫苗的可追溯、可核查。

基本公共卫生服务 全区11家社区卫生服务中心结合家庭医生签约服务，按照规范进一步优化基本公共卫生服务机制，开展老年人、孕产妇、儿童及高血压、糖尿病等慢性病患者和严重精神障碍患者的健康管理服务，在全市国家基本公共卫生服务项目考核中获第二名。

【妇幼健康及家庭发展服务】 2020年，鼓楼区通过加强优生优育和出生缺陷预防健康科普宣传，提高适龄群众对参加免费婚前医学检查和孕前优生健康检查重要意义的思想认识，为辖区居民提供“进一道门、抽一次血、办三件事”的婚育一站式综合服务，全年落实婚检1835对，完成婚检率71.28%，位列全市第一；开展孕前优生健康检查1956人，孕检覆盖率80.03%，位列全市前三。同时，提高辖区儿童口腔健康水平，开展免费窝沟封闭儿童口腔健康干预项目服务，完成免费窝沟封闭3157人，推动家属自费窝沟封闭2336人。年内，鼓楼区将0—3岁婴幼儿照护服务试点作为民办实事项目，出台实施方案，鼓励社会力量参与托育业务服务，全区建成11家试点托育园，其中安泰街道的国思教育福原园被确定为省级托育服务试点单位。

【卫生健康行业治理】 2020年，鼓楼区调整整合区、街镇、社区三级卫生监督队伍，发挥街镇属地管理作用，吸纳社区卫生监督协管员，结合新冠肺炎疫情防控督查、文明创建、扫黑除恶和安全生产检查等专项行动，加强医疗卫生行业日常监管和乱象整治，对医疗美容、医疗废物、非法行医、麻精药品、医疗广告等重点领域开展专项执法检查。全年发出执法监督意见书142份，立案查处33件（违反传染病防治规定16起、医疗卫生违法行为10起、公共场所单位6起、放射卫生1起），罚没金额19.17万元。

（翁京平）

【药品、医用耗材集中采购】 2020年，鼓楼医保局推进药品和医用耗材集中采购工作，配合福州市医疗保障局完善医保支付结算价为基础的药品联合限价阳光采购制度，推进医疗器械（耗材）阳光采购工作。辖区内26家定点医疗机构和11家社区卫生服务中心全面跟进国家“4+7”带量集中采购；推行医疗器械（耗材）阳光采购，促进医疗器械（耗材）采购价格趋向合理，减轻患者医疗费用负担。

【城乡医疗机构救助管理】 2020年，鼓楼医保局将辖区内革命“五老”遗偶纳入医疗救助范围，确保资助参加2021年度城乡居民医保。配合卫健部门开展家庭医生签约及医保基金支付工作。

【“互联网+诊疗服务”价格】 2020年，鼓楼医保局助力新冠肺炎疫情防控，探索“互联网+医保”服务，支持参保人员在具有资质的互联网医院，线上复诊常见病、慢性病产生的医药费用医保在线结算，实现参保人员“足不出户”复诊就医。借助人脸识别、GPS定位等现代信息技术，实现在线医患人脸抓拍识别、医师药师刷脸签到、配送骑手位置判定等智能化监管，建立网上医院参保身份认证、医保安全支付、复诊药品配送的闭环管理体系，确保医疗保障基金安全运行。

（宋婧楠）

新冠肺炎疫情防控

【概况】 2020年，面对新冠肺炎疫情，鼓楼区卫生健康系统落实疫情防控各项措施，快速有效遏制疫情蔓延势头，平稳有序推进全区疫情防控各项工作。至年底，全区累计报告确诊病例2例，全部治愈出院；疑似病例23例，全部排除。

【联防联控】 2020年，鼓楼区完善组织领导机制，区委、区政府成立专门领导小组和疫情防控指挥部，压紧压实属地、部门、单位、个人“四方责任”，构建较为完善的区、街、居三级重大疫情防控应急指挥机制体系，形成党委、政府统筹主导、部门协调、街镇属地、单位主体的联防联控机制。各街镇各行业主管部门加强养老机构、校园、农贸商超、公园景区、餐饮场馆、封闭式娱乐场所等重点部位环节的防控措施。各行业主管部门按秋冬季常态化疫情防控要求，督促有关机构、单位落实主体责任，对各类公共场所落实验健康码、测体温、戴口罩、消毒通风、限流开放防控措施，规范各公共场所传染病防控工作。

【关口前移】 2020年，新冠肺炎疫情发生后，鼓楼区第一时间启动一级响应，组织形势分析研判，有针对性地快速制定疫情跟踪监测、流行病学调查、诊疗救助、健康管理等系列防控方案，规范病例发现、报告、流行病学调查、核酸采样送检、追踪密切接触者、筛查无症状感染者等工作。全区抓紧抓早，迅速构建分级分类的疫情防控体系，各街镇、社区和有关部门加强疫情中高风险地区及境外返榕人员排查，全面加强居家健康管理，做到“早发现、早报告、早隔离、早治疗”，快速有效遏制疫情蔓延。

【重点管控】 2020年，区卫健部门落实疫情监测追踪，强化医疗机构防控工作督查督导，加强预检分诊、发热门诊、院感防控管理，发挥区属医疗机构“哨点”作用；全年派出46002人次，卫健部门会同街镇、社区落实重点人群居家健康管理23001人。各街镇、社区和有关部门加强疫情中高风险地区及境外返榕人员排查，按规范实行分类管控。设立10个集中医学观察点，配强医护专班和驻点工作组，落实集中医学观察3510人。防控工作进入常态化后，各行业主管部门严把防疫关口，卫健部门配合街镇及有关部门落实“外防输入，内防反弹”策略，坚持“人物同防”，群防群控，对密接者、复工复产、复学复课、冷链食品等重点人群及重要风险点开展核酸采样检测，排查各类风险隐患，为推动重点行业复工复产复业复学和维护经济社会正常秩序提供安全保障。

【长效保障】 2020年，针对疫情防控暴露出来的问题，鼓楼区加快健全完善重大疫情和突发公共卫生事件应急机制体系，构建区、街、居“三级联防”网络体系和“管行业必须管防疫”的疫情防控工作制度，实行区四套班子领导分包街镇，街镇干部分包社区，社区干部分包户的疫情防控三级网络分包体系。突出常态化、长效化，强化疾控能力建设，加强重大传染病处置应急演练与培训，持续开展健康科普和防疫宣传教育，开展以环境卫生整治为主要内容的爱国卫生运动，建立健全平战结合、医防协同、应急处置等常态化防控机制。

（翁京平）

人民生活

2020年，鼓楼区城镇居民人均可支配收入5.82万元，比上年增长3.0%；城镇居民人均生活消费支出3.82万元，比上年下降1.9%。

（杨依水）

劳动就业

【概况】 2020年，鼓楼区以“稳岗位、扩渠道、提技能、兜底线”为重点，全面强化稳就业举措。全区新增就业人数2.97万人；失业人员实现再就业3735人，城镇就业困难对象再就业1624人；城镇登记失业率2.96%。

【就业创业】 *招聘活动* 2020年，鼓楼区启动“互联网+就业服务”新模式，打造综合性公共就业服务体系，举办线上春风行动、就业援助月、“筑梦鼓楼、职等你来”鼓楼区高校毕业生网络专场招聘会、退役军人专场招聘会等线上线下招聘活动，为893家企业发布岗位需求15954个次；安置49人在劳动保障协理员公益性岗位就业。举办2020年“创响鼓楼”创新创业大赛，释放创业带动就业的倍增效应。

就业创业政策 应对新冠肺炎疫情，牵头开展全区返岗复工“点对点”服务行动，通过包车、包机、包专列等方式运送复工人员997人；根据鼓楼区外地员工相对分散的特点，在全市率先出台奖励政策鼓励员工自行返岗，发放企业失业保险稳岗返还、一次性稳就业奖补、“留岗留薪”企业补助、用工调剂平台补助、企业包车返岗补贴、企业员工自行返岗补贴等各项就业补助资金2.33亿元。扩大失业保障范围，延长失业保险金发放期限，发放失业保险金2.11万人次，发放金额3378.39万元；发放价格临时补贴1.8万人次，发放金额244.53万元；发放失业补助金6987人次，发放金额415.33万元；减免企业社会保险费160.62万元。扩大就业见习规模，新增就业见习单位39家，发放一次性吸纳就业补贴、见习补贴、创业补贴等就业创业优惠奖励253.96万元。

劳务脱贫协作 指派专人到甘肃岷县开展到榕务工人员身份、健康证明材料核实及工作证发放等工作；安排各企业专车接送，实现“点对点、一站式”直达运输服务。到岷县十里、梅川等4个乡镇举办垃圾分类技能扶贫培训班，为160名公益性岗位贫困劳动力“送课上门”。全年免费输送定西籍务工人员到榕就业997人次；发放定西建档立卡人员交通、生活、岗位等补贴715.66万元。

【职业能力建设】 2020年，鼓楼区受理见证补贴申请962人，其中高技能人才310人，发放见证补贴74.66万元。创新技能培训形式，举办2020年“元泰杯”鼓楼区首届闽台茶艺职业技能竞赛，组织企业开展疫期简易岗前培训、新型学徒制培训等，培训学员623人，发放各类培训补贴79.1万元。推行以工代训，鼓励企业通过在岗实践提升职工技能，拨付208家企业以工代训补贴963.5万元。开办垃圾分类管理员培训班并颁发“垃圾分类处置”专项职业能力证书，在全省率先实现垃圾分类管理员持证上岗。

【劳动关系维权】 *和谐劳动关系示范区构建* 2020年，鼓楼区出台《福州市鼓楼区构建和谐劳动关系示范区工作实施方案》。开展2020年和谐劳动关系创建活动暨“和谐同行”企业培育共同行动，率先在全省成立5个劳动关系公共服务中心（服务室），扩大创建活动在企业特别是非公有制企业和中小企业的覆盖面。累计培育

2020 年 7 月 29 日，鼓楼区首批劳动关系公共服务中心（服务室）授牌成立（区人社局 供）

省级劳动关系和谐单位 63 家，市级劳动关系和谐单位 56 家，区级劳动关系和谐企业 20 家，数量在全市排名第一。

劳动违法行为整治 全年接收劳动监察案件 51 件，电话调解 33 件，立案处理 18 件，法定时限内结案率 100%。开展拖欠农民工工资问题专项整治、清理整顿人力资源市场秩序专项行动、夏季高温天气劳动保护专项执法行动、企业劳动保障守法诚信登记评价等，检查各类用人单位 67 家，涉及劳动者 1478 人；评定守信企业 40 家，一般失信企业 20 家，严重失信企业 1 家。通过强化欠薪问题预警，共同约谈欠薪企业，开展“无欠薪项目部”创建等，推动全区保障农民工工资支付工作，鼓楼区代表福建省、福州市迎接国务院保障农民工工资支付实地督查，福建省获全国第五名，鼓楼区被市政府评为 A 级。

劳动争议调处 提升“一站式服务”，推行劳动监察、劳动仲裁、工伤认定“一窗受理”制度，通过优化办案流程，降低维权时间成本，提升办案效能，全年接到来电咨询 900 余次，接访人数约 1400 人。在辖区企业中授牌成立 21 家企业基层调解委员会，探索构建的“区—街（镇）—社区（园区）—企业、行业”四级调解网络初见成效。全年受理并立案劳动人事争议调解仲裁案件 886 起，结案率 94.13%，一裁终局率 47.35%，调解率 60.43%。

劳动工伤认定 全年接待工伤认定申请 86 件，其中受理 40 件，作出工伤认定 33 件。

（郑文馨）

社会保障

【概况】 2020 年，鼓楼区加快推进实现 2020 年社会保险法定人员全覆盖目标，运用全民参保登记成果，精准开展城乡居民基本养老保险扩面工作；推进实现贫困人员养老保险应保尽保；提高待遇，逐步改善和保障民生；维护社保基金安全平稳运行。加快推进医疗保险全覆盖，加大居民医保缴费工作宣传力度，做到“底数清、情况明”，从源头上避免征缴盲区，按序时进度开展征缴工作。

【社会养老保险待遇】 2020 年，鼓楼区领取城乡居民社会养老保险待遇人数 9747 人，养老金支出 2356.38 万元；全区领取被征地养老补助待遇人数 2583 人，养老金支出 1078.25 万元。

【养老保险法定人员全覆盖】 2020 年，鼓楼区城乡居民社会养老保险参保人数 1.29 万人，新增城乡居民养老保险精准扩面 3940 人。全区 254 名贫困人员实现养老保险应保尽保。

【社会保障监管】 2020 年，鼓楼区发挥“互联网 + 人社”作用，依托覆盖 69 个社区的城乡居民社保村级信息化便民服务平台，推进平台岗位职责“规范化”、经办事项“清单化”、服务流程“标准化”，通过业务培训、政策落实、监管防控等系列举措，全面提升平台服务水平，维护社保基金安全。

【国有企业退休人员档案管理】 2020 年，鼓楼区通过公开招标选定福建省建设人力资源集团股份公司负责辖区国有企业退休人员社会化管理人事档案接管服务工作。全年接收国有企业退休人员人事档案 21770 份，通过集中统一管理确保档案齐全完整、安全保管，为国有企业及其退休人员提供数字化、便捷化的档案利用服务。

（郑文馨）

【医疗保险】 2020 年，鼓楼区城乡居民基本医疗保险参保 541980 人，其中职工 421830 人，城镇居民 120150 人；职工医保和城乡居民医保参保率均达 100%。

医疗保障机制建设 完善城乡居民医保与职工医保的融合，建立城乡居民医保筹资水平稳步提高机制，将城乡居民医保政府补助标准从 550 元提高至 620 元，城乡居民医保大病保险起付线从 2.7 万元降至 1.93 万元。

医疗服务监管　2020年，鼓楼医保局对鼓楼辖区内21家一级公立医疗机构、88家一级民营医疗机构及100家定点零售药店开展现场稽查，对2家门诊部作出解除医保服务协议处理，对4家一级医疗机构、7家定点零售药店作出暂停医保结算处理，向36家医药机构发出整改通知，追回医保基金74.45万元。

基金协议管理　鼓楼医保局自成立以来，完成对辖区内377家定点医药机构的医保服务协议签订工作，其中实行“总额控制”存量医疗机构35家。2020年，经对辖区内定点医药机构年终结算数据重新审定，并按照结算标准进行测算，2019年度签署医保统筹基金4541.91万元。

生育保险　2020年，鼓楼区城镇职工生育保险参保人数33.49万人。

宣传培训　鼓楼医保局会同鼓楼税务局、市医保中心鼓楼管理部就医保参保扩面工作开展业务培训，到街道、学校进行宣传、动员，宣传医保参保缴费标准、缴费渠道等内容，并开展宣传解释工作。

（宋婧楠）

民政

【概况】　2020年，区民政局发放各类抚恤补助金2885.09万元，其中医疗补助资金0.08万元；发放低保金438.3万元，边缘户补助金15.48万元，救助金额135.14万元；发放困难残疾人生活补贴62.57万元，重度残疾人护理补贴325.34万元。办理结婚登记3434对，离婚登记1818对，办理补发婚姻登记603对，收养登记4件。普遍建立社区养老服务照料中心，持续完善养老服务设施布局，全区有养老床位2686张。发放居家养老服务券583万余元，为鼓楼户籍60周岁（含）以上老年人购买意外伤害险和第三者财产损失险148.48万元。在社区治理方面，全面推广“居民恳谈日”活动，全年接待群众1.5万余人，收集群众议题929条，现场讨论、协调解决760条。升级“鼓楼社区幸福通”微信公众号，至年底，平台关注总数20万人，实名认证总数24.2万人，总互动交流逾36.3万次。

【社会救助】　城乡低保　2020年，区民政局按照市级标准，最低生活保障金为760元/人。对接省民政厅困难家庭经济状况核对平台，建立跨部门、多层次、信息共享的救助申请家庭经济状况核对机制，推进社会救助信息化核对、网络化管理，实现困难对象精准识别、精准救助和精准管理。全年新增低保户99户133人，退出低保15户19人。至年底，全区有低保户324户411人，全年发放低保金438.3万元。

低保边缘户　区民政局以人均月收入1400元以下为低保边缘户申请标准，并实行动态管理。至年底，全区有低保边缘户18户36人，全年发放补助金15.48万元。

专项救助　提高困难群体补助水平，全年向低保户、边缘户等困难群众743户1017人发放临时救助（含增发一次性临时补助）135.14万元。

节日慰问　提高低保户、低保边缘户节日慰问金标准，元旦、春节、中秋、国庆期间按照市级过节费每人800元、区级节日慰问金每人800元的标准，发放过节费、节日慰问金70.52万元。

流浪乞讨人员救助　全年鼓楼区救助站救助各类人员1454人次。其中，自主巡查送往福州市救助管理站15人次，福州市网格化管理综合服务平台和“12345”诉求件上报流浪乞讨案件经救助站工作人员政策宣讲并劝离1439人次，案件办结率100%。

残疾人补贴　落实重度残疾人“两项”补贴政策，对困难残疾人266人发放每人每月230元的生活补贴，全年发放62.57万元；对符合条件的重度残疾人1968人发放残疾人护理补贴，一级重度残疾人护理补贴发放标准每人每月200元，全年发放192.86万元，二级重度残疾人护理补贴发放标准每人每月100元，全年发放132.48万元。

【社会福利】　社区养老服务机构建设　2020年，鼓楼区健全“社区服务

2020年12月，鼓楼区实现“长者食堂＋学堂”10个街镇全覆盖。图为鼓西街道长者食堂

（鼓西街道 供）

站点—街镇照料中心—专业养老机构”三级养老服务网络体系，在“一街镇一中心”基础上，完善辖区养老服务设施布局。全区有13个社区养老服务照料中心，其中12家获评省民政厅五星级照料中心称号。新建福州康养家园、华大街道屏东社区养老服务照料中心，全区有养老床位2686张。

政府购买服务对象扩面　为鼓楼户籍80周岁（含）以上老年人及特困、低保等特殊老人发放居家养老服务券每人每月30—400元，用于向社会养老服务组织购买“六助一护”服务，包括助餐、助浴、助洁、助医、助急、助行、上门照护等为老服务，全年发放居家养老服务券583万余元。为鼓楼户籍60周岁（含）以上老年人购买意外伤害险和第三者财产损失险148.48万元，以政府购买方式惠及老人约12.9万人。

智慧养老　完善智慧养老服务信息平台功能，通过与中国移动福州分公司、中国银行福建省分行合作，逐步实现多服务商平台对接、服务跟踪、实时支付、工单监管等功能。

安全检查　开展隐患排查整治提升年活动，查隐患、防事故，进行消防安全专项整治、电气火灾综合治理；结合安全生产月、“11•9”消防宣传日活动，开展安全生产宣传教育，全面落实安全生产监督管理责任。年内，区民政局对辖区4家养老机构、12家照料中心进行安全生产检查48次，其中与区消防大队、区卫健局、区市场监管局、区房管局、区建设局联合进行跨区域跨部门检查4次，249人次参加。

【社区建设】　社区治理　2020年，鼓楼区全面推广“居民恳谈日”活动，全年开展居民恳谈活动621场，接待群众1.5万余人，收集群众议题929条，现场讨论、协调解决760条，剩余问题列入限期整改清单。通过协商活动，在老旧小区整治、物业管理、睦邻关系、居民与政府之间搭建起听民情、解民意、化解矛盾的沟通桥梁。推广微实事协商，把“政府定实事政府做”改变为“百姓定实事参与做”，以项目协商引导居民、辖区企事业单位参与社区治理，共同出资建设与社区居民生活相关的小微实事。全年协商并落地的小微实事项目93个，涉及无物业小区公共活动场地修整、楼道墙面修补、纳凉场所修建等老旧小区增值项目，投入资金约353.4万元，撬动社会资金约203.25万元。升级优化“鼓楼社区幸福通”微信公众号，年内上线“社区办事预约”功能，增设“积分商城”板块，适时逐步导入可信社会服务资源，提供交通出行、求职就业、家政服务等增值类社会服务，建设“福利领取”，整合各类贴合居民生活所需的电商平台优惠资源，入驻合作服务机构15家。至年底，“鼓楼社区幸福通”平台关注总数20万人，实名认证总数24.2万人，总互动交流逾36.3万次，其中“随手拍、有话要说”链接“鼓楼智脑”后端系统，通过“随手拍”发布上传7529条诉求事项，办结7406条，办结率98.4%。

社区队伍建设　开展社区工作者招聘及培训工作，补充招聘社区专职工作人员73人。实行分级培训制度，由区级相关部门负责社区书记、主任和工作站站长的培训；由区社区办、街镇负责其他社区工作人员和新招聘人员的培训。同时，通过“双轨并行”培养链，完善事业编制社区书记岗位设置，年内9名优秀社区书记选拔进入事业编制；设定社工师专业技术岗位，打造“社区工作者—助理社会工作师—社会工作师—高级社会工作师”职称培养链，并适当提高职称补贴金额。至年底，全区70名社区工作者取得中级职称，132人取得初级职称。开展社区“争当排头兵”竞赛活动，结合“精品社区、示范社区”评选工作，综合考量社区服务功能内涵及群众社情民意知晓率、满意度等总体工作成效。

社区社会组织　全区备案社区社会组织712家，促进社区社会组织参与社区和谐建设，以满足社区居民的多样性需求，服务社区居民。

【基层政权】　2020年，鼓楼区开展社区居委会成员补选工作，通过公开招聘、资格审查、前期准备、选民补充登记、候选人提名、初步候选人产生、正式候选人确定，105名成员当选，其中主任6人、副主任30人、委员69人，平均参选率78.79%，平均得票率98.76%。

【经合社改革】　2020年，鼓楼区在2019年完成13个经合社产权制度改革的基础上，推进五凤、华大经合社产权制度改革，全面完成全区15个经合社产权制度改革工作。

【殡葬服务】　2020年，鼓楼区推进违建坟墓整治工作，加大殡葬工作政策及移风易俗宣传工作，引导群众转变传统殡葬观念，树立文明、节俭、绿色、节地的殡葬新风。

【专项社会事务】　婚姻、收养登记　2020年，区民政局办理结婚登记3434对，离婚登记1818对，办理补发婚姻登记603对，收养登记4件。改善婚姻登记服务环境，实现各类登记业务的隐私化和分区化。设立颁证室、调解室等功能区，在规范开展婚姻登记业务的同时，逐步拓展服务内涵，提升服务品质，使中心成为“传承家教、传授家风、传递正能量”的主阵地，促进婚姻家庭领域移风易俗。

地名、边界管理　开展辖区路名牌缺失或损坏的维护及新命名道路设立路名牌工作，依托“数字城管”和“网格化信息中心”平台系统巡查案件，第一时间通知专业维修服务单位，修复和补设损坏和丢失的路名牌，全年修复路名牌45面，增设、补设路名牌16面。开展平安边界创建活动，完成鼓楼—闽侯线县级行政区域界线联检工作。年内边界和谐稳定。为群众办理工商登记、房产交易及子女入学等涉及门牌地址变更的提供地名证明服务，出具地名证明1000余份。

【社会组织登记管理】 2020年，鼓楼区登记社会组织5家，其中社会团体2家，民办非企业单位3家；变更登记48家，其中社会团体4家，民办非企业单位44家；注销登记5家。完成2019年度社会组织年报工作，参检社会团体31家，年报民办非企业单位181家。

（郭婷婷）

区域协作扶贫

【概况】 2020年是脱贫攻坚收官之年，鼓楼区为岷县、永泰等结对地区高质量打赢打好脱贫攻坚战提供强有力支撑。年内，鼓楼区拨付给永泰县财政帮扶资金1250万元用于扶贫项目建设；拨付给岷县财政帮扶资金6705.42万元，其中市级财政资金2890.42万元，区级财政资金3815万元。

【山海协作】 2020年，鼓楼区落实对口帮扶资金，向永泰县拨付1250万元帮扶资金，用于扶贫项目建设。鼓楼区委、区政府主要领导组团到永泰走访考察，互访交流，增进合作，共同协调研究解决重要问题。在永泰县建设“福州软件园永泰园”——永泰智慧信息产业园，辐射带动永泰县信息产业发展，年内引进落地福建朗信教育科技有限公司、福建鑫福家乐科技有限公司2家企业。

【社会扶贫】 2020年，鼓楼区10个街镇与岷县18个乡镇开展结对帮扶，69个社区、20家企业、3个社会组织与岷县140个贫困村开展携手奔小康活动，实现与预脱贫的55个贫困村结对全覆盖。东西部学校结对20对，医院结对6对。组织开展社会力量助力挂牌督战村行动，引导6家民营企业帮扶国扶办挂牌督战的6个深度贫困村，村均支持资金逾60万元。全年，区内外企业、商会组织、爱心人士等社会各界参与扶贫帮困、精准扶贫行动，为岷县捐赠社会帮扶资金2330.46万元，社会捐赠物资折款价值1281.09万元。

2020年6月22日，鼓楼区·岷县东西部扶贫协作工作推进会在岷县召开

（区民政局 供）

【对口帮扶岷县】 2020年，鼓楼区拨付岷县对口扶贫协作资金6705.42万元（市级财政资金2890.42万元，区级财政资金3815万元），比上年增加2933.42万元，增长77.77%。引导全区各级党政机关、企事业单位和福州市民“以购代捐”采购岷县农特产品等方式，拓宽消费扶贫渠道，全年助销岷县农特产品1.17亿元，带动贫困户1348户9553人增收。引进岷县山海情农特产品有限公司、甘肃福岷堂生物科技有限公司、甘肃承创堂中药材有限公司3家企业，累计引导6家东部引进企业（含2019年3家）实际投资5366.48万元，比上年增长263.82%，东部引进企业吸纳贫困劳动力就业85人，通过利益联结带动贫困人口3127人增收。通过云端送培在线举办岷县领导干部综合能力提升培训班，培训岷县党政干部100人，区教育、卫健、人社等部门派遣专家到岷县培训各类专技人才2442人次，对接岷县31名党政干部到福州参加“双招双引、对标福州”专题培训，就精准扶贫、文化旅游融合发展、电子政务等内容进行学习提升。

（郑力）

退役军人事务

【概况】 2020年，鼓楼区退役军人事务局开展“思想政治工作年”“基层基础基本建设年”“能力素质提升年”等活动，以“争当排头兵”系列竞赛为抓手，各项工作走在全市前列。鼓楼区服务保障体系建设工作被市政府及市委退役军人事务工作领导小组办公室通报表扬；在全市率先出台《鼓楼区立功受奖军人家庭喜报送达及慰问金发放工作制度》，激励官兵扎根部队建功立业；成立福州市首个退役军人就业创业实践基地；鼓楼区退役军人创办企业在全国首届退役军人创业创新大赛获优胜奖；成立全市首家退役军人“红色教育基地”，多次邀请一等功臣和全国模范退役军人为退役军人宣讲奋斗历程；3 名退役军人分别获评全国、省、市“最美退役军人”。

【服务保障体系建设】　2020 年，东街街道探索形成的“1+8 退役军人服务工作机制”作为福建省的典型经验在全国培训班上作先进典型发言；温泉街道东湖社区以党建联盟为抓手，探索构建“共建共治共享共赢”的退役军人服务保障新模式，得到退役军人事务部副部长朱天舒的肯定；东街街道和东湖社区的典型经验均入选全省退役军人服务保障体系建设典型案例，在全省进行推广。鼓楼区退役军人服务中心和 10 个街镇退役军人服务站全部获评全国示范型服务中心（站），是全市唯一区、街镇两级全部通过示范型服务中心（站）验收的区（县）；区服务中心和东街、南街、温泉 3 个街道服务站被评为全省退役军人服务保障体系“五比五看”创“五有”先进单位，占比居全市最高；东街服务站站长被评为全国百名优秀站长。鼓楼区服务保障体系建设工作被市政府及市委退役军人事务工作领导小组办公室通报表扬。

2020 年 9 月 12 日，鼓楼区退役军人暨随军家属专场招聘会在福建人才大厦举办
（区人社局 供）

【双拥共建】　2020 年，区退役军人事务局发挥社会力量助力拥军工作，牵头协调工行鼓楼支行投入资金，为某部队无偿翻建整修训练场地，该做法得到区委主要领导肯定，并批示在全区进行推广；鼓楼区退役军人创办企业福建福链科技有限公司在全国首届退役军人创业创新大赛中获优胜奖；春节和“八一”中国人民解放军建军节期间，走访慰问辖区部队，送去慰问品；区政府投入资金为武警某部队营房进行立面改造；安置营以下军队转业干部到参公及以上单位，多名符合政府安排工作条件退役士兵到国企岗位；安置多名随军随调家属到相应岗位，安排多名随军家属到街道、社区工作；解决符合优待政策的驻区优秀官兵子女进入区优质小学就读；发放义务兵家庭优待金、自主就业退役士兵一次性经济补助金、无军籍职工退休金和各类补贴；举办 3 场线上、线下退役军人暨随军家属专场招聘会，多名退役士兵和随军家属达成就业意向；定向推荐退役军人到省直机关工作；在全区开展双拥宣传工作。

【优抚工作】　2020 年，鼓楼区落实国家有关优待政策，提高全区优抚对象定期生活补助和医疗补助，标准保持全省前列。全年发放各类抚恤补助金、伤残抚恤金、死亡伤残抚恤、牺牲病故军人一次性抚恤金、义务兵优待金、重点优抚对象医疗补助、体检补助。办理社保接续工作。完成全国优抚系统人员核查工作。

（林坷）

东街街道

【概况】 东街街道总面积0.72平方千米，辖4个社区。2020年底，辖区常住居民户数10578户，常住人口数28613人，外来人口数3486人。户籍户数9886户，户籍人口数36463人。2020年，全市首创党建超市华为线下体验中心和便民服务点。推出“1+8”退役军人服务站工作机制获全省推广。东街街道获评福建省2018—2020年度省级文明单位；军门社区被评为全国“优秀儿童之家”示范点，相关案例入选中组部《基层党组织书记案例选编》、省纪委监委《脱贫攻坚日记》。中央电视台、《人民日报》等各级新闻媒体对街居工作报道212篇，其中中央级媒体报道34篇，省级媒体报道26篇。

【经济建设】 2020年，东街街道规模以上工业产值8.14亿元，比上年增长4.4%；建筑业完成建筑产值28.6亿元，比上年增长15.2%；固定资产投资总额23.74亿元；工业固定资产投资1.62亿元；社会消费品零售额48.57亿元；零售业销售额69.4亿元；批发业销售额87.9亿元，比上年增长4.2%；住宿业营业额1.97亿元；餐饮业营业额2.307亿元；营利性服务业营业收入15.04亿元。

企业服务　发挥“车长”作用，联动楼宇“党代表”“一楼十员”和招商小分队等，持续开展“十心行动”“百十千”行动，落实重点企业服务直通车机制，用活用好各项惠企政策，加大走访帮扶力度。全省首创东街惠企智能服务中心，率先推行企业注册登记业务部门街镇联动办理。培育全岗通的“红色楼小二”，建立“联络走访—问题发现—协调解决—跟踪回访”闭环处置机制，助推楼宇经济量质双增。打造福建省防范非法集资宣传教育东街示范点，重新聘用20名基层立法联络员，引导各方主体参与优化营商环境等主题代表接待日活动。助力企业复工复产，楼宇企业办公备案率100%。全年走访市移动、大洋百货、屈臣氏等企业865次，征集企业问题401个，其中街道自行解决141个，上报区里260个，解决249个；兑现各项奖励政策66.7万元，申报企业重点骨干人才，帮助协调住房、子女入学等需求。新注册企业814家，对接楼宇面积4.38万平方米，总注册资金152.59亿元，税收入盘率100%。

招商引资　依托辖区楼宇、商圈优势，以邮电大楼5G智慧生活体验、安泰中心改造升级、7-ELEVEn等首店入驻、老字号品牌地铁连锁经营为抓手，培育发展家庭服务、健康服务、文化娱乐、健身休闲等新业态，创新推出“信易食”“信易穿”等“信易+”应用场景，推动东街口商圈新型智慧城市综合体扩容升级。瞄准数字经济、平台经济、总部经济，在2020招商年专项行动中，认定落地项目55项。其中，广东心里程投资集团项目在鼓楼区设立福州心里程科技有限公司，重点布局鼓楼区教育信息化建设和品质提升工程。利用朱紫坊基金港虹吸效应，与区金融办加快推动欧力士集团所投润楼金投项目和北京恒盈资本所投华帜教育集团等一系列重点项目，开展基金港服务保障工作。

【城市建设与管理】 城市建设　2020年，东街街道开工项目18个，总投资35.66亿元，其中2020年投资25.6亿元；竣工项目10个，总投资26.52亿元。其中，通过街道持续走访服务，打通企业项目申报环节痛点、堵点，与区发改局联络互动，跟踪指导实现2020年供水安全保障工程项目、福州市公共安全平台（公安部分）项目备案入库。

市容管理　强化五一路、津泰路、五四路等道路管理，将日常巡逻范围向背街小巷延伸，每天出动58人次、快速保洁车8部，保持辖区面貌整洁清新。提升改造大斗彩巷、贤南路等小街巷，重新画“两车”停放线8000多米，改造涂漆卷帘门311面。建立“两违”治理常态化机制，全年拆除违法建设48起，拆违面积3615平方米，巩固“全省无违建示范街道”创建成果。加强辖区庆城农贸市场和地铁建设、6处在建工地等重点部位管理，加大油烟、大排档等其他污染监管，落实安泰河“清新水域”工程，累计巡河1163人次，清理垃圾50余吨。

老旧小区长效管理　老旧小区宜居环境综合整治项目包括秀冶里5-1、5-2、5-3宿舍；开展群租房排查整治百日攻坚专项行动，摸排小区76个，确认群租房50处，全部完成整治和清渣；开展竹林境新村等新一轮物业引进工作；坚持党建引领小区物业管理，加快打造红色业委会、红色物业等，强化社区居委会、业委会、物业公司三方协同治理，开展消防车道专项整治，排查调处矛盾纠纷34起，调处率100%。

垃圾分类　加快打造垃圾分类2.0、3.0版，辖区内有垃圾屋亭90座，全年整治误时投放垃圾执法、劝导居民375起。开展党建引领垃圾分类及垃圾分类进学校、进小区、进公共机构等各类主题宣传活动620场次，吸引上万人次参与，发放宣传册近2万本。

【社会事业】　文化体育　2020年，东街街道建立新时代文明实践大讲堂，串联鳌峰坊历史文化街区、军门社区小广场、省少儿图书馆、正谊书院、大根社区大墙根公园、竹林境社区丁戊巷公园等文化阵地。打造织缎巷、军门小广场、七转弯巷、孝义巷、三牧坊、津泰路等一批公益广告精品示范街巷。开展东街特色文化活动，对接区书法家协会、区民间文艺家协会创作基地入驻，开展“百姓大舞台”“典藏与国粹”“书香进社区”等群众性文化活动，推进鳌峰书城“夜读福州”活动，打造智慧阳光书屋，探索推动鳌峰坊文化集市。举办非遗展示会演、“六一”国际儿童节文艺会演、七夕邻里节文艺会演、重阳节文艺会演等文化体育旅游活动30多次。举办太极、书画、声乐等培训班30多期，多次组队参加各级各类文体旅比赛，如包粽子比赛、钓粽子比赛等。在鼓楼区第二届企业运动会中，获团体总分街道第二名；其中，三人篮球比赛中国电信福建分公司获第二名，羽毛球比赛久匠建筑工程有限公司获第四名，拔河比赛福建省和信科工集团有限公司获第五名。在鼓楼区第三届“重阳杯”乒乓球（团体）赛中，获团体第一名。

卫生健康　全年出生人口253人，政策内出生248人，出生人口政策符合率98%。人口出生率8.842‰，人口自然增长率6.57‰，出生人口性别比99.21。

民生实事　办成六力树托幼、家门口早餐工程等一批为民实事，加速汽车充电桩建设，开展电动车报牌工作，换牌7480辆。开办“长者食堂+长者学堂”，依托传统老字号“味中味”、街道党员政治生活馆等载体，对接聚春园集团、区老年大学、心里程集团，累计就餐3000人次，开办太极拳班等系列课程，百余名学员参加。开展人口普查，形成“321”人口普查建筑物地图绘制机制，获全区推广。建成社区“两中心两厅一平台”（老年活动中心、少儿活动中心，居民办事厅、居民议事厅，社区智慧信息化平台），依托“鼓楼社区幸福通”，提供健康、家政、养老等服务，上线事项102项，其中基本事项93项；在军门社区、林春兰警务室等引入e福州便民服务自助终端，实现医保、社保、公积金等104个便民服务事项在终端上“就近办”，加快打造“15分钟社区便民服务圈”；推进“三社联动”，引进家政、养老、文化等领域8家社会组织“嵌入”基层社会治理体系。

【社会保障】　劳动就业　2020年新冠肺炎疫情期间，东街街道组织辖区13家缺工企业提供252个岗位，参加市、区两级人社等部门组织的多场在线招聘活动；办理失业登记证84本；为灵活就业的就业困难人员申请社保补贴165人；“两节”（元旦、春节）慰问就业失业特困人员8人；为辖区1家企业申报评选用人单位劳动保障守法诚信等级；为辖区9家企业42人申

2020年12月26日，东街街道军门社区开展迎新春送春联活动（东街街道 供）

请重点企业外地员工返岗复工乘车返岗补贴；为11家企业71名疫情重点地区务工人员实施“留岗留薪”补助；为62家企业线上申报以工代训补贴。

社会保险　完成城乡居民养老保险精准扩面224人；对辖区居民及4所学校（福州第一中学、福州实验小学、福州教育学院附属第二小学、福州市蓓蕾幼儿园）进行医保参保宣传，年内辖区城镇居民医保参保人数3412人，参保学生数5411人，完成参保数8823人。接收企业退休人员3329人；异地认定10人；企业退休特困人员36人；为235名70岁以上城镇居民社会养老保险老人“两节”过节费办理生存认证。

社会救助　东街街道有低保户16户21人，低保边缘户5户10人。发放低保金15.62万元，发放低保边缘户救助金1.79万元。走访困难群众400多人次，巡访率100%。新冠肺炎疫情期间为辖区困难民政对象19户27人发放因疫情致困临时救助补助金和物资1.89万元。因病申请临时救助5户7人，共3.23万元。在竹林境社区居家养老服务站设立东街街道临时庇寒点，提供棉被、衣物、食品帮助流浪人员庇寒，全年对流浪乞讨人员进行3次集中救助和劝离。

社会福利　开展困境儿童帮扶工作，新增4名事实无人抚养儿童，对其进行生活补助，共发放补助金1.35万元。社区老年服务照料中心及居家养老服务站经常性开展老年活动，向870名老人发放居家养老政府购买服务券35.76万元。全年受理公租房申请办件57件。

东西部扶贫对接　东街街道同甘肃岷县禾驮镇、申都乡签署对口帮扶协议，于9月开展扶贫日活动，组织各社区募捐、义诊和表彰等；全年捐款90.17万元，消费扶贫47.31万元，扶贫物资价值12.72万元。

【平安建设】　社会综治　2020年，东街街道辖区警情390起，比上年下降12.75%。建立健全综治网格及信访工作网络，排查并有效处置信访纠纷，完成全国、省、市、区“两会”和第三届数字中国建设峰会等重大会议、重点时期的安全维稳工作。全年接到群众来信来访134件，接待居民上访68批次，及时受理率100%，案件办结率100%，满意率100%。开展平安“三率”宣传，组织入户宣传，全年张贴宣传海报75张，设置宣传栏4面，开展现场宣传22场，印发宣传材料9600余份，投放大型LED彩色显示屏7处、单色LED屏24处。创建平安小区39个，推广使用“e福州”平安管家App，第一批智慧小区控制平台落户林春兰警务室。社区矫正人员入矫3人，在册监管4人；在册安置帮教对象45人。排查调处矛盾纠纷案件42件，调解率100%。全年调解各类纠纷案例42件，其中婚姻家庭2件（书面）、邻里纠纷12件、其他纠纷28件，调处率100%。全年举办法治讲座9场，组织法律知识考试1场，开展大型主题宣传活动和专项法制宣传活动13场，开展专项依法治理32场，报送信息13篇。

安全生产整治　以危险化学品大检查、安全生产隐患治理专项行动、重点行业领域专项治理等重点工作为抓手，坚持社区每日一巡查、安监站每周一查、节假日和重大活动期间采取定期和不定期抽查相结合，有计划、有重点地开展各项安全检查和专项治理工作。以木屋毗连区、公众聚集场所、建筑工地、学校周边、外来人口出租房为检查重点，开展拉网式大检查；加大安全生产基层基础建设力度，完善微型消防站建设，定期开展应急演练。街道各检查组、各社区全年开展检查1712次，出动检查人员4924人次，检查场所6429家。2020年，东街街道处理安全生产隐患举报及“12345”信访件投诉135件，接待受理群众来信来访68批次。信访满意率有所上升，案件办结率100%。

社区网格化管理平台　东街街道4个社区开通5个网格：军门一网格、军门二网格、大根网格、竹林境网格、旗汛口网格。招聘网格采集员15人。全年上报案件10.44万条，有效案件10.42万条，案件有效上报率99.82%；上报综合工作3317件，其中宣传教育1135件，解困帮扶1件，入户走访2181件。重点人员走访741人次。

【新冠肺炎疫情防控】　2020年，东街街道组建党员先锋队等志愿服务队伍36支，最大化整合各方力量超万余人次，下沉50个卡口、31栋楼宇。自2020年春节开展新冠肺炎疫情防控工作以来，辖区内无确诊病例，疑似病例1人（后诊断为普通发烧），无境外输入病例、无无症状感染者。各级媒体报道街居疫情防控工作近50篇次，两新组织累计捐款558万元，捐赠价值228万元的防护物资。

2020年东街街道社区基本情况一览表

表42　　　　单位：人

社区名称	常住人口数	社区居委会地址
军门	7799	南营47号
大根	9015	城守前新村3座116室

续表 42

社区名称	常住人口数	社区居委会地址
竹林境	7436	津泰路 118 号 8 座旁
旗汛口	4363	井大路 22 号光复新村 6 座 3 层

（游连珍）

鼓东街道

【概况】 鼓东街道总面积 1.08 平方千米，辖 5 个社区和公正经合社。2020 年底，辖区户籍人口 50999 人，60 岁以上老人 12046 人，出租户 3712 户，流动人口 8874 人。年内，建成 2 个照料中心长者食堂及中山社区长者食堂用餐点。

【经济建设】 2020 年，鼓东街道实现规模以上工业产值 1.32 亿元，社会消费品零售总额 132.82 亿元，城镇以上固定资产投资额 30 亿元，批发业销售额 273.12 亿元，住宿业营业额 1.26 亿元，餐饮业营业额 15.07 亿元，建筑业产值 61.55 亿元，营利性服务业营业收入 23.5 亿元。

数字经济 招引金服云、国际经贸合作信息化平台、乐观号平台等 12 个数字经济项目，总投资约 22.3 亿元。其中，“金服云平台”被列入“福建省重要金融基础设施”工程，自 2020 年 5 月运转以来，为 1.05 万家企业融资近 400 亿元，被评为福建省金融创新一类项目。接引健康之路、瑞森网安、后方信息等企业参加第三届数字中国建设峰会数字福建分论坛，帮助其申报的项目均入选福建省数字经济百项应用场景。德艺文创、宇伦信息、健康之路 3 家企业推出的专项项目获福建省数字经济发展专项扶持资金 800 万元，带动企业创新发展。

产业升级 加快五四路周边“一纵三横”楼宇经济集聚区的整体提升，依托“鼓楼智脑”平台，整合盘活三盛国际中心、融都国际大厦等星级商务楼宇资源，推进中山大厦、华城国际等旧商务楼宇提升改造。至年底，辖区有税收超千万元楼宇 14 栋，超亿元楼宇 6 栋，上市企业 4 家，市、区级总部企业 10 家，优质楼宇和企业数稳居全区前列。

招商引资 新引进招商项目 39 个，总投资 84.02 亿元，其中亿元以上项目 18 个，海峡交运、新谱环保、金服云、北京市京顺（福州）律师事务所等大项目、好项目相继落地。街道招商引资综合排名位列全区第一。

抓促项目 全面落实“五个一批”项目推进机制，抓省、市重点项目，促进服务提升、项目提速、产业升级、民生改善。2020 年，“抓项目促跨越”行动开工项目 18 个，总投资 73.2 亿元；竣工项目 6 项，总投资 10.3 亿元，综合排名位居全区第一方阵。

惠企服务 开展“优化营商环境三年行动”，全面践行一线工作法，通过“双百双千”“服务企业直通车”“企业服务日”“一企一议”等机制，帮助解决生产发展难题。全年包街区领导和街道班子对位服务联系辖区 116 家重点企业，走访企业 600 多次，帮助企业解决注册登记、扶持补贴申报、场所租赁等实际问题 96 件。

【城市建设与管理】 旧城更新 2020 年，鼓东街道完成华林路、鼓东路、尚宾路等世界遗产大会重点展示区周边道路新一轮城市品质提升工程建设，改造提升经院巷等 16 条小街巷和闽深宿舍等 13 个老旧小区，保护修复开元寺空海大师圆珍大师纪念堂及武氏名居、华侨楼等古迹古厝，完成中旅城西侧道路工程项目攻坚扫尾，开展房屋结构安全隐患整治攻坚行动，群租房整治率 100%。

传统街巷提升 以实施冶山历史风貌区保护修复为契机，联合中国移动福建分公司将中山路打造成第三届数字中国建设峰会线下体验点——5G 智慧示范街区和闽都坊巷经典示范区，利用 5G+AR 智能识别、5G 云上全景等数字科技打造 AI 智慧导游。

垃圾分类 建设垃圾分类智慧监管平台，开展误时投放专项整治，建成垃圾分类精品示范点 10 个，垃圾分类正确率 90%。开展屏东河、树兜河等内河水系综合治理和管养提升，打造以沿河串珠式公园为链条的河道走廊景观生态圈。

【社会事业】 文明创建 2020 年，鼓东街道以创建文明城市为契机，巩固深化“一轴四驱”（以志愿服务为轴，资源驱动、爱心驱动、机制驱动、平台驱动）志愿服务模式，在新冠肺炎疫情防控过程中成立鼓东街道防疫文明志愿劝导队，并联合党建联盟单位开展“防疫同行，有你有我”志愿服务活动。在电动车换牌攻坚行动中，集结文明交通志愿者，率先推出“电动车换牌上路 畅行文明福州”文明交通指引牌。承办省级“防疫有我 爱卫同行”志愿服务活动，组织党建联盟单位志愿者参与文明爱卫志愿服务活动。评选并宣传道德模范及“最美人物”“身边好人”“最美家庭”“书香人家”“读书明星”“星级志愿者”等，发挥模范带动作用。年内，辖区内17户家庭获全国、省、市、区级“最美家庭”和“五好家庭”，9名社区干部群众获福州市战“疫”最美志愿者、“鼓楼区道德模范”提名奖、“新时代鼓楼区好少年”、鼓楼区“身边好人”等荣誉。

文化体育　联合省、市、区妇联等单位开展“12·4”国家宪法日活动。承办福建省“运动健身进万家”系列赛事活动全民健身嘉年华（鼓东街道站）暨“12·5”国际志愿者日活动。联合省政协、区委文明办开展“千年古厝迎世遗，粽叶飘香话闽都——我们的节日·端午节”活动，表彰驰援武汉、坚守“抗疫”一线的工作人员。联合海容社工、省机器人科教协会等文化志愿服务队开展青少年儿童“古厝+科普”活动。联合闽都乡学讲习所举办“乡音乡情话家常——浅谈福州语歌曲的传承与发展”专题讲座，传承方言文化。举办“中山集市电影节”，联手区文体旅局、辖区党建联盟单位举办“第三届鼓东街道党建联盟运动会”，推广和普及全民健身运动。依托“文化和自然遗产日”，组织冶山李社志愿服务队开展“文化冶山”讲座并展出大量以冶山为创作主题的瓷器书画作品，弘扬闽都文化。与春伦茶叶党组织共建茉莉花茶非遗展厅。开设文化惠民旅游线路，由“金牌导游”黄玉麟带队讲述鼓楼坊巷故事。

卫生健康　全年出生人口313人，政策内出生304人，政策符合率97.1%，人口出生率6.43‰，人口自然增长率1.38‰，出生人口性别比104。设立生育关怀公益基金，慰问计生困难家庭60户，慰问金约9.64万元。

【社会保障】　劳动就业及其保障　2020年，鼓东街道组织下岗、失业及进城务工人员参加市区招聘会1场，发放企业招聘宣传材料300余份。登记失业新增就业281人；办理就业失业登记证132本。接收企业退休人员5323人，异地认定19人，完成城镇居民养老保险精准扩面361人。“两节”（元旦、春节）慰问就业失业特困人员2人、企业退休特困人员13人，为338名70岁以上城镇居民社会养老保险老人办理生存认证。检查用工单位企业10家，涉及劳动者150人。接待来电来访6人次，开展辖区企业摸底巡查6次，追讨拖欠农民工工资30余万元；协调处理劳动纠纷案件1件，参与协调处理突发事件1起，涉及劳动者20余人。

2020年7月9日，第三届鼓东街道楼宇党建联盟运动会在鼓东街道综合文化站举办　（鼓东街道 供）

社会救助　全年巡访辖区困难群众2257人，专人专册进行存档。为患有重疾的9户困难群众提供临时救助，救助金额9.72万元。年内，鼓东街道新增低保户8户9人，退出低保户1人；至年底，有低保户27户29人，特困户5户5人，低保边缘户1户2人，40%精简人员1户1人，发放低保、特困、边缘、40%精简补助金、物价补贴、节日补助43.51万元。慈善助学2户6000元、助医30户1.19万元。捐助岷县资金82.4万元，消费扶贫253.31万元，助推岷县发展。

优抚安置　为参战人员、残疾军人、在乡复员军人、退役士兵、“三属”（月优抚重点定期补助人员）发放护理费（残疾军人）、抚恤金、物价补贴、过节费等，为伤残军人发放伤残金、物价补贴、过节费等。

【平安建设】　社会综治　2020年，鼓东街道与各社区及辖区单位签订综治责任书6份。完善治安动态防控网络，综治中心接入鼓楼区天地一体感知天网平台、公安视频系统。治安警情309起，比上年减少114起，下降26.95%。开展矛盾纠纷排查，排查各类民间矛盾纠纷105起，调处成功105件，调处成功率100%。

安全生产　与社区、工业商贸、物业、娱乐等行业单位签订安全管理责任书164份。开展安全生产大排查大整治活动，出动检查人员4326人次，检查6431家次，发放整改意见书132份，整改完成率100%。全年未发生重特大生产安全事故。

社区网格化管理　鼓东街道有庆城、中山、观风亭、树兜、开元5个网格，招聘网格采集员15人。全年上报案件

2020 年鼓东街道社区基本情况一览表

表 43 单位：人

社区名称	常住人口数	社区居委会地址
庆城	7125	井大路 59 号
开元	8981	开元路七星新村 12 座 108 号
中山	7940	中山路 23 号 13 座
观风亭	7187	观风亭新苑三区 8 座
树兜	4869	营迹路 38 号温泉花园 B 座 2A

10.97 万条，有效案件 10.92 万条，案件有效上报率 99.35%；上报综合工作 3066 件。

【新冠肺炎疫情防控】 2020 年，鼓东街道成立新型冠状病毒感染肺炎防控工作应急指挥部，落实三级网格分包体系，全方位开展辖区内 126 个小区、300 多家沿街商铺各项防疫工作，筑牢联防联控、群防群治防线。制定街道疫情防控方案和应急管理预案，落实街道班子带班、街居干部 24 小时在岗应急值守，备齐备足医用一次性口罩、橡胶手套、消毒水、一次性隔离衣等防疫物资储备。通过逐户上门发放《致居民一封信》《致企业一封信》等方式，将疫情防控的严峻形势、具体要求、注意事项传达通知到辖区每一户居民、每一家企业负责人；通过街道网站、微信公众号、小区业主微信群及社区宣传栏、户外 LED 显示屏等线上线下相结合的方式全面开展宣传。至年底，辖区内无确诊病例、无疑似病例、无境外输入病例、无无症状感染者。

（黄伟）

鼓西街道

【概况】 鼓西街道总面积 1.84 平方千米，辖 6 个社区和西门股份经合社。2020 年底，辖区居民总户数 19410 户，户籍人口 62726 人，男性 30865 人，女性 31861 人，60 岁以上老人 15318 人，流动人口 9088 人。

【经济建设】 2020 年，鼓西街道实现公共财政总收入 2.75 亿元，比上年增长 2%；地方公共财政收入 1.78 亿元，比上年增长 2%；规模以上工业产值 2.13 亿元，比上年增长 8.3%；限额以上社会消费品零售总额 25.22 亿元，比上年增长 6.4%；城镇以上固定资产投资 3.32 亿元；实际利用外资 1439 万元，占计划 132.3%；批发业销售额 299.28 亿元，比上年下降 53.0%；零售业销售额 21.05 亿元，比上年增长 4.6%；住宿业营业额 5917 万元，比上年下降 36.0%；餐饮业营业额 2.66 亿元，比上年增长 22.6%；建筑业产值 6.6 亿元，比上年增长 7.4%；实现营利性服务业营业收入 13.03 亿元，比上年增长 20.6%。

企业服务 开展服务企业“百十千”行动，全年为 16 家重点企业的 57 名高管人员办理免费体检服务，为 210 家企业提供免费代办服务，为 35 家企业兑现市、区各项惠企政策奖励金 373.98 万元。

项目年 深化“抓项目促跨越”专项行动，促进服务保障提升、项目推进提速、产业提质增效、民生优先发展。全年完成开工项目 17 个，其中产业项目 7 个，民生项目 7 个；完成竣工项目 11 个。

招商引资 全年招商落地项目 40 项，总投资 28.84 亿元。其中，锦江都城酒店三坊七巷店、福建宝佳保洁服务有限公司等 14 个项目投资额逾亿元，总投资 15.64 亿元。新引进福建溢洋管理供应链有限公司外资项目，投资额 1000 万美元。

【城市建设与管理】 攻坚项目 2020 年，鼓西街道孙老营巷 5 号及梦山路 23 号、25 号 100% 签约，市皮肤病院东侧征迁扫尾项目实现清盘，拆除 2 栋楼体 3500 余平方米。

老旧小区长效管理 完成省发改委宿舍、宏杨新城 2 个老旧小区综合整治工作，达到“沟通、路平、灯亮、安全、有序、生态、智能、特色”的整治成效，惠及居民 330 户。推进老旧小区长效管理扩面，将湖光花园、城边曹 28 号建委宿舍 2 个小区纳入长效管理。至年底，辖区实现长效管理的小区总数 52 个。

市容管理 实施新一轮城市品质提升工作，启动西湖西片区环境综合提升景观改造，涉及陆庄社区 4 栋楼 201 户、梦山社区 11 栋楼 595 户、后县社区 9 栋楼 464 户。完成后曹巷传统小街巷改造。推进“两违”摸底排查、治理工作，全年拆除违法建筑 83 起，拆除总面积 5037 平方米。开展垃圾分类执法，处罚 210 起合计 39450 元；开展“城市管理日”活动，清理

2020 年 7 月 31 日晚，福建省首个沉浸式体验文化夜市——藏天园集市在西湖畔开市　（鼓西街道 供）

乱堆放 6200 余处。规范东街口周边、八一七路、鼓屏路“两车”禁停区管理，搬离 2300 余辆违停车辆。

垃圾分类　按照“打造 2.0 版本垃圾分类福州模式”具体要求，建成居民生活垃圾分类屋（亭）164 座，大件垃圾暂放点 1 座，有害垃圾暂存点 1 座。开展各类主题宣传活动和志愿服务行动，制作 400 份垃圾分类标识、3 万份宣传册和 100 个曝光台，累计开展宣传活动 820 余场，发放垃圾袋 41492 个。创新塑料泡沫处置通道、建冷库防止厨余垃圾发酵等举措，结合西洪路西湖西片区环境综合提升改造，推行一天三次“摇铃收圾”服务，打造分类工作特色亮点。鼓西街道陆庄社区获 2020 年度福州市生活垃圾分类工作优秀集体。

【社会事业】　城市文明创建　2020 年，鼓西街道利用福建“志愿云”平台、鼓楼区志愿服务平台，结合“3·5”学雷锋纪念日、“12·5”国际志愿者日等重要时间节点，围绕文明创建、平安建设、垃圾分类等重点工作，组织开展“家在鼓楼 靓丽过年”清洁月、爱国卫生运动、志愿服务等活动。发动党员干部、志愿者 7800 余人次，全面清理乱搭建、乱挂晒、乱张贴、店外店占道等现象，开展文明城市和文明城区创建检查、骑行巡游、入户宣传和调查等工作。

文化体育　街道综合文化站建设面积 700 余平方米，设有图书阅览室（省图分馆）、电子阅览室、体育健身室、文艺排练室、书画交流室、多功能活动厅、青少年科学工作室等。开展“我们的节日”主题活动，并结合系列活动，依托西湖公园开展节庆、民俗文化活动和文明宣传相关活动，推进 A 级旅游景区创建。深挖西湖周边文化、陆庄河文化，打造梦旅长廊、魅力街巷陆庄河“党建 + 文化”品牌。发挥辖区退休老干部资源，依托“西湖社区国山党建工作室”和“爱心银行”志愿文化品牌，结合坊巷文化及辖区特色，立足“红色书屋”开展“书香润党建”系列活动。

卫生健康　全年出生人口 427 人，政策符合率 96.72%，人口出生率 6.48‰，人口自然增长率 1.89‰，出生人口性别比 106.28。完成婚检 130 对，婚检参检率 65.33%，孕前优检参检 72 对，完成进度 85.75%。开展计生户外宣传、演讲活动 17 场，发放 1000 余份宣传材料。发放紧急救助金 2 户共 6000 元，失独家庭生日慰问 64 人、共 8320 元。办理一孩生育服务 205 件，二孩生育服务 178 件，三孩再生育审批 10 件。落实“除四害”消杀任务，全年发放登革热宣传材料 7000 余份，张贴宣传海报 2000 余张，翻盆倒罐 3100 处，投放鼠药 990 千克、灭蚊蚴颗粒 240 千克、下水道烟熏药 500 升，发放烟熏片 2 万余包。

民生服务　全年街道便民服务中心本级行政审批和公共服务事项总办件数 1.43 万件，其中实现“最多跑一趟”事项的实际办件量 1.43 万件。

【社会保障】　劳动就业及社会保险　2020 年，鼓西街道城镇新增就业 2258 人，城镇失业人员再就业 267 人，帮助就业困难人员实现再就业 96 人。挖掘高校毕业生就业岗位，发布各类民营企业、社团、民办非企业岗位任务 1428 个，基层公共管理岗位任务 21 个。组织开展“春风行动”线上招聘活动，85 家单位参与招聘，提供各类岗位 333 个，发布用工信息 1554 条。办理就业失业登记证 149 本，为灵活就业困难人员申请社保补贴 311 人。新增企业退休人员 324 人，死亡 71 人，转移 33 人。完成企业退休人员生存状况和资格认定信息调查 8127 人，补认定 456 人，异地协助认定 11 人。为 69 名辖区居民办理城乡居民社会养老保险，为 56 人办理到龄领取待遇申请，为 863 人办理城乡居民社会养老保险生存认证。

社区建设　至年底，鼓西街道各社区“幸福通”用户认证数 17838 人，发文数 1369 篇，“幸福通”群众累计

2020 年鼓西街道社区基本情况一览表

表 44 单位：人

社区名称	常住人口数	社区居委会地址
西湖	15100	西峰里 31 号
达明	11171	肃威路 11 号
保定	10659	鼓西路 429 号
梦山	9534	西二环北路 437 号
陆庄	9308	西洪路 181 号西洪小区 1 座
后县	10095	湖头街 79 号永同昌公寓 10 座 104 室

阅读量 40.8 万次。全年召开居民恳谈会 58 场次，参会人数 1227 人，提出并解决议题 68 个。开展“参与式预算”微实事协商项目建设，累计完成 6 项。

社会救助及居家养老　建立困难群众巡访制度，全年巡访各类群体 2046 人次，发放特困、低保户、边缘户、精简人员等困难对象各类补助 80.3 万元，发放节日慰问金 8.9 万元。临时救助困难群众 16 人，救助金额 7.4 万元。街道全年发放居家养老服务卡总面值 87 万元，惠及 2082 名老人。开办天颐“长者食堂 + 学堂”、智宇“长者食堂 + 学堂”。至年底，2 处食堂累计用餐 1075 人次。全年发放重度残疾人护理补贴 32.6 万元，发放困难残疾人生活补贴 4.8 万元，发放残疾人节日慰问金 18.42 万元。“两节”期间慰问就业失业特困人员 16 人、企业退休特困人员 19 人，累计发放慰问金 2.42 万元。

对口扶贫　为岷县筹集帮扶资金 46.24 万元，筹措物资总价值 29.34 万元。在辖区内选址安装 5 台消费扶贫柜机，采购价值 30.93 万元的岷县特色农产品。

优抚安置　成立“退役军人之家”、福州市自主择业退役军人活动中心，开展退役军人及其他优抚对象信息采集工作，采集退役军人信息，悬挂光荣牌。保障退役军人就业创业，邀请辖区退役军人参加专场招聘会 2 场、邮储“嘉年华”活动 1 场。全年慰问各类优抚对象，发放各类补助、节日慰问金。

【平安建设】　社会综治　2020 年，鼓西街道组建 1500 人平安志愿者队伍，开展平安建设宣传，覆盖所有小区，累计入户小区 130 个，张贴公告 600 余张、宣传海报 130 张，发放宣传册 1 万多张、宣传品 8000 份。开展“平安小区”创建工作，完成辖区 68 个平安小区建设任务，加强小区党支部建设，通过联系社区、物业、业委会，发动小区业主参与“平安小区”创建活动。落实巡防队伍日常治安巡防工作，按照预定时间、班次、巡逻路线，坚持 24 小时不间断巡防值班，强化辖区商圈和校园周边等重点路段、重点时段巡逻防控，发挥保安巡防队员在社区防范中的作用，提升居民群众安全感率。全年辖区警情 498 起，比上年下降 23.6%。

安全生产整治　开展房屋结构安全隐患大排查大整治百日攻坚专项行动，全面拆除 8 处 8400 多平方米 D 级危房及 23 处影响房屋结构安全的违建、3 处危墙，90 处群租房全部完成整改。推进安全生产规范化建设，坚持火灾隐患常态化排查，出动检查人员 3252 人次，检查各类场所 1696 家次，发放整改通知书 226 份。开展安全生产和消防安全宣传活动 6 场，张贴海报 48 面，组织开展防灾减灾主题宣传 6 次、演练培训 12 次，发放各类宣传材料 1500 余份。

【新冠肺炎疫情防控】　2020 年，鼓西街道成立新冠肺炎疫情防控指挥部开展防疫各项工作。开展环境消毒工作，全年出动 1800 人次，使用消毒水 1767 升，消毒面积约 101 万平方米，对农贸市场、隔离点、商场超市周边开展环境整治 128 次。结合爱国卫生月，开展“防疫有我　爱卫同行”宣传活动 23 次，发放宣传手册 1.86 万本，宣传药品 4520 份，受益群众 2.37 万人。

（李训钰）

华大街道

【概况】　华大街道总面积 3.35 平方千米，辖 9 个社区。2020 年底，辖区居民总户数 24469 户，户籍总人口 87386 人，男性 43327 人，女性 44059 人，60 岁以上老人 16315 人，流动人口 13371 人，流出 2764 人。

【经济建设】　2020 年，华大街道经济运行总体良好，多数指标呈增长态势。其中，营利性服务业营业收入 45.08 亿元，比上年增长 26.1%；建筑业产值 160.8 亿元，比上年增长 10.5%；住宿业营业额 2.79 亿元；餐饮业营业额 2.63 亿元，比上年增长 16.53%；批发业销售额 66.4 亿元，比上年增长 27.05%；零售业销售额 12.56 亿元，比上年增长 24.86%；社会消费品零售总额18亿元，比上年增长5.6%；规模以上工业产值1.33亿元；工业固定资产投资5.38亿元。

招商引资　以“抓项目促跨越”专项活动为载体，挖掘指标新增线索。招商落地项目43个，总投资197.11亿元，亿元以上项目有国网福建省电力有限公司（增资）、福建省华兴集团有限责任公司（增资）、特隆凯丰（福建）环保科技有限公司等27个。

楼宇经济　重点推进恒力博纳广场“标杆示范型”楼宇招大引强；完成福州创先工程材料有限公司、福建圣德生物科技有限公司等39家企业工商注册地变更回归。楼宇企业实现区级税收约2.7亿元。完成山海大厦、天骅大厦、壮安大厦改造提升。以山海大厦、银都综合楼等单一产权楼宇为试点，有针对性引导企业入驻，调整产业结构，固强补弱，充实存量，将楼宇成果转化为税收、固定资产投资等。在恒力博纳广场设立华大街道商会，并推进3.0恒力博纳企业驿站建设，打造企业服务平台。通过“企业驿站”服务，优化营商环境，提升服务质量，助力“三新经济”“小微企业”做大做强，从而带动楼宇经济发展。

夜色经济　以“资源对接、氛围提升、活动策划、宣传营造、智慧+”5个方向为重点，推进环省体周边街区夜色经济建设。以省体中心部分场馆提升工作为契机，发挥恒力博纳广场、金汤新天地2个中心的辐射带动作用，引导联盟商家、辖区9个社区参与活动宣传，定期轮流策划举办日常性或节假日重大活动，并提供350余个就业岗位，打造夜色经济圈，形成新的产业和商业形态，促进环省体周边街区的滨河休闲夜色经济发展带。以恒力博纳、金汤新天地为中心，环省体周边为依托。

企业服务　街道依托“服务企业直通车”“一企一议”及服务企业“百十千”行动等服务机制，收集企业发展问题及服务需求，为其精准施策。走访服务企业985次，其中直通车企业617次；收集并办结企业诉求232件，办结率100%，通过“一企一议”专题协调会办结诉求84件。为企业提供代办工商、税务等各种“绿色通道”服务，为企业代办各类注册业务520件次，注册资本总额197.1亿元。组织辖区直通车企业参加各类文体活动、职工慰问活动等63场。为重点企业及高管人员发放贺慰服务卡569张，配送鲜花117束，配送其他贺慰用品402份；为20家企业72名高管人员申报高管医疗卫生保健服务；新冠肺炎疫情期间，帮助福州英特利餐饮有限公司等5家企业申请各类奖励金80.95万元，帮助45家企业减租75.12万元。

2020年2月3日，华大街道举办鼓楼区重点招商项目云签约仪式分会场活动

（李萍　摄）

【城市建设与管理】　城市品质提升　2020年，华大街道完成5G基站站点建设118个。完成鼓楼区老城区综合提升“十位一体”精准立面景观改造项目17幢。清理取缔占道摊点2000余起，整治店外店9000余起。收缴红布条、布幅广告200多面，清理乱悬挂、乱晾晒2000余起，清理乱堆放杂物3000余起，处罚各类市容违章18.81万元。纠正“两车”及共享单车乱停放3万余辆次，搬离违停两车及过量投放的共享单车1500余车。在禁停街——鼓屏路、华林路、湖滨路，组织城管、社区工作者、志愿者开展“两车”规范化管理。拆除“两违”69起、11428平方米。推进电动车换牌工作，换牌11223面。

老旧小区整治　完成福三中宿舍、湖东路76号省发改委宿舍、冶山路4号3个老旧小区综合整治和改造提升工作，其中福三中宿舍列为省级老旧小区改造试点项目。继续推进300户自来水一户一表改造工作。在全区率先将小区管理员绩效奖励与长效考评成绩挂钩，推进小区长效管理，完成省安华林小区、省林业厅宿舍等66个小区的长效管理工作，长效小区完成数量和长效考评分数排名全区前列。

【社会事业】　文化体育　2020年，华大街道发挥文艺队伍资源优势，开展特色活动。每月开展越剧、舞蹈、器乐、摄影、旗袍秀、健康讲座等各类培训30余场。在屏山公园推出系列文化惠民活动。街道文化站艺术团在福建省文旅厅百姓大舞台上演“越

2020年12月27日，"日出屏山 春风满园"——华大街道"庆元旦 迎新春"文化惠民演出在屏山公园举行　（阎勇正 摄）

剧《孟丽君》专场（续）"文化惠民演出。街道综合文化站被福州市群众艺术馆评为"2020年度福州市最美基层综合性文化服务中心"。新增健身路径5条。

卫生健康　落实卫健惠民政策，兑现双待业独生子女父母奖励费2例；受理独生子女伤残死亡扶助22户34人（其中失独10户15人）；受理新增城镇独生子女奖扶499人，年审3669人；受理计生特殊家庭住院护理险103户171人；受理幸福工程（为计生母亲申请限期免息贷款）1例。流入人口13371人，流出2764人。街道初婚数207对，免费婚检参检190对。免费孕前优生健康检查指导并录入246人。

民生服务　标准建设社区"硬件"，创新打造社区"两中心两厅一平台"。将原有的社区"一老一少一普"活动综合场所升级更新为社区"老人活动中心"和"少儿活动中心"，依托社区"两中心两厅一平台"的硬件规范格局，提供亲民化、温馨化优质便民服务。全面完成第七次人口普查工作。将居民恳谈日与"参与式预算"有机结合，开展服务群众工作，召开居民恳谈日81场次，参与人次1408人，收集议题144个，解决议题130个。14个"参与式预算"微实事协商项目涉及社区环境建设、生活设施改善、安全防护设施增设等方面，经费预算总额54.83万元，撬动社会资金48.12万元，占总预算比重87.76%。

【社会保障】　劳动就业及保险　2020年，华大街道"摇工作"平台录入岗位信息7453条次，新录绑定单位230家，企业新录发布岗位564个。春风行动、就业援助月等活动深入开展，新增就业3105人、失业人员再就业355人。城镇居民社会养老保险参保人数1472人，新增48人。

社会救助　发放各类补助资金108万元，其中为辖区低保户、边缘户、特困户、40%精简人员等发放救助金、物价补助27.24万元、元旦春节等重要节日慰问金8.62万元；为重度残疾人发放护理补贴36.95万元，生活补贴4.55万元；为34名精神障碍患者发放服药补贴2.51万元；为12名精神住院患者发放补贴4.59万元；元旦春节等重要节日，为低保户残疾人、重度残疾人及精神智力残疾人发放慰问金17.49万元；为19名残疾人及其子女发放扶学助残金6.05万元。

社会福利　打造以居家为基础、社区为依托、机构为平台的养老服务圈。开放运营龙峰雅居园养老服务照料中心，与恒力博纳养老服务照料中心南北呼应，形成"两中心＋九站点"的养老服务体系。依托辖区党建联盟单位及街道社区卫生服务中心屏东分部，打造"长者食堂＋学堂""医疗＋养老"服务模式，共筑15分钟养老服务圈。辖区1988名老年人享受政府购买居家养老服务补贴；为照料中心与社区居家养老服务站配备工作人员，协调华大卫生服务中心、福建省第二人民医院和社区医疗卫生服务站签订协议，为老人建立健康档案，打造社区"医养结合"养老服务链。龙峰雅居园养老服务照料中心自第四季度开业后，累计上门进行居家养老家政服务120人次，长者食堂为老人供餐2176人次。恒力博纳养老服务照料中心开展康复诊疗、休闲娱乐、家政服务等各项养老照料服务，累计开展"弘扬养老、敬老优良传统，共建共享老年友好社会""让民法典走到群众身边讲座""肠道健康讲座""老年慢性病讲座"和养生理疗、歌唱舞蹈等活动30余场，服务老年人400余人次。完善辖区养老配餐网络，受理审批60岁以上长者食堂就餐申请550人，解决老年人群的就餐需求。

优抚安置　按照新的抚恤标准，为优抚对象足额发放抚恤金、物价补助等。落实退役军人帮扶援助，协助开展公租房保障资格登记、"八闽拥军光明行"免费眼病治疗、退役军人社保接续等。华大街道退役军人服务站获评"全国示范型街道退役军人服务站"。

扶贫协助　结合岷县扶贫开发实际，推进鼓楼区山海协作和东西部扶贫工作，落实街道与岷县十里镇、秦许乡结对帮扶。全年为岷县筹集到帮扶资金100.42万元（其中福建永鸿兴融资担保有限公司捐赠岷县助学专项资金20万元，资助贫困学生46人），捐款物资折价42.89万元，消费扶贫255.44万元。动员福建承创堂中药有限公司到岷县注册公司，开展产业扶贫。参加挂牌督战村结对，动员福州为民再生资源利用有限公司对接帮扶岷县维新镇池滩村。

【平安建设】 社会综治 2020年，华大街道组建一支45人的专职巡防队伍，发动居民志愿者组成义务巡逻队，协同配合“110”警车巡逻。坚持按照法定途径处理信访事项及矛盾纠纷，化解信访积案10起，排查矛盾纠纷97起，运用“调解有一套”栏目调解15起，调处成功率100%。开展司法矫正工作，教育矫正668人次（集中教育220人次、个别教育448人次），组织社区服务368人次，走访矫正人员195人次。建立健全刑释人员安置帮教工作制度，衔接刑释解教26人次，在册衔接安置帮教对象113人，安置帮教建档率100%。开展扫黑除恶长效常治建章立制，贯彻落实“六清行动”，持续加大线索摸排，涉及重点人员270人、重点行业127家、重点部位123个，为人民安居、职工复工、企业复产提供稳定生活环境和良好法治环境。探索“老、旧、小”居民小区连片创建新模式，持续推动“平安小区”创建，建成“平安小区”100个（实现连片管理8个），福日小区、丰海花园作为全市“平安小区”示范点，多次接待全市各县（市）区的调研、观摩，2020年9月福日小区代表福州市接受中央政法委的检查调研。

安全生产监管 落实“党政同责、一岗双责”安全生产责任体系，成立街道安全生产工作领导小组。全年投入安全生产相关资金10万元，开展各类消防及应急演练10次、消防培训11次，出动人员3627人次，检查各类场所2331处，发现安全隐患387处（含房屋隐患），整改完成387处（含房屋隐患），下发整改通知书355份。

房屋安全隐患整治 以网格为依托，实行任务分片分区、定人定点包干排查，组建“执法处置队、拆除突击队、矛盾纠纷调解队”3支队伍，高效推进排查整治工作。摸排房屋无隐患数53715个，公共建筑162处，核实、整治上报八大类房屋安全隐患138处。拆除违建41处（含围墙1处），面积9996平方米。全面完成“回头看”工作，完成率100%。

【新冠肺炎疫情防控】 2020年，华大街道落实“大数据+网格化”管理，指导社区与居家医学观察对象签订《法律风险告知书》《居家管理承诺书》等，对接社区卫生服务中心医护人员，落实体温监测、核酸检测等医学观察。成立“1+9”核酸检测应急队伍，建立街道、社区、小区、单元楼栋四级网格，明确分工。在9个社区均选备核酸采样点，在华林路景观提升项目指挥部（原红墙巷37号）建立常态化核酸检测街道采样点。

建立冷链经营专项管理工作机制，对辖区涉及冷链经营的单位进行再摸排，帮助经营者规范经营行为。成立专项巡查小组，加强对商超、市场、酒店（宾馆）、楼宇等重点场所的日常防控督查，对辖区内3家商超、1家农贸市场、25处楼宇等人员密集场所开展督导和宣传，实地督查辖区内娱乐场所，了解场所疫情防控物资储备、防控政策执行情况。多渠道多平台开展疫情防控宣传，发放宣传材料9600余份。

2020年华大街道社区基本情况一览表

表45 单位：人

社区名称	常住人口数	社区居委会地址
九彩	12056	九彩弄7号九彩华庭3座1层
屏山	6113	华林路131号1楼
屏东	8806	华屏路25号省直屏东城3号楼2层
龙峰	6799	华屏路48号金冠花园5座106单元
北江	6725	北二环中路131号时代金典606单元
琴湖	9762	五四路436号益力公寓2—3店面
体育中心	8210	五四路310号奥体中心北2、北3看台对面
思儿亭	6251	北环中路148号中建宿舍5座
公益	6307	公益路5号华鞍花园4-101

（何曜翀）

南街街道

【概况】 南街街道总面积1.54平方千米，辖6个社区。2020年底，辖区居民总户数15339户，户籍总人口44675人，男性21533人，女性23142人，60岁以上老人12680人，常住人口44702人，流动人口7504人。

【经济建设】 2020年，南街街道实现城镇以上固定资产投资16.409亿元，比上年增长532.52%；规模以上工业产值1.309亿元，比上年增长21.03%；建筑业产值18.184亿元，比上年增长1.72%；其他营利性服务业营业收入20.635亿元，比上年增长44.03%；零售业销售额49.422亿元，比上年增长14.30%；住宿业营业额3956万元，比上年增长66.75%；社会消费品零售总额60.899亿元，比上年增长5.35%。

招商引资　全年招商落地29项，总投资20.94亿元，其中常规项目27个，总投资18.94亿元；定向招商项目2个，总投资2亿元；利用数字峰会招商平台，引进数字经济项目，与鼓楼区政府就智慧城市大数据进行现场签约，总投资0.5亿元。

夜色经济　对八一七路南街段、安泰河畔夜色酒吧一条街、勺园文创集市3个点位进行统一规划，结合"古厝夜游""文化夜游"等项目，发展泛三坊七巷街区、白马河街区夜色经济，打造高质量夜色经济示范点，街道获评省级诚信经营示范片区、市夜色经济体验示范街区。

营商服务　开展重点企业跟踪联系服务，全年上报"一企一议"专题协调会会议纪要158篇，涉及问题350个。为辖区24家重点企业70名企业高管申请并获得健康体检卡。帮助4家重点企业5名高管子女协调解决就学问题，为582家企业高管720人开展贺慰服务，配送贺慰用品805份。

【城市建设与管理】 项目建设　2020年，南街街道有市重点项目4项，其中三坊七巷文华酒店项目总投资12亿元，年计划投资1.13亿元，至年底实际完成8.3亿元；侨星郡项目总投资7亿元，年计划投资4.63亿元，至年底完成投资计划100%；白马映书台项目总投资10.6亿元，至年底完成投资计划100%；福州市小柳小学项目总投资4.818亿元，至年底完成投资100%。项目开工任务数17个，实际开工数23个；竣工任务数9个，至年底竣工数完成11个。

城市建管　完成白马河沿线西侧旧屋区改造征迁扫尾工作，完成通湖路235号黄朱园里省直机关离休干部休养所1854.87平方米房屋征迁项目。推动危房危屋整治，辖区8处危房全部拆除完毕。开展群租房整治，辖区87处群租房超序时完成整治。

市容管理　强化节假日、三坊七巷历史文化街区等市容保洁工作，全年城市管理绩效综合考评位列全区前三，南街城管中队获"省级示范中队""市级青年文明号""市五星级中队"等称号。推进"两违"整治，拆除违法建设47起、6491平方米。全年对"两车"违停、占道经营、渣土乱堆放、垃圾分类等行政处罚1224起，收缴罚没款20.31万元。融合数字化城市管理信息平台、一线处置平台及网格平台，高效处置各类城市管理问题，全年处置9659件，处置率100%，无返工超期案件，综合排名十街镇第一。

生活垃圾分类　根据鼓楼区垃圾分类2.0版本提升工作要求，完成10座精品屋建设提升。每个社区配置1名垃圾分类专员，实行网格化管理，城管中队成立垃圾分类专项执法队伍，指导公共机构、沿街商铺垃圾分类工作。街道被评为"福州市垃圾分类先进单位""市首批生活垃圾分类示范片区"，三坊七巷社区被评为"市垃圾分类最佳分类屋"，驿里社区被评为"市垃圾分类工作示范小区"。

2020年5月17日，南街街道举办消费不"南"，街坊助力——党建引领复工复产直播活动　（南街街道 供）

【社会事业】 文明创建　2020年，南街街道依托街道综合文化站、三坊七巷党员政治生活馆、新时代文明实践所（站）、社区学院"终生教育大讲堂”、街道业余讲师团等平台，开展闽都文化、诗歌朗诵、书画音乐、国学历史等培训宣讲和公益文化演出420多场。发挥三坊七巷区位优势，整合古厝织艺所、民俗博物馆、汉服天下等各类文化资源，开展“坊巷文化”主题的各类文化活动近百场。推进志愿服务，在旅游景点、疫情防控、交通劝导、环境卫生、平安宣传等领域开展志愿服务活动，累计时间142972小时。

民生实事　在全区率先建成“长者食堂+学堂”，并继续扩面。辖区36个5G基站全部完成建设。电动汽车充电桩建设超序时完成任务。受疫情影响，居民恳谈日活动5月后恢复正常，开展9期54场次，解决问题107件。通过居民恳谈日、鼓楼“幸福通”等多种平台征集民生微实事项目17个，落地12个，筹措资金41.38万元，其中社会资金18.01万元。

卫生健康　全年出生人口240人，人口出生率5.7‰，出生人口性别比109。办理一、二孩生育登记246本（常住人口234本、流动人口12本），再生育登记8本。免费婚前检查动员121对准新婚夫妇参检，参检率77.56%，位列全区第四名；免费孕前优生健康检查160人参检，参检率104.4%。建立免费药具发放网点64个，使用药具人数845人，发放药具10342盒。全年开展卫生健康教育咨询等活动33场。对辖区20家医疗机构开展新冠肺炎疫情防控工作专项检查指导，对新东方培训学校等12家课外培训机构、4所学校复学展开检查工作。

【社会保障】　劳动就业　2020年，南街街道全面落实各项就业政策，街道登记失业人员231人，就业再就业229人，就业率99.13%。岗位招聘信息录入量7764条，录入总量排名鼓楼区第一。在疫情防控期间将招聘会改成线上方式，宣传复工复产就业补助政策，帮助辖区面临暂时性生产经营困难且恢复有望的中小微企业。为辖区内近500名灵活就业困难人员申请社保补贴，鼓励失业人员再就业。

社会救助　为42户低保户56人发放低保金39.99万元。临时救助困难户16户32人，金额16.95万元。为低保边缘户、遗属人员等12户发放救济金9.3万元。为一、二级重残130人发放生活补贴38.02万元，60周岁以上无固定收入的重度残疾12人发放生活补贴6.99万元。扶贫岷县到账资金及物资折价81.34万元，消费扶贫金额（含共建单位）116.05万元。

优抚安置　为参战退役军人、军烈属、残疾军人发放各类优抚补贴。节日走访慰问退役军人，发放慰问品及慰问金。为困难退役军人、重点优抚对象申请困难和医疗补助金。采集退役军人信息，悬挂光荣牌。

【平安建设】　社会综治　2020年，南街街道按照省、市综治中心标准化、规范化建设要求，打造指挥、判断、协调功能俱全的综治中心。推进“综治中心+网格化+雪亮工程”一体化建设，维护辖区安全稳定，全年辖区警情273起，比上年下降60%，未发生重大刑事案件、安全生产和消防事故。推动信访积案化解，近2年化解5名信访积案老户，无新增信访人员。落实社区矫正有关法规和上级相关规定，对社区矫正对象加强监管和教育帮扶，12名社区矫正对象按时“在矫通”位置确认，组织矫正对象到社区协助开展平安“三率”、人口普查宣传、垃圾分类等志愿服务，解除矫正对象10人，在册刑满释放人员101人，列入帮教101人，帮教安置率100%。开展法律进社区服务，免费提供法律咨询服务，全年调解各类矛盾纠纷88起，成功率100%，涉及赔偿金额39.8万元。开展扫黑除恶专项行动，针对辖区6类重点治乱行业41家单位，坚持一周一报、每月摸排，摸排重点人员1400人次，上报区扫黑办线索16条。

平安小区创建　协调公安、城管等职能部门，引导小区业委会、物业和居民共同参与、共同治理，打造党建有引领、活动有场地、小区有氛围的“平安小区”31处。

平安建设宣传　结合新冠肺炎疫情防控，线上线下开展平安宣传，线上发送宣传短信32万余条，线下开展4轮100%入户走访，发放宣传资料5万余册，“平安联系卡”6000张，平安建设宣传袋6000只，抽纸1万盒，宣传品1万份。开展以法律咨询、“3·15”国际消费者权益日、国家安全日、扫黑除恶宣传等主题活动30余场，法治讲座6场。

【新冠肺炎疫情防控】　2020年，南街街道应对疫情防控推出设卡守棚“四个标准化”（设施配备、人员保障、工作流程、应急处置），数据摸排“四个关键”（突出关键问题、突出关键力量、突出关键环节、突出关键时限），以及率先成立文明宣传劝导队等多项机制，得到市、区领导肯定并推广。配合区商务局等区直部门每日检查辖区7家非星级宾馆、小柳市场、永辉超市东百中心店及东百商场体温检测、口罩佩戴、消杀情况等工作。配合区食安办每日督促73个餐饮场所等重点区域开展消杀工作，出动消杀人员416人次，消杀面积17807平方米。

在疫情防控中，向186家企业提供口罩11.7万个、额温枪63把，协助企业贷款200万元，组织21家企业核酸检测802人次。帮助协调辖区75家商户或小微企业减免租金75万元。辖区东百中心成为疫情中全省首家恢复营业的大型综合商场。针对疫情对服务零售业造成的影响，组织辖区21家限上企业及1家大个体开展“全闽乐购惠聚榕城”线上线下促销活动。

2020 年南街街道社区基本情况一览表

表 46　　　　单位：人

社区名称	常住人口数	社区居委会地址
三坊七巷	8613	安民巷 25 号
杨桥河南	7007	河南新村 15 号楼
小柳	3957	道山西路 128 号
驿里	9535	通湖路 236 号
柳河	8824	杨桥中路 69 号
灵响	6766	灵响路 52 号

（杨信坤）

安泰街道

【概况】　安泰街道总面积 1.59 平方千米，辖 4 个社区。2020 年底，辖区居民总户数 9473 户，户籍总人口 24960 人，常住人口 25389 人，流动人口 2880 人。年内，于山社区被评为福州市“五一先锋号”，乌山社区宜居小区被评为福州市“邻里一家亲”小区。

【经济建设】　2020 年，安泰街道规模以上工业产值 3.647 亿元，比上年增长 1.9%；社会消费品零售额 26.798 亿元；固定资产投资总额 13.862 亿元，占全年计划 69.3%；零售业销售额 24.068 亿元，比上年增长 3%；批发业销售额 39.971 亿元，比上年增长 12.2%；住宿业营业额 1.703 亿元；餐饮业营业额 2.12 亿元；营利性服务业营业收入 14.788 亿元，比上年增长 0.7%。

楼宇经济　至年底，辖区有商务、商住楼宇 28 栋，税收超千万元楼宇 1 座，超亿元楼宇 2 座。入驻楼宇企业 789 家，注册资本 94 亿元。建立健全楼宇网格化管理平台，完善楼宇企业数据库，落实楼宇专员联系企业制度，将省、市、区扶持政策传导至企业，一对一指导企业开展申报，全年走访企业 256 次，为 23 家企业申报政府奖扶，向 22 家企业兑现发放奖金 110.23 万元。

招商引资　全年上报招商项目 23.5 项，总投资 20.51 亿元，重点引进博兰伊德（福建）教育科技有限公司、福州国重医疗科技有限公司、福州康途商旅服务有限公司。

【城市建设与管理】　攻坚项目　2020 年，安泰街道基本完成乌山历史风貌区二期罗浮岭景区建设；完成于山风貌区提升改造征迁项目涉迁 2 处；完成乌山防空洞清租工作，推进世遗观光通道内部特色改造工程；朱紫坊西入口地块完成签约扫尾并拆除。

老旧小区长效管理　35 个老旧小区纳入长效管理，4 个老旧小区纳入准长效管理，完成帼华楼小区整治项目。6 月起，全面重启居民住宅小区楼道及消防通道长效治理工作，清理 28 个无物业老旧小区，清运废弃物 59 车，改善住宅小区楼道、楼院的环境，消除楼道堵塞等安全隐患。对老旧小区实施下排管网、路面、绿化、照明等方面的综合整治，提升老旧小区生活环境。

市容管理　劝离流动摊点 1500 余起，查扣摊点 200 余起，劝导店外店 1200 余家，搬离暂扣违停电动车约 1700 部，处罚违规投放垃圾行为 165 起，拆除“两违”0.42 万平方米；查处房屋结构安全隐患 27 处，拆除面积 933 平方米。全年每月市容考评基本保持全区前三，网格案件处置月评比 6 次位居全区第一。

【社会事业】　社区建设　2020 年，安泰街道探索打造“三社联动”社区服务模式，搭建“两厅一平台”社区标准化场所。推出“长者食堂 + 学堂”项目，定制特色菜单，配套康乐服务，搭建长者互动平台，对接区老年大学引进适老课程。依托“幸福通”平台为居民提供方便快捷服务，12595 名居民参与共治共享。利用居民恳谈日、“参与式”协商等载体搭建民主协商平台，参与协商人数 574 人次，解决 52 件待办事项，完成 6 项参与式项目。

文化活动　发挥基层文化站职能作用，以文化站为核心，以 4 个社区文化服务中心为支撑，组织开展“每周一台戏”活动 40 余场；利用图书室、电子阅览室、多功能活动厅等文化设施开展各类培训活动 100 余场；举办“‘福德翰墨兰韵迎春’迎新年歌盛世”书画邀请展、瓷雕瓷绘作品展 32 场次。选送的抗疫征文作品获评“万众一心，防疫抗疫”——2020 年全省防疫抗疫征文活动（散文组）一等奖。鼓楼区首份社区刊物《乌山简讯》创刊 20 周年。

卫生健康　全年出生人口 95 人，其中男孩 51 人，女孩 44 人。流动人口方面，流入人口 2268 人，流出人口 612 人，跨省婚育证明发送率 100%，协查反馈率 100%。实行网上生育登记服务，办理一孩生育登记 176 例，二

2020年12月18日，安泰街道乌山社区《乌山简讯》创刊20周年暨党建特色服务项目“党群之家启动仪式”在红色文化广场举行　（安泰街道 供）

孩生育登记155例，再生育审批3例，独生子女父母光荣证2例。受理城镇部分计划生育家庭奖励扶助201人。受理独生子女伤残死亡家庭扶助5户7人。

【社会保障】　社会救助　2020年，安泰街道发动辖区慈善企业重阳节实物慰问40名困难群众；为4名低保户、低保边缘户子女申请慈善助学金1万元；为33户低保户及2户低保边缘户办理慈善助医卡，金额1.38万元；为17名困难残疾人和105名重度残疾人发放补贴21.76万元；为9名精神残疾人发放服药补贴4872元；为5名残疾人申报辅助器具补贴2400元；为10户残疾人家庭申请残疾人助学补贴；节日期间，为106名困难及重度残疾人发放慰问金7.64万元；为2户残疾人家庭申请无障碍改造；为38户46人低保户、2户7人低保边缘户、1户1人特困户发放城乡困难居民补助款35.61万元；为辖区内102名无工作老人发放高龄补贴13.22万元。

社会福利　深化“一个中心四个基本点”居家养老站点覆盖辐射机制，发挥照料中心的生活服务、保健康复、休闲娱乐、厨房餐饮、书画空间、医药配送、日间照料七大服务功能，提供集中照护、喘息式短期寄养等专业服务，全年为6594名老年人建立更新健康档案，开展志愿服务活动67场，服务人数1444人次。年内，长者食堂办理就餐卡693人，日均就餐40余人次。

优抚安置　完成退役军人信息采集登记，悬挂光荣牌。走访退役军人，发放优抚抚恤金与伤残抚恤金。

【平安建设】　社会综治　2020年，安泰街道平安“三率”工作居全市第一。全年辖区未发生影响国家安全和社会稳定的政治事件，未发生因人员漏管失控发生肇事肇祸案（事）件。刑事案件、盗窃案件、治安案件立案数分别比上年下降50.3%、63%、3%。重点人员帮扶管控案件及时核查率98.4%，按期处置率99.66%。街道和辖区派出所成立安泰平安巡防队，实现辖区覆盖式巡查。年内，打造32个“平安小区”并通过验收。社区矫正人员81人，解矫78人，在册监管3人，在册安置帮教对象38人。调处各类矛盾纠纷80件，成功80件，调处成功率100%。开展法律法规教育106人，组织社区矫正对象开展社区服务33人次。开展法律“七进”经验交流会或现场会6场，开展大型主题宣传活动和专项法治宣传活动2场。

安全生产整治　在消防安全排查整治专项行动中，签订年度安全责任书90余份。以安全生产月、“11·9”消防宣传月为契机，开展各类安全演练17场，安全知识培训和座谈会9场；制作安全宣传专刊48期；出动3600多人次对公共聚集场所、商业网点、中小餐馆等场所开展专项整治，现场整改102处，发出整改通知书83份，整改率100%。开展房屋结构安全隐患大排查大整治攻坚行动，排查小区65个、楼栋648栋、房屋二维码16423个，100%完成房屋隐患整治。开展南洋新村、福润街、冠亚广场等多次整治行动，集中整治22套群租房，重点拆除安乐巷9处危旧房，消除安全隐患154处。在整治中还协助国企福建中旅集团有限公司收回被强占10余年的价值约5000万元房屋。

【新冠肺炎疫情防控】　2020年，安泰街道推出新冠肺炎疫情防控多项机制，率先开展辖区全面消杀，配合景区限流开放，常态化管理安全有序。首创“钉钉协同办公”机制实现防控数据全面、实时共享，启用物联网AI智能系统，监测居家健康管理。通过社区“幸福通”、小区宣传栏、微信群等渠道开展防疫政策、知识和个人防护宣传，提高居民自我防护意识，分发宣传单8036份，制作横幅58条，播放LED标语56条，发布健康科普及防控工作信息数据100余条。发动党建联盟单位捐赠一线物资近25万元，

2020 年安泰街道社区基本情况一览表

表 47 单位：人

社区名称	常住人口数	社区居委会地址
五一广场	3101	马道街 75 号斗南小学旁
于山	8681	法海路 27 号
乌塔	6797	道山路 189 号文心园 3 座 102 号
乌山	6810	乌山路 75 号

发动志愿者近 2000 人次，帮助博达、厦门国际银行、福州大饭店、一脉阳光等 60 余家辖区企业协调解决防疫物资紧缺、办公场所租金减免等难题 108 件，助力企业复工。撰写宣传信息 30 余篇，《福建日报》、福建卫视、《福州晚报》、福州新闻网等省、市媒体登载播报辖区抗疫事迹 19 篇。

（李子熙）

水部街道

【概况】 水部街道总面积 1.31 平方千米，下辖 5 个社区和水部股份经济合作社，办事处驻龙庭路 39 号（台江区）。2020 年底，辖区居民总户数 12211 户，常住人口 34196 人，流动人口 6063 人。年内，街道被福州市总工会、福州市重点项目管理办公室评为福州至长乐机场城际铁路项目专项劳动竞赛“优胜单位”，市政府征兵办授予街道武装部“征兵工作先进单位”，闽都社区和街道公共服务办获市“五一先锋号”称号。

【经济建设】 2020 年，水部街道地方财政收入 3.18 亿元；规模以上工业产值 3.43 亿元，比上年增长 10.66%；消费品零售总额 44.46 亿元，比上年增长 12.9%；零售业销售额 41.42 亿元，比上年增长 20.9%；城镇以上固定资产投资 23.08 亿元，比上年增长 28.81%；实际利用外资 7337 万元；出口总额 35.42 亿元，比上年增长 3.5%；批发业销售额 178.33 亿元，比上年增长 14.1%；住宿业营业额 5690 万元，比上年增长 43.14%；餐饮业营业额 3.43 亿元，比上年增长 20.49%；建筑业产值 279.7 亿元，比上年下降 14.92%；营利性服务业收入 12.27 亿元，比上年增长 26.32%。

招商引资　全年 20 个备案项目转化至重点项目库，总投资额 40.94 亿元，开工项目 20 个，总投资 40.94 亿元，竣工项目 17 个。全年实现招商引资落地项目 23 个，投资额 42.99 亿元。促成“新引进企业总部”福建新希望澳牛乳业有限公司区域总部落地，福建源联创融资担保有限公司及中禾信融资担保（福建）有限公司等异地企业税源回归。

企业服务　开展“十心”行动和“企业服务日”活动，走访 42 家“双百双千”增产增效行动企业和 69 家直通车企业，上报“一企一议”协调事项 73 件，解决企业需求 73 条。强化与福建省电子信息（集团）有限公司、福建省人力资源服务有限公司、福建国通信息科技有限公司等省属及国高企业互动，关注下属企业与项目的生成和裂变，协助省电子信息集团 20 亿元、嘉里国际 12.6 亿元增资备案。针对性地帮扶辖区 42 家“双百双千”重点企业，对接辖区建行城东支行、兴业银行福州分行，加强对企业金融信贷支持，搭建企业与银行对接的桥梁。

【城市建设与管理】 2020 年，水部街道古乐路旧改片区、五一新城等地块 21 万平方米安置房在建，完成图纸选房工作，六一新苑实现回迁安置。

2020 年 9 月 25 日，水部街道商会成立大会暨第一届第一次会员大会在悦竹酒店召开　（水部街道 供）

启动古乐路幼儿园建设，引进凯威托幼设立托育园，新建鼓五小五人制足球场，完成先施大厦、华翔新村等蛤埕路沿线精准景观整治，对7条道路582面沿街店面卷帘门实施改造，拆除“四无”及违章建筑面积2967平方米，完成省、市工行宿舍老旧小区改造，实施市三建宿舍、福新新村9座10座等D级危房零星地块精准改造，落实完成水部地铁站周边工行ATM机楼建设及五一中路元洪大厦、电信大楼清洗等新一轮城市品质提升项目。

开展外环境灭鼠4场次，投放鼠药430千克，外环境灭蚊蝇8场次，投放灭蚊蝇药物75千克，下水道灭蟑4次，投放热烟雾剂111.5升。开展垃圾分类“盯桶”行动，在各小区设置垃圾分类误时投放“曝光台”，建华温泉公寓垃圾分类屋被评定为“垃圾分类精品屋”。

【社会事业】 文化体育　2020年，水部街道在福新社区、建华社区、莲宅社区安装全民健身器材14处，依托街道综合文化站及社区综合文化服务中心，组织开展读书月活动、科普周主题活动及各类知识讲座、乒乓球比赛、趣味登山比赛等群众性文化体育活动92场，组织器乐、旗袍走秀、广场舞、早教等各类培训56场，举办“我们的节日——巧手做月饼 邻里话中秋”活动、“文韵墨香迎新年 情暖社区送祝福”活动、“迎中秋 庆国庆”文艺演出及“爱满重阳节，情满夕阳红”“月满华诞 情满双节”“花漾七夕 相伴成长”等特色民间民俗活动，举办“党员志愿服务活动 文明城市创建”“文明餐桌 以俭养德”“笔墨助力 共战疫情”等主题活动，开展“奏响时代乐章”红歌大合唱活动。

卫生健康　全年出生人口184人，出生人口政策符合率97.83%，出生人口性别比104.44。办理一孩生育登记129例，二孩生育登记107例，再生育登记3例。免费孕前优生健康检查234人，免费婚前检查218人，新增独生子女伤残死亡家庭扶助8户12人，累计46户68人，办理计生特扶家庭护理险14户22人，为计生困难家庭申请紧急救助5000元。举办宣传及讲座活动17场，开展科学育儿活动12场。

2020年8月14日，五一新城项目安置回迁选房现场　（水部街道 供）

【社会保障】 劳动就业　2020年，水部街道成立12家企业劳动争议调解委员会，“摇工作”平台发布招聘信息5404条次，办理就业创业证102本；协助办理灵活就业人员困难认定92人。

社会保险　城乡居民基本医疗保险参保缴费人数8206人，城乡居民基本养老保险新增475人，累计1377人；协助认定异地企业退休人员领取养老金资格3人；新接收社会化管理企业退休人员249人，累计5814人。

社会救助　新增低保户5户6人，总计低保户16户19人，低保边缘户1户1人，全年发放各类慰问金、生活补助等26.3万元。

优抚安置　为参战人员、伤残军人、农村籍退役士兵、病故军人家属等优抚对象发放抚恤金、节日慰问金、物价补贴、病人遗嘱费、体检补助费。

居家养老　全区首创“企业让利”模式，与聚春园味中味合作建设“长者食堂+学堂”。政府购买服务券1068人，发放金额43.24万元。试点探索“邻里互助养老”，以莲宅社区综合服务站东光花园分站为阵地，引进邻里汇公司成立公益“8+3”帮扶团，创新“1+N”（“1”代表有养老需求的老年群众，“N”代表参与养老服务的水部街道社区、“善业联盟”爱心企业、“邻里汇”专业社工、社会志愿者和邻里老人）精准互助养老模式。

【平安建设】 社会综治　2020年，水部街道开展社会治安问题专项治理行动，建设水部街道关爱工作站，成立社区级巡防队伍，按照“一小区一方案”，创建平安小区58个。持续开展扫黑除恶斗争和平安建设宣传月活动，制作宣传手册2万份、宣传品4200份、宣传海报1000张，开展平安建设宣传活动200多场，悬挂横幅15

2020 年水部街道社区基本情况一览表

表 48　　单位：人

社区名称	常住人口数	社区居委会地址
闽都	6065	五一中路 39 号冠正大厦 3 层
建华	7334	建华支巷 6 号（建华温泉苑内）
莲宅	6119	六一中路 71 号皇岛中环 1 层及夹层
乐天泉	6313	六一中路 123 号冠茂都会 3 层 56 号
福新	8365	古田支路 150 号

条，播放 LED 字幕短片、标语 2300 屏次。全年调解各类民事纠纷 57 起。每月 10 日“居民恳谈日”定期接待群众，全年召开 56 场次，解决问题 98 个，8 个转为参与式预算实施。完善民意征集办理机制，“12345”平台受理投诉 1714 件，一线处置平台处理和解决群众诉求 805 件。接收社区矫正人员 142 人，解矫 122 人，在册监管 20 人，在册安置帮扶对象 68 人。全年开展“12•4”全国法制宣传日、国家安全法等各类宣传活动 7 次。

安全生产整治　结合火灾防控、房屋结构安全隐患百日攻坚行动、安全生产专项整治三年行动、打通“生命通道”集中治理行动等，拆除省亿力宿舍、市三建宿舍、福新新村等 D 级危房 12 幢，拆除面积 11237.46 平方米。排查房屋结构安全，摸排房屋二维码 26573 个、楼体 406 栋，发现 107 处隐患，均整治完毕。针对物业及无物业小区、建筑工地、学校、医院、商场、文化娱乐场所、宗教场所、文保单位等人员密集场所开展生产安全及消防安全排查，出动 1300 余人次，检查 800 余家次，排查隐患 35 处，均整改到位。对辖区 84 个物业管理单位及新村小区进行集中画线管理、集中开展清理。开展各类宣传活动 9 场，发放宣传单 2200 余份、手册 1300 余份，播放 LED 标语 60 余条。联合辖区单位正大广场、正祥中心、福晟财富中心、元洪花园融侨物业、工商银行闽都支行等多家重点单位开展消防演练和培训 10 场。更换灭火器干粉 1093 具，更换软管 100 条、压力表 50 个，添置 10 个消防箱。

【新冠肺炎疫情防控】　2020 年，水部街道建立 13 个路面测温检查卡点，设置四色战“疫”图，强化重点人员健康管理，筑牢数据专班、体温检测关口、物业企业、楼组长志愿者分队、网格员“五道防线”，加强社区防控，辖区无确诊病例与疑似病例。于全区第一批启用集中医学观察点，组建 11 支党员先锋队，成立留观点临时党支部，接收和转运境内、外留观人员。

（郑琳贞）

温泉街道

【概况】　温泉街道总面积 2.24 平方千米，辖 7 个社区和温泉经合社。2020 年底，户籍人口 74134 人，其中男性 36941 人，女性 37193 人，常住人口 72240 人，外来人口 15196 人。街道 7 个社区区域化党建联盟涵盖驻区单位党组织 184 个，其中机关事业单位省级 77 家、市级 19 家、区级 17 家，国有企业 29 家，“两新”组织 40 家，部队 2 家。温泉街道被评为福建省 2018—2020 年度省级文明单位、2019 年度城区生活垃圾分类工作先进街镇、鼓楼区 2019 年度重点工作先进集体、福州至长乐机场城际铁路项目专项劳动竞赛优胜单位；营商环境办被评为 2020 年度福州市“五一先锋号”；武装部被评为先进基层武装部。汤边社区、汤门社区被评为老年人健身康乐家园；金汤社区、琼河社区被评为 2019 年度省级“侨胞之家”单位；金汤社区城市之光小区被评为福州市“邻里一家亲”小区；东大社区灰炉新苑被评为 2019 年度城区生活垃圾分类工作示范小区，灰炉新苑分类屋被评为 2019 年度城区生活垃圾分类工作示范分类屋；鼓楼区社区学院东大社区分校被评为福建省示范性社区学校；河东社区被评为鼓楼区社会科学普及基地（2020—2022 年度）、共青团中央委员会“青少年零犯罪零受害社区”第二期试点单位；汤边社区被评为“暖心家园”、心理慰藉援助中心（福建省计划生育协会项目点）。

【经济建设】　2020 年，温泉街道规模以上工业产值 22.07 亿元，比上年下降 8.4%；社会消费品零售总额 63.69 亿元，比上年增长 15.8%；城镇以上固定资产投资 20.13 亿元；实际利用外资 2.55 亿元；批发业销售额 340.32 亿元，比上年增长 21.7%；住宿餐饮业营业额 1.7 亿元，比上年下降 35.9%；建筑业产值比上年增长 17.1%；工业固定资产投资 9.41 亿元；实现营利性服务业营业收入120.26亿元，比上年增长10.1%。

楼宇经济 辖区纳入日常管理的楼宇57座，总面积143.58万平方米，税收超千万元楼宇24座，其中超亿元楼宇7座：信和广场（超20亿元）、宜发大厦、东煌大厦、交通厅综合大楼、福建人才大厦、置地广场、国贸广场；区级超千万元楼宇11座，其中区级超亿元楼宇1座（信和广场）。入驻企业中有世界五百强企业24家、中国五百强企业28家。全年走访服务企业2032家次，新增注册企业1039家，摸排在地企业1481家。

招商引资 全年落地常规项目52.5个，总投资214.14亿元，其中定向招商项目1个，100亿元以上项目1个，招商工作位列全区前列。

【城市建设与管理】 **抓项目促发展** 2020年，温泉街道“一抓一促”项目开工20个，总投资41.3亿元（其中产业项目开工15个）；项目竣工9个，总投资13.85亿元。完成地铁4号线塔头站征迁及建设项目；完成温泉路35号周边地块旧屋区改造公园建设；推进过洋垱旧屋区改造项目扫尾工作。完成市委、市政府下达的水系综合治理任务，配合市水务、北控、中建三局对辖区内琼东河、华林河、旧树兜河、五四河9处问题进行扫尾。

城市整治改造 完成城市品质提升重点路段沿线7栋楼体外立面改造；完成秘书巷及秘书横巷传统街巷整治改造项目收尾；完成琼河小学周边道路拓宽改造项目；督促跟进辖区汇城中心等2个安置房项目建设；完成大营里街巷景观改造。推进老旧小区整治，完成4个老旧小区的长效管理扩面，继续推进福寿巷片区式市场化管理工作，指导1个小区组建业委会。开展房屋结构安全隐患排查，对辖区内259套群租房进行整治。

市容管理 公厕保洁全面推行精细化管理，所有设施进行每周深度清洗及保养；加强精品道路清洗保洁工作，强化考评机制，结合快保形成联动机制，环卫排名全区第四；强化流动摊点及乱堆放整治，取缔占道摊点780多摊，纠正占道经营1040多起，查处乱堆放100余起，罚款19.11万元，市容综合排名全区第二；拆除违建36起，总面积6840.27平方米，占地面积1046.49平方米，“两违”治理排名全区第三；加强共享单车管理，“两车”停放点画线1万余米，可停车2万余辆；加强市政日常巡查，市政工作排名全区第二；建档管理所有在建工地，每日巡查，渣土管理工作排名全区第二；开展垃圾分类宣传活动727场，发放宣传册7万份，建设垃圾屋亭195个，在岗督导员218人，垃圾分类工作排名全区第一。

【社会事业】 **文化活动** 2020年，温泉街道举办“喜迎庚子年，金鼠接福来”迎新春民俗汇活动、“有福之州是我家，美丽乡村靠大家”美丽乡村摄影展、“欢乐童年 放飞梦想”主题活动、“共享文化遗产，体验剪纸魅力”主题活动、“墨韵书香越千年”非遗文化宣传活动、“温煦泉韵 厝边有歌”非遗主题活动、指尖上的端午、“粽叶飘香，品味端午”主题活动、“送爱心，树信心”党建联盟庆七一、“庆七一，温初心，送温暖”活动、诗情花艺·爱在当“夏”七夕活动、冰皮月饼DIY活动、“月满华诞，情满双节”游园会、“人月两团圆，双节共狂欢”主题活动、“九九重阳节、浓浓敬老情”重阳主题活动、“情暖冬至 感恩有你”冬至主题活动。

卫生健康 全年出生人口586人，政策符合率97.44%，出生人口性别比107.07。免费婚检率98.5%，免费孕前优生健康检查覆盖率161.4%，奖励兑现率100%。城镇部分计划生育奖励扶助新增411人，退出94人，合计可享受3233人；死亡伤残特别扶助新增7人，退出6人，合计可享受111人。办理一、二孩生育登记519本，三孩再生育审批4本，独生子女父母光荣证4本。慰问计生困难户56人次、特殊家庭55户次，失独家庭老人生日慰问35人。

【社会保障】 **劳动就业** 2020年，温泉街道登记下岗失业人员2537人，再就业2493人，就业率98%。元旦、

2020年12月1日，温泉街道“长者食堂”在温泉支路28-4号开放（连贞贞 摄）

春节“两节”慰问特困登记下岗失业人员11人，发放困难补助8800元，慰问特困退休人员52人，发放慰问金4.16万元。企业退休人员领取养老金资格认定6797人。办理失业证227本，受理社保补贴申请290人。完成城乡居民基本养老保险参保和城乡居民基本医疗保险参保任务。组织辖区用工企业和失业人员参加市、区、街道举办的各类“春风行动”专场招聘会7场。

社会救助　春节慰问辖区贫困残疾人家庭、特殊困难家庭及重点优抚对象等困难家庭212人次，发放慰问金（品）7.48万元。为辖区8户困难家庭发放临时救助金7.22万元；实现慈善助医25人次，助医金额9900元；助学1人次、2000元。为辖区老人发放居家养老服务券1386人次、62.09万元。开展“寒冬送暖”“炎热送清凉”专项救助行动，劝说、引导流浪乞讨人员受助78人次。为176名重度残疾人发放护理补贴29.05万元，为24名困难残疾人发放生活补贴5.18万元。新增纳保8户低保家庭，累计为28户38名低保对象发放低保金24.94万元。

【平安建设】　社会综治　2020年，温泉街道落实党政领导综治责任制，社区四级巡逻队全天候开展治安巡防；发放平安建设宣传品4200份、问卷调查宣传单7000份、平安建设宣传册5万份，制作张贴平安建设宣传海报5000张，播放LED标语200条；健全完善治安防控体系，在27个无物业小区安装监控探头。全年辖区违法犯罪类警情2005起，比上年上升48.29%；盗窃警情502起，比上年下降18.37%；破获九类涉恶团伙案件2起，抓获涉恶人员31人，比上年下降66.67%；未发生重大刑事案件、死亡案件。为温泉派出所、各社区警务室配备治安电动巡逻车14辆，上调抓获现行违法犯罪分子有功保安人员的奖励标准，发放奖金3.64万元。开展常态化禁毒宣传活动，在重点地段悬挂禁毒宣传横幅70余条，在各社区设置7个固定禁毒宣传专栏，发放禁毒宣传单近3000份。社区矫正人员入矫11人，解矫11人，变更居住地1人，在册监管18人，在册安置帮教对象109人。调处各类矛盾纠纷157起，调处成功率100%。开展“法律七进”经验交流会或现场会51场，举办法治讲座13场，组织知识考试1场，开展大型主题宣传活动和专项法治宣传活动24场，开展普法治理活动49场。建立“片长制”网格化服务管理模式，招收网格采集员24人，开通运行8个网格，采集案件17.57万件，均核查完毕，开展政策宣传、解困帮扶、重点人员走访、便民服务等各类综治工作5676次。

安全生产整治　开展安全监管执法年活动，更新宣传栏7个，印制安全宣传册、安全标识、责任书、公约等，在人员密集场所、建筑工地、校园周边场所等发放；播放LED标语143条，悬挂宣传横幅55条；举办消防常识培训、居民安全座谈会等65场，到新村楼院宣传203场，到场所（单位）836家次进行防火宣传。开展安全生产大检查，出动2365人次，检查公共聚集场所和沿街店面2123家次，整治隐患878处。

【新冠肺炎疫情防控】　2020年，温泉街道成立新型冠状病毒感染肺炎防控工作一线指挥部，组建10支党员先锋队、三级防控队伍，下沉187个疫情防控卡点开展群防群控。为企业提供防疫物资、信贷支持、返岗车费补贴、包车复工、核酸检测等服务，帮助辖区150余家企业享受政策红利，为34户中小微企业承租户减免租金43万元。辖区党支部1800名党员捐款15万元支持防疫工作。街居推行居家健康管理机制、小区监测点管理机制、志愿联盟等相关疫情防控经验成效获各级媒体报道52次。至年底，辖区内无确诊病例，疑似病例3人（后排除），无境外输入病例，无无症状感染者。

2020年温泉街道社区基本情况一览表

表49　　单位：人

社区名称	常住人口数	社区居委会地址
汤边	17560	五四路147号星顺明珠1楼
汤门	10805	六一北路256号星光灿烂远博中心5楼
金汤	9379	五四路19号国泰大厦1楼
东大	7938	东大路东城边街31号灰炉新苑3座1层
东湖	10864	闽运巷6号
河东	8055	得贵路33号白金瀚宫4座1层
琼河	7639	琼福路68号宜发得贵城4号楼1层南面

（施孜）

五凤街道

【概况】　五凤街道总面积9.63平方千米，辖11个社区、4个经合社。2020年底，辖区居民总户数30708户，户籍人口数79516人，常住人口数89059人。

【经济建设】　2020年，五凤街道实现地方财政收入2.47亿元，比上年增长41.1%；财政总收入3.31亿元，比上年增长8.06%；城镇以上固定资产投资59.09亿元；规模以上工业产值4.43亿元，比上年增长11%；营利性服务业营业收入12.92亿元，比上年增长17%；限额以上批发业销售额50.24亿元，比上年下降29.4%；限额以上零售业销售额43.78亿元，比上年增长10.4%；限额以上住宿业营业额1.53亿元，比上年下降5.6%；限额以上餐饮业营业额2.46亿元，比上年增长7.8%；限额以上消费品零售总额49.38亿元，比上年增长3%；实际利用外资160万美元；工业固定资产投资1.72亿元。

“2020抓项目促跨越”行动中，街道招商引资签约落地项目数50个，总投资56.594亿元；平台项目占比20%，引进超亿元项目6个。

【城市建设与管理】　2020年，五凤街道完成129个5G基站建设；实现西岭互通铜盘连接线道路工程通车；完成金辉珑岳花园一区、保利天悦花园工程建设；加快福州市屏西小学、省二建地块恒宇尊禧、嘉达纺织地块保利首开公馆等项目建设进度。全面完成垃圾分类2.0升级，推行垃圾分类“四定”，康颐花园小区获“福州市2019年度城区生活垃圾分类工作示范小区”称号；拆除“两违”21起7265平方米；完成雅丽达花园、省计委宿舍老旧小区改造，长冠城、泉塘加油站周边景观改造，启动省直湖前、省直屏西住宅小区景观改造，拓宽湖前河步道；开展登革热统一外环境消杀2次，统一灭鼠活动投放鼠药1000千克。

年内，3个老旧小区被纳入长效管理并完成扩面；完成450户自来水“一户一表”改造；指导21个小区成立业主委员会；完成48个老旧小区224个化粪池清掏；下拨15部既有住宅电梯增设及更新改造资金补贴；完成20个住宅小区电动车充电桩建设。

【社会事业】　文化教育体育　2020年，五凤街道文化站开展“迎世遗，话古厝”活动56场；以中国共产党建党99周年为契机，联合各社区举办“不忘初心　牢记使命文艺会演系列活动”及红色夜市活动20场。结合“我们的节日”、文明旅游、垃圾分类等主题开展文艺会演及志愿服务活动65场，结合世界读书日、“全民阅读”主题开展读书活动22场。

卫生健康　全年出生人口520人，其中男孩266人、女孩254人，政策内出生508人，政策符合率97.69%，出生人口性别比104.7；免费孕前优生健康检查录入率46.69%，录入完成110对；婚检参检数137对，参检率72.87%。

便民服务　建成11个社区“两中心两厅一平台”，落地“参与式预算”微实事项目2项，零财政投入，撬动社会资金16.5万元；受理公租房申请286户；采集退役军人信息，发放光荣牌102面；“12345”政务服务平台接收并处理群众诉求3801件，“鼓楼智脑”App受理一线处置诉求件1256件。凤仪社区被市总工会授予“五一先锋号”称号。

【社会保障】　劳动就业　2020年，五凤街道求职介绍成功174人，实现失业再就业253人，其中就业困难人员再就业145人；动员协助12名就业困难人员参加市、区公益性岗位招考并上岗；关注企业动态，将辖区30家龙头企业信息形成台账，每月实时更新。

社会保险　配合省、市、区人社局推进养老保险法定人员全覆盖，对辖区2993人进行摸底，开展精准扩面工作，动员未参加养老保险的795名居民办理城乡居民社保，全面提高城

2020年9月25日晚，五凤街道在江厝路举办“五凤腾跃迎国庆　民族相亲共团圆”红色夜市主题联欢活动
（五凤街道 供）

镇居民养老保险参保率。加快推进医疗保险全覆盖，开展城乡居民基本医疗保险参保工作，居民医保缴费总人数18190人；企业退休人员养老资格认定10567人，其中死亡100人，接收企业退休人员587人，街道有企业退休人员8654人，办理异地认证45人。

社会救助　街道低保户44户65人，边缘户4户8人，全年发放各项救助金93.1万元，其中低保救助金41.61万元，低保边缘救助金1.44万元，物价补贴14.45万元，低保电费补贴0.4万元，临时救助金18.22万元，节日慰问金等16.98万元；巡访困难群众2927人次；发放重度残疾人护理补贴2704人次38.34万元，困难残疾人生活补贴406人次9.34万元，事实无人抚养生活补贴35人次2.06万元；节日慰问残疾人545人19.6万元；受理残疾人各项补助申请46件，完成687人次动态更新，第一批第三代残疾证换发107人。

社会福利　辖区有社区养老服务照料中心1个、居家养老服务站11个，全年发放居家养老服务卡1680人次、66.36万元；引进福建微尚生活服务有限公司承接养老项目，建成五凤街道湖前社区长者食堂，75名年满60周岁以上长者申请就餐卡；养老服务照料中心与福建省护理学会共建提升医养结合养老模式，启动福建省2020年老年人心理关爱试点社区建设，培育3所托育机构。辖区5个社区被市老体协授予“老年人健身康乐家园”称号。

优抚安置　全年发放病故军人遗属抚恤金、因公牺牲军人家属抚恤金、烈属抚恤金、伤残人员抚恤金、参战退役人员抚恤金、农村退役军人抚恤金、复退军人抚恤金；为重点优抚对象发放春节慰问金、“八一”慰问金、中秋国庆“两节”慰问金、年度体检费、物价补贴、伤残军人伤残抚恤金。

助力扶贫　11个社区与甘肃岷县中寨镇及维新镇18个村结对并签订扶贫协议书，累计筹集扶贫资金101.6万元，消费扶贫326.11万元，引进1家企业投资投产，物资扶贫9.3万元。

【平安建设】　社会综治　2020年，五凤街道在辖区2所中学、2所小学及19所幼儿园全面安装一键报警系统，同步视频接入公安机关；开展“共建共享，共筑平安五凤”等宣传活动51场，召开群众座谈会82场，入户走访2833次，发放宣传品及超级短信等向居民宣传平安工作。发挥街道5874名平安志愿者力量，实行平安中心户长义务巡逻，重点路段重点监管；创建102个平安小区，占全街小区总数60%，依托“雪亮工程”，推动政府治理和居民自治良性互动。全年发生盗窃警情451起，比上年下降3%。开展扫黑除恶专项斗争工作，辖区重点领域均未发现涉黑涉恶现象。接收社区服刑对象36人，解除社区矫正12人，有社区矫正对象27人；衔接安置帮教对象32人，有安置帮教对象140人，衔接率100%，帮教率逾95%，重新违法犯罪率低于2‰。排查矛盾纠纷300余次，调解触电亡人事故纠纷2起、安装室外电梯纠纷和债务纠纷各1起。化解华大村下后营征收信访群体积案，签约3户。

安全生产整治　开展安全生产月和鼓楼安全发展行等宣传教育活动，重点开展房屋结构安全大排查大整治百日攻坚专项行动，全面完成辖区74446户房屋摸排工作，排查安全隐患141处、面积2.09万平方米，其中140处为住宅类隐患，1处为公共建筑D级危房（省商学院1号学生宿舍楼）隐患，均完成整治；排查群租房线索191条，认定群租房129处，均完成拆除及清渣，累计清离租户239户603人；拆除马鞍山大夫岭汽车连营房后（7处）、湖景路8号、龙首境（义井佳园）旁、大腹山公寓、凤仪家园危房及违建共10处，总面积2400平方米。完成隐患整治“回头看”及“全面返工”工作。

社区网格化管理　健全“片长制”

2020年2月，五凤街道广厦社区开展新冠肺炎疫情防控工作　（高华 摄）

2020 年五凤街道社区基本情况一览表

表 50　　单位：人

社区名称	常住人口数	社区居委会地址
左海	7100	台后路 8 号左海花园 3 座 103、104 室
龙泉	11460	崎上路 39 号 7 座 1 层
天元	10663	天泉路 135 号
铜盘	4730	铜盘路 168 号
白龙	15802	白龙支路 18 号五凤山庄 14 栋 1 层
兰庭	8177	丞相路 56 号丞相坊小区 2 号楼架空层
凤仪	6392	丞相路 171 号凤仪家园 6 号楼架空层
屏西	4760	屏西路 98 号屏西新村 35 座底层
永恒	6026	北环西路 108 号永恒新村 26 栋 101 室
湖前	9229	江厝路 25 号规划院宿舍 1 座 108 室
广厦	4720	江厝路 70 号省直湖前小区 13 座 1 层

网格化服务管理模式，强化 15 个网格管理，网格采集员 45 人，采集上报有效案件 15.11 万件。开展综合工作 7294 次，其中便民服务 10 次，解困帮扶 5 次，入户走访 937 次，宣传教育 6342 次。走访重点人员 1033 次，其中刑满释放人员 512 次，社区矫正人员 141 次，肇事肇祸等严重精神障碍患者 198 次，吸毒人员 172 次，重点青少年 7 次，邪教人员 3 次。

【新冠肺炎疫情防控】　2020 年，五凤街道出动 3500 人次对农贸市场、隔离点、商场超市等重点场所开展消杀，消毒面积 5 万余平方米；向楼宇企业、商户、住户张贴发放《一封信》、科普挂图等防控宣传材料 6.01 万份，播放 LED 宣传标语 44 条，大型 LED 电子彩色显示屏 2 面滚动播放。至年底，街道无确诊病例。

（郑羽）

洪山镇

【概况】　洪山镇总面积 12.4 平方千米，辖 12 个社区和 7 个股份经合社。2020 年底，户籍人口 102066 人，60 岁以上老人 21698 人；常住人口 108272 人（海峡人才市场和福大人才市场挂户 537 人），流动人口 17437 人。

【经济建设】　2020 年，洪山镇社会消费品零售总额 311.77 亿元，比上年增长 8%；零售业销售额 308.33 亿元，比上年增长 8.8%；批发业销售额 65.78 亿元，比上年增长 18.5%；住宿业营业额 0.98 亿元，比上年增长 10.5%；餐饮业营业额 3.87 亿元，比上年增长 13%；营利性服务业营业收入 67.11 亿元，比上年增长 23.07%；建筑业产值 72.48 亿元，比上年增长 9.4%；规模以上工业总产值 33.05 亿元；固定资产投资 35.45 亿元；工业固定资产投资 1700 万元。

园区建设　鼓楼金牛“互联网＋”特色小镇完成投资 3.7 亿元，小镇创建经验被市发改委列为典型经验。新增互联网产业招商项目 29 个，总投资 69.94 亿元，省、市、区重点平台经济项目“松果直播小镇”落户园区。入选省数字经济领域“独角兽”企业 1 家，入选“瞪羚”企业 8 家。引进与培育国家高层次人才计划 1 人、福建省“百人计划”1 人、福建省高层次人才 8 人、福建省工科类青年专业人才 2 人、福州市“双一流”高校毕业生 23 人。

重点项目　聚焦“项目年”“招商年”“三产年”等专项行动，注册 5000 万元以上落地招商项目 67.5 个，总投资 105 亿元；抓促开工项目 23 个，总投资 79 亿元；“五个一批”新开工项目 17 个，总投资 48 亿元。“抓项目促跨越”专项行动综合考评排名全区第一，招商工作排名全区第三。建成华润万象城五期和 TB、TC 楼，新增楼宇面积 31.78 万平方米。打造华润总部企业聚集高地，引进欧力士集团总部等项目落地。2020 年，新认定总部企业 2 家、国家高新技术企业 31 家、福建省高新技术企业 23 家；注册企业 8287 家，比上年增长 15.64%。

企业服务　洪山镇将 134 家企业列入服务企业直通车名单，62 家“双百双千”增产增效重点企业中 61 家实现正比增。开展企业服务月、企业服务日活动，镇领导干部走访服务企业 890 家次，通过“一企一议”“鼓楼智脑”平台解决问题 735 件。搭建银企合作桥梁，为辖区福信富通等

2020年12月23日，鼓楼区洪山镇第十八届人民代表大会第五次会议召开

（洪山镇 供）

21家企业争取银行融资1.67亿元。投资近30万元建设招商过渡用房，为重点招商项目提供“零成本”过渡场所，打通服务企业落地“最后一米”。招商代办项目165个，注册金额353.8亿元。

【城市建设与管理】 城市建设 2020年，洪山镇推动完成福沁地块一、西郊坊下北、柳河路以南等4个扫尾项目，拆除面积约2.9万平方米。福州大学怡园宿舍周边、福二村等6个地块实现交地，长春铺、福一村等4个地块完成出让，350户650套图纸完成选房。福沁路、新西河延伸段、捷报里路等5条小街巷完成提升整治并通车。完成1个老旧小区整治、9个小区电动车充电桩安装、232个小区消防通道整治任务。

市容管理 推进“两违”治理工作，拆违80起、2.01万平方米。处置“数字城管”案件2.77万件，按期结案率100%；处置市容网格案件9万余件，处置率99.96%。以文明城市创建为契机，落实“街巷长制”“河长制”“公厕长制”等机制，提升城市精细化管理水平，开展空气质量提升工作、水环境保护。完成198个5G基站建设，换发电动车新式号牌10662面。

垃圾分类 推进垃圾分类工作常态化、长效化、规范化，全镇277座垃圾分类屋均实行“定时定点定人定监控”。开展垃圾误时投放专项执法行动，纠正违规行为212起，罚款1.91万元。年内，洪山镇被评为福建省生活垃圾分类示范片区。

【社会事业】 文化体育 2020年，洪山镇利用智信社区在线学堂、鼓楼区老年大学等优势资源，举办培训活动80余场，镇业余讲师团开展主题宣讲250余场。以“我们的节日”为载体，组织开展文体活动130场。新建健身路径点3处，室内健身房1处，智能健身驿站1处。洪山镇被列入2018—2020年度省级文明村镇推荐名单。成立洪山镇新时代文明实践所及12个社区新时代文明实践站。逐步推进公共文体服务一体化、均等化，新建公共文体设施3处，完成镇综合文化站和社区综合文化服务中心高级版（3.0）改造提升。2人上榜福州好人榜，5人上榜鼓楼好人榜。

卫生健康 开展特殊家庭服务，实现双岗联系人制度、就医绿色通道、家庭医生签约全覆盖。推进计生奖扶，发放奖励扶助金、慰问金813万元。出生人口数663人，男孩340人，女孩323人，出生人口性别比105.26。免费孕检指导数657人、参检386人，覆盖率58.75%。婚检初婚数239对，婚检数101对，婚检率42.26%，群众满意率逾90%。

【社会保障】 2020年，洪山镇投入财政资金8269.52万元用于民生事业，占一般公共预算支出59.26%。办理城乡居民养老保险496人，城镇居民医保参保14072人次，新增失业人员本期就业63人、登记失业率2.02%。加强企业退休人员社会化管理，完成企业退休人员实际认定12299人。

加快推进省海峡养老服务中心、西郊康乐养老院建设，国光社区获评省级老年人健身康乐家园。推进养老服务集成改革试点工作，率先在全区实现社区“长者食堂+学堂”全覆盖。提升养老服务，发放居家养老服务券66.86万元；镇社区养老服务照料中心入住老人10人，日均提供就餐服务约80人次；金牛山社区家园入住老人53人。

成立洪山镇退役军人服务站，开展退役军人服务工作。发放低保、困难、重残等各类民政经费160.88万元。落实扶贫攻坚，发动人大代表、政协委员、企事业单位等捐资对接甘肃岷县和贵州雷山县扶贫工作，筹措资金477.41万元。

【平安建设】 社会综治 2020年，洪山镇开展扫黑除恶专项斗争，破获九类案件5起、刑拘九类人员18人。组建专职巡逻队伍，盗窃警情比上年下降26.78%，盗窃警情、刑事案件实现“双下降”。开展“平安小区”创建工作，完成116个“平安小区”创建。开展信访积案化解攻坚工作，落实一案一专班，全年化解省市区级重点积案4件、省重点“治重化积”（治理重复信访、化解信访积案）4件。强化矛盾纠纷调解，受理调解纠纷331件，调解成功率和履行率均100%。开展重点人员管控，在册矫正人员41人；在册刑释解教人员154人，无重新犯罪，无脱管漏管，帮教率和建档率均100%。

安全生产　全面开展房屋整治百日攻坚，“12345”投诉举报件处置率、二维码摸排率均100%，摸排总量占全区五分之一；完成293处安全隐患整治，拆除华侨新村7号、65号2处D级危房。完成至诚学院学生公寓4号楼挡墙、市聋哑学校北侧护坡地灾点整治。

【新冠肺炎疫情防控】　2020年，洪山镇成立疫情防控领导小组，制定疫情防控工作方案和应急预案，采取镇领导挂钩社区、镇干部分包社区、社区干部分包具体户的责任落实体系，将防控监督任务细化到各小区、各楼栋、各楼管员，建立“五级网格”管理机制。落实24小时值班值守制度，采用线上+线下方式开展宣传，实现疫情宣传全覆盖。组织开展疫情防控知识培训50余场。设立全区第一个医学集中隔离观察点，搭建2个核酸检测采样点。坚持疫情防控和企业复工复产两手抓、两不误，辖区汇川、恒鸿达等重点科技企业研发的防控排查录入系统、测温系统等“硬核科技”投入使用。

2020年洪山镇社区基本情况一览表

表51　　　　单位：人

社区名称	常住人口数	社区居委会地址
福屿	14895	祥屿路121号融信澜郡三区3号楼1层
西凤	6450	后县路20号武夷春晓园东侧6号楼3楼
怡山	14513	凤湖路121号融侨锦江悦府南B区15号楼裙楼1楼
兴园	6963	白马支路175号斗池新居
大凰山	5473	乌山西路166号福三新村三座101室
凤凰池	9796	文林路42号
象山	8045	梅峰路166号运盛美之国小区附属楼2层
金牛山	8546	杨桥西路118号长春花园3座205
凤湖	7286	乌山西路563号海晟营销中心1层南侧
洪山桥	6117	杨桥西路221号融汇江山3号附属楼1层
锦江	6030	西江滨大道66号融侨锦江A区2号楼下
国光	13621	梅竹路7号朗园小金星幼儿园1层

（李依涵　陈敏）

2020年鼓楼区获福建省五一劳动奖章人员名单

表52

姓名	性别	获称号时工作单位及职务	授予机关
侯艳梅	女	佳好佳（福建）生态环境科技有限公司管理员	福建省总工会
刘平生	男	福州市鼓楼区洪山镇人民政府营商办主任	福建省总工会
陈　丽	女	福州市鼓楼区南街街道杨桥河南社区党委书记、居委会主任	福建省总工会

（区总工会）

2020年鼓楼区获国家级、省级先进个人名单

表53

类别	姓名	性别	获称号时工作单位及职务	荣誉称号	授予机关	获称号时间
国家级	刘晓磊	男	武警海警总队福建支队某部干部	个人二等功	中国人民武装警察部队海警总队福建支队政治工作部	2020年7月
	朱立忠	男	福州市鼓楼区东街街道退役军人服务站站长	2020年度全国退役军人服务中心（站）“百名优秀主任（站长）”	退役军人事务部	2020年12月
	张天水	男	福州市鼓楼区三坊七巷消防救援站副站长	全国“最美退役军人”	中央宣传部、退役军人事务部、中央军委政治工作部	2020年12月
	程　羽	女	福州市鼓楼区人民法院刑事审判庭副庭长	全国法院办案标兵	最高人民法院	2020年12月
	王成鹏	男	福州市鼓楼区南街街道杨桥河南社区专职工作人员	全国抗击新冠肺炎疫情优秀城乡社区工作者	民政部	2020年12月
省级	郑航毅	男	福州市公安局水部派出所案件审理一中队中队长	第十七届“福建省青年五四奖章”	共青团福建省委员会	2020年5月
	郑丽玲	女	福州市鼓楼区温泉街道东大社区书记、主任	第十七届“福建省青年五四奖章”	共青团福建省委员会	2020年5月
	陈婷婷	女	福州市鼓楼区人民检察院办公室主任	第十七届“福建省青年五四奖章”	共青团福建省委员会	2020年5月
	李彦杰	男	福州市鼓楼区洪山镇人民政府团委副书记	2019年度福建省优秀共青团干部	共青团福建省委员会	2020年5月

续表 53

类别	姓名	性别	获称号时工作单位及职务	荣誉称号	授予机关	获称号时间
省级	卓惠长	男	福建医科大学附属第一医院重症医学科主治医师、重症甲乳支部副书记	福建省“最美退役军人”	福建省退役军人事务厅	2020 年 9 月
	蔡　琤	女	福州延安中学教师	福建省优秀教师	福建省教育厅、福建省人社厅	2020 年 9 月
	王国韬	男	福州市鼓楼第一中心小学教导主任	福建省优秀教师	福建省教育厅、福建省人社厅	2020 年 9 月
	金　亮	女	福州市鼓楼第二中心小学教导主任	福建省优秀教师	福建省教育厅、福建省人社厅	2020 年 9 月
	欧林铃	女	福州市旗汛口幼儿园教师	福建省优秀教师	福建省教育厅、福建省人社厅	2020 年 9 月
	黄村玲	女	福州杨桥中学校长	福建省优秀教育工作者	福建省教育厅、福建省人社厅	2020 年 9 月
	陈　丽	女	福州市鼓楼区南街街道杨桥河南社区党委书记、居委会主任	福建省优秀共产党员	中共福建省委	2020 年 11 月
	陈　飚	男	福州市鼓楼区卫生健康局党组成员，福州市鼓楼区疾病预防控制中心主任	福建省抗击新冠肺炎疫情先进个人	中共福建省委、福建省人民政府	2020 年 11 月
	陈　丽	女	福州市鼓楼区南街街道杨桥河南社区党委书记、居委会主任	福建省抗击新冠肺炎疫情先进个人	中共福建省委、福建省人民政府	2020 年 11 月
	柯婷婷	女	福州市鼓楼区水部街道党群服务中心主任	福建省抗击新冠肺炎疫情先进个人	中共福建省委、福建省人民政府	2020 年 11 月
	叶小弟	男	福州市鼓楼区南街街道三坊七巷社区志愿服务队志愿者	福建省疫情防控最美志愿者	中共福建省委文明办	2020 年 12 月
	陈　丽	女	福州市鼓楼区南街街道杨桥河南社区党委书记、居委会主任、妇联主席	2019—2020 年度福建省三八红旗手	福建省妇女联合会	2021 年 3 月
	吴　靓	女	福州市鼓楼区鼓东街道中山社区党委书记、居委会主任、妇联主席	2019—2020 年度福建省三八红旗手	福建省妇女联合会	2021 年 3 月

福州市鼓楼区人民政府办公室关于印发《福州市鼓楼区职业技能提升行动实施方案（2019—2021 年）》的通知

鼓政办〔2020〕6 号

各街道办事处、洪山镇政府，区直各办、局（公司），福州软件园、高新区洪山园：

《福州市鼓楼区职业技能提升行动实施方案（2019—2021 年）》已经区政府研究同意，现印发给你们，请认真贯彻执行。

福州市鼓楼区人民政府办公室

2020 年 1 月 22 日

福州市鼓楼区职业技能提升行动实施方案（2019—2021 年）

为深入贯彻党的十九大提出的大规模开展职业技能培训的要求，落实《福州市人民政府办公厅关于印发福州市职业技能提升行动实施方案（2019-2021 年）的通知》（榕政办〔2019〕132 号）精神，结合我区实际，制定以下实施方案。

一、目标要求

2019 年至 2021 年，全区开展各类补贴性职业技能培训 1.5 万人次，其中 2019 年培训 0.18 万人次。力争到 2021 年底，全区技能劳动者占就业人员的比例达到 25% 以上，高技能人才占技能劳动者的比例有较大提高。

二、开展有针对性的职业技能培训

（一）发挥企业培训主体作用。鼓励企业适应生产经营、技术进步需要，制定职工培训计划，大力开展岗前、在岗、高技能人才培训，以及岗位练兵、技能竞赛、在线学习等形式多样的职业技能培训活动，政府按规定给予支持。鼓励企业与参训职工协商灵活调整工作时间，保障参训期间应有的工资福利待遇。

1. 企业职工岗前培训。企业新招用人员（与企业签订 1 年以上期限劳动合同并在招用之日起一年内）开展岗前技能培训，培训合格且取得经人社部门认定的培训合格证书，按每人 500 元标准给予企业培训补贴。

2. 企业职工岗位技能提升培训。与企业签订 1 年以上期限劳动合同并缴纳基本养老保险费的企业职工，参加岗位技能提升培训，取得专项职业能力证书、职业资格证书或职业技能等级证书的，分别给予企业每人 500 元至 3000 元培训补贴。支持用工企业对劳务派遣人员开展企业职工岗位技能培训，按规定给予用工企业培训补贴。

3. 新型学徒制培训和“二元制”人才培养。企业可按规定组织符合条件的在职职工，按照“企校双制、工学一体”的模式，开展企业新型学徒制培训，按规定给予企业每人每年不低于 4000 元培训补贴。鼓励龙头企业、上市公司等大型企业与职业院校进行校企合作，推动“学历证书 + 若干职业技能等级证书”制度试点，精准培养市场急需的技术技能人才。

4. 困难企业职工培训。困难企业组织职工开展职业技能培训补贴目录以外职业（工种）培训且取得经人社部门认定的培训合格证书，按每人500元标准给予企业培训补贴。

5. 实施安全技能提升行动计划。建筑施工、道路运输等高危行业企业，每年至少要组织开展一次从业人员和各类特种作业人员安全技能培训，并严格执行从业人员安全技能培训合格后上岗制度。对企业组织开展专项安全技能培训的，根据参加培训并初次取得特种作业操作证书、特种设备作业人员证或培训合格证书人数，给予企业每人500元培训补贴。

6. 开展困难人员技能培训。企业等各类生产经营主体吸纳建档立卡贫困户劳动力（以下称“贫困劳动力”）就业，以及参保企业吸纳就业困难人员、零就业家庭成员就业，并开展以工代训的，按每人每月200元标准给予生产经营主体以工代训补贴，最长可达6个月，以工代训补贴与新招用人员岗前技能培训补贴不可重复享受。

7. 实施鼓楼传统文化技能提升计划。发挥三坊七巷历史文化街区名人名家汇集优势，依托辖区内福州脱胎漆艺协会、陈君凡肉燕制作大师工作室和林秀敏木雕技能大师工作室等传统文化技能人才培育机构，围绕木根雕、脱胎漆器、肉燕制作等非物质文化遗产领域，通过“大师带徒”模式，培养一批传统文化技能人才。对与企业签订一年以上劳动合同的职工，经过培训并取得人社部门认定的培训合格证书，按每人500元给予培训补贴。

8. 实施高技能人才培养计划。对具有精湛的工艺和高超的生产技术，在传授新技艺、开发（应用）先进技术、推动技术创新、解决关键技术、推动企业和产业发展中业绩突出，社会影响较大的高技能人才优先推荐评选鼓楼区优秀人才。组织开展各类技能竞赛活动，以激励技能人才队伍建设和遴选培育“鼓楼工匠”为目标，坚持“全民知晓、全员参与、以赛选才、以赛锻才”，广泛开展各类职业技能竞赛，构建政府、行业、企业多层次的技能人才选拔与激励格局，形成以“鼓楼工匠”技能大赛为主体、以企业岗位比武为基础的技能竞赛体系。

责任单位：区国资中心、工信局、文体旅局、人社局、教育局、应急管理局、建设局、市场监管局、总工会，各街道办事处、洪山镇政府，福州软件园、高新区洪山园

（二）调动重点群体参训积极性。围绕全面提升劳动者职业技能水平、有效化解结构性就业矛盾，对退役军人、贫困家庭子女、贫困劳动力、未继续升学初高中毕业生（以下称“两后生”）、农村转移就业劳动者（含新生代农民工）、下岗失业人员和转岗职工、残疾人等实施免费职业技能培训，可由相关主管部门或区公共就业服务机构采取公开招标方式组织开展。持续实施农民工“春潮行动”培训等各类专项培训。加强适合残疾人特点的盲人保健按摩、脱胎漆器漆工、电子商务等领域技能培训。对有创业愿望的劳动者开展创业培训，按规定落实培训补贴政策，并提供培训项目推荐、创业担保贷款、后续跟踪扶持等公共服务。支持家政服务业提质扩容大型企业特别是参加百城万村家政扶贫的家政企业，开展岗前培训和职业技能提升培训。对司法行政部门组织的社区矫正人员就业技能培训，根据年度培训合格人数，按每人500元标准给予培训支持。

责任单位：区人社局、教育局、建设局、商务局、退役军人事务局、司法局、总工会、妇联、残联，各街道办事处、洪山镇政府，福州软件园、高新区洪山园

（三）加大贫困劳动力技能帮扶力度。通过项目制购买服务等方式为贫困劳动力开展职业技能培训，在培训期间按规定通过就业补助资金给予生活费（含交通费，下同）补贴，参加培训并取得人社部门认定的培训合格证书的，每次生活费补贴不超过400元，每人每年补助不超过3次，生活费补贴在培训合格后与培训补贴同时申领。

责任单位：区人社局，各街道办事处、洪山镇政府，福州软件园、高新区洪山园

三、有效增加职业技能培训供给

（四）支持企业兴办职业技能培训。激发企业主体作用，在我区规模以上企业或者吸纳就业人数较多人数的企业设立10个以上职工培训中心，鼓励其开展职工培训。经培训行政主管部门同意，规模以上企业、当地龙头企业围绕本行业领域工种（项目）帮助中小微企业开展职工培训的，纳入职业培训补贴范围。每年遴选1—3个区级高技能人才培训基地，对年技能培训达100人次以上，其中高技能人才培养20人以上的企业职工培训中心优先列入区级高技能人才培训基地建设。支持企业举办或参与举办职业院校、技工院校，可按现行有关规定根据毕业生就业人数或培训实训人数在高技能人才基地建设和职业技能培训补贴等方面给予支持。支持企业设立高技能人才培训基地和技能大师工作室，被遴选为国家级高技能人才培训基地、市级高技能人才培训基地、国家级技能大师工作室、省级技能大师工作室、市级技能大师工作室的，可分别享受500万元、30万元、20万元、10万元、5万元政府补助；被评为区级高技能人才培训基地可享受3万元区级政府补助。

责任单位：区人社局、财政局、商务局，各街道办事处、洪山镇政府，福州软件园、高新区洪山园

（五）创新职业培训内容和方式。对补贴性职业技能培训实施目录清单管理，动态公布培训项目和培训机构目录。适应产业结构调整升级要求，大力开展先进制造业、战略性新兴产业、现代服务业等新产业培训，将人工智能、云计算、大数据、电子商务等新职业新技能培训纳入补贴

性培训范围。根据市紧缺急需职业（工种）目录，对目录内职业技能培训补贴在规定标准基础上提高 30%。企业新录用人员岗前技能培训、困难企业职工转岗转业培训工种（项目）不受补贴性职业技能培训目录限制，由企业自主确定后报区人社局审核。企业职工岗位技能提升培训由《国家职业资格目录》中技能人员类职业（工种）扩大到可实施职业技能等级认定以及技能人才自主评价的所有职业（工种）。加强职业技能、通用职业素质和求职能力等综合性培训，将职业道德、职业规范、质量意识、相关法律法规、安全环保和健康卫生、就业指导等内容贯穿职业技能培训全过程，纳入培训结业考核内容范围。鼓励行业协会、龙头企业等开展职业技能培训标准化建设，开发培训教材，政府通过购买服务方式予以支持。鼓励劳动者自主选择培训。符合享受职业培训补贴条件的人员，可参加有组织的职业培训，也可自主选择职业培训机构和培训项目。对在我区公共就业服务机构求职登记的，自主选择培训并取得国家职业资格证书、技能等级证书或专项职业能力证书的，区公共就业服务机构按规定给予职业培训补贴。

责任单位：区人社局、教育局、工信局、国资中心、商务局、民政局、应急管理局、卫健局、生态环境局、建设局、市场监管局，总工会、团区委、妇联，各街道办事处、洪山镇政府，福州软件园、高新区洪山园

（六）加强职业技能培训基础能力建设。鼓励建设产学融合实训基地和公共实训基地，积极推进职业技能培训资源共建共享。加强师资队伍建设，鼓励培训机构实行专兼职教师制度，可按规定自主招聘企业技能人才任教。实行“互联网 + 职业培训”方式，建立公共就业培训服务平台，定期发布职业技能培训信息。通过公开招投标等方式购买培训服务和评价服务，民办职业培训和评价机构在政府购买服务方面与公办同类机构享受同等待遇，规范社会培训机构和评价鉴定机构发展，建立培训机构和评价机构退出机制。完善培训档案管理和统计工作，开展技能培训的企业、培训机构应建立健全职业技能培训人员档案管理制度，实施补贴性培训实名制信息管理。

责任单位：区人社局、工信局、商务局、民政局、应急管理局、卫健局、建设局、总工会、妇联、团区委，各街道办事处、洪山镇政府，福州软件园、高新区洪山园

四、完善激励机制

（七）加大资金支持力度。推动企业提取职工教育经费开展自主培训与享受政策开展补贴性培训有效衔接。企业要按有关规定足额提取和使用职工教育经费，其中 60% 以上用于一线职工培训。落实企业职工教育经费税前扣除政策，企业发生的职工教育经费支出，不超过工资薪金总额 8% 的部分，准予在计算企业所得税应纳税所得额时予以扣除，超过部分准予在以后纳税年度结转扣除。各有关部门可安排经费或通过政府购买服务方式对职业技能提升组织实施、师资培训、教学改革、考核认定及督导、职业技能竞赛及其他相关基础工作给予支持，对培训组织动员工作进行奖补。

责任单位：区人社局、财政局、总工会、税务局，各街道办事处、洪山镇政府，福州软件园、高新区洪山园

（八）落实职业培训补贴政策。在我区公共就业人才服务机构办理求职、失业、就业等实名制登记的城乡劳动者（含外地来榕务工人员），参加培训后取得证书（职业资格证书、职业技能等级证书、专项职业能力证书、特种作业操作证书、特种设备从业人员证、培训合格证书等）的，按规定给予职业培训补贴，每人每年可享受各类培训补贴最多 3 次，但同一职业同一等级不可重复享受。将确有培训需求、不具有按月领取养老金资格的人员纳入政策范围。鼓励各有关部门对贫困劳动力、去产能失业人员、退役军人、残疾人等群体开展项目制培训。

责任单位：区人社局、财政局、教育局、应急管理局、退役军人事务局、残联，各街道办事处、洪山镇政府，福州软件园、高新区洪山园

（九）强化资金监督管理。资金使用部门要定期向社会公开资金使用情况，有关部门要加强监督检查和专项审计工作，加强廉政风险防控，保障资金安全和效益，对以虚假培训等套取、骗取资金的依法依纪严惩。各有关部门要依托省补贴性培训实名制信息管理系统进行补贴申领人员信息比对，确保培训补贴、鉴定补贴不重复发放。对培训工作中出现的失误和问题要区分不同情况对待，保护工作落实层面干事担当的积极性。

责任单位：区人社局、财政局、审计局，各街道办事处、洪山镇政府，福州软件园、高新区洪山园

五、加强组织领导强化保障措施

（十）强化组织领导。鼓楼区就业工作领导小组统筹推进职业技能提升行动，健全工作协调机制，形成区级统筹、人社协调、部门、街镇共同参与的工作格局。人社局要制定具体措施，分解任务，明确责任，抓好落实。各有关部门要及时将开展培训情况报区就业工作领导小组办公室（设在区人社局）汇总，实行年初报计划、每季度报进度、年终报总结和重大情况专报制度。各有关部门要加强政策宣传引导，广泛宣传职业技能提升行动，帮助企业、培训机构和劳动者及时了解熟悉，提高政策知晓度和惠及面。

责任单位：区直各行业主管部门，各街道办事处、洪山镇政府，福州软件园、高新区洪山园

（十一）明确部门职责。人社局承担职业标准实施、培训机构管理、质量监管、职业技能培训机构任务分解等职责，并承担区就业工作领导小组办公室日常工作。发改局负责协调推进职业技能培训基础能力建设。工信局、建设局等部门要发挥行业主管部门作用，积极参与培训工作。财政局要确保就业补助资金等及时足额拨付到位。退役军人事务局负责组织协调退役军人职业技能培训。应急管理局、市场监管局分别负责指导协调高危行业领域安全技能培训和特种作业人员安全作业培训。民政局负责养老服务从业人员职业技能培训。商务局负责指导协调家政、电子商务从业人员职业技能培训。国资中心负责指导国企开展职业技能培训。残疾人联合会负责协调组织开展残疾人职业技能培训。总工会应积极推动企业足额提取职工培训经费及制定年度职工培训计划。团区委、妇联等群团组织以及行业协会参与职业技能培训工作。福州软件园、高新区洪山园要组织好园区内企业从业人员职业技能培训。

责任单位：区人社局、发改局、工信局、建设局、财政局、退役军人事务局、应急管理局、市场监管局、民政局、商务局、国资中心、残联、总工会、团区委、妇联，各街道办事处、洪山镇政府，福州软件园、高新区洪山园

（十二）推进职业技能培训与评价有机衔接。完善技能人才职业资格评价、职业技能等级认定、专项职业能力考核等多元化评价方式。严格执行国家职业资格目录制度，准入类职业劳动者必须经培训合格后方可上岗。实施职业技能等级认定制度，支持符合条件的企业、院校和第三方评价机构按规定开展职业技能等级评价。支持工程领域高技能人才与专业技术人才发展贯通，符合条件可互通申报职称和职业技能资格（等级）。支持用人单位特别是国有企业建立职业技能提升与岗位聘用、待遇落实挂钩机制。鼓励服务类行业协会根据技能等级，来制定服务市场指导工资。

责任单位：区直各行业主管部门，各街道办事处、洪山镇政府，福州软件园、高新区洪山园

本实施方案由区人社局负责解释。我区现行职业技能培训等相关规定，凡与本实施方案规定不一致的，按本实施方案执行。各单位在执行过程中如有问题，请及时向区人社局、区财政局报告。

福州市鼓楼区人民政府关于印发《福州市鼓楼区2020年度地质灾害防治方案》的通知

鼓政综〔2020〕7号

各街道办事处、洪山镇人民政府，区直各有关部门，洪山科技园、福州软件园：

经区政府研究同意，现将《福州市鼓楼区2020年度地质灾害防治方案》印发给你们，请结合实际，认真贯彻执行。

福州市鼓楼区人民政府

2020年3月26日

福州市鼓楼区2020年度地质灾害防治方案

目 录

附表：

1. 福州市鼓楼区地质灾害（隐患）点一览表（略）
2. 福州市鼓楼区地质灾害（隐患）点防灾预案表（略）
3. 福州市鼓楼区地质灾害（隐患）点“群测群防”网络表（略）
4. 福州市鼓楼区高陡边坡点一览表（略）

附图：

福州市鼓楼区2020年地质灾害点及高陡边坡点分布图（略）

前 言

鼓楼区位于福州市城区西北部，为省会核心城区，地

质环境条件简单，属于地质灾害不易发区，但人类工程活动强，台风暴雨多，局部区段仍存在引发滑坡、崩塌的可能，其突发性强，危险性、危害性大。

为主动有效地开展地质灾害防治工作，避免和减轻地质灾害造成损失，维护鼓楼区人民生命财产安全，根据国务院《地质灾害防治条例》《福建省地质灾害防治管理办法》《福建省自然资源厅关于做好 2020 年汛前地质灾害防范工作的通知》等要求，结合我区地质灾害防治工作实际，编制本防治方案。

本方案经鼓楼区人民政府批准后公布实施。

一、主要地质灾害点的分布情况

（一）2019 年度地质灾害发生情况及防治工作概况

在区各级政府及部门的共同努力下，我区坚持“以防为主、防治结合”原则，全区上下周密落实防灾工作，2019 年度我区未发生地质灾害。区政府及相关责任单位组织专业技术队伍对地质灾害点开展治理工作，经专家核实后核销 1 处地质灾害点：洪山镇国光社区福建工贸学校科技实验楼后山崩塌已经治理（见表 1）。因此，确定列入 2020 年度区级防治方案的地质灾害点 3 处，其中滑坡 1 处、崩塌 1 处、不稳定斜坡 1 处。

2019 年，区内安泰街道乌塔社区卫检所宿舍南侧等 4 处高陡边坡经过治理，且观测满一个水文年，予以核销；安泰街道于山社区于山风景区管理处办公楼北侧等两处高陡边坡，经专家核实，现状稳定，予以核销（见表 2），同时，新增 1 处高陡边坡点（见表 3）。因此，确定列入 2020 年区高陡边坡共 16 处。主要位于于山、乌山等残丘坡脚部位，目前大部分处于较稳定状态，但在台风或强降雨作用下可能引发滑坡、崩塌地质灾害，汛期应定期检查，发现异常及时组织人员转移避让，详见附表 4。

2019 年鼓楼区地质灾害点核销统计表

表 1

序号	野外编号	统一编号	位置	灾害类型	核销原因
1	GL 1101	350101020004	鼓楼区洪山镇国光社区福建工贸学校科技实验楼后山	崩塌	致灾因素已消除，实验楼屋后边坡因校区扩建进行削坡处理，房坡距达 5m，仅存边坡高 3.5m，已完成喷砼处理

2019 年鼓楼区高陡边坡点核销统计表

表 2

序号	统一编号	位置	隐患类型	核销原因
1	350101120023	安泰街道乌塔社区道山路 303 号卫检所宿舍南侧	高陡边坡	已于 2018 年治理，并竣工验收，且观测满一个水文年，现状稳定
2	350102120011	安泰街道乌塔社区乌山小区 3 号楼西侧	高陡边坡	已于 2018 年治理，并竣工验收，且观测满一个水文年，现状稳定
3	350102120012	安泰街道乌塔社区乌山小区 5 号楼南侧	高陡边坡	已于 2018 年治理，并竣工验收，且观测满一个水文年，现状稳定
4	3501011200021	安泰街道乌塔社区道山路 189 号文心园 6 号楼南侧	高陡边坡	已于 2018 年治理，并竣工验收，且观测满一个水文年，现状稳定
5	350101120015	安泰街道于山社区于山风景区管理处办公楼北侧	高陡边坡	已采用浆砌块石挡墙支护，斜坡上方办公楼已拆除，经专家现场核实，现状稳定，予以核销
6	3501011200016	安泰街道于山社区古田路 38 号于山堂北侧	高陡边坡	经专家现场核实，现状稳定，予以核销

2019 年鼓楼区新增高陡边坡点统计表

表 3

序号	位置	隐患类型	情况介绍
1	洪山镇西凤社区文林路 43 号西凤小区 1 号、2 号东侧	高陡边坡	坡高约 6 米，长 40 米，为小区老旧块石挡墙，坡脚出现鼓胀，威胁坡脚西凤小区 1 号低层住户和南侧搭盖住户安全

（二）2020年度地质灾害发生趋势预测

1. 2020年降雨趋势分析

根据福州市气象局提供的《2019年福州市气候公报》中“福州市2019/2020年冬季至2020年秋季气候趋势展望”，预计2020年，3—4月降雨量偏少，5—6月降雨量偏少，7—9月降水量总体偏多，10—11月降水量偏少。

预计2020年登陆或影响我区的台风有6—8个，数量较常年略多，可能有早台风影响我区，夏季有1—2个台风登陆或严重影响我区。

2. 本年度地质灾害可能发生的区域、重要地质灾害（隐患）点预测

根据2020年全区气候预测情况、地质环境条件、人类工程活动及已发生的地质灾害现状，综合预测2020年我区地质灾害可能发生的区域、重要地质灾害（隐患）点如下：

（1）可能发生的区域

在空间上主要分布于五凤山、乌山、屏山、于山、金牛山等点状花岗岩低丘、残丘的斜坡坡脚地带。行政区域属于安泰街道乌山、乌塔社区、屏山、五凤街道和洪山镇等，总面积约11.5平方千米，约占全区面积的33%。

（2）重要地质灾害（隐患）点预测

基于区内地质灾害规模、危险性、受威胁对象敏感性等因素，将其中2处列为2020年重要地质灾害（隐患）点，需重点防范。

表4　预测2020年鼓楼区重要地质灾害（隐患）点基本信息

序号	街镇	社区	野外编号	统一编号	灾点名称
1	五凤街道	湖前社区	GLx04	350101010006	福州市鼓楼区五凤街道湖前社区湖前兰庭小区滑坡
2	五凤街道	凤仪社区	GLx05	350101010048	福州软件园福州大学软件学院北西侧不稳定斜坡

二、地质灾害威胁的主要对象和威胁范围

根据2020年地质灾害预测，地质灾害威胁的主要对象包括：对于房前屋后滑坡、崩塌，主要威胁人工边坡前后缘范围内的人民生命财产安全；对于道路等线性工程滑坡、崩塌，主要威胁该路段车辆通行及人员安全。地质灾害的威胁对象和范围见附表1。

三、地质灾害的重点防范期

2020年地质灾害的防治期为汛期（即4月1日至10月31日），全年台风个数为6—8个左右，其中7—9月降水量总体偏多，因此，7—9月份台风暴雨时段是本年度地质灾害重点防范期。要求各街道、镇及有关部门认真落实地质灾害防治各项制度，确保安全度汛。

四、地质灾害防治措施

（一）组织管理

为确保地质灾害防治工作顺利进行，避免人员伤亡，把财产损失降低到最低程度，鼓楼区成立地质灾害防灾救灾指挥部，负责组织、指挥鼓楼区地质灾害防灾减灾工作。

总指挥：王茂盛（区政府党组成员、副区长、温泉街道党工委书记）

副指挥：郭斌（鼓楼区自然资源和规划局局长）、施克胜（鼓楼区应急管理局局长）、陈雯（鼓楼区建设局党组副书记）。

成员：各有关部门第一负责人和各街镇主要领导。

指挥部下设办公室，办公地点设在区自然资源和规划局，由方星任主任，陈谨凌、郑勇坚任副主任。

指挥部组成情况见表5。

表5　鼓楼区地质灾害防灾救灾指挥部结构表

总指挥	鼓楼区政府分管领导		
副总指挥	区自然资源和规划局、区应急管理局、区建设局		
成员单位	区政府办	财政局	发改局
	工信局	教育局	民政局
	商务局	卫健局	园林中心
	公安分局	广电中心	鼓东街道
	鼓西街道	温泉街道	东街街道
	南街街道	安泰街道	华大街道
	水部街道	五凤街道	洪山镇

（二）地质灾害防治责任制

地质灾害防治直接关系到人民群众生命和财产安全，各街镇和各有关部门要坚持“以人为本”、以对国家和人民极端负责的精神，高度重视地质灾害防治工作，建立区人民政府负总责、各街镇和各相关部门具体负责的地质灾害防治体系。

区政府负责领导和组织各街镇和区直关部门以及社会力量，坚持预防为主、避让与治理相结合和全面规划、突出重点原则，做好地质灾害防治工作，保证地质灾害危险区内居民的生命和财产安全；同时，将地质灾害防治工作纳入国民经济和社会发展计划，防治经费列入政府财政预算。对出现地质灾害前兆、可能造成人员伤亡或者重大财产损失的区域和地段，及时批准发布地质灾害预报，划定为地质灾害危险区，设置明显警示标志，积极组织救灾工作，督促街道、镇及自然资源等相关部门及时采取工程治理等措施，消除各种灾害隐患。

区自然资源和规划局应会同区建设、教育等部门，严格按照国务院《地质灾害防治条例》的有关规定，密切配合，编制辖区年度地质灾害防治方案，报区政府批准实施，制定防灾明白卡和避险明白卡，指导镇人民政府、街道办事处组织编制《村（居）汛期地质灾害防御群众转移预案》，把监测和防治任务落实到具体单位和责任人，做到任务明确，责任到人，同时加强地质灾害防治知识的宣传教育，增强公众地质灾害防治意识。配合开展地质灾害应急处置工作。

区应急管理局编制区应急总体预案和规划，指导各街镇、各部门应对突发事件工作，推动应急预案体系建设和预案演练。建立灾情报告系统并统一发布灾情，统筹应急力量和物资储备并在救灾时统一调度，组织灾害救助体系建设，指导自然灾害应急救援，承担区应对重大灾害指挥部工作，指导地质灾害防治工作。

区建设局负责对职责范围内的建筑边坡工程的勘查、设计、施工、监理、竣工验收的监督，并负责边坡工程施工期间安全监管。

区教育局负责对师生进行防灾知识宣传，做好校园边坡巡查，并根据实际情况落实好学校地质灾害点监测、治理工作，组织地质灾害危险区师生避险转移工作。

区民政局应及时掌握灾民安置动态，组织调运救灾物资，协助受灾镇、街道及时做好避险场所和救济物资供应点的设置，妥善安置和救济灾民，安排好灾民生活。及时向区地质灾害应急指挥部报告灾民救助和安置情况。

区卫健局负责组织医务人员奔赴一线开展医疗救助，协调省、市医疗卫生机构等收治伤员，及时汇总掌握救治情况，并做好受灾地区卫生防疫工作。

区广电中心应及时准确宣传报道汛情、灾情和相关地区防洪防台风动态，做好有关音像资料收集、汇编工作。

各街镇及各社区为地质灾害防治具体责任单位，发放防灾明白卡和避险明白卡至防灾责任单位负责人和受地质灾害威胁的群众手中，在地质灾害重点防范期内，应根据市、区人民政府地质灾害防治方案，加强地质灾害群测群防工作，加强地质灾害前兆特征的巡回检查。对可能发生险情的，及时动员受威胁群众转移到安全地带，情况紧急时可以强制组织避灾疏散，同时向区人民政府及区自然资源和规划局报告。

地质灾害防治技术支撑单位负责为我区地质灾害防治工作提供技术支持。应及时组建应急小组，配备专家技术力量，随时做好奔赴抢险救灾一线的准备，确保一旦发生地质灾害突发事件，及时响应，做到“召之能来，来之能用，用之有效”。

其他部门应按照各自的职责分工协同做好地质灾害防治工作。

（三）加强汛期地质灾害险情巡查

1. 汛前排查

（1）检查地质灾害防治方案落实情况

检查区、街道（镇）、社区三级防灾责任组织机构是否完善，防灾明白卡、避险明白卡是否发放到位，信息网络是否畅通，危险区群众的应急转移方案及措施是否得力等。

（2）排查地质灾害隐患点、高陡边坡

各街镇、区相关部门及社区应认真做好险情排查，对防范的地质灾害隐患点、高陡边坡，应划定警戒区域并设立警示牌。在强降雨或降雨量超过当地同期多年平均降雨量时，可能酿成大量新的地质灾害地段，应加强对地质灾害易发区域的排查和监测，明确隐患点监测责任人和观测点，合理选择观测方法，规范记录、及时整理汇交。健全防灾预报制度，发现有明显异常情况的危险点，应及时组织调查，并采取必要的防范措施。

2. 汛中巡查

进入汛期，各街镇、区相关部门及社区应根据年度地质灾害防治方案所确定的重点防范地质灾害隐患点及地质灾害危险区域，加强监测和灾害发生前兆特征的巡回检查。对可能出现险情的，应当及时采取应急措施，疏散人员、转移财产等或采取临时支护处理措施等，同时向区人民政府及区自然资源和规划局报告，区人民政府及区自然资源和规划局接到险情报告后，及时组织专家赴现场调查，及时掌握地质灾害危险体的变形发展趋势，调查鉴定险情，提出处理对策措施。

3. 汛后复查

汛期过后，各街镇、区相关部门及社区应认真复查区内地质灾害隐患点情况，根据各地质灾害隐患点稳定情况以及险情是否已消除或得到有效控制，上报区自然资源和规划局，区自然资源和规划局接到报告后，要及时组织专家赶赴现场，调查鉴定是否继续监测，或者搬迁治理，并通知有关监测单位和监测人。

（四）灾前监测与安全转移

地质灾害气象风险预警等级由弱到强依次分为黄色、橙色、红色三个等级。地质灾害气象预警预报以省自然资源厅会同省气象局发布的预报为准，各防灾单位接到本区域有可能发生地质灾害的预警预报后，依照防灾责任制的规定，逐级将有关信息迅速通知到地质灾害危险点的防灾责任人、监测人和区域内的居民。

1. 当地质灾害气象风险预警等级为黄色时，表示：天气因素导致地质灾害发生的风险较高。镇街、社区应组织力量监测巡查，一旦发现险情，要随时通知转移。

2. 当地质灾害气象风险预警等级为橙色时，表示：天气因素导致地质灾害发生的风险高。橙色预警区域的群众在“黄色”防御基础上，还要采取以下措施：地质灾害隐患点、危险区群众要转移到避灾点、安全区。

3. 当地质灾害气象风险预警等级为红色时，表示：天气因素导致地质灾害发生的风险很高，应在“橙色”防御基础上，高陡边坡受威胁对象应转移避险，并且采取以下措施：当地镇街、社区组织力量密切关注房屋周边山体、护坡的状况，如有异常，及时向上级报告。

（五）灾情报告制度

区自然资源和规划局要进一步健全完善地质灾害报告制度，做到信息畅通，为防灾救灾的指挥决策提供及时、准确的信息，灾情、险情等级划分标准见表6。

1. 发生特大型、大型地质灾害，区自然资源和规划局应1小时内向福州市人民政府和市自然资源和规划局报告，同时越级速报省人民政府和省自然资源厅。在处置过程中，应及时报告处置工作进展情况，直到应急处置工作结束。

2. 发生中、小型地质灾害，区自然资源和规划局应2小时内向福州市人民政府和市自然资源和规划局报告，同时越级速报省人民政府和省自然资源厅。在处置过程中，应及时报告处置工作进展情况，直到应急处置工作结束。

3. 对于发现的地质灾害威胁人数超过500人，或者潜在经济损失超过1亿元的严重地质灾害隐患点，区自然资源和规划局接到报告后，要在2日内将险情和采取的应急防治措施上报省自然资源厅。

表6 **地质灾害灾情、险情分级标准表**

级别	灾情			险情	
	因灾死亡和失踪人数	造成直接经济损失	其他	受地灾威胁，需搬迁转移人数	潜在可能造成的经济损失
特大型	30（含）以上	1000万元（含）以上	因地质灾害造成大江大河及其支流被阻断，严重影响群众生命财产安全。	1000人（含）以上	1亿元（含）以上
大型	10人（含）以上、30人以下	500万元（含）以上、1000万元以下	因地质灾害造成铁路繁忙干线、国家高速公路网线路、民航和航道中断，或者严重威胁群众生命财产安全、有重大社会影响。	500人（含）以上1000人以下	5000万元（含）以上1亿元以下
中型	因灾死亡和失踪3人（含）以上、10人以下	100万元（含）以上500万元以下	—	100人（含）以上500人以下	500万元（含）以上5000万元以下
小型	因灾死亡和失踪3人以下	100万元以下	—	100人以下	500万元以下

（六）防治措施

结合鼓楼区地质灾害规模、危险性、危害程度、经济实力及可操作性，采取工程治理措施，逐步消除辖区地质灾害（隐患）点（见附表1和附表2有关防治建议的内容）。同时，在地质灾害易发区内进行工程建设应当进行地质灾害危险性评估，并将评估结果作为可行性研究报告的组成部分。

（七）《年度防治方案》的实施

1. 建立和完善地质灾害防治体系

区地质灾害防灾救灾指挥部具体领导和协调本地区的地质灾害防治工作。建立和完善群专结合的监测体系和群测群防网络，形成地质灾害防治预警系统和地质灾害防治工作联系网络。

2. 建立健全地质灾害防治工作制度

(1) 地质灾害年度防治方案制度

(2) 地质灾害险情巡查制度

(3) 地质灾害监测制度

(4) 地质灾害灾情预报制度

(5) 地质灾害灾情报告制度

(6) 地质灾害防治值班制度

3. 加强监督，加大地质灾害防治工作执法力度

区有关职能部门要加强地质环境的管理，严格建设项目和建设用地的审核审批，切实加强对地质灾害防治工作的监督检查，杜绝人为活动加剧引发地质灾害的行为。违反规定，发生地质灾害造成重大损失的，按照《地质灾害防治条例》规定，追究有关部门主要负责人和相关人员的责任。

4. 地质灾害防治经费

因自然因素造成的地质灾害的防治经费，列入财政预算。

因工程建设等人为活动引发的地质灾害的治理费用，按照“谁引发、谁治理”的原则由责任单位承担。

5. 加强宣传，提高干部群众的防灾意识

区自然资源和规划局及各街镇必须加强地质灾害防治知识宣传和培训，通过公共媒体、宣传图片、挂历、防治知识手册等多种形式、多种渠道，大力开展地质灾害防治宣传教育工作；组织区、街镇、社区有关人员进行地质灾害防治知识的培训，普及地质灾害防治知识，提高机关干部和公众对地质灾害危害性和防治工作重要性的认识，增强干部群众地质灾害防灾减灾的意识，形成各级领导关注地质灾害防治工作，公众关心、支持地质灾害防治工作的良好局面，从而提高防灾、抗灾能力，使地质灾害防治工作成为全社会的自觉行动。

五、地质灾害的监测、预防责任人

地质灾害的发生有渐变或者突变的过程，在出现大规模变形之前，各自往往有比较明显的征兆，通过监测，及时捕捉这些征兆，就可以避免或减轻地质灾害造成的损失。地质灾害的监测和预防责任人，原则上是谁受威胁、谁负责监测，谁就是责任人。威胁公路、水利等设施的地质灾害点应由设施的主管部门负责组织监测并落实预防责任人。在此基础上，在主汛期增加监测频率并加强灾害体变形破坏过程前兆（泉水变浑、突变、裂缝扩张、动物异常等）巡查，以便及时掌握地质灾害危险体的变形发展趋势，做出准确的预报。各地质灾害点监测、预防责任人详见附表3。

福州市鼓楼区人民政府关于印发《关于促进朱紫坊基金集聚区发展实施办法》的通知

鼓政综〔2020〕36号

各街道办事处、洪山镇政府，区直各办、局（公司），福州软件园、高新区洪山园：

《关于促进朱紫坊基金集聚区发展实施办法》已经区政府同意，现印发你们，请认真贯彻执行。

福州市鼓楼区人民政府

2020年7月28日

关于促进朱紫坊基金集聚区发展实施办法

第一章 总 则

为贯彻我省实施“金融资源集聚工程”有关工作部署，促进我市私募基金行业高质量发展，打造朱紫坊基金集聚区，加快建设海峡基金港线下服务交流中心，进一步提升金融服务实体经济水平，现结合实际，制定本办法。

第一条 本办法适用于经鼓楼区金融办、鼓楼区财政局认定的，在朱紫坊内指定地址新注册或市域外新迁入并依法纳税，并在中国证券投资基金业协会登记备案的基金类企业（含基金管理人）。

第二条 遴选有资源、有经验、有能力的第三方机构，依托海峡基金港线下服务交流中心，负责开展集聚区运营管理及招商，为入驻集聚区的基金类企业提供全流程综合配套服务。

第二章 基金扶持

第三条 经营奖励。对上述落户集聚区的基金类企业，

自企业增值税或所得税（含股权转让收益和管理企业取得的投资收益分成）纳税年度起五年内，按税收地方留成的90%给予奖励。

第四条 人才奖励。对上述落户集聚区的基金类企业高管给予人才奖励。工薪个人所得税年纳税额3万元以上的高级管理人员和年纳税额5万元以上的专业技术人才，可享受市财政按其上一年度所缴工薪个人所得税地方留成部分的50%予以奖励，奖励期五年。

第五条 人才子女教育奖励。对上述落户集聚区的基金类企业，当年度纳税额鼓楼区级留成达100万元的或引荐市域外参投企业〔当年度纳税额鼓楼区级留成达100万元（含）以上〕的注册及税收征管关系落地鼓楼区的，且个人工资薪金所得税年纳税额在5万元以上的管理人员（含有突出贡献的业务骨干，每家企业不超过2名），其子女义务教育小学阶段入学，由鼓楼区教育局统筹安排鼓楼区属优质学校。

第六条 产业带动奖励。鼓励集聚区内私募股权（含创业）投资基金引进其参投企业在鼓楼区注册落地。

（1）落户奖励。参投企业注册地及税收征管关系落地后，当年度纳税额鼓楼区级留成达100万元（含）以上，企业可享受经营贡献奖励。第一年按企业年度纳税额鼓楼区级留成的70%予以奖励，第二年起按纳税额鼓楼区级留成的50%、增量部分20%给予奖励，第三年起按纳税额鼓楼区级留成的40%、增量部分30%给予奖励（增量即本年度比上年度新增部分）。

（2）引荐奖励。参投企业注册地及税收征管关系落地鼓楼且当年纳税额鼓楼区级留成达100万元（含）以上的，引荐企业的基金企业按参投企业当年纳税额鼓楼区级留成的10%予以奖励，奖励三年。对投资强度大、市场前景好、拉动作用强的重大项目的扶持，可采取“一企一议”方式进行。

第七条 场地服务。上述落户集聚区内的基金类企业，可免费享受朱紫坊指定区域公共办公室、会议室及朱紫坊内相关商业协议价配套服务。

第三章 附 则

第八条 涉及市、区两级政府出资的政府投资基金扶持政策按照“一企一议”方式执行，不执行本办法上述政策。

第九条 符合我市其他优惠政策的，企业可自行选择申请，按就高不重复原则享受。

第十条 对上述基金企业的扶持奖励不得超过该企业当年增值税和所得税的地方留成总额。

第十一条 自政策兑现起五年内不得迁出本集聚区、不得减少注册资本或募集资金、不得存在转租转借行为。基金类企业或其法定代表人、实际控制人等责任主体在企业经营过程中存在严重失信、违规行为被相关部门列入违规失信联合惩戒黑名单的，不得享受本办法所列各项资金补贴和扶持措施。出现上述情形的，已享受奖励或补贴的，政府有权追回已发放的扶持资金，取消相关扶持措施。

第十二条 奖励政策由鼓楼区政府具体负责兑现，原则上企业申报材料齐全后一个月内兑现到位。对企业奖励资金涉及的市级承担部分通过市财政年终上下级结算办理。

第十三条 本办法由鼓楼区政府、福州市金融监管局、福州市财政局共同负责解释，自2020年1月1日起实施，有效期五年。本办法到期后，政策享受未满五年的企业，可继续享受至五年期限届满。

说明

一、本索引采用主题词分析法，按主题词首字（含数字）的汉语拼音字母顺序排列，首字相同的按页码顺序排列。

二、栏目、分目标题用黑体。“特载”“专文”“大事记”“人物”“2020年鼓楼区规范性文件（选录）”内容不作索引。

三、索引主题词后的数字表示页码，数字后的a、b、c表示栏别左中右。

四、空一字起排的款目为上一主题的“附见”。

A

B

C

D

F

G

K

L

M

N

P

T

W

X